英文ビジネスレター 表現ハンドブック

橋本光憲・前田秀夫 [編]

A Handbook of
Expressions for
Business Letters
and E-Mail

日本経済新聞社

まえがき

　かつて、外国とのビジネスのやりとりは、手紙（ビジネスレター）で往復2週間もかかったものが、テレックス、ファクス、さらには今日のEメールと、通信手段の進歩により、夕方出せば翌朝には返事が届いているほどにスピーディーになった。今日の国際ビジネス通信は、「ビジネスレターとEメール併用の時代」といってよいだろう。

　そして、世界のグローバル化によって、ビジネスも国境・時間を超える時代となった。それを可能にしたのは、いわゆるIT（Information Technology）革命であり、その結果、Eビジネス、Eコマースといった新しい商取引の形態が盛んになりつつある。Eメールを中心に、英語を使って文書のやりとりをすることは、ビジネスマンにとって不可欠となっている。しかし、その基本となるのは、あくまで英文ビジネスレターの書き方である。

　では、今日のEメール時代にあって、英文作成の基本目標をどこに置くべきか。それは以下の三点に尽きるだろう。

1.　迅速性（Speedy, Speediness）
2.　正確性（Correct, Correctness）
3.　簡潔性（Brief, Briefness）

　通信手段の発達による最大のメリットは、いうまでもなく第一の迅速性にある。一方、正確性、簡潔性は、相変わらず重要である。

　本書は、以上三つの目標のなかでも、特に第一の「迅速性」に配慮して作られたものである。造本も、パソコンデスクの上に見たいページを開いたままで置けるように柔軟なつくりになっている。探しあてた文章を即キーボードで打てる仕様である。

　見出し語（日本語）数は約1300で、英文用例は約1万2000である。見出し語を「索引」代わりに使って、求める英語表現を簡単に見つけることができる。詳細は、「本書の使い方」を見て頂きたい。

　なお、ここでご注意頂きたいのは、本書は『英文ビジネスレター表現ハンドブック』であって和英辞典ではない、つまり「もともと集めたのは英語文例であり、和文の部分を英訳したものではない」ということである。本書の和文は英語の原文をあとから訳したもので、意訳に近いものもあり、日本語の直訳が英語文例ではないからである。最初に来る日本語は、英語表現を探すための「見出し」として使って頂きたいのである。

　たとえば、ある見出し語には、多いものでは三十例以上（「確認」「変更」など）の英文文例が用意されている。本書の利用者の皆さんは、これらの英語表現のなかから、それぞれのケースで最適と思われる例をピックアップして利用して頂ければよい。

　また、いつもいつも、Thank you for your e-mail of ... では芸がないと思ったら、「ありがとう」「受け取る」「感謝」「受領」など、思いつく日本語の見出しを調べてみてほしい。このようにして、単純さ・単調さを避け、多彩な英語表現を身につければ、英語力もおのずから向上すること請け合いである。

　「正確性」は、時代を超えて変わらぬ要件である。不正確な英語では、会社の信用にもかかわってくる。また、日本語のファクスのやりとりを続けているようでは、現地社員の不信を買いかねない。その点でも、本書の効用は大きいと思う。

　また、注意したいのは、テレックス、ファクスの時代には、いい加減な文章がいわば「簡潔性」の美名の下にまかり通っていたが、いまではそれは許されないということである。もともと「簡潔性」は、英作文の要諦である。特に、Ｅメールの即時性からいっても、「簡潔性」（簡にして要を得たやりとり）は当然のことである。

　本ハンドブックの作成には約二年半を要したが、この間、日本経済新聞社出版局編集部の増山修氏に終始お世話になった。記して感謝の意を表したい。

2000年8月

橋本光憲・前田秀夫

本書の使い方

　本書は下記の構成になっていますので、それをご承知の上で、ご活用ください。

1.　見出し語

　　（1）見出し語は、日本語の「あいうえお順」になっており、日本語（主に名詞と動詞）から、求める英語表現を引く形になります。カタカナ語も同様です。

　　　　つまり、日本語の見出しが、そのまま本書の「索引」になっています。

　　（2）並び方の順は次のルールに従っています。

　　　　・濁音（ガ・ザ・ダ・バ行）、半濁音（パ行）はすべて清音と同じに扱います。

　　　　　　例：ペンシルベニア→ヘンシルヘニア

　　　　・促音（っ、ッ）、拗音（キャ、チョなど）も、すべて正字扱いとします。

　　　　　　例：キャッシュ→キヤツシユ

　　　　・音引は無視し、音をつめます。

　　　　　　例：ペーパーカンパニー→ヘハカンハニ

　　（3）日本語の見出し語に対応して、英語の見出し語が一つまたは数個、示されています。これは、以下に続く英語表現文例の「抜粋」です。

　　　　「このような表現がありますよ」と案内役の役割を果たしているのです。

　　　　なお、「その他」にも例がある場合は、英語で「etc.」と表示しました。

　　（4）日本語の見出し語と英語の見出し語は、いずれも「太字―ゴシック体活字」にしてありますので、すぐわかります。

2. 表現文例

（1）まず、日本語の見出し語をみると、その下に一つまたは数個、例文や語句が示されています。見出し語と同じ言葉を太字で表示してあります。これらは、「準見出し語」の役割を果たしています。

　表現文例は、英語文例との関係で、厳密に「あいうえお順」にはなっていませんが、そのほとんどが「漢字見出し」なので、ちょっと眺めただけでわかります。

（2）英語文例のほうは、英語見出し語の順で、各文例がＡＢＣ順に並んでいます。同じキーワードが数例ある場合には、「グループ見出し」のような形になって、一塊りで示されるので、そのなかの自分の気に入った表現を選択できます。

　英語文例も、見出し語と同じ言葉を太字で表示してあります。

（3）一つの文例のなかで言い換え例を「；　主に単語、複合語の場合」で示したり、「／　主に語句、例文」、あるいは［　　　］のなかで示すこともあります。

> ［例］誤って　　　erroneously; in error
> 　　　委託販売　consignment sale/ sale on consignment
> 　　　貴社と　　with your company [corporation, firm]

　　文例は、できるだけ「完全な文」（主語＋述語動詞＋目的語など）を採用し、次に「文の一部」（主語のないものや文の後半を省略したもの）の例を使いました。

　　省略の表示には、to <do>（doのところに色々な動詞が入り、文が続く）、…（三点リーダー＝途中まで文が続く）、….（四点リーダー＝最後のピリオドまで文が続く）などがあります。

　　「語句」の場合でも、修飾する形容詞や連語関係（次項）を示すものを、重点的に使いました。これは本書に「英作文辞典」としての機能を持たせるための配慮です。

　　「一語ないし複合語見出し」は、専門用語、術語、準専門用語であることが多いです。なかには、「いずれ」（副詞）などの文の機能語も入っています。

（4）英語では、言葉と言葉の結びつきに特徴があります（日本語でも同様ですが）。これを「連語、連語関係（collocation）」といいます。ビジネス英語でも変わりありません。

たとえば、「名詞を取る動詞、名詞を修飾する形容詞、名詞が取る前置詞、動詞を修飾する副詞、動詞が取る前置詞」、などです。本書では、これらの連語関係を英語文例のなかで、「斜体―イタリック体」で示し、利用者の便を図りました。

以上の諸点をご理解いただければ、本書は利用者の皆さんの「良きパートナー」として、ご活用ねがえるものと思います。

ブックデザイン　山崎　登

編集協力　中村美智子（NSH）

本　編

あ

◆愛顧

favor, patronage

- 日頃のご**愛顧**にお応えいたすべく、何時も機会を探しております。
- ご**愛顧**いただき、まことにありがとうございました。
- 当方に対する日頃のご**愛顧**

- ご**愛顧**感謝いたしております。
- 引き続きご**愛顧**いただきありがとうございます。
- 今後ともご**愛顧**のほどお願い申し上げます。
- ますますご**愛顧**下さいますよう、お願い申し上げます。
- この機会を利用してこれまでのご**愛顧**に対し心よりお礼申し上げます。
- 旧年中はご**愛顧**いただき、まことにありがとうございました。
- ご**愛顧**と信頼にお礼を申し上げます

- We are continually searching for opportunities to *reciprocate* your favors.
- We extend our best thanks to you for your *past* favor.
- the *special* favor you have always conferred on our firm
- [I assure you that] we *value* your patronage.
- Thank you for your *continued* patronage.

- We look forward to your *continued* patronage.
- Your *increased* patronage will be deeply appreciated.

- We wish to take this opportunity to express our hearty thanks for your *past* patronage.
- Thank you very much *for* your patronage this past year.
- express our appreciation *of* your patronage and confidence

◆挨拶

best wishes, greet, greeting (s), regards, etc.

- クリスマスのご**挨拶**
- ジャカルタでご**挨拶**いたします
- もう一度貴殿にご**挨拶**する機会
- 心よりのお誕生祝いの**挨拶**の言葉
- 貴殿にご**挨拶**申し上げます
- 公式の別れの**挨拶**をする
- 貴殿に**挨拶**するため電話をおかけします。
- 私のご**挨拶**の文面
- もっと適切な歓迎の**挨拶**

- our best wishes *for* a Merry Christmas
- greet you in Jakarta
- the opportunity to greet you again
- the warmest of birthday greetings
- send you regards
- say an official farewell
- I will telephone to say hello to you.
- the text of my message
- a more proper welcome

◆間

during, for

- ……に勤めている**間**に
- 11月14日から25日までの**間**
- ＡＢＣ社に務めている**間**
- 夏の**間**に
- この**間**
- その**間**ずっと
- もうしばらくの**間**は、
- かなり長い**間**
- しばらくの**間**
- 当分の**間**
- あまりにも長い**間**

- during the *course* of his career at ...
- during the *period* of November 14th to the 25th
- during my *service* to ABC Company
- during the *summer*
- during this *time*
- during all that *time*
- For the near *future*,
- for a considerable *lapse* of time
- for a period of *time*
- for the *time* being
- for too *long*

◆哀悼

regret, sorrow, sympathy [-ies]

- 個人としてまた会社として衷心より**哀悼**の意
- 私の個人としての**哀悼**の意
- 深い**哀悼**とともに
- 公私にわたって**哀悼**の意を表します

- my own *personal* and our firm's most *sincere* regret
- my personal expression *of* sorrow
- *with* deep regret and sorrow
- *express* my official and personal sympathy

・貴殿から（貴殿のご高配により）、私どもの深い**哀悼**の意を（ご遺族に）お伝えください。
・貴殿が**哀悼**の意を表する
・Please convey our *deepest* sympathies through your kind offices.
・express your own messages *of* sympathy

◆会う

get together, meet, see

・貴殿に**お会い**することができるかどうかお伺いいたします。
・ask about the possibility *of* our getting together

・近いうちに**お会い**できますことを願っております
・I do hope we can get together soon

・……に私どもが**お会い**できるかどうか
・if it might be possible for us to meet ...
・スミス氏に**お会い**できなかったのは残念です。
・I am sorry that Mr. Smith was not available for me to meet.
・ちょっと**お会い**したいと存じます
・would like to meet you *briefly*
・……と個人的に**会う**ことがおできになるでしょう
・will allow you to meet *personally* with ...
・親しく**お会い**することができましたらありがたく存じます。
・I should appreciate the opportunity of meeting you *in person*.
・**お会い**できますことを、とても楽しみにしております。
・I very much look forward to a *possible* meeting.
・弊社で貴殿と**お会い**します
・meet you *at* my company
・お互いに**会う**
・meet *with* each other
・貴殿に**お会い**したいと思っております
・would like to meet *with* you
・**お会い**できるかどうか
・the possibility of meeting *with* you
・私のシカゴ短期滞在中に貴殿に**お会い**できず、ほんとうに残念です。
・I was sorry indeed not to see you on [during] my brief trip to Chicago.

◆合う

agree, come up to, fit, match, suit, suitable, etc.

・貴社の帳簿と**合わ**ない
・do not agree *with* your books
・貴社の顧客のニーズに**合う**
・come up to your customers' *needs*
・日本人にぴったり**合う**
・fit *perfectly* to (the) Japanese
・２万人以上の患者にぴったり**合い**利用されています
・have *successfully* fit over 20,000 patients
・貴社のニーズにぴったり**合う**
・match your *needs*
・部品と**合いません**
・do not match the *part*
・この真新しいオフィスの室内装飾にぴったり**合います**
・match *perfectly* with the decor of our brand-new office
・……によく**合う**
・match *with* ...
・それは私にとてもよく**合っています**。
・That suits me just *fine*.
・当社の製品に**合う**
・<be> suitable *for* our product
・（目的に）**合わ**ないビデオ
・the unsuitable videos

◆明らか

come out, clarify, clear, obvious (-ly), etc.

・何か具体的なことが**明らか**になりましたら
・if anything concrete comes out
・ここで貴殿のためにその事情を**明らか**にさせていただこうと思います。
・Let me clarify the situation for you.
・数週間の内に状況はきっと**明らか**になるでしょう。
・The picture should become clear within a few weeks.
・……というのは**明らか**です。
・It is obvious that ....
・**明らか**に
・Obviously,
・今後６カ月の間にプログラム（の詳細）が**明らか**になり次第
・as the program develops over the coming 6 months

◆空く

- 当方には**空いて**いるベッドはございません。
- 阿部氏の日程が**空いて**いるのはこの日だけのようです。
- もしご都合がよろしければ、私どもは6月1日月曜日が**空いて**おります。
- 5日と6日を**空けて**おく
- **空いた**時間がある
- その日は**空けて**おく
- その日は夜も**空けて**おきます

available, open, reserve

- We do not have *beds* available.
- It seems to be the only date available *for* Mr. Abe.
- We are available *on* Monday, June 1, if this would be suitable to you.
- keep both the 5th and 6th open
- have some time open
- reserve the day
- will reserve that evening as well

◆温かく／温める

- （旧交を）**温める**
- ……と旧交を**温める**

renew

- renew *old* friendships/ renew *our* friendship
- renew *my* acquaintance with …

◆扱う

- このフォーラムは、……を**扱って**います。
- あらゆる分野を**扱って**います
- 多くの問題を**扱って**います
- ……を**扱う**
- ……を**扱った**者として
- 乱暴な**扱い**
- 今回の重要な取引を**扱う**上で

cover, deal with, handling

- The Forum will cover ….
- cover *everything*
- cover many *subjects*
- deal *with* …
- as the one dealing *with* …
- *rough* handling
- *for* handling this important business

◆宛（あて）

- ……は、新しい住所**宛て**にお願いします。
- 同封の**宛名**付き返信用航空書簡で
- このようなメッセージはすべて ……**宛て**にお願いします。
- ……**宛て**の1月25日付けお手紙、ありがとうございます。
- ……**宛て**の、20xx年7月25日付けの貴信
- ……氏**宛て**［気付け］

address [-ed], attention

- … should be forwarded to the *new* address.
- the enclosed *self*-addressed air-letter
- All such messages should be addressed *to* …
- Thank you for your letter of January 25 addressed *to* ….
- your letter of July 25, 20xx, addressed *to* …
- Attention *of* Mr. …

◆当（あて）

- **当てはまる**
- まったく**あて**にできません
- ABC社の引渡し期日は、まったく**あて**になりません。

applicable, unpredictable, unreliable

- <be> applicable
- <be> totally unpredictable
- The ABC delivery schedules are completely unreliable.

◆後（あと）

- ……と協議した**後**
- 今朝、私の事務所で行った会談の**後**で、
- 4月に行った前回の話し合いの**後**で、
- ……との先頃の協議の**後**、
- ロケット打上げ**後**、1日か2日の間に
- パネル討論の**後**、

following

- following *consultation* with …
- Following our *conversation* of this morning in my office,
- Following our last *discussion* in April,
- Following recent *discussions* with …,
- for one or two days following the *launch*
- Following the *panel*,

◆アパート

- 家具付き**アパート**

an apartment

- a furnished apartment

- 家具付きのワンルーム**アパート**
- 手頃な値段の**アパート**
- 大きい**アパート**や分譲マンションの団地

- a one bedroom furnished apartment
- inexpensive apartments
- major apartment and condominium complexes

◆**アフター・サービス**
- （品質）保証と**アフター・サービス**
- **アフター・サービス**の点検

after-sales service
- the warranty and after-sales service
- a service check

◆**アメリカ**
- **アメリカ**代表団
- **アメリカ**のマイクロコンピュータ市場
- **アメリカ**旅行を予定する
- **アメリカ**と日本の両国で
- 私の**アメリカ**出張
- これらの**アメリカ**製品
- 飛行便などがのっている貴殿の**アメリカ**旅行日程

America (n), the United States, (the) U.S.
- the American delegations
- the American microcomputer market
- <be> planning a trip *to* the United States
- in both the U.S. and Japan
- my U.S. trip
- these U.S. manufactured products
- your U.S. itinerary with flights, etc.

◆**誤って**
- **誤って**、……に適用される
- **誤って**配達される
- **誤って**作成される
- 出荷票が**誤って**付けられたこと

erroneously, in error, incorrectly, etc.
- <be> erroneously applied to ...
- <be> delivered in error
- <be> incorrectly invoiced
- a misplaced shipping label

◆**誤り**
- 同じ**誤り**をおかさない
- 単価に**誤り**があります
- タイプの**誤り**
- 貴勘定で生じた**誤り**

- 10月分請求書の**誤り**
- 単なる**誤り**です
- 当方の**誤り**に対し心よりお詫び申し上げます。

error, mistake
- *avoid* similar errors
- *have* an error in the unit price
- the typing error
- the *unfortunate* error which occurred in your account
- the error on your October account
- <be> purely a mistake
- Please accept our sincere apologies *for* our mistake.

◆**ありがたく**
- 古園氏にご高配を賜りますれば誠に**ありがたく**存じます。
- 本件に関しご協力がいただければ**ありがたく**存じます。
- いつものようにご協力いただければ、まことに**ありがたく**存じます。
- 本件につき至急ご配慮いただければ、まことに**ありがたく**存じます。
- あなた様が皆様と一緒に参加して下さいましたことを、皆**ありがたく**思っております。
- （たいへん）**ありがたく**

appreciated, thanks
- Any courtesy you may kindly extend to Mr. Furuzono will be *deeply* appreciated.
- Your kind cooperation on this matter will be *greatly* appreciated.
- Your usual kind cooperation would be *highly* appreciated.
- Your prompt attention to the matter will be *kindly* appreciated.
- We are all indebted to you for your *most* appreciated participation.
- *with* (many) thanks

◆**ありがとう**
- ご静聴いただきまして、**ありがとう**ございました。
- 会っていただき、**ありがとう**ございました。

Thank you, thanks
- Thank you *very much* for your attention.
- Thank you *for* seeing me.

- ……についてお便りいただき、**ありがとう**ございました。
- ……をいただき、まことに**ありがとう**ございます。
- ……、まことに**ありがとう**ございます。
- 3月3日付けのご書簡、どうも**ありがとう**ございました。
- いろいろお世話になって、**ありがとう**ございました。

- Thank you *for* your letter concerning ....
- We wish to extend our *cordial* thanks for your entrusting us with ....
- *Many* thanks for ....
- Very *many* thanks for your letter of March 3.
- Thanks *for* everything.

◆あります／ある

- 東京と名古屋に営業所があり、広島に工場が**あります**
- 当社製品には ……が**あります**。
- ……に**あります**
- 海外支店は、……に**あります**。
- 東京の郊外に**ある**湘南大学で
- 当地に**ある**3つの大きなアメリカの銀行
- そのホテルの敷地にはレストランが一軒**あります**。

have, include, located, reside, There is [are]

- have offices in Tokyo and Nagoya and factories in Hiroshima
- Our line of products includes ....
- <be> located *at* ...
- Overseas branches are located *in* ....
- at the Shonan University located *on* the outskirts of Tokyo
- three major American banks residing here
- There is a restaurant in the hotel complex.

◆合わせる

- ……に私の東京到着を**合わせる**
- KU会議の日程に**合わせる**
- 新型コンピュータに**合わせる**
- この新しい（船積み）予定に**合わせる**
- 上記の変更内容に**合わせて**書類を訂正する
- 貴社からの寄付を貴社の特定のニーズに**合わせる**
- ……は、XYZ社の仕様に**合わせて**あります
- お客様のニーズに**合わせた**ものです

coincide, fit, meet, reflect, tailor (to)

- coincide my arrival in Tokyo *with* ...
- coincide *with* the KU Association meeting
- fit the later model *computers*
- meet this new *schedule*
- correct your documents to reflect the above *changes*
- tailor your donation *to* your particular needs
- ... <be> tailored *to* the XYZ specification.
- <be> tailored to fit your needs

◆安心

- 私どもは、喜んで貴行のお客様のお役に立ちたいと考えておりますので、ご**安心**下さい。
- ……しますので、ご**安心**下さい。
- ……ことを知り、ほんとうに**安心**いたしました。
- ……を伺って**安心**しました。
- ……についてはご**安心**下さい。
- ……と知って、私どもは**安心**いたしました。
- ……しますので、ご**安心**下さい。
- ……をいたしますので、ご**安心**下さい。
- ……をいたしますので、ご**安心**下さい。

assured, comfort, glad, reassure [-ing], rest assured

- Please be assured *of* our willingness to serve your customers.
- Please be assured *that* ....
- It has been of great comfort *to* me to know that ....
- I am glad to hear that ....
- I want to reassure you that ....
- It is reassuring to us to know that ....
- Rest assured *that* ....
- Please rest assured that ....
- You may rest assured that ....

◆安全

- 高い**安全**基準
- 関連する**安全**基準に従う
- 日本と合衆国の間の**安全**保障関係

safety

- a high standard *of* safety
- comply with the relevant safety standards
- the security relationship between Japan and the United States

◆案内
- みやげ物店を**案内**する
- デトロイトの本社をご**案内**します
- ご**案内**する
- ……に私どもを**案内**する
- ……に**案内**する
- 施設全体の**案内**

go around, show, take, tour
- go around various souvenir shops
- show you our Corporate Headquarters in Detroit
- show you around
- take the group through ...
- take us on to ...
- a thorough tour of the facilities

い

◆言い～
- 私の気持ちを**言い表す**
- 控え目な**言い方**となる
- ……という誤った**言い回し**
- 新しい**言い廻し**
- 私は地元の販売元から**言い訳**を次々と聞かされました。

express, etc.
- express my feelings
- <be> an understatement
- the *faulty* wording of ...
- the *new* wording
- I was given one story after another by the local distributor.

◆委員会
- 技術**委員会**
- 執行**委員会**
- 選考**委員会**
- 特別企画**委員会**

a committee
- a *technical* committee
- the *executive* committee
- the *selection* committee
- a *special program* committee

◆言う
- ……と**言う**ことができます。
- **言うまでもなく**、
- ……と**言えば**十分です。
- ……と**言える**かもしれません。
- 私が**言わん**としていることは、……
- ……と医者は**言って**おります。
- ……と**言っても**差し支えありません。
- ……は、**言うまでもございません。**

say[-s], said, saying
- I *can* say that ....
- Needless to say,
- Suffice it to say that ....
- We might say that ..../ It may be said that ....
- What I am trying to say is ....
- The doctor says *that* ....
- It can safely be said that ....
- It goes without saying that ....

◆いかが
- **いかが**お過ごしですか。

- （長らくご無沙汰しておりますが）この節、**いかが**お過ごしでしょうか。
- ……するのは、**いかが**でしょうか。

how ...
- How are things with you?/ How have you been?/ How's everything going with you?
- How are you getting along these days?

- Why not <do>?

◆生かす
- 貴社の経営形態を**生かす**
- 同社で私は自分を十分**生かす**ことができません。
- 貴重なご助言を十分に**生かします**
- 30年にわたる私の経験を**生かす**ことができます。

utilize, etc.
- utilize your type of management
- The company is unable to fully utilize me.

- take full advantage of your valuable counsel
- I can share my thirty years of experience.

◆遺憾

- ……は、まことに**遺憾**です。
- **遺憾ながら**、……についてお知らせ申し上げます。
- **遺憾ながら**、……に気が付いたことをお知らせいたします。
- ……ということに**遺憾**の意を表したく存じます。
- ……に対し、心から**遺憾**の意を表したいと存じます。
- **遺憾ながら**、……
- ……ということは**遺憾**に存じます。

regret, regretful, regretted, sorry

- We *deeply* regret that ....
- I regret to inform you that ..../ I am sorry to inform you ....
- We regret to have to point out that ....
- I would like to *express* my personal regret that ....
- We want to express our sincere regret for ....
- It is very regretful that ....
- It is regretted that ....

◆異議

- ……に**異議**を申し立てます。
- ご**異議**がなければ、
- **異議**がございませんでしたら、
- ……にはまったく**異議**はない
- ……についてはなんら**異議**ございません。
- ……については、まったく**異議**ございません。

object, objection

- I must object to ..../ I will have to object to ....
- Unless you *have* any objection,
- If you *have* no objection,
- do not *see* any objection to ...
- There is no objection *to* ....
- There is no objection whatsoever *to* ....

◆意義

- 率直で**意義**深い討論
- 私どもにとり特別な**意義**をもつ

meaning (-ful), etc.

- *frank* and meaningful discussions
- have special importance *for* us

◆意見

- 専門家の**意見**
- ご**意見**をお聞かせいただければ、まことにありがたく存じます。
- ご都合のよろしい時に、あなたのご**意見**をお聞かせ下さい。
- ご**意見**をお聞かせ下さい。
- ほかにご**意見**がございましたら、どんなものでも喜んでお受けいたします。
- ……に関してのご親切なご**意見**
- 他にご**意見**ございませんか。
- ……について貴重なご**意見**
- ……についてご**意見**を頂戴したいのですが。
- 当社の顧客サービスについて、ほかに何かご**意見**やご提案がございましょうか。
- 貴殿のご**意見**は非常に寛大なものでした。
- ……に関してご**意見**・ご提案がございましたら、
- ……についての貴殿の**意見**
- ……に関して貴殿と**意見**を交換する
- **意見**を述べる
- 私の**意見**を述べさせて下さい。
- 当社の率直な**意見**
- この**意見**と立場は弁解できるものではありません。
- ご**意見**はほんとうに貴重なものでした。

advice, comments, opinion, remarks, views

- the advice *of* an expert/ an *expert* opinion
- I would greatly *appreciate* your observations and comments.
- Kindly *furnish* me with your comments at your convenience.
- May I *have* your comments?
- We would be delighted to *receive* any and all additional comments.
- your kind comments on ...
- Are there any *other* comments?
- your valuable comments on ...
- May we have your comments *about* [on] ....
- Do you have any other comments or suggestions *about* our customer service?
- You were most generous *in* your comments.
- If you have any comments or suggestions on ...,
- your comments *regarding* ...
- *exchange* opinions with you on …
- *express* an opinion
- Let me *express* my opinion.
- our *candid* opinion
- *This* opinion and position is inexcusable.
- *Your* opinion was really invaluable.

- 私の**意見**に関しては
- 私どもの**意見**では、
- 私どもは、……という**意見**です。
- ……に関しての貴行のご**意見**
- これらの**意見**/準備してきた**意見**
- あなた様が考えておられるご**意見**のいくつか
- 様々な問題に関していただいたご**意見**は非常に貴重で有意義でした。
- 貴殿のご**意見**は、私がすでに持っていた考え方をさらに強固なものにしました。
- 私どもの**意見**を聞いて下さろうとしていただき，ありがたく存じます。
- ……について、彼らは**意見**を確かめ合う
- ご**意見**をぜひともお聞かせ下さい。
- あなたの個人的なご**意見**
- こうした**意見**の交換
- ……について、同様の**意見**を持っています。

- *about* my opinion
- *In* our opinion,
- We are *of* opinion that ....
- your opinion *as to* ...
- these remarks/ a set of prepared remarks
- some of the remarks that you are *contemplating*
- I *found* your remarks on various matters very important and meaningful.
- Your observations did *confirm* some views which I already held.
- We appreciate your intention of *obtaining* our views.

- *share* their views on ...
- Your views will be earnestly *sought*.
- your *personal* views
- such an exchange *of* views
- We share a number of similar views *about* ....

◆意見交換

- 十分な、そして自由な**意見交換**
- ……について**意見交換**をする
- **意見交換**の機会を持つ

exchange of views, etc.

- a very *full* and *free* exchange of views
- exchange views on ...
- have the opportunity to share ideas with you

◆意向

- 正式に申し込む**意向**
- 信用状発行依頼人の**意向**
- 〈地名〉への訪問の**意向**はない

intent, request, etc.

- our intent to formally apply
- the accountee's request
- do not intend to visit <place>

◆以降

- 〈日付〉**以降**
- 11月**以降**
- 午後4時**以降**

after <date>, from, etc.

- after <date>
- from November onwards
- later than 4 p.m.

◆移行

- ……への**移行**
- 会社を独占的管理から統合された法人管理体制へと**移行**させる

transition, etc.

- the transition of ...
- take a company from proprietary management to integrated corporate governance

◆意思～

- **意思**決定
- **意思**決定の過程
- **意思**決定者
- **意思**疎通を改善する
- ビジネスの**意思**決定
- 社内の**意思**疎通

decision, communications

- decision *making*
- decision *making* process
- decision-*makers*
- *improve* communications
- *business* decisions
- *internal* communications

◆維持する

- 両国の協調関係を**維持する**
- 友好関係を**維持する**
- 現在の条件と状態を**維持する**
- 　　を**維持する**必要があります

keep, maintain, sustain

- keep our countries working together
- maintain the friendly relationship
- maintain the present terms and conditions
- need to maintain ...

- 私どもの合弁事業を**維持する**
- 優れた会社業績を**維持する**

- sustain our joint venture
- sustain your firm's superior performance

◆**以上**

above, beyond, more than, not less than, or more, over

- どうぞ**以上**の点を真剣にご検討ください。

- Kindly give the above points your earnest consideration.

- すでに生産されている数量**以上**
- 80万人**以上**のメンバー
- 20%**以上**
- 1万個**以上**
- 人口の80%**以上**
- 50人**以上**の行員がいます
- 20年**以上**にわたる私のABC社勤務

- beyond that already being done
- more than 800,000 members
- not less than 20%
- 10,000 units or more
- over 80 percent of the population
- have over 50 staff
- over twenty years of employment with ABC

◆**いずれ**

sometime in the future

◆**いずれにせよ**

at any rate/ In any event

◆**以前～**

before, earlier, previous, prior to

- 20xx年1月10日よりかなり**以前に**
- **以前の**版
- **以前の**手紙で約束しましたように、
- **以前に**
- **以前の**お話では
- これ**以前に**

- long before January 10, 20xx
- the earlier edition
- As promised in my earlier letter,
- on previous occasions/ prior to today
- from my previous talk with you
- prior to this time

◆**忙しい**

busy, crowded, pressure, etc.

- 相変わらず**忙しい**
- ……するためにたいへん**忙しい**思いをしております。
- ……の準備でお**忙しい**ことと思います。
- 試験の準備で**忙しい**生活を送っています。
- **忙しく**しております
- いままで以上に**忙しく**なられることと思います。
- お**忙しい**スケジュールから離れて
- たいへんお**忙しい**中を
- あなた様のお**忙しい**日程を考えますと、
- お**忙しい**とは存じますが、
- 仕事が**忙しくて**会社から離れることができません。
- 大**忙し**の毎日

- \<be\> as busy as ever
- I find myself busy \<doing\>.
- You must be busy making preparations for ....
- I am busy preparing for the examination.
- keep me busy
- You will be even more busy than you were before.
- off your busy schedule
- in your extremely busy schedule
- Given your busy schedule,
- Your schedule will be very crowded,
- The pressure of business prevents me from leaving my office.
- a very hectic schedule

◆**急ぐ**

haste

◆**遺族**

bereaved, late, etc.

- ご**遺族**の方々
- 貴殿とご**遺族**の皆様
- 故……氏の**遺族**
- 身近なご家族やその他ご**遺族**の方々

- his bereaved family
- you and the bereaved family
- the family of the *late* Mr. ...
- his immediate family and survivors

◆依存

- 各国の著しい相互**依存**
- 米国に過度に**依存**しているという危険性

dependence, reliance

- *marked* dependence of each country
- the risk of *excessive* reliance on the U.S.

◆痛〜

- いたく心を**痛め**ております
- ……を聞き、心を**痛め**ております。
- ……の報に接し、強い衝撃を受けるとともに心を**痛め**ております。
- ……のご逝去の報をこちらの新聞で拝見し、心を**痛め**ております。
- 大きな**痛手**
- この大きな**痛手**
- 大きな**痛手**の気持ち
- ……を失ったことは大きな**痛手**です。
- **痛ましい**航空機事故

distressed, loss, miss, tragic

- <be> *greatly* distressed
- I am distressed *to hear* ....
- I was very shocked and distressed *to hear* of ....
- I was distressed *to see* the notice in our local paper of the death of ....
- a *great* loss
- this *great* loss
- a *great* sense *of* loss
- ... will be *sorely* missed.
- the tragic airplane accident

◆委託／委託貨物

- 弊社宛ての**委託**貨物を積んだ……
- 運送会社が**委託**貨物を一時誤った場所に運んでしまいました。
- **委託**販売
- **委託**販売で売る
- **委託**販売品の
- 当行にご**委託**いただく取引についてはすべて
- この請求を弁護士に**委託**いたします
- 毎年550万ドルの**委託**研究

consignment, entrust, refer ... to, etc.

- *... loaded with* your consignment to us
- The shipper temporarily *misplaced* the consignment.
- consignment sale/sale *on* consignment
- sell *by* consignment
- *for* the consignment
- all the business you may care to entrust to us
- will refer this account to our attorney
- $5.5 million in sponsored research annually

◆いただく

- ブラウン氏より紹介状を**いただき**ました。
- ……して**いただけ**ますか。
- ……して**いただけ**ますでしょうか。
- ……させて**いただける**なら、
- ……を**いただき**心よりお礼申し上げます。
- ……して**いただけ**ませんでしょうか。
- ……を**いただい**ておりません

<be> given, be ... to do, <be> present, provide, etc.

- I was given a letter of introduction from Mr. Brown.
- Would you be good enough to <do>?/ Would you be willing to <do>?
- We are wondering if you might be disposed to <do>.
- If I may be permitted to <do> ....
- It was very kind of you to present me with ....
- Might I ask you to <do>?
- have not been provided with ...

◆一日

- 自由な**一日**
- たいへん楽しい**一日**
- ほんの**一日**の生産量に過ぎない

a day, etc.

- my *one* free day
- *a* most enjoyable day
- only *one* day's production

◆一年

- この**一年**
- 素晴らしい**一年**
- **一年**目は
- **1年**360日基準で

a year, etc.

- this past year
- a tremendous year
- for the first year
- on a 360-days-a-year basis

◆一部

- ……の最近号を一**部**
- ……の原本と写しをそれぞれ一**部**
- ……のほんの一**部**
- この信用供与の一**部**
- 私どもはニューヨークに戻っていますが、私どもの一**部**はまだ日本におります。
- 一**部**譲渡
- テキストの一**部**に
- 信用状の一**部**

copy, few, part, partial, portions

- a copy *of* the latest issue of ...
- one original and one copy *of* ...
- just a few of ...
- part *of* this commitment
- We are back in New York but part *of* us remains in Japan.
- partial transfer (of a credit)
- on *certain* portions of the text
- portions *of* credits

◆一覧〜

- 一**覧後**30日払い条件
- 一**覧払い**
- 一**覧払い**信用状
- 一**覧後**90日払い手形
- 一**覧後**120日払い手形
- 一**覧払い**ベースで
- 一**覧払い**手形

… after sight, (at) <days'> sight

- the 30 days after sight draft condition
- at sight
- an L/C at sight
- ninety days' sight drafts
- 120 days' sight drafts
- on a sight basis
- sight drafts

◆一流〜

- 一**流**の販売代理店、販売店及びサービス業務を提供する
- 一**流**企業
- 世界の一**流**技術者たち
- 一**流**銀行の一つ
- 一**流**コンピュータ・メーカーの一つ
- 多くの 日本の一**流**企業
- 一**流**メーカー
- 一**流**銀行引受け手形
- 世界の一**流**企業
- 一**流**株

first class [-rate], foremost, leading, prime, top, etc.

- provide first class sales representation, distribution and service
- a first-rate company
- the world's foremost engineers
- one of the leading banks
- one of the leading computer manufacturers
- a large number of Japan's leading corporations
- the leading manufacturers
- prime bankers acceptances
- the top companies in the world
- *gilt-edged* stocks

◆一緒

- ディナーをご一**緒**させていただき、ありがとうございました。
- 貴殿とご一**緒**できるものと思います。
- 航空郵便料と一**緒**に送金額をお知らせ下さい。
- ……と一**緒**にされます
- 私と一**緒**にいらっしゃいませんか。
- ご一**緒**していただき、また素晴らしい贈り物までいただきましたことに重ねてお礼申し上げます。
- 皆様と親しくご一**緒**することができ、大へん嬉しく存じます。

together (with), with (me, us, you)

- Thank you very much for the dinner we had together.
- We can be sure to get together.
- Please indicate the amount to be remitted together with the airmail cost.
- will be merged with ...
- Will you go with me?
- Thanks again for the time you spent with us, and the very lovely gift.

- I am pleased to have the opportunity to be with you in person.

◆一致

- 私どもは、……という原則について、完全

accord, accordance, agree [-d], conform, conformity, correspond to

- We were in *complete* accord on the principle that ....

に意見が一**致**いたしました。
- ……と一**致**しています
- ……に厳密に一**致**していなければなりません
- ……と一**致**しません
- ……ことに意見が一**致**しました。
- 標準モデルに一**致**させる
- ……と全く一**致**している
- ……と一**致**する
- これは ……と一**致**します。

◆一手～
- **一手代理権**
- **一手代理店に**
- **一手販売代理店**
- **一手販売権に基づいて**
- **一手買付け代理店**
- **一手販売店**
- 貴社の一**手代理店**になりたいと存じます。
- **一手代理店**契約
- 同社の一**手独占**輸出部門
- XYZ製品の一**手販売**
- 貴社製品の一部についての一**手販売権**
- **一手販売権**
- 日本での一**手販売権**

◆いつでも
- 私どもの便宜供与が必要になりましたら、**いつでも**ご連絡下さい。
- **いつでも**ご都合のよろしい時に
- ご意見またはご提案がございましたら**いつでも**
- **いつでも**
- 証券の有効期間中は**いつでも**、

◆一点

◆一筆
- 私どもに一**筆**下さい。
- 一**筆啓上**。……と伺い非常に喜んでいます。
- 一**筆啓上**いたします。……
- 私自ら一**筆**申し上げます。

◆一報
- 当社にご一**報**の上
- ご一**報**下さい。
- ご一**報**下されば、

◆いつも
- **いつものこと**
- **いつもの通り**、

- <be> *in* accord with .../ <be> *in* conformity with ...
- must be strictly *in* accordance with ...
- do not agree with .../ do not correspond to ...
- We have agreed *that* ....
- conform *with* standard models
- <be> *in* full conformity to ...
- correspond to ...
- This corresponds with ....

agency, agent, exclusive, sole, etc
- *sole* agency
- as your *sole* agent
- an exclusive selling *agent*
- on an exclusive *basis*
- an exclusive *buying* agent
- an exclusive *dealer*/ an exclusive *distributor*
- We wish to obtain exclusive *representation* from you.
- an agreement for *Sole* Agency
- their sole and exclusive export department
- the sole distribution of XYZ products
- sole distributorship for certain of your products
- sole distributorship rights
- a franchise in Japan

at any time, whenever, etc.
- Please let us know at any time you may need to use our facilities.
- whenever you find it convenient
- whenever you have any thoughts or suggestions
- at all times/at any time
- Every day that the policy is in force,

one point

a line, a note
- Please just drop us a line.
- Just a note to tell you how glad I am to hear that ....
- Just a note to let you know that ....
- I write you this personal note.

advice, a line
- under advice to us
- Please drop me a line.
- If you drop me a line,

at all times, etc.
- nothing unusual
- As always,

- •いつものように
- •いつもより

- • as usual
- • more than usual

◆移転
- •サウスゲイトから新所在地に**移転**
- •新しいビルへ**移転**する

- •事務所が〈新住所〉に**移転**いたしました。
- •……に事務所を**移転**いたしました。
- •本日下記に**移転**［転居］しました。
- •現在より広く便利な場所に**移転**します。

- •新社屋への**移転**
- •事務所を下記住所に**移転**いたします。

move, moved, moving, removal , etc.
- • our move *from* Southgate to new quarters
- • move *into* their new building/ move *to* a new building
- • Our office has moved *to* <new address>.
- • We have moved our office *to* ....
- • We have moved today *to* the following address.
- • We will be moving *to* larger and more convenient quarters.
- • removal *to* the new building
- • My new *office address* will be as follows:

◆異動
- •貴殿のためになされたこの**異動**
- •本部に**異動**する
- •新しい地位に**異動**しました。
- •新しい任務への**異動**の際は

change, move, transfer, etc.
- • the change that makes for you
- • move *to* the corporate headquarters
- • I've been transferred *to* a new position.
- • in this transition *to* the new assignment

◆以内
- •注文を受けてから5週間**以内**に
- •受注から1週間**以内**に出荷する
- •2〜3日**以内**には

within
- • within five weeks *after* receipt of your order
- • ship within a week *of* receiving orders
- • within a couple of days

◆祈る
- •素晴らしいクリスマスと新年のご多幸を**お祈り**いたします。
- •……を共に**祈り**ましょう。
- •ご活躍とご多幸を**お祈り**いたします。

- •楽しいクリスマスと新年のご多幸を**お祈り**いたします。
- •私ども一同、貴殿のご成功を**お祈り**申し上げます。
- •貴社のますますのご繁栄を**お祈り**申し上げます。
- •……を**お祈り**申し上げます。
- •販売に成功されますよう、**お祈り**いたします。
- •**祈っ**ております

hope, wish, wishes, etc.
- • I hope you have a very good Christmas and a prosperous New Year.
- • Let us hope that ....
- • All of us wish you continued success and happiness.
- • I wish you a Merry Christmas and a Happy New Year.
- • All of us here wish you every success.

- • I wish your Company continued success.

- • With every wish *for* ..../ (With) *best* wishes for ....
- • *Best* wishes for a very successful selling year.
- • keep our fingers crossed

◆今
- •**今頃**はもう
- •**今頃**は、
- •**今すぐ**
- •**今**にも
- •**今のところ**
- •**今まで**のところ、

this time, etc.
- • *by* this time
- • *By* now,
- • right away
- • any day [moment, minute]
- • *at* the moment/ *at* the present time/ *at* this time
- • As yet,/ thus far

◆以来

- 前回お会いして**以来**
- 前回お手紙を差し上げて**以来**
- 当社始まって**以来**の

since, etc.

- since we last met
- since I wrote to you last
- in our company history

◆依頼

- 必要な品は当社を通じて購入するよう PQRに**依頼**する
- 本状は貴殿に、……するよう**依頼**するものであります。
- 電話をするよう当社の……氏に**依頼**いたしました。
- ……するよう**依頼**されています
- 当方の取引銀行に、……するよう**依頼**しました。
- ご**依頼**の通り、
- ご**依頼**により
- ご**依頼**の品
- 本状は貴殿に、……するよう**依頼**するものであります。
- ご**依頼**の品
- ご**依頼**の資料
- ご**依頼**の見本
- 信用状開設を**依頼**する
- ……からの**依頼**により

ask [-ed], instructed, instructions, request [-ed], etc.

- ask PQR to purchase any requirements through us
- This letter is to ask you to <do>.
- I have asked our Mr. … to give you a call.
- have been asked to <do>
- We have instructed our bank to <do>.
- In accordance with your instructions,
- *at* your request
- the goods you requested
- I am writing to request that you ….
- the goods requested by you
- the information requested
- the requested samples
- apply for the opening of the Letters of Credit
- at the instance of …

◆（お）祝い

- ……のお**祝い**を支援する
- 新年のお**祝い**
- ……についてお**祝い**を申し上げたいと思い、ペンを取りました。
- このようなすばらしい会社を持たれ、お**祝い**申し上げます。
- 心からお**祝い**［お祝いの言葉］を申し上げます。
- ご成功、心からお**祝い**申し上げます。
- ……をお**祝い**申し上げます。
- ……についてお**祝い**の言葉を述べさせて頂きます。
- 心からお**祝い**申し上げます。
- ……に対してお**祝い**を申し上げます。
- 心よりお**祝い**申し上げます。
- 成功を収められるよう、心よりお**祝い**申し上げます。
- ご昇進を、心からお**祝い**申し上げます。

celebrate, celebration, compliment [-ed], congratulate, congratulation (s)

- help us celebrate …
- your New Year's celebration
- I just wanted to drop you a note to compliment you on ….
- You are to be complimented for having such a wonderful company.
- I congratulate you./ Permit me to congratulate you./ *Accept* my heartiest congratulations./ *Sincere* congratulations./ *Warm* congratulations.
- I congratulate you heartily on the good fortune.
- Let me congratulate you on ….
- We wish to congratulate you on ….
- I would like to congratulate you most sincerely./ I *offer* you my hearty congratulations.
- Please *accept* my congratulations on ….
- Please *accept* my hearty congratulations./ I *extend* to you my sincere congratulations./ I want to extend my *sincere* congratulations.
- Please *accept* my sincere congratulations for every success.
- Please *accept* my sincerest congratulations on your

- このたびの ……の地位にご就任、心からお**祝い**申し上げます。
- ……の由、心より**お祝い**申し上げます。

- 取り急ぎ、このたびのご就任を**お祝い**申し上げます。
- 心より**お祝い**を述べさせていただきます。

- ご夫妻に**お祝い**申し上げます。
- 心からの**お祝い**を申し上げます。
- ……に対し心から**お祝い**申し上げます。
- このたびのご就任、心から**お祝い**申し上げます。
- ……へのご就任を心より**お祝い**申し上げます。
- 私より心からの**お祝い**
- 新本社ビルのオープンの**お祝い**に

◆印刷
- このテキストが**印刷**に回される前に私は出版社に知らせます。
- 文書をまちがって**印刷**する
- あらかじめ**印刷**したカード
- 広範囲にわたる**印刷物**
- **印刷物**在中
- 良質の**印刷**ができませんでした
- （宣伝用の）**印刷物**

◆印象
- 強い**印象**を受ける
- 〈商品〉に特に強い**印象**を受けました。
- ……に強い**印象**を受ける
- 同社とその経営幹部についての当行の**印象**はよいものです。
- よくない**印象**
- 非常に**印象的**です
- 非常に**印象的**

◆引退
- ……の地位から**引退**したい
- ……を近く**引退**します
- ミルトン社の会長職から正式に**引退**した。
- ……の職から**引退**

◆引用する
- 新聞記事の一部を**引用します**
- 説明を以下に**引用する**
- 貴信にて述べられた文章の一節を**引用する**
- テレックス番号を**引用する**
- ……という本に**引用される**

promotion.
- Please *accept* my warmest **congratulations** on your recent appointment as ....
- I would like to *extend* my warmest **congratulations** to you on ....
- I hasten to *extend* my **congratulations** to you on this new appointment.
- Permit me to *extend* my **congratulations** and very best wishes.
- You and your wife *have* my **congratulations**.
- I *offer* my heartiest **congratulations**.
- May I *offer* you my sincere **congratulations** on ....
- I would like very much to *offer* my sincere **congratulations** on your recent appointment.
- *Sincere* **congratulations** on your appointment as ....
- my very *sincere* **congratulations**
- *in* **congratulation** of the opening of our new Head Office building

press, print, printed, printing, etc.
- I will advise the publisher before the text *goes to* the press.
- print text *incorrectly*
- a *pre*-printed card
- a comprehensive set of printed *notes*
- Printed *Matter*
- have never *produced* good quality printing
- literature

impress [-ed], impression (s), impressive
- impress me *greatly*
- I was most *strongly* impressed with <commodity>.
- <be> impressed *by* ...
- Our impressions of the company and its management are favorable.
- an *unfavorable* impression
- <be> *deeply* impressive to me
- *most* impressive

retire, retirement
- desire to retire *as* ...
- will soon retire *from* ...
- I officially retired *as* Chairman of Milton.
- my retirement *from* the position of ...

quote, utilize
- quote *in part* certain newspaper articles
- quote the explanation hereunder
- quote the passage indicated in your letter
- quote a telex number
- <be> utilized in a book entitled ...

う

◆ウイズ L/C（信用状付き）

with L/C

◆ウイズアウト L/C（信用状の裏付けのない
いもの）

without L/C

◆伺い

ask about, hear [-d], hear about [from], inform [-ed], know about, learn of [that], etc.

• ……についてお**伺い**いたします。

• I am writing to ask about .... / This letter is to ask about ....

• ……について**伺う**

• hear about ...

• この分野での貴殿のご活躍を数々**伺って**おります。

• I have heard a great deal *about* your work in this area.

• 貴社の社員から**伺い**

• to hear from one of your company staff

• ……と**伺って**おります。

• I am informed that ....

• 次の２点について**伺い**たいと思います。

• We would like to know about the two points.

• ……について直接**伺う**

• learn firsthand of ...

• 名古屋方面におられるかもしれないと**伺い**ました。

• I learned that you may be in the Nagoya area.

• いつでもご都合のよい時に面接にお**伺い**いたします。

• I shall be available for an interview at your earliest convenience.

• 喜んでお**伺い**いたします。

• I shall be delighted to come.

• ……から貴社の社名を**伺う**

• receive your (company's) name from ...

◆浮かぶ

occur [-red], etc.

• ……という考えが私の心に**浮かび**ました。

• It occurred to me that ....

• ……はどうか、という考えが私どもの心に**浮かび**ました。

• It occurred to us whether ....

• ……ということが、私の心に**浮かび**ました。

• It has occurred to me that ....

• 目に**浮かぶ**

• picture

◆受け入れる

acceptable, etc.

• 当方の提案を貴社が**受け入れて**下さることを心より願っております。

• We sincerely hope that our proposal will be acceptable to you.

• この結果は双方にとり十分**受け入れ**られるものだと思います。

• The result will be entirely acceptable to both of us.

• 現在よく**受け入れ**られているビデオ・プログラムについて

• on the ongoing success of the video program

◆受け取る

accept, come, receive [-d], receipt, receivables, etc.

• 心ばかりの品をお**受け取り**下さい。

• I hope you will accept my hearty present.

• ……をたった今**受け取った**ところです。

• ... have just come to my hand.

• 11月22日付けのお手紙**受け取り**ました。

• Your kind letter of the 22nd November came.

• 貴行からの支払いを**受け取る**

• receive the payment from your bank

• 最初のお手紙は**受け取って**おりません。

• We never received your first letter.

• 「**受取り**」船荷証券

• "received" B/L

• **受取り**式船荷証券

• received for shipment B/L

• 貴社の ……をたった今**受け取り**ました。

• I have just received your ....

• ……を**受け取る**

• acknowledge receipt of ...

- この情報を**受け取り**次第、
- **受取**債権の譲渡
- 商品を**受け取る**
- ……を**受取人**とした
- 輸送会社が委託貨物を**受け取**った際に
- ……を、**受取人**として作成する
- **受取人**
- ……と**受け取**られています
- ……を、たいへん喜ばしく**受け取る**。

- *Upon* receipt of this information,
- the assignment of your **receivables**
- take delivery of the goods
- in favor of ...
- when the shipper held up your consignment
- should be made out to ...
- the payee
- <be> perceived as ...
- ... <be> most welcome.

◆受ける

- ご親切なおもてなしをありがたくお**受け**いたします。
- ご招待を、喜んでお**受け**いたします。
- この招待を**受ける**
- ご親切なご招待をお**受け**します
- ご招待をお**受け**できません。
- 当然の褒賞を**受ける**
- 退職金を**受ける**
- 御社から素晴らしいサービスを**受ける**
- 遅れずに引き渡しを**受ける**
- 必要な認可をすべて**受ける**
- これ以上の注文を**受ける**
- ……のご招待を、お**受け**することはできません
- 大きな被害を**受け**ておられませんことを願っております。
- わかりやすく詳しい説明を**受け**ながら
- 30ドルで**受け**なければならない

accept, receive, etc.

- I *gratefully* accept your generous hospitality.
- We are delighted to accept the *invitation*.
- accept this *invitation*
- accept your kind *invitation*
- I cannot accept your *invitation*.
- receive a most deserving reward
- receive a retirement allowance
- receive excellent service from your company
- get your delivery in time
- secure all the necessary approval
- take on any more orders
- have to say No to your kind invitation of ...
- I hope [trust] you have not sustained any serious losses.
- given clear and detailed explanations
- have to book at 30 dollars

◆失う

- ……氏の助力を**失う**
- 御社にとりかけがえのない方を**失われる**こと
- 偉大なる友人を**失い**ました。
- 私どもABC社は真の友人であり偉大な指導者を**失い**ました。

lose, loss, lost

- lose Mr. ...'s services
- the *irreparable* loss suffered by your institution
- We have lost a great friend.
- We at ABC have lost a great friend and leader.

◆疑い

- ……は、ほとんど**疑い**の余地がありません。
- **疑いなく**［確かに］……
- ……ということは、**疑い**の余地がありません。

- **疑いもなく**
- **疑いなく**［確かに］
- 一方の会社が、他方の会社を**疑う**

doubt, question, etc.

- There is *little* doubt that ....
- *No* doubt ....
- We have *no* doubt that ..../ There is *no* question in my mind that ....
- *without* question
- Undoubtedly/ Unquestionably
- have one company suspicious of the other

◆打ち合わせ

- 通訳者と**打ち合わせる**
- 貴社の技術者と**打ち合わせ**をする
- ……ついての**打ち合せ**にご参加ください。

- この件について、**打ち合せ**をするために

confer with, consult with, etc.

- confer with the translator
- consult with your engineers
- Please join with us for some preliminary *discussion* of ....
- in order to have some preliminary *discussions* in

・貴殿とお会いし、**打ち合せ**をしたいと考えております。

this regard
・I would like to get together *for* a meeting.

◆うっかり
・信用状の条件を**うっかり**見落としてしまいました
・**うっかり**して別の口座に記帳してしまいました。
・遺憾ながら**うっかり**して

inadvertently, oversight
・have inadvertently overlooked the terms of the credit
・The entry was inadvertently posted to another account.
・through an unfortunate oversight

◆写し
・紹介状の**写し**をここに添付いたします
・紹介状の**写し**を添付いたします。
・送り状と保険証券の**写し**を添付いたします。

copy, copies
・*attach* a copy of a letter of introduction
・*Attached* is a copy of the letter of introduction.
・*Attached* are copies of the invoice and insurance policy.
・I will *forward* copies to you for your perusal.

・**写し**を何部かお送りしますので、よくご覧下さい。
・本状の**写し**を使って
・同封の本状の**写し**
・信用状の**写し**
・あなたのファクスの**写し**
・その手紙の**写し**
・議事録の**写し**
・**写し**送付先

・*by* copy of this letter
・the attached copy *of* this letter
・a copy *of* the credit
・a copy *of* your fax
・a copy *of* the letter
・a copy *of* the proceedings
・Copy to .../ CC to ... (= Carbon Copy to ...)/ Copies to ...

◆移す
・……に住居を**移し**ます
・預金口座は日比谷支店に**移す**

relocate, transfer
・will relocate their residence to ....
・transfer to our Hibiya Branch the deposit account

◆移る
・……に**移る**
・XYZ社のバンクーバー支店に**移る**
・将来に向けての話題に**移る**

move into [to], etc.
・move into ...
・move to XYZ Vancouver
・leap into the future

◆裏書
・船荷証券に「東京電機」の指図人と**裏書き**する
・**裏書き**
・**裏書き**の連続
・同小切手の**裏書**
・免責的**裏書き**
・前**裏書き**人
・割引手形の**裏書人**及び／あるいは保証人として

endorse, endorsement, endorser, etc.
・endorse the Bills of Lading to the order of "Tokyo Electric"
・endorsement/ indorsement
・a continuous chain *of* endorsement
・the endorsement *of* the check
・endorsement *without* recourse
・a *preceding* endorser
・as endorser *of* notes discounted and/or a guarantor

◆売〜
・**売り値**
・**売り物**に出ているものを購入する
・（安くしたりして）**売り物**に出ている

offer [-ing, -ed], sale (s), sell [-ing, -er's], etc.
・an offer *price*/ an asked rate
・buy *on* offer
・have *on* offer

- 売出し価格
- 売れ行きがよい
- すぐに売れる
- 貴社製品の売上げを伸ばす
- XYZ製品の売上げを示す
- 御社の年間売上げ高
- 好調な売れ行き
- 社員1人当りの売上高
- 売上奨励用紙
- 15%の売上げ増
- 売上げの結果は上々です。
- 売上高と純益の増加
- 売上高と収益の増加
- ……の当社の売上げ
- 売上高
- これらの製品の売上げ
- 数百件も商品を売りそこねていること
- 弊社の製品はすべて1都市1店に売る
- よく売れる
- 同製品は売れ行きがよい。
- 売りオファー
- 売りオペ
- 売り方選択権付きで
- 売り主の選択による
- 売り手見本
- 世界総売上高
- 同社の総売上高
- 総売上高3,100万ドル
- 売掛け金勘定の多くの利点を利用する
- これらの計画を売り込む
- 売り持ち

- an offering [issue/ offer/ offered] price
- *command* a ready sale
- *find* a ready sale
- *increase* the sales of your products
- *show* our sales of XYZ product
- your *annual* sales
- *good* sales
- *per capita* sales
- sales incentive forms
- a 15% sales increase
- The sales product is flourishing.
- the gains *in* sales and net income
- the growth *in* sales and income
- our sales *of* ...
- the sales volume
- sales *of* these products
- the loss *of* several hundred sales
- sell all our products to one store in a city
- sell *well*
- The item is selling *well*.
- a selling offer
- (market) selling operations
- at seller's option
- at the seller's option
- a seller's sample
- the global turnover
- their overall company turnover
- a $31 million turnover
- enjoy the many advantages of a charge account
- exploit these programs
- an oversold position/ a short position

◆うれしく

- ……をいただきうれしく思っております。
- ……とのお知らせをうれしく受け取りました。
- PQR社が最近発展しているのを見て私ど
  もはうれしく思っています。
- ……を、うれしく存じます。
- 私を招いて下さってうれしく存じます。
- 貴殿から、……であることを承りうれしく
  存じます。
- ……を知りうれしく存じます。

- ……についての知らせを受け、たいへんう
  れしく存じます。
- ……を知り、うれしくてたまりません。
- お手紙をいただき、うれしく存じます。
- あなたのお手紙で、……ということを知り、
  うれしく存じます。
- ……と伺い、うれしく存じます。
- お客様を当行の預金者の一員としてお迎え

delighted, flattered, gratifying, overjoyed, pleased, pleasure, welcome

- We are delighted *at* ....
- I am delighted *to hear* that ....
- We are delighted *to see* the current progress which
  PQR is making.
- I am flattered *that* ....
- I am quite flattered *by* your invitation.
- It is gratifying for me *to learn* from you that ....
- It is gratifying *to learn* of ..../ I am pleased *to know*
  that ....
- It was most gratifying *to receive* the news about ....

- We were overjoyed *to learn* that ....
- We are pleased *to receive* your letter.
- It is a pleasure *to learn* from your letter that ....

- It is [was] a pleasure *to hear* [learn] ....
- Welcoming you as a member is a *distinct* pleasure.

でき非常に**うれしく**存じます。
- ……をお知らせでき、（非常に）**うれしく存**じます。
- ……していただき、まことに**うれしく**かつ光栄に存じます。
- ……して、非常に**うれしく**存じます。
- 横島氏への紹介状がいただけましたら、非常に**うれしく**存じます。

- It is our (*great*) pleasure to inform you that ....
- It was *indeed* a pleasure and an honor to <do>.
- It was *with a great deal of* pleasure that ....
- I should *certainly* welcome a letter of introduction to Mr. Yokoshima.

◆上回る
- 支出を**上回る**
- 25万ドルを**上回る**

exceed, etc.
- exceed our expenses
- in excess of $250,000.00

◆運営（する）
- 成果を見た**運営**会議
- 会社の**運営**はしっかりしています。
- 大型男物チェーン店の一つを**運営**しています
- 駐在員事務所を**運営**する
- 御社のアメリカでの事業を**運営**する

working, operate, run
- a successful working meeting
- Company affairs are in good shape.
- operate one of the largest chain of men's stores
- run a representative office
- run your U.S. operation

◆運送
- **運送**代理人
- すべての**運送**費用とともに
- **運送**書類

forwarding, transport
- a forwarding agent
- together with all expenses *of* forwarding
- transport documents

◆運賃
- **運賃**到着地払い
- **運賃**到着地払いで
- **運賃**料率

freight
- freight collect
- on a freight-collect basis
- the freight rate

え

◆影響
- アジアのビジネスに**影響**を及ぼす
- 契約に**影響**を与える
- 企業、契約、金融および銀行法に**影響**を与える
- 当社の立場に**影響**を与える
- 私どもの売上げに**影響**を及ぼしています
- ……に大きな**影響**を及ぼす
- 深刻な**影響**
- ……に大きな**影響**を与える

- ……に積極的な**影響**を与える
- 将来の**影響**
- 「ミクロ」的な**影響**
- 宇宙工学の**影響**
- あなたご自身の**影響**力
- ADC社の行う調査の**影響**

affect [-ing], effect, impact, influence
- affect Asian business
- affect the contract
- affect corporate, contract, finance and banking law
- affect our situation
- <be> affecting our sales
- *have* a great effect on ...
- a *profound* effect
- *have* a major impact on .../ *make* a powerful impact on ...
- *have* a positive impact on ...
- the *future* impact
- "micro" impact
- the impact *of* space technology
- your *own* influence
- the influence *of* ADC research

◆営業

	business, operating, operation, sales, etc.

- 当社の**営業**会議
- **営業**日
- 唯一の**営業**日
- **営業**課長
- **営業**時間
- **営業**［開店］時間後に
- **営業**［開店］時間前に
- **営業**管理において
- （次回の）**営業**会議
- ミナミ商会の**営業**状態
- 昨**営業**年度に
- **営業**終了時点での
- 当該日の**営業**締切現在で
- **営業**種目を拡大する
- **営業**負債なしに
- **営業**損益計算書
- 20xx年4月1日から**営業**します。
- **営業**部
- 御社の新**営業**所
- 当社の新しい貴地**営業**担当社員
- **営業**報告書
- 銀行の**営業**時間
- （順調に）**営業**中の会社

- our company's business *conferences*
- a business *day*
- the only business *day*
- Manager, Business *Department*
- business [office] hours
- after (office) hours
- before (office) hours
- in business *management*
- the (next) business *meeting*
- the business *standing* of Minami Shokai
- during the past business *year*
- as of the close *of* business
- at the close *of* business on that date
- expand our line *of* business
- with no operating *debt*
- an operating *statement*
- We will be *in* operation from April 1, 20xx.
- the sales *department*
- your new sales *office*
- our new sales *representative* for your area
- an annual report
- banking hours
- a going concern

◆衛星

	satellite

- 宇宙と地上での**衛星**通信
- 全世界の**衛星**通信システム
- **衛星**通信分野全般

- satellite communications in space and on the ground
- the global satellite communications system
- the field of satellite communications in general

◆栄誉

	honor (s)

- ……より与えられた**栄誉**をありがたくお受けいたします。
- この**栄誉**を受けられるのは当然です。
- なぜこのたびの**栄誉**と責任が貴殿に与えられたか
- この素晴らしい**栄誉**を受ける
- まことにふさわしい**栄誉**
- 大きな**栄誉**
- このたびのご**栄誉**
- 大変な**栄誉**
- ……の**栄誉**を今回お受けになり
- このように大きな**栄誉**
- この素晴らしい**栄誉**
- ……の**栄誉**
- **栄誉**に値する人
- まことにふさわしい**栄誉**に満ちた年月を今後も送られるよう

- I gratefully *accept* the honor bestowed on me by ....
- The honor is richly deserved.
- why this honor and responsibility has been *placed* upon you
- *receive* this unique honor
- a most *deserved* honor
- a *great* honor
- this *great* honor
- a *high* honor
- your recent *high* honor in ...
- this very *high* honor
- this *signal* honor
- the honor *of* the ……
- anyone deserving *of* the honor
- for many more years *of* well deserved honors

◆選ぶ

- ミナミホテルを**選ぶ**
- ……をお**選び**になることはできなかったでしょう。
- ……に**選ば**れる。
- 適した品目を**選ぶ**
- 貴社のリーフレットから**選ぶ**
- 日本の産業のあらゆる分野から広範囲に代表者が**選ば**れています
- 適切な人物を経営陣に**選ぶ**
- **選ば**れたグループ

choose, chosen, elect [-ed], pick up, representation, select

- choose the Minami Hotel
- You could not have chosen ….
- You are elected *as* ….
- pick up suitable items
- pick up from your leaflets
- cover a wide range of representation *from* all segments of Japanese industry
- select the right management people
- a select group

◆得る

- ……の幅広い支持を**得ら**れる
- ……を聞けば、**得る**ところが多い
- 割り引き率の引き上げで利益を**得る**
- 年間 ……ドルの追加収入を**得る**
- 安心感が**得ら**れる
- 競争的優位を**得る**
- ……して、**得ら**れるものは何もありません。
- その指導的地位に最良の人物を**得る**
- この注文を取り消さざるを**得ません**
- 法的措置を取らざるを**得ない**

attract, benefit from, earn, enjoy, gain [-ed], have, etc.

- attract wide support from …
- benefit from hearing …
- benefit from the increased discount
- earn an additional $… per year
- enjoy the security
- gain competitive advantage
- There is nothing to be gained by <doing>.
- have the best possible man at its helm
- We shall be compelled to cancel the order.
- <be> obliged to take legal action

◆円～
- **円**に有利な為替レート
- **円安**
- **円口座**を開設する
- ドル表示と**円**表示の両方
- **円貨**相当額範囲内
- **円貨**代わり金
- **円高**不安により
- **円口座**の残高を外貨に交換することができます。
- **円高**
- **円**の強さ

yen, Yen

- exchange rates *favoring* the yen
- *lower* yen
- open a yen *account*
- the dollar and yen *amount*
- within the Yen *equivalent*
- the yen *proceeds*
- in fear of Yen *revaluation*
- You may convert the balance *in* your yen account into foreign currency.
- appreciation *of* the yen
- the strength *of* the yen

◆宴会
- 〈名前〉のための正式の**宴会**
- 14品料理の**宴会**
- **宴会**に

a banquet, etc.
- a *formal* banquet in honor of <name>
- the 14 course banquets
- on the dais

◆延期
- 払込みを**延期**する
- 勘定の決済を**延期**する
- ……まで**延期**します
- 支払い**延期**
- 船積みの**延期**
- 面談を**延期**する

defer [-red, -ment], extension, postpone [-ment]
- defer *payment*
- defer the *settlement* of your account
- <be> deferred *until* …
- the deferment *of* the payment
- the extension *of* the shipment
- postpone the *meeting*

- 予定を**延期**する
- イタリア旅行を**延期**する
- 面談予定の**延期**

- postpone the *schedule*
- postpone my *trip* to Italy
- the postponement *of* our meeting

◆援助

assist [-ance], help [-ing], support, etc.

- （……の件で、）私どもの顧客をご**援助**いただく
- この重要な研究を**援助**する
- あらゆる**援助**と協力
- できる限りの**援助**
- ……に大きな**援助**をしてきました
- いろいろご**援助**いただき、重ねてお礼申し上げます。
- XYZ社への**援助**
- ……に際し貴殿より賜ったご**援助**
- ……による**援助**
- 当社の**援助**契約
- ABC社からの広範な**援助**
- 同氏に対しあらゆる**援助**と協力をいたします。
- ……する時は、**援助**します。
- 貴社の**援助**なしには、
- ご**援助**を賜り深謝いたします。
- 素晴らしい**援助**
- 貴社からのこれまでのご**援助**
- 相当な額の海外からの**援助**
- 当社の今後の**援助**費投資
- **援助**費用
- このプログラムに**援助**する
- ……のために貴殿よりまた寛大なご**援助**をいただける
- あなたの**援助**が20xx年次のアピール（訴え）には極めて重要です。
- 貴社の**援助**を必要する

- assist our *customer* in ...

- assist *in* this important study
- *every* assistance and cooperation
- *every* possible assistance
- have been of *great* assistance to ...
- Thank you again for all of your *kind* assistance.

- the assistance *given* to XYZ
- all the assistance *offered* by you in <doing>
- the assistance *provided* by ...
- our assistance *agreement*
- the *extensive* help provided by ABC
- We will help him and give him our generous cooperation he may need.
- We will help you in <doing> .
- *Without* your help,
- Thank you very much *for* helping me.
- the *excellent* support
- your *past* support
- *substantial* overseas support
- our anticipated future support *cost* investment
- support *costs*
- support this program
- you will *renew* your generosity for ...

- Your involvement is critical to our 20xx Annual Appeal.
- *require* your services

◆演説
- 基調**演説**
- 記念**演説**

address, speech
- the keynote address
- the commemorative speech

◆延滞
- **延滞**貸金
- **延滞**利息

delayed, etc.
- doubtful debts/ non-performing loans
- delayed interest

◆延長
- 本契約を**延長**する
- 支払い期限を1カ月**延長**する
- 信用状の積み期と有効期限を**延長**する
- 羽田野博士に出張期間の**延長**を頼む
- 信用状の有効期間の**延長**する
- 販売店を同社の**延長**としてみてはいません

extend, extension
- extend this *agreement*
- extend the *period* of payment by one month
- extend the *shipping* date and the validity of the L/C
- ask Dr. Hadano to extend his *trip*
- extend the *validity* of the credit
- don't look at the dealers as an extension *of* the company

- 期限をさらに**延長**することが必要です
- 手形期限の**延長**
- 60日間の期限の**延長**

- require a further extension *of* time
- the extension *of* the usance
- an extension *of* 60 days

◆遠慮

- 今後のお取引についてどうぞ**遠慮**なく、当方にご相談下さい。
- **遠慮**なくご連絡下さい。
- **遠慮**なくお知らせ下さい。
- ご意見を**遠慮**なく付け加えてください。
- **遠慮**なく……する
- ご**遠慮**なく私にご連絡下さい。

hesitate, etc.

- Please do not hesitate *to consult* us about your future transactions.
- Please do not hesitate *to contact* me.
- Please do not hesitate *to let* me know.
- Please don't hesitate *to make* additional comments.
- feel free to <do>
- Please feel free to *contact* me.

お

◆おいで

- 当地に**おいで**いただく
- 私どものところに**おいで**になりませんか。
- ぜひ**おいで**下さい。
- 必ずここに**おいで**下さい。

come down to <do>, etc

- come down to see us
- Will you please come to us?
- Do come.
- Don't fail to be here.

◆応じる

- ご招待に**応じる**
- 私どもの要請に**応じる**
- 上記の要望に**応じる**
- ご要請に喜んで**応じ**させていただきます。
- 当社は貴要望に**応じる**ことができます。
- 注文取り消しのご要請には**応じ**かねます
- この要請に早く**応じ**ていただければありがたく存じます。
- 貴注文に**応じる**
- 顧客の要請に**応じる**
- 貴社の具体的なご要望に**応じる**
- 当社の仕様に**応じ**ていただきなりれば
- もし、当方の要求に**応じる**ことができるようでしたら
- 本通知に**応じ**ない場合は、
- この通知に**応じ**られなかった
- ……に**応じて**
- その実績に**応じて**
- いろいろな状況に**応じて**
- 必要に**応じて**
- 上記の点をそれに**応じて**修正する。

accept, comply with, expenditing, fill, meet (with), respond to, etc.

- accept your most gracious *invitation*
- comply with our *request*
- comply with my above *request*
- I am happy to comply with your *request*.
- We can comply with your *request*.
- cannot comply with your *request* for cancellation
- I would appreciate your expenditing this *request*.

- fill your order
- meet our customers' *request*
- meet your specific *requirements*
- unless you can meet our *specifications*
- If it is possible for you to meet with my *request*,

- If you fail to respond to this notice,
- have failed to respond to this notice
- in response to .../ in proportion to ...
- depending on his performance
- due to a variety of circumstances
- as necessary
- The above points should be corrected accordingly.

◆横線

- **横線**小切手
- **横線**のない

crossing

- crossed checks
- uncrossed

◆応募

- 〈職種〉の職に**応募**する
- ……の職への**応募**
- 良質な**応募**

◆応用

- 新技術の**応用**
- 独自の**応用**環境を作る
- 有能な人々が、……をうまく**応用**することができる企業
- ほかのいろいろな計画にそのまま**応用**できる

◆終える

- やりがいのある20年間の勤務を**終え、**

- 兵役を**終える**
- 必要な手続きはすべて12月末までに**終える**ことができる
- 私の話を**終え**たいと思います。
- その日を楽しく**終える**ことができました

◆大口

- 当社として初めての**大口**注文
- このような**大口**の預金
- 貴社とは継続的に**大口**取引をすることができるかもしれません
- 貴社に**大口**の注文を出す
- **大口**定期預金
- **大口**注文に対して
- ……の**大口**取引のための最低価格と納期

◆大手

- 英国製羊毛製品の**大手**輸出業者

- **大手**のメーカー
- 食料品の**大手**販売業者
- スポーツ・ウエアの**大手**輸入業者
- **大手**金融機関
- 日本の**大手**企業

◆起きる

- もし何か特別な事態が**起き**ましたら
- そのような事態が**起き**た場合は
- 何か重要なことが**起こっ**たら
- 新しい発展が急速に**起こっ**ています。
- ……という事実から、それは**起こっ**ているのです。

◆置く

- ……に駐在員が**置か**れております。

apply for, etc.

- apply *for* the position of <job title>
- an applicant *for* the position of ...
- a number of good applications

applications, etc.

- applications of new technology
- form a unique applications environment
- an organization where competent persons can successfully apply ....
- <be> directly applicable to various other programs

after, complete, conclude, etc.

- after 20 challenging and rewarding years with the company,
- complete his career of military service
- can complete all the necessary formalities by the end of December
- I will conclude my remarks.
- was [were] a delightful way to end the day

big, large, quantities

- our first big [large/ strong] order
- the business of such a large *amount*
- may be able to establish a continuing large *business relationship* with your firm
- place a large *order* with you
- large *time deposits*
- *for* quantities
- the best price and delivery time *for* the quantities of ...

large, leading, major

- the large *exporters* of woolen goods produced in England
- a large *manufacturer*
- the leading *dealers* of foodstuffs
- the leading *importers* of Sports Apparel
- major *financial institutions*
- a major *Japanese company*

arise, etc.

- if any special situations arise
- in case such a situation should come about
- if anything important happens
- New developments are rapidly taking place.
- It stems from the fact that ....

<be> stationed, etc.

- Representatives are stationed *in* ....

- この本は常に手元に**置く**
- 私どもの保管箱の書類の中に支払い指図を**置き**忘れる

- keep this book *by* me
- mislay the payment order in the papers in our custody box

◆奥様
- 美しく、親切な**奥様**
- **奥様**によろしくお伝え下さい。
- **奥様**（未亡人）
- **奥様**はじめご遺族の皆様

your wife, the bereaved widow
- your *lovely, gracious* wife
- Give my regards *to* your wife.
- the bereaved widow
- the bereaved widow and members of his family

◆（お）悔やみ
- 心よりお**悔やみ**申し上げます。

- お**悔やみ**の言葉

- お**悔やみ**状
- 心のこもったお**悔やみ**の言葉

- 私への丁重なお**悔やみ**の言葉

- お**悔やみ**のお言葉を賜り、衷心よりお礼を申し上げます。
- お**悔やみ**の電報
- ……様のご逝去をいたみ心よりお**悔やみ**申し上げます。
- ……（訃報）に接し心からのお**悔やみ**を申し上げます。

- 貴殿とご家族の皆様に心からお**悔やみ**申し上げます。
- 故人（彼）の遺族に貴殿のお**悔やみ**の言葉を伝えておきました。
- 心からのお**悔やみ**の意
- 心からのお**悔やみ**

- お**悔やみ**申し上げます。
- 悲しいご逝去を悼み、謹んでお**悔やみ**申し上げます。
- 温かいお**悔やみ**の言葉
- 貴殿の丁重なお**悔やみ**の言葉
- 心のこもったお**悔やみ**
- 丁重なお**悔やみ**状
- ……に心よりお**悔やみ**の意を表します。
- 私ども一同心よりご死別にお**悔やみ**申し上げます。
- お**悔やみ**
- 私個人としてお**悔やみ**
- 敬具（お**悔やみ**状）
- 母にお**悔やみ**の手紙

condolence (s), sympathy [-ies], etc.
- Please *accept* our sincere condolences./ We *send* our sincere condolence./ You *have* my deepest sympathy.
- your expressions *of* condolence and sympathy/ your message *of* condolence/ your (kind) expression *of* sympathy/ your considerate message/ expressions of tribute
- your (kind) letter *of* condolence
- very kind message *of* condolence/ your kind words *of* sympathy
- your nice [kind/sincere] message *of* condolence to me
- We acknowledge from the bottom of our hearts your kind message *of* condolence.
- your telegram *of* condolence
- Please *accept* my sincere condolence (s) on the death of ....
- Please allow me to *extend* my deepest condolences on ..../ Allow me to *offer* my sincerest condolences on ..../ I *offer* you my deepest condolences on ....
- You and your family *have* our sincere condolences.

- I have *passed* your condolences on to his family.

- our *sincere* condolences
- my most *sincere* condolences/ my (our) *heartfelt* sympathy/ our sincere sorrow
- Please *accept* my sympathy./ You *have* my sympathy.
- Please *accept* our most profound sympathy in your grievous loss.
- your *heartfelt* sympathy
- your cordial expression *of* sympathy
- your thoughtful expression *of* sympathy
- your kind letter *of* sympathy
- We *extend* our deepest sympathies to ....
- We all feel deeply *in* [about] your bereavement.

- our sadness
- my personal sadness
- With best regards,/ With warm personal regards,
- your kind letter to my mother

◆送り状

- 領事**送り状**
- 同封の**送り状**
- ……の試算［仮、見積り］**送り状**
- **送り状**金額超過のため
- **送り状**金額
- **送り状**額全額
- **送り状**金額の2%の費用がかかる
- **送り状**額決済のため
- ……の**送り状**
- 数量および寸法のいずれもが上記日付けの**送り状**と一致しておりません。

invoice

- a *consular* invoice
- the *enclosed* invoice/ the invoice *enclosed*
- a *pro forma* invoice of ...
- because of the excess invoice amount
- the invoice *amount*/ the amount *of* your invoice
- the full invoice *amount*
- cost two percent of the invoice *value*
- in settlement *of* the invoice
- the invoice *for* ...
- We find that none of the quantities or sizes correspond to your invoice *of* that date.

◆贈り物

- お送りいただいた**贈り物**
- 美しい**贈り物**を、ありがとうございました。

- 誕生日の**贈り物**
- あなた様の素晴らしい**贈り物**
- 心のこもった**贈り物**を、ありがとうございました。
- 素晴らしい**贈り物**

- 申し分ない**贈り物**
- 特別の**贈り物**
- ……を、ありがとうございました。
- **贈り物**の形態について
- 色鮮やかな絹織物の**贈り物**
- とても素敵な誕生日の**贈り物**
- ささやかな**贈り物**

gift (s), present

- the gift which you *forwarded*
- Thank you very much for the *beautiful* gift you sent me.
- your kind *birthday* gift
- your (most) *generous* gift
- Thank you very much for your *kind* gift.

- your *lovely* gift/ the very *nice* gifts/ your *wonderful* present
- the *perfect* gift
- a *special* gift
- Thank you very much *for* the <name of gift>.
- as to the form *of* the gift
- the gift *of* colorful silk fabric
- the wonderful *birthday* present
- a *little* present

◆送る

- 貴殿宛て航空便で**送る**
- 貴殿への請求書を弁護士に**送る**
- 残額を**送る**
- 保証金として50ドルをお**送り**下さい。
- 受取通知を貴行宛てに直ちにお**送り**いたしました。
- ……を貴社に**送り**ます。
- 私宛てに……を**送る**
- ……をお**送り**［お知らせ］下さい。
- 近日中にお**送り**いたします
- ……をお**送り**いただき誠にありがとうございます。
- ……を貴社に**送り**ます。
- ……を貴社にお**送り**いたします。
- 本状と共に、……をお**送り**いたします。
- ……をお**送り**いただけますでしょうか。

- ……をこれからもお**送り**いただけませんで

airmail [-ed], forward [-ed, -ing], furnish, have, mail [-ed], receive, send (out), etc.

- <be> airmailed *to* your attention
- forward your account to our attorney
- forward the balance
- Please forward a deposit of $50.00.
- We forwarded our acknowledgement to you immediately.
- We are forwarding to you ....
- furnish me with ....
- Please let us have [know] ....
- will be mailed shortly
- I was delighted to receive ....

- We send you ..../ We are sending you ....
- We are pleased to send you ....
- With this letter we are pleased to send you ....
- Would you be so kind as to send us ...?/ Would you please send us ...?
- Could you kindly continue to send me ...?

しょうか。
- ……を**お送り**下さい。
- ……を**お送り**いただければありがたく存じます。
- ……を**お送り**いただければ幸いです。
- お祝いの言葉と共にささやかな贈り物を**送ります**。
- ……を**お送り**申し上げます。
- 小切手を**送る**
- ファクス（同コピー添付済み）を**送る**
- それぞれの組織に個人的依頼状を**送る**
- 当社製品のサンプルを**送る**
- 〈品物〉を**お送り**いただきましてありがとうございます。
- ……を**お送り**いただき、ありがとうございます。
- 郷里からのささやかなみやげを**送ります**。

- **送る**
- 招待状を**お送り**します
- 今後私宛ての書簡はすべて次の住所宛てに**お送り**下さい。
- お花を**お送り**下さる代わりに、

- ◆遅れ
- 非常に**遅れ**ます
- **遅れ**ましたことをお許し下さい。
- **遅れ**て申し訳ありません。
- 船積みが極端に**遅れ**ています。
- さらに**遅れる**ことも避けられないようです。
- このような大幅な**遅れ**
- 多少の**遅れ**
- 彼のスケジュールは少し**遅れ**ております。
- できるだけ**遅れ**ないように
- 万一**遅れる**といけないので
- **遅れ**ずに
- 計画書の完成の**遅れ**
- ハードウェア入荷の**遅れ**
- お返事が**遅れ**、申し訳ございません。

- 貴殿のお手紙へのご返事が**遅れ**てしまいましたことをお詫び申し上げます。
- 品物の出荷の**遅れ**
- 信用状の伝達が**遅れ**た結果、

- ２週間**遅れ**
- 〈日付〉貴状にお返事が**遅れ**てしまい、申し訳ございません。
- 当社は貴殿のお手紙への返事を**遅ら**せておりました。
- 少し**遅れる**かもしれません
- かなり**遅れ**ているように思われます
- 船積みが**遅れ**そうな場合
- お支払いが**遅れ**ております。

- Please send us ..../ Kindly send us ....
- We would appreciate it if you would send us ....
- We shall be glad if you will send us ....
- I send you a little present with my best wishes.

- We shall be pleased to send you ....
- send a check
- send a fax (copy attached)
- send personal requests to each institution
- send a sample of the goods
- Thank you for sending <name of gift>.

- Thank you very much for sending me ....
- I'm sending you a small souvenir from my hometown.
- send out
- will be sending out the invitations
- Please address all future correspondence to me at:

- In lieu of flowers,

delay (s), delayed, late, lose, etc.
- *encounter* enormous delays
- I hope you will *excuse* the delay.
- We are *sorry for* the delay.
- There has been an *excessive* delay in shipment.
- The further delays seem inevitable.
- this *long* delay
- a *slight* delay
- There is *some* delay in his schedule.
- with the minimum *of* delay
- so as to avoid the possibility *of* delay
- *without* delay/ in time
- the delay *in* completing the proposal
- the delays *in* getting hardware
- We apologize for the delay *in* replying to your letter.
- I apologize for my delay *in* responding to your letter.
- the delay *in* shipping your goods
- As a result of the delay *in* the transmission of the credit,
- a delay *of* a fortnight
- We are sorry for having delayed *acknowledging* your letter of <date>.
- We have delayed *answering* your recent letter.

- may be a *little* late
- seem to be *rather* late
- in case of possible late *shipment*
- You are late *in* your payment.

- さらに１カ月**遅れ**ます
- ……日の船積みの**遅れ**
- ３カ月**遅れ**
- 返事が**遅れ**、申し訳ございません。

- 20xx年４月10日付のお手紙に対する返事が**遅れ**、申し訳ありません。
- お手紙への返事がこのように**遅れ**たことに対し、重ねてお詫び申し上げます。
- ……に**遅れ**ないように
- **遅れ**ばせながら
- ３月12日付け貴ファクスに対し、当方の返事が**遅れ**て申し訳ありません。
- 手紙を出すのがたいへん**遅れ**まして申し訳ございません。
- お手紙を差し上げるのが**遅れ**まして、失礼いたしました。

- will lose another month
- ... days behind *in* shipment
- three months' overdue
- We are sorry for *not answering* your letter sooner./ We apologize (to you) for *not replying* to you earlier.
- Excuse me for the *belated* reply to your nice letter of April 10, 20xx.
- Again, let me apologize for taking so long to answer your letter.
- in keeping up with ...
- belatedly
- Would you please excuse me for not having replied sooner to your fax of March 12.
- Please forgive me for not writing much sooner.

- I am sorry for not having written sooner.

◆行う

- 必要な手直しを**行う**
- 開所式は無事とり**行わ**れました。
- 引出しは自由に**行う**ことができます。
- 決済は取消不能信用状によってのみ**行う**ことができる。
- ……に従って**行わ**れる
- 同社は本格的に輸出を**行っ**ております。
- 特定の問題に関する研究を**行う**
- トルク・テストを**行う**
- 各種プロジェクトの調整を**行う**
- 必要な手続きを**行う**
- 当社の開業式を**行い**ます。
- XYZ社は非常に独得で役に立つコンサルティング業務を**行っ**ています。
- ……で**行わ**れる
- 公聴会が夏の間に**行わ**れます。
- ……に向けて**行わ**れています
- ……によって**行わ**れます

accomplish, <be> held, <be> made, carry on, conduct, coordinate, go through, have, render, take place, etc.

- accomplish the needed refinement
- The opening ceremony was held very smoothly.
- Withdrawals may be made freely
- Payment may only be made by irrevocable letter of credit.
- <be> made in accordance with ...
- The firm carries on a full scale exporting operation.
- conduct studies of specific problems
- conduct a torque test
- coordinate diverse projects
- go through the necessary formalities
- We're going to have our opening ceremonies.
- XYZ Company renders a very unique and useful consulting service.
- take place at [in] ...
- Hearings will be taking place during the summer.
- <be> geared to ...
- <be> generated by ...

◆惜しい／惜しむ
- まことに名残**惜しい**
- どれほど貴殿の退職を惜しまれるか
- ……は、惜しまれることでしょう。
- ……は、その死を惜しまれることでしょう。

sorrow, be missed
- with considerable sorrow
- How sorely you will be missed
- ... will be missed
- ... will be sorely missed.

◆遅〜
- ……のために、返事が**遅く**なりまして申し訳ありません。
- **遅**まきながら

delay, late [-st], slow
- We regret the delay in answering due to ....
- at this late date

- **遅く**とも
- 進歩が**遅**すぎる。

- at the latest
- Progress is too slow.

◆**おそらく**
- **おそらく**
- 日本政府の認可は、**おそらく**得られるでしょう。

In all probability, etc.
- Apparently/ Presumably/ Supposedly
- A Japanese Governmental licence will very likely be obtained.

◆**落〜**
- 景気が**落ち込ん**でいます。
- ようやく**落ち着い**たところです。
- 当方に**落ち度**がありました。
- ペースを**落とす**

decline, etc.
- Business is declining.
- I am finally getting organized.
- The problem occurred on our side.
- slow down

◆**劣る**
- その商品は、見本より**劣っ**ています。
- 当方の見本に比べて品質が著しく**劣る**
- 見本に比べてはるかに**劣り**ます

<be> inferior to ..., etc.
- The goods are inferior to the samples.
- <be> much inferior in quality to our guide sample
- <be> far below the sample

◆**驚き**
- 大きな**驚き**をもって
- 本当に嬉しい**驚き**

shock, surprise
- with *great* shock
- a very *pleasant* surprise

◆**驚く**
- ……と伺い、非常に**驚い**ております。
- ……を伺い、**驚い**ております。
- ……という書状を拝読して、**驚い**ております。
- **驚い**たことに
- **驚く**ほどのことではないが
- ご逝去の知らせを受け、たいへん**驚き**ました。
- この支払額は**驚く**ほど少額です。

<be> surprised, surprisingly, etc.
- We are very surprised *to hear* that ....
- I'm surprised *to hear* ....
- We are surprised *to learn from* your letter that ....
- Surprisingly,
- *Not* surprisingly,
- The news of your painful loss was *a great* shock.
- This payment will be remarkably small.

◆**同じ**
- ……と全く**同じ**です
- そのスケジュールは基本的には**同じ**ものです。
- （前年と）**同じ**行事を多く行う
- 外国の新聞社かまたはそれと**同じ**ような会社

same, etc.
- <be> just the same as ...
- The schedule would basically remain the same.
- have many of the same events
- a foreign newspaper office or the like

◆**オファー**
- **オファー**を受諾できません。
- 貴社に**オファー**する
- 弊社は顧客に対し特別の**オファー**をいたします。
- 1週間以内に受諾回答をいただけない場合、本**オファー**は取り下げます。
- 本**オファー**を直ちにお受けいただけるものと期待しております。
- 弊社の最良の**オファー**
- 完全な**オファー**
- 弊社の最低線（最良）の**オファー**
- カウンター・**オファー**（反対申込み、逆申込み）

offer [-ing]
- We cannot *accept* your offer.
- *make* an offer to you
- We will *make* a special offer to our customers.

- This offer will be *withdrawn* if not accepted within a week.
- We trust this offer will *meet* your immediate acceptance.
- our *best* offer
- a *complete* offer
- our *bottom line* offer
- a *counter* offer/ a counteroffer

- 寛大な**オファー**
- ファーム・**オファー**（確定申込み）
- 下記**オファー**
- 当社の**オファー**価格
- ……を**オファー**するつもりです
- 弊社の最良の条件を**オファー**する用意があります。
- ……を**オファー**できますことを誇りに思います。
- ……を**オファー**していただけますか。

- your *generous* offer
- a *firm* offer
- the *following* offer
- our offering price
- intend to offer ...
- We are prepared to offer you our best terms.

- We are proud to offer you ....
- Would you be willing to offer ...?

◆覚書
- この**覚書**
- 貴社の方々と土田氏との話し合いで決まった了解事項**覚書**

memorandum
- the memorandum
- the Minutes of Understanding which resulted from the discussions of your group with Mr. Tsuchida

◆覚えている
- 私のことを**覚えていて**下さり、ありがとうございました。
- 私どものことを**覚えていて**下さり、ありがとうございます。
- 私をまだ**覚えていて**下さるとよろしいのですが。
- ……をよく**覚えています**

remember, etc.
- It was so nice of you to remember me.

- We appreciate being remembered.

- I hope you still remember me.
- I recall well ....

◆おめでとう
- ……に、**おめでとう**ございます。
- **おめでとう**ございます。
- ……**おめでとう**。

- （ご昇進、ご結婚）**おめでとう**ございます。
- 新しい地位にご就任、**おめでとう**ございます。
- ……へのご就任、**おめでとう**ございます。
- （ご結婚、ご昇進）**おめでとう**ございます。お幸せをお祈りいたします。
- クリスマスと新年、**おめでとう**ございます。

congratulate, congratulations, etc.
- We congratulate you on ....
- Congratulations!
- Congratulations on [upon] ..../ Congratulations and best wishes on [upon] ....
- Congratulations on your (promotion, marriage)
- Congratulations on your new assignment.
- Congratulations on your new position as ....
- With our congratulations and best wishes,

- Merry Christmas and a Happy New Year!

◆（お）目にかかる
- ニューヨークでお**目にかかる**ことができます。
- 日本でお**目にかかる**ことは難しくなりそうです。
- ……とは、お**目にかかれない**
- 前回お**目にかかって**から
- お**目にかかれて**うれしく存じます。
- 近々お**目にかかって**、直接お祝いを申し上げられると存じます。
- 近々東京でお**目にかかれる**ことを、心より願っております。
- 貴殿の東京滞在中にお**目にかかる**ことができません。

meet [-ing], meet with, met, see
- It is possible for me to meet you in New York.

- I am unlikely to be meeting you in Japan.
- will not be able to meet with ...
- since I met you last
- I'm glad to have met you.
- I may see you soon and congratulate you in person.

- We very much hope that we will be seeing you soon in Tokyo.
- I will miss you in Tokyo during your stay.

◆思い
- クリスマスと新年の**思い**を込めて。

- for a Merry Christmas and a Happy New Year.

◆思い起こす

- 私達は、非常に楽しく ……を**思い起こして**おります。
- 私どもは今もなお、あなたや幹部職員の方たちとご一緒したときのことを楽しく**思い起こして**おります。
- ……を**思い起こして**下さい。
- 〈問題〉を**思い起こして**いただきたく存じます。

◆思い出す

- ……した頃を**思い出します**
- ……を**思い出す**
- 貴殿と楽しくお話ししたことを**思い出します**。
- 私どもは、……をなつかしく**思い出して**おります。
- 貴殿や貴社の社員の方々とシアトルでご一緒したことを深い満足感とともに**思い出します**。
- ……を**思い出させて**くれることでしょう
- まことに残念ですが、……を**思い出して**いただかなければなりません。
- 貴殿とお会いできたことがなつかしく**思い出されます**。
- 時間を見るたびにあなたの親切な顔を**思い出します**（時計を貰って）
- ……を今でもなつかしく**思いだします**。

◆思い出

- あの時の良き**思い出**の品
- このたびの私の日本旅行を**思い出**深いものにして下さいまして、ありがとうございます。
- あのパーティーの**想い出**
- 私たちの一生の**思い出**
- ……は、大変楽しい**思い出**になりました。
- あの訪問は今ではなつかしい**思い出**となっています。
- ……が、楽しい**思い出**となって心に残っております。
- 数々の楽しい**思い出**
- 私の一番楽しい**思い出**
- 私の忘れられない**思い出**
- とても楽しい**思い出**
- ご歓待の**思い出**に

◆思う

- ……だと**思います**。
- ……を受け取っていないように**思います**。

recall, remind

- We recall with great pleasure ....
- We still recall with pleasure the time spent with you and your officers.
- May I remind you that ....
- We are writing to remind you of <problem>.

look back, recall, remember, remind, etc.

- look back at the times ...
- look back on ...
- I can recall the pleasant discussion with you.
- We recall with a happy memory ....
- I remember with great satisfaction my visit with you and your staff in Seattle.
- will remind me of ...
- We very much regret to have to remind you of ....
- My thoughts rest happily on our meetings together.
- can see your kind face every time I check the hour
- I still have fond memories of ....

memento, memorable, memory, memories, recollection, remembrance

- a memento of this occasion
- Thank you for helping to make my recent trip to Japan so memorable.
- the memory of the gathering
- the memories we will *keep* with us forever
- We *have* very happy memories of ....
- We have very *fond* memories of our visit.
- I *retain* pleasant memories of ....
- many *pleasant* memories
- one of my most *pleasant* memories
- my *unforgettable* memories
- a most *pleasant* recollection
- *in* remembrance of your kind hospitality

afraid, appear [-s], assume, expect, feel, presume, seem, think, etc.

- I am afraid that ..../ We presume that ..../ I would think [should say] that ..../ We trust that ..../ We are under the impression that ....
- We do not appear to have received ....

- ……かも知れないと私どもには**思え**ます。
- ……と**思っ**ております。
- 10名ぐらいだと**思い**ます。
- それでもやはり当方は、……と**思っ**ています。
- ……と**思わ**れます。
- ……ように**思わ**れます。
- ……は本当にありそうに**思わ**れます。
- 軽い風邪ぐらいと**思っ**ていました。
- ……と、私は**思っ**ています。
- 修士課程の学生を１、２名受け入れようと**思っ**ています。
- 多分20xx年だと**思い**ますが、

- It appears possible to us that ....
- I assume that ....
- We expect about ten people.
- We nevertheless feel that ....
- Prospects seem to indicate that ....
- It seems that ....
- It seems quite likely that ....
- I took it to be nothing but a slight cold.
- I am under the impression that ....
- I am contemplating accepting one or two master's students.
- ... , I believe in 20xx,

◆面白い
- 非常に**面白**くかつ教育的な
- この本は非常に**面白か**ったです。

interesting, etc.
- both interesting [exciting] and informative
- I found the book so engrossing.

◆親会社
- **親会社**
- 当社の**親会社**
- ニューヨークにある貴社の**親会社**のために

parent〜
- the parent companies
- our parent concern
- in favor of your parent organization in New York

◆及ぶ
- 同社の業務はエレクトロニクスからダイレクトメールにまで**及ん**でいます。
- ……の世界にまで**及ぶ**
- 世界中に**及ぶ**

range, etc.
- Their business ranges *from* electronics to direct mail.
- span the worlds of ...
- travel *around* the world

◆折り返し
- **折り返し**、ご返事下さい。

- **折り返し**航空便で
- なにとぞ**折り返し**、ご返事下さい。
- **折り返し**便で（手紙を）受領した旨をお知らせ下さい。
- **折り返し**その旨お知らせ下さい。
- **折り返し**ファクスで
- **折り返し**便で、ご返事下さい。

by return
- We await your reply by return./ We are awaiting your reply by return.
- by return airmail
- I beg you to inform me by return mail.
- Please acknowledge the receipt by return mail.

- Please let us know by return post.
- by return *of* fax
- Please let me hear from you by return *of* mail.

◆（お）詫び
- この誤りに対し**お詫び**申し上げます。
- ……を深く**お詫び**いたします。
- ……を**詫びる**
- 前回の支払いが期日に間に合わなかったことを**お詫び**いたします。
- ……を、**お詫び**を申し上げます。
- ……ことを、心から**お詫び**申し上げます。

- 心から**お詫び**申し上げます。
- たんなる**お詫び**ではすまないことは十分承知いたしております。

apologize, apology [-ies], regret, sorry
- We *do* apologize for this error.
- I apologize *profusely* that ....
- apologize *for* ...
- Let me apologize *for* the delay in meeting the last payment.
- This is to apologize *for* ....
- Please *accept* our deepest [profound] apologies for ....
- Please *accept* our sincere apologies.
- We realize a *mere* apology is not sufficient.

- お**詫び**を何と申し上げればよいのか分かりません。
- ……に対し、お**詫び**と失望の気持ちをお伝えいたします。
- ……に対し、個人的にお**詫び**申し上げたいと存じます。
- 私どものお**詫び**の気持ちをより明確にするため、
- ……に対し、心からお**詫び**申し上げたいと存じます。
- 竹内氏は貴殿への心からのお**詫び**を代わりに伝えてほしいと申しておりました。
- ……に対して個人的なお**詫び**
- ……ことに心よりお**詫び**申し上げます。

◆終わり
- 仕事は事実上来年初めに**終わる**でしょう。
- これで私の発表を**終わり**ます。
- 会議をどう**終わら**せたらよいのでしょうか。
- **終わり**に近づいています
- **終わら**せなくてはなりません
- 私のPQR社勤務も**終わり**となった今、
- **終わり**が全く見えないで
- 利息期間の最終日に**終わる**
- 3月31日で**終わる**最初の6カ月間に
- 梅雨が**終わった**。
- アトランタ訪問の残りの部分も順調に**終わ**りました
- それがまだ**終わって**いないなら
- 早くも**終わる**
- **終わる**

◆恩典
- もっとも重要な**恩典**
- これらのより重要な**恩典**のうちのいくつかは次の通りです。
- アメリカの航空宇宙企業が入手しているのと同様の**恩典**や便宜を受けることができます

cease, conclude, close, end [-ing], over, etc.
- Any active participation will cease early next year.
- This concludes my presentation.
- How should you close a meeting?
- <be> drawing to a close
- must come to an end
- As I come to the end of my service to PQR,
- with no end in sight
- end on the last date of the interest period
- in the first six months ending March 31
- The rainy season was over.
- The rest of our visit in Atlanta went well.

- If it has not already been done,
- have come and gone
- <be> now in good order

benefit (s)
- the most *important* benefit
- Some of these more *important* benefits are:

- may share the *same* benefits and advantages available to the U.S. aerospace companies

- Words fail us to *express* our profound regret to you.
- I must *express* my apologies and disappointment in ....
- I want to *extend* my personal apologies for ....
- To *make* our apologies more tangible,
- We would like to *offer* our sincere apologies for ....
- Mr. Takeuchi asked us to *tender* his sincere apology to you on his behalf.
- my *personal* apologies for ...
- We are extremely sorry that ....

か

◆買～
- **買支え**
- **買い**オファー（買主が商品買付けのために売主宛てに出す申込み）
- **買い主**保険
- **買い手**見本
- **買占め**
- （手形の）**買取**銀行

buy [-ing], buyer's, buy-out, etc.
- support buying/ support operations
- a buying offer

- a buyer's policy
- a buyer's sample
- buy-out/ buyout/ cornering of the market
- a negotiating bank

- **買取**銀行無指定信用状
- **買取り**請求権
- **買戻し**条件付き証券販売
- **買戻し**特約

- an open credit
- a put
- repo/ RP
- sale and repurchase agreements

◆会員
- ……の活動的な**会員**
- **会員**候補者として
- 通常の**会員**料金で
- 最初の**会員**名簿
- **会員**にとっても両国にとっても
- このような**会員**資格を持つことにより、
- 取引所の**会員**権
- （株式取引所の）**会員**権

member (s), membership, etc
- an *active* member of ...
- as a *potential* member
- at the regular member *rate*
- the initial list *of* members
- both *to* our members and to our two nations
- *Through* such membership,
- a membership *in* a stock exchange
- a seat

◆外貨
- 日本の**外貨**国債
- **外貨**準備
- **外貨**換算率
- **外貨**の割当政策
- **外貨**建て相場

foreign currency, etc.
- Japanese foreign currency *bonds*
- foreign currency *reserves*
- a rate of (foreign) exchange/ conversion rates
- foreign exchange allocation policy
- receiving quotation

◆海外
- **海外**機関投資家
- **海外**の企業
- **海外**旅行
- **海外**事業
- **海外**準会員
- **海外**の相手企業
- **海外**での取引
- **海外**顧客の利益
- **海外**市場における
- **海外**支店
- **海外**送金
- **海外**出張
- **海外**に販売網を持っていません。
- 長年の**海外**勤務
- **海外**にいる

cross-border, abroad, foreign, overseas, etc.
- the cross-border institutional investor
- organizations abroad
- a trip abroad
- the foreign operations
- foreign associates/ Foreign Associate membership
- a foreign partner
- overseas business
- the interests of our overseas business friends
- in overseas markets
- overseas offices
- overseas remittances
- an overseas visit
- We do not have a network overseas.
- our many years of service overseas
- <be> out of the country

◆会議
- **会議**の準備のため
- **会議**概要説明書
- この重要な**会議**
- **会議**自体は申し分のないものでした。
- **会議**通知
- **会議室**
- 400番**会議室**で開催される
- **会議**参加者の間で
- その6回目の**会議**
- 新しい種類の**会議**
- ……にとって、かなり興味のある**会議**

conference, meeting (s), etc.
- in *arranging* the conference
- the Conference *briefing document*
- this *important* conference
- The conference *itself* was very fine.
- conference *notices*
- the conference *room*
- <be> held in Conference *Room* 400
- between Conference *participants*
- the *sixth* conference
- a new kind *of* conference
- a conference *of* considerable interest to ...

- ……に関する**会議**
- **会議**に出席できないだろうとのこと
- そのような**会議**をする
- 企画**会議**
- 東京での**会議**について
- ……にて開催予定の**会議**
- 販売店と毎年**会議**がありました。
- 秋の**会議**
- （この会社の）次回の**会議**
- 今回の重要な**会議**
- 三者委員会の**会議**
- すべての**会議**の通知
- 当社**会議**議事日程案は同封のプリントをご覧下さい。
- ……による少数精鋭の実力者**会議**
- 多くの興味ある全体**会議**

◆会計
- **会計**システム
- **会計**年度

◆解決
- 貴殿が本件を**解決**して下さるものと確信しております。
- 深刻な問題を**解決**する
- 既存の問題を**解決**する
- 問題を**解決**する
- かかる事態が**解決**されない場合には、
- 本件を**解決**する
- 本件を友好的に**解決**する
- 環境問題を**解決**する
- すべてが**解決**する。
- ……の間で直接**解決**するべきです
- 〈日付〉までには、この件はきっと**解決**されているものと思います。
- 平和的な**解決**
- **解決**に向けて交渉する
- **解決**策がある
- **解決**策を探し求める
- 問題は１年前と比べて、**解決**には程遠い状態です。
- 適切で実行可能な**解決**策を見いだす
- 最もよい**解決**策をお知らせ下さい。
- 早い**解決**策
- 実行可能な唯一の**解決**策
- ……の**解決**を図るべく
- 現代的なビジネスの**解決**策
- 非常にさし迫った現代の問題を**解決**する
- すべての問題を**解決**してもらう
- まだ**解決**しなければならないことがいくつか

- a conference *on* ...
- you feel you cannot *attend* the meeting
- *host* such a meeting
- *planning* meetings
- *regarding* our meeting in Tokyo
- a meeting scheduled to take place at ...
- There were *annual* meetings with the dealers.
- the *fall* meeting
- the *next* meeting of <organization>
- this *significant* meeting
- the Trilateral Commission **meetings**
- all meeting *notices*
- Our tentative *agenda* is shown on the enclosed sheet.
- an elite conclave of ...
- the many provocative plenary sessions

accounting, etc.
- an accounting system
- an accounting year/ a financial year/ a fiscal year

resolve, resolution, settle[-d, -ment], solution (s), etc.
- We trust you will be able to **resolve** this matter.
- resolve a serious problem
- resolve existing problems
- resolve the problems
- If there is no **resolution** to this situation,
- settle this matter
- settle the matter amicably
- settle the environmental problems
- Everything is **settled**.
- should be **settled** directly between ...
- We trust that the matter will have been **settled** by <date>.
- an amicable settlement
- negotiate to *arrive at* a solution
- *have* a solution
- *search for* solutions
- The matter appears no closer to a solution than it did a year ago.
- find *appropriate*, implementable solutions
- Please favor us with your *best* solution.
- an *early* solution
- the only *feasible* solution
- *towards* the solution of ...
- contemporary *business* solutions
- solve our most pressing contemporary problems
- have everything straightened out
- a few things to iron out

- **解決**しなければならない点がまだいくつか
あります。
- There are some points that need to be worked out.
- 話合いで**解決**できるようなものではありません
- \<be\> not negotiable

◆**会合**　assembly, meeting (s), etc.
- この**会合**は、貴社のビジネス領域を拡大す
ることができる素晴らしい場になるものと
思います。
- This assembly will be an excellent way for you to
expand your own business circle.
- この重要な**会合**
- this important assembly
- **会合**を開く
- *hold* a meeting
- 〈日付〉開催予定の**会合**
- our meeting *scheduled for* \<date\>
- **会合**を手配する
- *set* a meeting
- 2日間にわたる素晴らしい**会合**
- a *fine* two-day meeting
- 最初の**会合**
- a *first* meeting
- このたいへん重要な**会合**
- this very *important* meeting
- 非公式の**会合**がいくつかあるため
- for a series of *informal* meetings
- 前の**会合**の際
- during one of our *previous* meetings
- 訪問や**会合**
- visits and meetings
- 次週の**会合**で
- *at* our next week's meeting
- 私たちの**会合**予定表
- a program *for* our meeting
- **会合**の形態
- the types *of* meetings
- いろいろ打合せをした中の最後の**会合**で
- in the last of our various discussions

◆**外国**　foreign, etc.
- **外国**株
- foreign *stock (s)*
- **外国**為替手形
- foreign *bills* of exchange
- **外国**貿易業界
- the foreign trading *community*
- **外国**で成功する
- \<be\> successful in a foreign *country*
- **外国**取引
- foreign *dealings*
- **外国**為替市場
- the foreign *exchange* market
- **外国**為替手形
- foreign *drafts*
- **外国**為替
- foreign *exchange*/ forex/ FX
- **外国**為替業務
- foreign *exchange* business
- **外国**為替相場
- foreign *exchange* rates/ *exchange* rates/ a rate *of*
(foreign) exchange
- 貴社の**外国**為替取引
- your foreign exchange business
- **外国**市場
- the foreign *markets*
- **外国人**ビジネスマンのために
- for the sake of foreign business *people*
- **外国人**研究者
- foreign *researchers*
- **外国**貿易
- foreign *trade*/ external trade
- **外国**郵便小包
- a foreign parcel post

◆**開催**　\<be\> held, etc.
- 〈日付〉〈時間〉より〈場所〉で**開催**される
- \<be\> held *at* \<place\> on \<date\> at \<time\>
- ……にて**開催**いたします
- will be held *at* [in]...
- シンガポールのリーモントホテルで**開催**さ
れます
- will be held *at* the Remont Hotel in Singapore
- 20xx年に幕張で**開催**される ……
- ... to be held *in* Makuhari in 20xx
- ……で**開催**されるxxx展
- xxx Fair being held *at* ...
- 会議を〈日付〉〈時間〉に**開催**する予定です。
- We have scheduled the meeting for \<date\> at
\<time\>.

- •〈日付〉〈時間〉より**開催**されます
- •<be> scheduled for <date> at <time>

◆開始

begin, commence, enter into, launch, proceed with, set up, start, etc.

- •業務を**開始**する
- •begin our operations
- •貴社製品の輸入を**開始**する
- •begin importing your product
- •事業を**開始**する
- •commence business/ launch a business
- •契約期間は、……次第、**開始**されます。
- •The term of agreement commences immediately upon ....

- •貴社と取引を**開始**します
- •enter into a business relationship with you
- •当方信用状を受取り次第、生産を**開始**してください。
- •Please proceed with the production upon receipt of our L/C.
- •**開始**する
- •set up
- •貴社と取引を**開始**する
- •start business with you
- •……の可能性について話し合いを**開始**する
- •start discussions with you on the possibilities of ...
- •……とよい取引を**開始**する
- •develop a good business with ...
- •BGMマシーン計画を**開始**する
- •get the Background Music Machine program underway

- •12月**開始**に変更します
- •change to a December introduction

◆外資導入

an introduction of foreign capital/ induction [influx] of foreign capital

◆会社

company, corporate, firm (s), incorporated, partnership, etc.

- •東京に本拠を置くアメリカ資本の**会社**
- •a Tokyo-based *American capital* company
- •同族**会社**
- •a *close* company/ a *family* company
- •ダミー**会社**
- •a *dummy* company/ a *shell* company
- •有限責任**会社**
- •a *limited* (liability) company/ an *incorporated* company
- •有限責任株式**会社**
- •a *joint-stock* company with limited liability
- •優秀な**会社**
- •an *outstanding* company
- •姉妹**会社**
- •*sister* companies
- •経営基盤のしっかりした**会社**
- •a *well-established* company
- •この会社およびその子**会社**
- •the company and its subsidiaries
- •これほどひどく能力のない**会社**
- •a company that is so grossly incompetent
- •**会社**小切手
- •a company *check*
- •**会社**概要／業種（具体的に記入のこと）
- •Company *Information*/Industry (please specify)
- •**会社**概要
- •your company *profile*
- •**会社**の課題を克服する
- •overcome the problems *of* the company
- •貴社のような立派な**会社**
- •a company *of* your standing
- •**会社**役職者
- •corporate *officers*
- •調査とコンサルタントの**会社**
- •a *research* and consulting firm
- •堅実な**会社**
- •a *solid* firm
- •問題の**会社**
- •the firm *in question*
- •どの**会社**がどこで何をしているかが分かります
- •tell you *which* firms are doing what and where
- •**会社**組織になる
- •<be> incorporated
- •合名**会社**
- •a *general* [unlimited] partnership
- •合資**会社**
- •a *limited* [special] partnership
- •**会社**の乗っ取り
- •take (-) over
- •**会社**分割
- •spin-off/ split-up

・（子会社同士の）兄弟**会社**
・系列**会社**

・fellow subsidiaries
・affiliated companies

◆**開設**

establish, open [-ed, -ing]

・上記の注文のため信用状を**開設**する
・口座を**開設**する
・〈地名〉に支店を**開設**する
・〈地名〉に支店を**開設**いたしました。
・……に当座預金口座を**開設**する
・取消不能信用状を**開設**する
・新事務所を**開設**する
・〈市名〉に新事務所を**開設**いたしました。
・普通（預金）口座を**開設**する
・このたび京都店が**開設**されました。
・口座の**開設**
・新しい支店を**開設**
・新しい事務所の**開設**

・establish your L/C covering the above order
・open an account
・open a branch of our firm at <place>
・We have opened a branch at <place>.
・open your checking account with ...
・open an irrevocable L/C
・open new offices
・We have opened a new office in <name of city>.
・open an ordinary account
・Our Kyoto office has now been opened.
・the opening of an account
・the opening of a new branch
・the opening of a new office

◆**改善**

ameliorate, amend, correct, improve, improvement (s), remedy

・この嘆かわしい状況を**改善**する
・現状を**改善**する
・この状況を**改善**する
・ABC社を**改善**する
・貴社の収益を**改善**する
・……の管理と効率性を**改善**する
・今あなたが行っているサービスを**改善**する
・貴殿が生産を**改善**できない場合は、
・製品価値を絶えず**改善**する
・会社内部の**改善**
・大幅な**改善**
・現行業務の**改善**案
・……の**改善**策として
・状況を**改善**する
・この事態を直ちに**改善**する
・問題を**改善**する

・ameliorate this lamentable situation
・amend that situation
・correct this situation
・improve the ABC corporation
・improve your bottom line
・improve the management and effectiveness of ...
・improve your present service
・Unless you can improve your production,
・produce continuous improvement in product values
・internal improvements
・significant improvements
・improvements in present services
・As a remedy for ...
・remedy the situation
・remedy this situation immediately
・remedy the trouble

◆**会談**

conversation (s), meeting, talk

・私どもの**会談**はとても興味深いものでした。
・あの時の**会談**
・よい刺激となる**会談**
・**会談**において
・〈日時〉に貴殿と**会談**します。
・中川氏と貴殿との**会談**に沿い

・I *found* our conversation very interesting.
・the conversations *held* at that time
・*stimulating* conversations
・*in* our conversations
・We are meeting with you on the <time>.
・In line with a talk which Mr. Nakagawa had with you

◆**会長**
・**会長**兼最高経営責任者

Chairman
・Chairman and CEO (Chief Executive Officer)

◆**買付け**
・最善の**買付け**

buy [-ing], purchase, etc.
・the best buy

- **買付**代理人
- ……の**買付け**注文
- 弊社の**買付**注文書
- 原油の**買付け**
- **買付け**受権書
- 当社の通常の**買付け**先
- 敵対的**買付け**

- a buying agent
- purchase orders for ...
- our purchase order
- the purchase *of* crude oil
- the authority to purchase
- our regular suppliers
- unfriendly bids /a hostile TOB

◆**改定**
- お客さまに請求する料金を**改定**する
- 当社としては価格を**改定**せざるを得ません。
- **改定**代理店契約書
- **改定**契約書
- **改定**案はまだできあがっておりません。
- 貴社の**改定**価格
- **改定**出荷契約
- 今回の**改定**

modify, revise [-d], revision
- modify the fees that will be charged customers
- We are compelled to revise our prices.
- the Revised Agency Agreement
- the revised contract
- Revised drafts are still not available.
- your revised prices
- revised shipping arrangements
- this revision

◆**改訂**
- 当社の提案を**改訂**する
- 条件を**改訂**する
- 料金は近いうち**改訂**せざるをえないかもしれません。
- **改訂**版
- **改訂**の必要性

revise, amendment
- revise our proposal
- revise the terms
- The fees may have to be revised shortly.

- the revised version
- necessity of the amendments

◆**回答**
- 何も具体的な**回答**を差し上げられません
- 至急**回答**を求める場合は
- 適切な**回答**
- アメリカを代表する千人の**回答者**
- 表にまとめた**回答**結果
- 全く**回答**してきません

reply, responses, respondents, etc.
- <be> unable to give you any *concrete* reply
- for a *quick* reply
- *appropriate* responses
- 1,000 representative U.S. respondents
- tabulated results
- have been met with complete silence

◆**開発**
- 各種の商品を**開発**する
- 未だ**開発**されておりません
- 新製品と新市場の**開発**に努めております
- 非常に興味深い**開発**会議
- すばらしい**開発**能力
- ……の**開発**において
- 日本関係事業の**開発**
- この地域の**開発**
- 新技術を**開発**する

develop [-ed, -ing], development, etc.
- develop a variety of products
- have yet been developed
- <be> developing new products and markets
- the very interesting development *meetings*
- good development *talent*
- *in* the development of ...
- the development *of* Japanese business
- the development *of* this region
- tap new technology

◆**回復**
- 早く完全に**回復**する
- 当地の市場は急速に**回復**しております。
- 順調に**回復**しております。
- すみやかなご**回復**を祈念いたします。
- 早い**回復**

recover [-ing], recovery, regain, etc.
- will *soon* recover completely
- Our market has been *quickly* recovering.
- My recovery is *progressing* nicely.
- Best wishes for an *early* recovery.
- a *quick* recovery/ a *speedy* recovery

- ……により失われた信頼を**回復**させる
- 緩慢な商況は**回復**する
- 急速に**回復**中です

◆概要
- 貴殿が希望される**概要**
- 行事の**概要**
- 当社の業務**概要**
- ……の範囲とスケジュールについての**概要**
- 御社の**概要**（300語以内）
- ……のプロフィール（**概要**）
- ……の**概要**をまとめる
- 履歴の**概要**
- 簡単な**概要**
- 各種預金の**概要**
- **概要**
- ……の**概要**

◆返す
- ご親切に対しいつでもお**返し**いたしたいと存じます。
- この本の定価の全額をお**返し**いたします。
- ここに（署名）見本カードをお**返し**いたします
- その代金を**返す**
- 通知書原本をここに同封してお**返し**いたします。
- ……はお**返し**します。
- この保証金はお**返し**します。

◆価格
- 1トン当たりの**価格**をお知らせ下さい。
- **価格**を5％下げれば、
- すべての**価格**がサンフランシスコ渡しF.O.B価格です。
- この**価格**は競合他社の価格よりも、ずっと低い。
- **価格**が実に高い。
- **価格**が適正なものであれば
- 運賃、保険料込み**価格**
- もっと競争できる**価格**
- CIFロサンゼルスの**価格**
- 今回の**価格**改定
- **価格**見積書を提出する
- **価格**表と一緒に
- この**価格**水準で
- 貴社製最新型の**価格**表と図入り説明書
- （……のための）**価格**表
- 技術的資料と**価格**表をお送りいただければ、ありがたく存じます。
- さらに強い**価格**引き下げの要求を受けている
- **価格**帯

outline, profile (s), summary, etc.
- the outline that you care to prescribe
- the *broad* outline of events.
- the outline *of* our company
- an outline *of* the scope and schedule of ...
- a profile (300 words or less) *of* your company
- profiles *of* ...
- *draft* a summary of ...
- *biographical* summary
- a *brief* summary
- the summary *of* deposits
- the general picture
- a general description of ...

reciprocate, refunded, return [-ed]
- I shall be always pleased to reciprocate.
- The full price of the book will be refunded to you.
- return herewith the specimen card
- return the money
- The original advice is returned herewith.
- ... will be returned to you.
- This deposit will be returned to you.

price (s), priced, pricing, etc.
- Please let us *know* the price per ton.
- If the price is *lowered* by 5%,
- All prices *are* f.o.b. San Francisco.
- The prices *are* much lower than those of our competitors.
- Prices *are* really quite high.
- if your prices *are* reasonable
- a C.I.F. price
- a more competitive price
- a C.I.F. Los Angeles price
- these price *changes*
- provide price *estimates*
- along with price *information*
- at this price *level*
- a price *list* and illustrations for your latest models
- the price *list* (for …)
- I would be pleased to receive your technical literature and price *lists*.
- come under increasing price *pressure*
- price *range*

・**価格**表
・**価格**条件につきましては、
・ぎりぎりの**価格**
・貴社が最も妥当とされる**価格**
・募集**価格**
・120センチ幅の**価格**
・今期の**価格**
・中間**価格**帯の ……
・貴社の**価格**設定が十分に低ければ（競合で
きるものであれば）
・……の**価格**をもう少し下げていただければ、
・（大量注文価格を含む）輸出**価格**表
・すべての**価格**情報
・現在の**価格**構成を再検討する
・額面（**価格**）
・当方の**価格**設定について

・the price *schedule*
・As for the price *terms,*
・the *lowest* prices
・your most *reasonable* prices
・an *offering* [issue] price/ an *offer* price
・the price *for* 120cm width
・the prices *of* this season
・medium priced ...
・if your pricing *is* competitive enough

・With *better* pricing on ...,
・*export* pricing (including quantity pricing)
・all pricing *information*
・review their present pricing *structure*
・the face [par] value/ nominal value/ par
・*on* our pricing

◆各種

・日本人用の**各種**サイズ
・**各種**（電気）器具
・**各種**用途に応じて
・**各種**預金
・**各種**預金口座
・**各種**の消費者用カー・オーディオ製品
・基本的なオートストップ式から、より高度
な商品にわたる**各種**製品
・1時間の**各種**特別講座
・**各種**ブランドを合わせて毎月約500ダース
販売します

different, each type, many, various, wide range, etc.

・different Japanese sizes
・each type of appliance
・for many purposes
・various kinds of deposits
・various deposit accounts
・a wide range of consumer car audio products
・products ranging from basic auto stop to more
sophisticated units
・the array of special hour-long classes
・sell about 500dozen monthly of assorted brands

◆確信

・……ということを**確信**しております。
・……ことを**確信**しております。

・……を**確信**します。
・……を**確信**しております。
・……と**確信**します。
・……するものと**確信**しております。
・当方では、……だと**確信**しています。
・……と**確信**しております。

・当方には、……という十分な**確信**はありま
せん。
・……ことを**確信**しています。

confidence, confident, convinced, positive, sure, etc.

・We have every confidence that ....
・I have full confidence that ..../ We are convinced
that ....
・I am confident that ....
・We are positive that ..../ We feel sure that ....
・I am sure that ....
・We are very confident of <doing>.
・We concluded that ....
・We feel very strongly that ..../ I trust that ..../ We
have a firm belief that ....
・We have no real conviction that ....

・We have faith that ....

◆拡大
・活動を**拡大**する
・このような活動を……に**拡大**する予定です
・輸出を**拡大**する

expand, extend, expansion, widen, etc.
・expand our activities
・plan to expand such efforts into ...
・cxpand cxports

- ……の展望**拡大**をめざす
- 製品領域を**拡大**する
- 当社のインバーター取引は急速に**拡大**するものと思われます
- 販路を**拡大**する
- **拡大**変動幅

- expand the horizons of ...
- extend our range of products
- foresee rapid expansion of our inverter business

- widen sales
- a wider band

◆**獲得する**
- 市場でかなりの地位を**獲得する**
- この新規取引を**獲得する**
- 有能な編集者を**獲得する**
- かなりのシェアを**獲得する**
- 沢山の契約を**獲得**する
- シェアを**獲得し**、これを維持する際に
- 新しい契約を**獲得する**
- いくつかの新しい顧客を**獲得する**

achieve, obtain, secure, etc
- achieve this considerable market position
- obtain this new account
- obtain qualified editors
- obtain a substantial share
- secure many contracts
- in capturing and holding market share
- complete a new contract
- win several new customers

◆**確認**

- サイズと色を**確認**する
- ……をご**確認**下さい。
- 運行予定を**確認**する
- ……に問合せて**確認**する
- ……を**確認**いたします。

- ……ことを**確認**いたします。
- ……いうことをここに**確認**いたします。
- 貴殿がそうされたということを、私どもにご**確認**下さい。
- 本件が実行された時、私どもにご**確認**下さい。
- ……かどうかを**確認**して下さい。
- 受諾したことを**確認**する
- 約束の日時を**確認**する
- 出席を**確認**する
- 私どもの討議内容を**確認**する
- 注文を**確認**する
- 今夕の会談を**確認**します
- **確認**しましたとおり
- ブロンズ・ホテルでの同氏の予約は**確認**が済んでいます。
- **確認**済み予約
- **確認**信用状
- **確認**銀行
- ……の**確認**を付加する
- ファクスでご**確認**いただければ、ありがたく存じます。
- 早急にご**確認**いただきたく存じます。
- はっきりとした**確認**
- **確認**書
- **確認**状の本文
- 上記信用状の**確認**状

check, confirm [-ed, -ing], confirmation, confirmatory, etc.
- check sizes and colors
- Check to be sure that ....
- check on schedules
- check with ...
- This letter is to confirm that ..../ I am writing to confirm that ....
- This is to confirm that ....
- I confirm that ....
- Kindly confirm to us that you have done so.

- Kindly confirm to us when this has been effected.
- We ask you to confirm whether ....
- confirm your acceptance
- confirm our appointment
- confirm your attendance
- confirm our discussions
- confirm the order
- will confirm our conversation of today's evening
- as confirmed
- His reservations are confirmed at Pronz Hotel.

- confirmed reservations
- a confirmed letter of credit/ a confirmed credit
- a confirming bank
- add our confirmation on ...
- Your fax confirmation would be appreciated.

- Your prompt confirmation is eagerly awaited.
- specific confirmation
- a written confirmation
- the text of the confirmation
- our confirmation of the above credit

- 本提案についての貴社のご**確認**
- 本件に関する**確認**書
- 上記信用状の**確認**手数料
- ……の**確認**通知
- ……の受領をご**確認**下さい。
- ……を**確認**する
- 当方が**確認**できる限りにおいて

- your confirmation *of* this proposal
- a confirmation *on* this case
- the confirmation fee of [for] the above credit
- the confirmatory advice of ...
- Please acknowledge receipt of ....
- make certain that ...
- As far as we can ascertain,

◆**確保**

ensure, guarantee [-d], secure, etc.

- 貴社代表の方々の座席を**確保する**
- 希望の宿泊先を**確保する**
- 8月22日を過ぎますとお部屋を**確保**いたしかねます。

- ensure places for your delegates
- guarantee requested accommodations
- No rooms can be guaranteed beyond August 22.

- これらの商品を**確保する**
- 必要な原料を**確保する**
- 有能な人材を**確保する**
- 部屋を**確保する**
- ……を**確保する**

- secure these articles
- secure necessary materials
- secure capable persons
- secure a room
- line up ...

◆**掛け（で）**

on credit, etc.

- **掛け**売り
- **掛け**売り勘定

- sales on credit
- a charge account/ an open credit

◆**過去**

gone, last, past

- **過去**1年間
- **過去**22年間
- **過去**30年余り
- **過去**5年間
- **過去**1年間にわたる
- **過去**3、4年の
- **過去**30年以上にわたる
- **過去**数年間
- 現在および**過去**に
- **過去**の

- the year that has gone *by*
- for the last 22 years
- for the past 30 odd years
- *over* the last five years
- *over* the past year
- *over* the past 3 to 4 years
- over the past thirty years
- for some years past
- now and in the past
- for past years

◆**重なる／重ねる**

coincide, etc.

- ……とちょうど**重なる**
- その時間はスケジュールが**重なって**います。
- 特別のカクテルの杯を**重ね**ました。

- coincide *with* ...
- I have a schedule conflict at that time.
- We had an extra cocktail.

◆**重ねて**

again, once again [more], etc.

- お手紙を賜り**重ねて**お礼申し上げます。
- **重ねて**（お返事に）お礼申し上げます。
- 丁重なおもてなしに、**重ねて**感謝いたします。
- **重ねて**お祝いを申し上げると共にご多幸をお祈りします。
- ……へのご招待を**重ねて**申し上げます。

- Again, thank you very much for your letter.
- Thank you once again (for your reply).
- Let me now thank you once more for your gracious hospitality.
- Repeated congratulations and best wishes.

- Let me reiterate my invitation to ...

◆**飾る**

display, place, etc.

- 新施設内に永久に**飾ら**れる

- <be> permanently displayed in the new facility

- ……は、私たちの新居の一番目につくところに**飾ります**。
- 最高の場所に**飾って**あります
- あの銀製の**飾り**もの
- 率直で**飾ら**ないお答え

- ... will occupy a *prominent* place in our new home.
- <be> put at pride of place
- the silver ornament
- your forthright and direct answers

◆**貸**～
- **貸**金庫サービス
- 両行間の当座**貸越**の取り決め
- **貸倒れ**
- **貸し手**／**貸し主**

rent, etc.
- safe deposit box (for rent) service
- overdraft arrangements between our banks
- bad debt (s)/ irrecoverable debts
- a lender

◆**貸出し**
- **貸出し**の実行
- 要注意**貸出し**

advance, lending, loans and discounts
- drawdown
- doubtful loans/ inferior loans

◆**貸付け**
- **貸付け**信託
- **貸付**金、引受済み手形などで
- 中期**貸付け**
- 有期**貸付け**
- **貸付け**の形で

advance, lending, loan (s)
- loans in trust/ loan trusts
- in respect of loans, acceptances, etc.
- intermediate term loans
- term loans
- in the form of loans

◆**家族**
- 身近な**家族**
- **家族**一同
- **家族**とともに心から感謝申し上げます。

- **家族**ともども、心からお祝い申し上げます。

- **家族**のためを思い
- 貴殿を始めご**家族**の皆様
- 貴殿とご**家族**の皆様
- ご**家族**一同、相変わりませずご健勝の由、何よりです。

family, etc.
- my immediate family
- all of my family/ my family and I
- My family *joins* me in expressing our deepest gratitude.
- All my family *unite with me* in sending you a thousand good wishes.
- in the interest *of* my family
- you and your family
- you and all your family
- I am glad to hear that you are all enjoying your usual perfect health.

◆**方**
- すべての役員、管理職、従業員の**方**々に
- ボストンで一緒に仕事をした**方**たち
- 貴社の**方**々
- ABC社の技術およびプログラム管理担当の適当な**方**
- 貴殿のような**方**
- 展示会に来られる**方**々
- そのおふた**方**にお会いする

all, members, people, person, etc
- to all of the executives, managers and employees
- all of the people I worked with in Boston
- various members of your organization
- the appropriate ABC technical and program management people
- a person like yourself
- the audience at the expositions
- see the two gentlemen

◆**課題**
- 戦略的な**課題**
- ……が直面している**課題**
- 容易な**課題**

an issue, etc.
- a strategic issue
- the challenges facing ...
- an easy task

◆形
- ……の**形**で
- どのような**形**ででも
- このようにもっと私的な**形**で
- どんな**形**でも、いつも貴社のお役に立ちたいと思っております。
- 私どもの将来を**形**作る機会が得られます。

form, manner, way, etc.
- in the form of ...
- in any manner possible
- in this more personal way
- We are always pleased to serve you in any way we can.
- You will have the opportunity to shape our future.

◆固める
- ……をさらに**固める**べく、今後とも努力いたすつもりです
- ……を**固める**ことに献身できますことを喜んでおります。
- 細部を**固める**

cement, etc.
- will endeavor to cement ...

- I am delighted at the prospect of devoting myself to the cementing of ....
- finalize details

◆カタログ
- 商品の詳しい説明が載っている**カタログ**
- 図解**カタログ**
- 当社の図入り輸出**カタログ**
- 最新の**カタログ**
- 貴社の全製品について最新の**カタログ**と価格表をお送り下さい。
- 必要な**カタログ**
- 当社（製品）系列の**カタログ**

catalog (s)
- a catalog *containing* complete description of goods
- an illustrated catalog
- our illustrated export catalog
- the latest catalog
- Please send us your latest catalog and price list covering your complete line.
- the necessary catalogs
- a catalog *of* our range of <products>

◆価値

- 非常に実り多く**価値**がある
- これまでとても**価値**あるものでありました
- 訪問全体が非常に**価値**のあるものとなりました。
- 貴殿が具現した**価値**と姿勢
- 経歴上の**価値**
- 本証券の**価値**を知っている
- 私どもにとり、非常に**価値**あるものになると思います
- ……にとり、非常に**価値**あるものとなっています
- **価値**の向上を計る
- **価値**は上がる
- 同じ**価値**を持った商品やサービスを受ける
- 貴殿のご意見やご提案は、私どもにとりたいへん**価値**があるものです。
- この情報の**価値**
- ……にとって大きな**価値**
- 約1万ドルもの**価値**がある ……
- **価値**ある製品とサービス
- 行ってみる**価値**は十分あります
- 両国にとり**価値**があり、また両社にとり利益となる
- ……を、ご自分の意見に取り入れる**価値**が

rewarding, value [-d], valuable, worth, worthwhile, worthy
- <be> highly fruitful and rewarding
- have been *very* rewarding in the past
- The entire visit proved to be a *highly* rewarding one.
- the values and attitudes that you *personified*
- the *career* value
- know the *full* value of the policy
- will be of *great* value to us

- result in such *significant* value to ...

- make value *improvements*
- grow *in* value
- receive goods or services *of* equal value
- Your comments and suggestions will be *of* great value to us.
- the value *of* the information
- a great value *to* ...
- ... valued *at* approximately $10,000.
- valuable products and services
- <be> well worth going to
- <be> worthwhile to our countries and profitable to both of our companies
- consider ... as worthy of inclusion in your remarks

あると見なす

◆**がっかり**
- 私どもを**がっかり**させないで下さい。
- その会議にご参加いただけないと伺い、**が っかり**しております。
- **がっかり**しているということをお伝えする だけです
- ……して、とても**がっかり**しております。
- ……に、さぞ**がっかり**しておられることと 存じます。
- この決定に私はとても**がっかり**しておりま す。
- どうか私どもを**がっかり**させないで下さい。
- 宮坂さん、私は**がっかり**しています。

◆**活動**
- こうした**活動**
- 当社の主な**活動**地域
- ……が主催する多くの**活動**
- 当社の現在の**活動**と地位
- 特別な**活動**
- 貴社の様々な**活動**
- 貴研究所の**活動**状況
- 世界13カ国42の地域で**活動**している

- 香港から出て**活動**をする
- 当社の**活動**を詳しく説明する
- 日本における貴社の**活動**
- **活動**するつもりです
- いつもの**活動**的な貴殿

◆**活躍**
- ……に積極的に**活躍**している
- **活躍**する
- 立派な**活躍**を確信しております。
- 元気に**活躍**する。
- 在職期間中のご多幸とご**活躍**

◆**活用**
- 当行の銀行業務を十分**活用**する
- ……を十分に**活用**する
- 良好な関係を**活用**する
- わが社の販売活動を最大限に**活用**する
- 通信技術の**活用**により

◆**悲しい**
- ……という非常に**悲しい**出来事に際して
- たいへん**悲しい**任務

disappoint [-ed], disappointment, etc.
- Do not disappoint us.
- We are disappointed that you cannot be with us for that meeting.
- only *express* my disappointment

- It is *with* a great disappointment that ....
- It must be a disappointment *to* you that ....

- This decision comes as a great disappointment *to* me.
- Please don't let us down.
- Mr. Miyasaka, I am frustrated.

activity [-ies], operate, operation, work, etc.
- such an activity
- our main area of activity
- *many* activities sponsored by ...
- our *present* activities and status
- the *special* activities
- the *various* activities of your company
- the activities *of* your good Institution
- operate from 42 locations in 13 countries around the world
- operate out of Hong Kong
- explain our operation in detail
- your operations *in* Japan
- intend to work
- your usual energetic self

active, enjoy, etc.
- <be> active *in* ...
- enjoy many activities
- I am sure you will do an excellent job.
- You are faring well.
- a happy and successful tenure of office

use, etc.
- use the complete facilities of our banking services
- make full use of ...
- capitalize on the good relationships
- optimize our sales
- through the application of communications technology

sad
- on the very sad occasion of ...
- my very sad duty

◆悲しみ

- この**悲しみ**の時に
- 訃報に接し、**悲しみ**に暮れております。
- ご母堂様ご逝去のお知らせに接し、**悲しみ**に包まれました。
- 私の**悲しみ**を和らげる
- 私のこの**悲しみ**の気持ちをどのように表してよいのかわかりません。
- 深い**悲しみ**をもって
- 深い**悲しみ**に
- 強い衝撃と**悲しみ**のうちに

◆悲しむ

- ……を知り、非常に**悲しんで**おります。
- ……の死を心から嘆き**悲しむ**
- ……の知らせを受け、たいへん**悲しんで**おります。
- (訃報) に接し、たいへん**悲しんで**おります。
- どれほど深く**悲しんだ**ことか、言い表す言葉もございません。
- 共に**悲しんで**下さる皆様がおられるということが、いちばんの慰めになります。

◆必ず

- **必ず**貴殿に連絡いたします。
- 質問がございましたら、**必ず**お手紙を下さい。

◆かなり

- **かなり**の規模の
- 預金残高も**かなり**の額に達している
- 拙著の**かなり**の部分を訂正する
- **かなり**の部分では
- **かなり**の規模で
- **かなり**の額の預金残高がある

◆可能

- もし**可能**でしたら、
- **可能**かどうか検討してみます。

◆可能性

- ……の**可能性**があれば
- 貴社製品の代理店とさせていただく**可能性**
- 東京においでいただく**可能性**
- 市場の**可能性**
- ……の**可能性**をはっきり理解する
- ……する**可能性**は大いにあります。
- ABC社とXYZ社が引続き協力する**可能性**
- 貴社訪問の**可能性**
- ……の**可能性**が十分あります

sad, saddened, sorrow

- in this sad hour
- We were saddened to hear of the loss.
- We were saddened by the news on the passing of your mother.
- *ease* my sorrow
- I do not know how to *express* my sorrow.

- with *deep* sorrow
- with *profound* sorrow
- *with* the greatest shock and sorrow

aggrieved, mourn, sad, saddened, sorrow, etc.

- We are greatly aggrieved to learn of ....
- mourn the loss of ...
- It was a very sad moment when I received word that ....
- I was very saddened to hear [learn] of ....
- No words can express the deep sorrow.

- There is no greater solace than the knowledge that our friends are there and feel with us.

without fail, etc.

- I'll not fail to call you.
- Be certain to write concerning any questions which may arise.

considerable, fairly large, quite a few, significant, sizable

- in a considerable size
- keep a deposit balance of fairly large size
- revise quite a few parts of my book
- in significant part
- on a sizable scale
- keep a deposit balance of *substantial* size

possible

- If it is possible,
- I'll check to see if it's possible.

possibility [-ies], potential, prospect, etc

- If there is a possibility that ...,
- the possibility *of* representing your products
- the possibility *of* you being in Tokyo
- the possibilities of the market
- realise the potential of ...
- Excellent potential exists to <do>.
- the prospects *of* continued ABC/XYZ collaboration
- the prospect *of* visiting your company
- There is a good chance of ....

- •不動産購入の**可能性**とその費用
- •**株**
- •端**株**
- •**株**の持合い
- •人気**株**
- •値がさ**株**
- •（小型の）成長**株**
- •品薄**株**
- •**株**の償還
- •低位**株**

◆株価収益率

◆株券

- •下記の**株券**
- •貴殿のブローカーが**株券**をABC銀行へ送付されます。
- •**株券**の寄付

◆株式

- •**株式**発行による資金調達
- •世界の主要な**株式**発行市場
- •**株式**発行と優良証券市場に対して
- •**株式**持合い
- •……の**株式**資本
- •**株式**会社
- •累積的優先**株式**
- •**株式**仲買人
- •**株式**仲買会社
- •**株式**取引所
- •**株式**市場
- •**株式**委任状
- •署名済みゲイル社の**株式**譲渡委任状
- •最新の**株式**リスト
- •**株式**分割
- •XYZ社**株式**上場の成功
- •**株式**の併合
- •**株式**市場開始前の取引
- •過半数**株式**

◆株主

- •**株主**総会
- •**株主**の承認を条件として、
- •**株主**総会に出席する
- •本日開かれた**株主**の年次総会で
- •多数**株主**
- •少数**株主**

- • availability and cost of property

lot (s), shares, stock, stocks
- • a broken lot [number]/ fractional lots [shares]/ odd [fractional] lots
- • cross holdings [interlocking] of shares/ (stock) holding
- • active stocks/ hot stocks
- • high-priced stocks/ fancy stocks
- • glamour stocks
- • rare stocks/ scarce stocks
- • redemption *of* stocks
- • lesser grade stocks

a price-earnings ratio/ a P/E ratio/ a PER

share certificates [英],stock certificates [米], etc.
- • the following share certificates
- • Your broker transfers the stock to ABC Bank.

- • stock gifts

equity, share, stock, etc.
- • equity *finance*
- • the world's leading equity *markets*
- • for the equity and gilt-edged *markets*
- • cross-shareholdings
- • the capital stock *of* ...
- • a *joint*-stock company/ a corporation
- • accumulated *preferred* stock
- • a stock*broker*/ a broker/ a jobber
- • stockbroking firms
- • a stock *exchange*
- • the stock *market*
- • a stock *power*
- • the signed Gale stock *power*
- • the latest stock *selection*
- • stock *split* (s)/ split
- • the successful listing *of* the stock of XYZ Co., Ltd.
- • a reverse (stock) *split/ split*-down
- • pre-market trading
- • a majority [controlling] interest

shareholder (s) [英], stockholder (s) [米], etc.
- • the shareholders' *meeting*/ a meeting of stockholders
- • subject to the approval *of* shareholders,
- • attend the meeting *of* the shareholders
- • at the Annual Meeting *of* shareholders held today
- • *majority* stockholders
- • *minority* stockholders

- **株主**資本
- 登録されている**株主**
- 大**株主**グループ
- 少数**株主**権

◆貨物
- 嵩高（かさだか）**貨物**
- 標記**貨物**
- 保税倉庫内の**貨物**
- 商品を**貨物**引渡通知書と照らし合わせる
- **貨物**船
- **貨物**到着通知／着船通知書
- **貨物**引換証
- **貨物**引渡し指図書

◆空～
- **空**（から）売り
- **空**（から）売り筋
- **空**（から）小切手
- **空**（から）手形

◆借り（る）
- **借り**手／**借り**主
- 家を**借りる**
- 成田空港で妥当な条件で**借り**られます

◆借入れ
- **借入れ**授権書

- **借入**金
- **借入れ**を減らす
- 比較的少額の**借入れ**のない口座
- **借入れ**が必要になる
- **借入れ**能力

◆為替
- **為替**手形を支払う
- **為替**手形は額面12.50ポンドと425ポンドの２通に分けて振り出されています。
- 当行の**為替**手形の書式
- 金額6,850米ドルの**為替**手形
- **為替**手形
- 逆**為替**
- **為替**調整
- 内国**為替**
- **為替**仲買い［仲立ち］人
- **為替**予約
- **為替**管理
- **為替**取引
- **為替**平価

cargo, goods, etc
- a bulky cargo
- the subject cargo
- goods (held) in bond
- *check* goods against the delivery note
- a surface freighter
- an arrival notice
- a way-bill
- a release order

short, etc.
- a bear position/ selling short/ short sales ［selling］
- the short interest
- kite checks
- a kite/ a windbill

borrow (-er), etc.
- a borrower/ a debtor
- rent a house
- <be> available commercially at Narita Airport

borrow ［-ed］,borrowing, loan, etc.
- an authorization to borrow money/ a certificate of authority to borrow
- borrowed money/ other people's money
- *reduce* borrowing
- a rather small non-borrowing account
- need a loan
- debt capacity

draft (s), exchange
- *meet* the draft
- The drafts were *drawn* in two lots for the amounts of £12.50 and £425.
- our draft form
- drafts in the sum of US $6,850
- a bill of exchange
- an *adverse* exchange/ reverse bills
- *currency* exchange adjustment
- *domestic* ［inland］ exchange
- exchange *brokers*
- (forward) exchange *contracts*
- exchange controls
- exchange *dealings*/ exchange *transactions*
- exchange *parity*/par / the parity rate of exchange/ thc par valuc

- ・**為替**レート
- ・裁定外国**為替**相場
- ・新しい**為替**レート
- ・より有利な**為替**レート
- ・**為替**相場
- ・間接**為替**市場
- ・屈伸［変動］**為替**相場

- ・自由変動**為替**相場
- ・くぎづけ［固定］**為替**相場
- ・米ドル購入日の**為替**相場
- ・**為替**相場が最近急激に変動したため
- ・他国通貨による**為替**相場表示
- ・現物**為替**
- ・小**為替**

◆**代わり**
- ・……の**代わり**に
- ・ABC社に**代わ**って
- ・英国製品の**代わり**に
- ・私が同氏に**代わ**って会長兼最高経営責任者となりました。

- ・私どもに**代わ**って
- ・私に**代わ**って
- ・私の**代わり**にお伺いします
- ・私の**代わり**に、
- ・**代わり**に
- ・ご助力の程、同氏に**代わ**りましてあらかじめお願い申し上げます。

◆**代わり金**
- ・**代わり金**は、……から直接受け取ります
- ・この為替手形の**代わり金**
- ・**代わり金**

◆**考え**

- ・……という胸をわくわくさせるような新しい**考え**
- ・銀行業務に対する新しい**考え**方
- ・貴社の新しい**考え**の展開
- ・……するため何か**考え**ておられますか。
- ・この件について貴殿のお**考え**を伺いたく存じます。
- ・貴殿のお**考え**を他の参加者に話す
- ・何かほかの計画を**考え**ておられますか。
- ・同氏が協力を得られると**考え**ている数社

- ・……を**考え**れば
- ・……だと私は**考え**ます。

- exchange *rate*
- arbitrated **exchange** rates
- the new *currency* exchange rate
- the more *favorable* (exchange) rates
- the **exchange** market
- indirect exchange
- flexible [floating] **exchange** rates/ flexible rates of exchange
- freely *flexible* [fluctuating] **exchange** rates
- pegged **exchange** rates
- **exchange** rate *of* the day you purchase U.S. dollars
- due to recent drastic **exchange** rate *changes*
- an indirect quotation
- spot delivery
- postal notes

in place of, etc.
- in place of ...
- in place of ABC Company
- in place of the British make
- I have **replaced** him as Chairman and CEO.

- in our behalf
- on my behalf
- will come in my place
- In my stead.
- as a substitute
- I bespeak for him your friendly courtesies.

proceeds, etc.
- will receive the **proceeds** directly from ...
- cover *for* this draft
- the cover remittances

concept, idea (s), in (his) mind, in the light of, of the opinion, ponder over, regard, think, thinking, thought (s), visualize, etc.
- the exciting new concept of ...

- a new concept of banking service
- the development of your new concept
- Do you have any idea to <do>?
- I'd like to hear your ideas about this.

- share your ideas with other participants.
- Do you have some other plan in mind?
- several companies which he has in his mind as prospective cooperators
- in the light of ...
- I am of the opinion that ....

- ……をじっくり**考える**
- その賞を、……であると**考え**ます。
- これは ……であると**考える**
- よく**考え**させて下さい。
- 本件について**考える**
- ……する可能性について真剣に**考え**ております。
- ……に関する当社の最近の**考え**方
- ……について貴社のお**考え**
- コンピュータ業界の長期見通しに関する当社の**考え**
- その**考え**は、……というものでした。
- このような**考え**から
- 私自身の**考え**
- 貴殿のお**考え**とご提案
- ……が必要不可欠であると**考え**ている
- ……だと**考え**て、よろしいでしょうか。
- 貴殿のお**考え**
- この**考え**を支持する
- 貴殿の長年にわたる同社でのご経験を**考え**ますと、
- とても楽しかった日本訪問のことを、静かに**考える**

- ponder over ...
- regard the award as ...
- regard this as ...
- Please let me think it over.
- think the matter over
- We are seriously thinking *of* the possibility to <do>.

- our *latest* thinking on ...
- your thinking *on* ...
- our thinking *regarding* the long-range outlook for the computer business
- The thought *was* that ....
- with this thought
- my own thoughts
- your thoughts and suggestions
- visualize the necessity for ...
- Are we right in assuming that ...?
- the kind sentiments
- support this notion
- Given your long experience with the company,

- contemplate my very pleasant visit to Japan

◆環境

- 博愛的な**環境**
- ……という**環境**の中で
- 地球**環境**
- 今日の地球規模的**環境**
- **環境**保護
- 進んだ**環境**対策
- 人類が直面している経済、社会および**環境**問題
- この大変くつろいだ**環境**の中で
- **環境**汚染を減少させる新技術

climate, environment [-al], setting, etc.

- a philanthropic climate
- in a climate of ...
- the *global* environment
- today's *global business* environment
- the protection *of* the environment
- enlightened environmental policy
- the economic, social and environmental problems confronting humankind
- in this most intimate setting
- new pollution-reducing technologies

◆関係

- 素晴らしい**関係**が今後とも続く
- 両社のこれまでの有益な**関係**

- 良好な**関係**
- **関係**各位
- **関係**当事者
- ……と密接な**関係**を持っている
- ……と緊密な**関係**にあります
- **関係**者
- 何人の**関係**者たち
- **関係**者間で
- ……の間に素晴らしい親密な**関係**
- 同社とは緊密なよい**関係**を維持しています

association, concerned, contacts, interested, relation (s), relationship (s), ties, etc.

- *continue* the fine association
- the *beneficial* association between our two organizations hitherto
- a *pleasant* association
- all parties concerned
- the parties concerned
- have close contacts with ...
- have closer contacts with ...
- the interested parties
- several interested parties
- among the interested parties
- the excellent rapport amongst ...
- enjoy a close and pleasant relation with the firm

- 私どもと当該企業の**関係**
- 両社の素晴らしい**関係**が今後とも続きますことを期待しております。
- ……との**関係**を大切に思っている
- 貴社との**関係**継続を何よりも喜んでまいりました。
- 親密な**関係**を維持する
- 相互に有益な**関係**
- ……とは金融的に極めて緊密な**関係**にある
- 両社の良好な**関係**

- 親しい**関係**が続きますよう願っております。

- ABC社とXYZ社との間の長年にわたる緊密な**関係**
- 素晴らしい**関係**
- ほかのすべてに優先するよりどころとしての人間**関係**
- よい人間**関係**を維持する
- 両社間の長期にわたる相互に有益な**関係**

- ……と、業務上密接な**関係**を持つことになります
- 取引においてだけでなく、私的な**関係**においても
- 我々の契約上の**関係**
- 御社と弊社との間の良好な**関係**

- 私どもの緊密な**関係**
- ビジネスにとっても**関係**がある重要な問題

- 当行の勘定と**関係**がないように思われます
- **関係**会社／関連会社

- 政財界の**関係**者
- ABC社の他の**関係**者の方にも、私の感謝の気持ちをお伝えください。
- ……と緊密な**関係**にあります
- **関係**船積み書類
- **関係**信用状

◆歓迎
- 彼は貴殿をあたたかく**歓迎**するでしょう。
- 内輪の**歓迎会**
- 〈名前〉のための**歓迎会**に、ご出席下さいますようお願い申し上げます。
- 貴殿を私どもの業界に**歓迎**いたします
- 弊社へのお越しを**歓迎**いたします。
- 宮坂氏のご出席を心より**歓迎**いたします。

- あなたが私どものところを訪ねて下さることを**歓迎**いたします。

- our relation with the subject
- I am looking forward to continued excellent relations between our companies.
- *cherish* our relationship with ...
- I have been most pleased at *following* the relationship with your company.
- *maintain* the warm relationship
- a mutually *beneficial* relationship
- have the closest *financial* relationship with ...
- the *fine* relationship existing between our two companies
- We look forward to a continuance of this *friendly* relationship.
- the *long* and close relationship between ABC and XYZ
- the *outstanding* relationship
- a *personal* relationship as the foundation that transcends all else
- maintain a fine *personal* relationship
- a long and mutually *profitable* relationship between our firms
- will have a close *working* relationship with ...

- in both our *business* and *personal* relationships

- our *contractual* relationships
- the *good* relationships between your company and mine
- our close ties
- an important issue that has implications for business

- do not appear to belong to our account
- an affiliate/ an affiliated company/ an associated company/ a related company

- the parties in government and industry
- Please also express my appreciation to anyone else at ABC who was involved.
- have close connections with ...
- the relative shipping documents
- a relative letter of credit

receive, reception, welcome
- He will receive you warmly.
- a *private* reception
- Your presence is requested *at* a reception in honor of <name>.
- welcome *you* to our business community
- We will be pleased to welcome *you* at our office.
- We would certainly welcome Mr. Miyasaka's attendance.
- We would welcome a *visit* from you.

・**歓迎**の美しい花	・the beautiful flowers *to* welcome me
・親しみのこもったあの同じ**歓迎**	・the same *friendly* welcome
・朝の**歓迎会**	・the *morning* welcome
・あたたかい**歓迎**	・a *warm* welcome
・**歓迎**夕食会	・Welcome *Dinner*
・**歓迎**の電話	・a call *of* welcome
・いつでも（大いに）**歓迎**いたします。	・You are always (most) welcome.
・お客様をお連れになることも**歓迎**いたします。	・You are welcome *to* bring a guest.

◆監査　**audit[-ed, -ing], auditors, inspection**

・最終**監査**結果	・final audited numbers
・**監査**手続	・auditing *procedures*
・一般に認められた**監査**規準に従って	・in accordance with generally accepted auditing *standards*
・当社の**監査**役	・our auditors
・主任**監査**役	・a chief auditor
・その**監査**結果	・the results of inspection

◆関して　**concerning, connected with, connection, reference, referring to, regard, etc.**

・……に**関して**、	・Concerning [Regarding] …./ In [With] reference [Referring] to …./ In [With] regard to …./ With respect to …./ Relating [Relative] to …,
・……に**関し**いろいろお世話になり、まことにありがとうございました。	・I would like to thank you most sincerely for everything connected with ….
・先に貴殿より受けましたご要望に**関して**ですが、	・In connection with your earlier request,
・貴社のお問合せに**関し**	・In [With] reference to your inquiry
・お手紙に**関して**	・In reference to your letter/ With reference to your letter/ Referring to your letter
・……に**関しては**	・with reference to …/ In the matter of …/ As for [As to] …,
・……に**関して**	・Referring to …
・この件に**関して**	・in this regard/ in this respect
・下記の主題に**関して**	・regarding the following subject
・PQR社に**関して**	・with respect to PQR
・製品に**関しては**	・with respect to products

◆感謝　**appreciate, appreciating, appreciation, appreciative, grateful, gratitude, thank (s), thanking, etc.**

・ご親切に**感謝**いたします。	・I appreciate your kindness.
・ご提案を深く**感謝**いたします。	・We appreciate very much the suggestion you have made.
・貴社のお申し出に心から**感謝**いたします。	・I do appreciate your kind offer.
・貴社のご協力に**感謝**いたします。	・We would appreciate your cooperation.
・川中氏をあたたかくお迎えいただいたことに心から**感謝**いたします。	・I greatly appreciate your gracious and warm acceptance of Mr. Kawanaka.
・ご協力にはたいへん**感謝**いたしますが、	・Much as we appreciate your cooperation,
・……というご提案深く**感謝**しております。	・I very much appreciate your suggestion that ….
・この件でご通知下さいました貴殿のご配慮	・Appreciating your thoughtfulness in informing us in

に**感謝**し、……
- **感謝**の気持ちを言い表す適切な言葉がございません。
- ……について、あなたに**感謝**の意を表したく存じます。
- ……に対し**感謝**申し上げたいと存じます。
- ……へ長年のご協力に対する私どもの**感謝**の気持ちをお伝え下さい。
- ……に深い**感謝**の意を込めて
- 私の個人的な賞賛と心からの**感謝**の気持ち
- ご送金いただき**感謝**いたします。

- ……に、心から**感謝**する
- お心遣いに**感謝**いたします。
- ……に対し、**感謝**しております。

- ……を、心から**感謝**しております。
- ……に、私の**感謝**の気持をお伝え下さい。
- 貴社のご協力に**感謝**いたします。
- お申し出に**感謝**します。
- 便宜を図って下さったことに**感謝**せずにはいられません。
- 空港までお見送り下さいましたご親切に対し、心から**感謝**いたします。
- ……に対し、この機会を利用して心から**感謝**いたします。
- ……に、私どもの心よりの**感謝**の気持ちをお伝えください。
- ……に対し、心より**感謝**申し上げます。
- ご親切に**感謝**し……
- 貴殿のご直言には**感謝**しております。
- ……に深く**感謝**［感動］しております。

◆勘定
- 貴**勘定**に記入されます
- 本支店**勘定**
- 3月分の**勘定**
- 当方**勘定**
- 先方**勘定**
- ……の**勘定**で
- 10月30日付けの貴社の**勘定書**
- 〈日付〉付けの貴社の**勘定書**を決済するため
- 貴社の**勘定書**
- 当方の貴**勘定**明細書
- 上記の**勘定**残高
- **勘定**照合のため
- 貴行の**勘定**照合状
- 当行の**勘定**引落し指図

◆関心
- ……の**関心**が高まる

this matter, we are,
- I have no adequate words to *express* my appreciation.
- We would like to *express* to you our **appreciation** for ....
- I'd like to *express* my appreciation for ....
- Please *extend* to ... our appreciation for their cooperation over the past years.
- with assurances of *deep* appreciation of ...
- my personal admiration and *warmest* appreciation
- We assure you *of* our appreciation of [for] this remittance.
- will be very appreciative of ...
- We are grateful for your many kindnesses.
- I am grateful to you for ..../ Please accept our gratitude and appreciation for ....
- I feel most grateful that ....
- Please convey my gratitude to ....
- **Thank** you for your cooperation.
- We thank you for your offer.
- I have to thank you for excellent accommodations.

- Many thanks for your kindness in seeing me off at the airport.
- We take this opportunity of *expressing* our sincere thanks for ....
- I hope that you will *convey* our sincere thanks to ....

- May I *tender* my cordial thanks for ....
- **Thanking** you for your courtesy,
- I am thankful for your candor.
- We are deeply *touched* by ....

account, acct., a/c, A/C, A.C., etc.
- will be *credited* to your account
- branch settlement accounts/ interoffice accounts
- your *March* account
- a nostro account/ our account/ our a/c
- a vostro account/ their account/ their a/c
- *for* account of ...
- your statement *of* account dated October 30
- in settlement of your statement *of* account dated <date>
- a statement *of* your account
- our statement *of* your account
- the above balances
- for our reconciliation
- your reconcilement letter
- our debit authorization

concern, concerned, interest, interested
- grow concern to ...

- 共通の**関心**事項
- 私どもの**関心**事
- 永続的な経営上の**関心**事
- あなた様が提起なさったいくつかの**関心**事
- ……に**関心**があります
- ……にかなりの**関心**を示す
- ……に強い**関心**を示す
- ……に深い**関心**を持っている
- 当社の今後の成長に**関心**を持つ
- 当社製品に**関心**をお持ちいただき、たいへんうれしく存じます。
- ……に参加することに大きな**関心**を示す
- 〈日付〉のお手紙で弊社の商品に示していただいたご**関心**に深謝します。
- 同氏の**関心**と指導力
- かなりの**関心**
- 強い**関心**と熱意を持って
- 互いに**関心**のある事項について
- 数多くの社外の**関心**事やお仕事で
- 貴殿の個人的なご支援とご**関心**
- 皆様の**関心**が低く、参加者が少ない場合は、
- **関心**を持たれている事柄
- 大きな**関心**
- ……に引続き強い**関心**を持っています
- ABC社の社長に選任されたことを、たいへん**関心**を持って伺いました。
- ご**関心**がおありだろうと思いましたので

◆関する

- 当方に**関する**限り
- 首題の信用状に**関する**
- 当社の技術の使用に**関する**
- 上記の振出しに**関する**
- 本件に**関する**
- ……に**関する**語句の一部を訂正する
- ……に**関する**「国際」会議で

◆完成

- プログラムに関連する販売計画を**完成**させる
- 当初のスケジュールどおりにプロジェクトを**完成**する
- 〈日付〉までにプロジェクトを**完成**させる
- ……に関する貴社への報告書を**完成**いたしました。
- 新社屋がようやく**完成**いたしました.
- ……に合わせて**完成**いたします
- このプロジェクトを〈日付〉までに**完成**させる
- もし旅行の計画がまだ**完成**していないのでしたら、

- matters of mutual concern and interest
- our concern
- enduring management concerns
- some of the concerns that you raised
- <be> concerned with ...
- *express* considerable interest in ...
- *express* your keen interest in ...
- *have* a deep interest in ...
- *have* an interest in our future growth
- We are very happy to *know about* your interest in our product.
- *show* a great interest in participating in ...
- *Thank you for* the interest expressed in your letter of <date> concerning our goods.
- his interest and guidance
- *considerable* interest
- with *keen* interest and enthusiasm
- on matters of *mutual* interest
- with your many *outside* interests and responsibilities
- your *personal* support and interest
- If there is not *sufficient* interest or availability,
- *matters of* interest
- a great deal *of* interest
- remain very interested in ...
- I was very much interested to learn of your election as President of ABC.
- as I thought you might be interested

concern [-ed, -ing], in regard to, in respect of, regarding, relating to

- as far as we are concerned
- concerning the captioned credit
- in regard to the use of our technology
- in respect of the above drawing
- regarding the subject
- correct certain expressions relating to ...
- an "International" Conference on ...

complete [-d], completion, finish [-ed]

- complete a program-related marketing project
- complete the project according to the original schedule
- complete the project by <date>
- We have completed your report on ....

- My new premises have finally been completed.
- shall be completed for ...
- have the project completed by <date>

- If your plans for the trip have not yet been completed,

- 〈場所〉に建築中の新居が**完成**しました。
- 下記の報告書を**完成**していただければ、まことにありがたく存じます。
- 今秋**完成**予定です
- サン・ディエゴの当社の新工場が**完成**し稼働いたします。

- My new residence at <place> being now **completed**.
- Your **completion** of the following report will be sincerely appreciated.
- <be> due for **completion** this fall
- Our brand-new plant in San Diego is **finished** and ready.

◆歓待

- ……を**歓待**いたします。
- ABC社で貴殿を**歓待**できますことを楽しみにしております。
- 私が、……からいただいたご**歓待**とご支援
- いろいろご**歓待**いただき、訪問を楽しいものにして下さいまして、ありがとうございました。
- ご**歓待**とご援助
- 私どものグループへ差しのべて下さいました心からのご**歓待**
- 素晴らしい**歓待**
- 私は貴社の上級役員の方々にとてもよく**歓待**していただきました。

entertain [-ing], hospitality, host [-ed]

- We will be **entertaining** ....
- We will look forward to **entertaining** you at ABC.

- the **hospitality** and support *provided* to me by ...
- *Thanks for* all of your **hospitality** and for making our visit so pleasant.

- your **hospitality** and assistance
- the *cordial* **hospitality** afforded our group

- the *outstanding* **hospitality**
- I was well **hosted** by your senior executives.

◆幹部

- 貴社の**幹部**［先任社員］の方々
- 貴社の**幹部**にお目にかかる機会に恵まれ、感謝いたします。

senior staff, etc.

- your senior staff
- I thank you also for the privilege of meeting your executives.

◆感銘

- ……ということを知り**感銘**を受けました。
- ……に強い**感銘**を受ける
- ……に、非常に**感銘**いたしました。
- 貴殿の知識と経験が深いのにたいへん**感銘**いたしました。
- ……として彼は私に**感銘**を与えました。
- ……に**感銘**を受ける
- ……に、私どもは深い**感銘**を受けております。
- ……に非常に**感銘**する

impress [-ed]

- I was **impressed** to know that ....
- <be> *extremely* **impressed** with ...
- I am *tremendously* **impressed** with ....
- We were *very* **impressed** with your knowledge and experience.
- He **impressed** me *greatly* as ....
- <be> **impressed** *with* ...
- We are much **impressed** *with* ....
- <be> very **impressed** *with* ...

◆関与

- 私どもはいま貴社の**関与**を必要としています。
- ……に**関与**しています
- ABCに引き続き積極的に**関与**する
- ……に**関与**してゆく

commitment, concerned, involved, involvement

- We need your commitment now.
- <be> concerned with ...
- continue to be active and involved in ABC
- continue my involvement in ...

◆管理

- **管理**組織の拡大
- これらの版権を**管理**しておりません
- 貴社の積送品を**管理**する
- **管理**者教育プログラム
- グループの日常業務を**管理**する

administrative, control, executive, manage, supervision, etc.

- a widened administrative structure
- do not control those rights
- control over your shipments
- the executive education program
- manage the daily activities of his group

- 細かい**管理**を受けずに
- よい**管理**者がいない
- 積極的な**管理**職
- **管理**と対人関係の技術
- 彼らの**管理**ミスのために
- より高度な職責を持つ**管理**職として

- あなたのような有能な人の**管理**下に

- without close supervision
- lack good managers
- an active manager
- the managerial and interpersonal skills
- because of their mismanagement
- in the capacity of an officer with higher responsibility
- in your competent hands

◆関連
- 当社の**関連**会社
- 私どもの**関連**メーカー
- 上記の**関連**で
- ……に**関連**して
- ……と**関連**づけられることになります
- ……に直接**関連**している
- その他**関連**費用
- **関連**市場において
- すべての**関連**特許
- 上記の件に**関連**して
- ……との**関連**において
- **関連**する貨物
- 貴住宅に**関連**するその他の書類
- **関連**法規や基準
- **関連**事項の詳細を書いたメモ

affiliated, connection, related, relative, etc.
- our affiliated companies
- our affiliated manufacturers
- in the above connection
- in connection with .../ relative to ...
- will be related to ...
- <be> directly related to ...
- other related expenses
- in the relative market
- all applicable patents
- in the above conjunction
- in the context of ...
- the corresponding cargo
- other documents pertaining to your home
- relevant codes and standards
- a note of the relevant details

き

◆記憶
- 私の**記憶**違いでなければ、
- ご**記憶**かと思いますが、
- ……をご**記憶**かと存じます。
- 私の**記憶**が正しければ
- **記憶**に残るべき日

memory, recall, remember, etc.
- If my memory is correct,
- As you will recall [remember],
- You will [may] recall [remember] that ....
- if I remember correctly
- a memorable occasion

◆機会

- 貴殿に個人的にお会いする**機会**がございましたら幸いです。
- XYZグループをより良く知る**機会**を得る
- 貴殿のすぐれた才能を発揮する**機会**がきっと多いことと思います。
- お近づきになる**機会**
- よい**機会**
- 多少の**機会**
- **機会**がありましたら
- **機会**があり次第
- これまでに彼とは時々会う**機会**がありました。

chance (s), occasion, opportunity [-ties], time, etc.
- I would *appreciate* a chance to personally meet with you.
- *have* a chance to know the XYZ group better
- I am sure you will *have* many chances to show your exceptional talent.
- the chance to make your acquaintance
- a good chance
- some chances
- as the occasion *arises*/ if you *have* any occasion,
- whenever the occasion may *arise*
- I *have had* the occasion to meet him from time to time.

- またの**機会**があると確信しております。
- この重要な**機会**
- **機会**はいくらでもある
- 特別の**機会**
- いろいろな**機会**に
- この**機会**に
- このめでたい**機会**に
- このような楽しい**機会**に当って
- ……するこの**機会**をありがたく思っております。
- お役に立てる**機会**をいただいて有難うございます。
- 昨年は御社の皆さんとお会いする**機会**に恵まれて幸せです。
- ……する**機会**を提供するため
- 貴社のお役に立つ**機会**を私どもに与えて下さいましたことに対し，お礼申し上げます。
- 〈名前〉と知り合う**機会**を持つ
- ……する**機会**を持ち，たいへんうれしく存じます。
- 私どもは、……する**機会**を持つことができ、ありがたく思っております。
- **機会**を与える
- 最初の**機会**をとらえる
- この**機会**をとらえ、この新しい仕事に挑戦する
- ……に対し、この**機会**を利用しまして、衷心より感謝の意を述べさせていただきます。
- この**機会**を利用して、……を貴殿にお伝えしたいと存じます。
- この**機会**を利用して、貴社の変わらぬご愛顧にお礼申し上げます。
- この**機会**を利用し、
- 素晴らしい**機会**
- アメリカの同僚と会合する素晴らしい**機会**

- またとない**機会**
- またとない**機会**となるでしょう
- 遅れを取り戻す**機会**
- あなたとお会いする**機会**
- ロサンゼルスでお目にかかる**機会**
- 貴社と協力する**機会**を得ますことは、私どもの最も歓迎するところです。
- ……する**機会**があります。
- ……を訪れる**機会**があるでしょう
- 貴社のお役に立つ**機会**を私どもに与えて下さいましたことに対し、お礼申し上げます。
- 新しいサービスを提供する**機会**を与えてくれるでしょう
- 地域に即したマーケティングの**機会**と条件
- いつか別の**機会**を見つける
- もう一度会う**機会**を作る
- 絶好の**機会**

- I am sure there *will be* other occasions.
- this *important* occasion
- have *many* occasions
- *special* occasions
- on *various* occasions
- *on* this occasion
- *on* this happy occasion
- *on* this pleasant occasion
- We *appreciate* this opportunity to <do>.
- We *appreciate* the opportunity of serving you.

- We enjoyed the opportunity *to meet* your people last year
- in order to *give* an opportunity to <do>
- Thank you very much for *giving* us this opportunity to be of service to you.
- *have* an opportunity to get to know <name>
- We are very happy to *have* the opportunity to <do>.
- We are grateful to *have* this opportunity to <do>.

- *provide* an opportunity
- *seize* the first opportunity
- *take* this opportunity of challenging the new position

- We *take* this opportunity of expressing our heartfelt gratitude for ....
- I would like to *take* this opportunity to tell you ....

- We wish to *take* this opportunity to thank you for continued patronage.
- *Taking* this opportunity,
- an *excellent* opportunity
- a *great* opportunity to meet with your American colleagues
- a very *welcome* opportunity
- will provide an *unparalleled* opportunity
- an opportunity *of* catching up
- the opportunity *of* meeting with you
- the opportunity *of* meeting you in Los Angeles
- The opportunity *to* cooperate with you is most welcome.
- There will be an opportunity *to* <do> .
- will have the opportunity *to visit* ...
- We want to express to you our appreciation of the opportunities that you have *given* us to serve you.
- will offer opportunities for new services

- regional marketing opportunities and conditions
- find some other time
- have another time to see
- an especially appropriate time

•旧交を温める**機会**を楽しみにしております。

• I anticipate with pleasure the prospect of renewing these friendships.

◆期間

period, term, time, etc.

• 30日を超えない**期間**
• 4月から9月の**期間**
• 全**期間**
• 重複**期間**
• この**期間**中
• その時点で終了した**期間**の
• 支払い期限が過ぎた**期間**の
• 据置き**期間**
• 定期預金の**期間**
• 3カ月より長い**期間**
• **期間**ベースで
• 2年の任期を1期もしくはそれ以上の**期間**
• 受注から船積みまでのおおよその**期間**を明示して下さい。
• このような短い**期間**
• 最短**期間**で
• この70年間という**期間**
• ある**期間**、海外で勤務する

• a period not exceeding 30 days
• the April-September period
• for the *entire* period
• an *overlap* period
• during this period
• for the period then ended
• for the period overdue
• a period *of* deferment
• the periods *for* the time deposit
• a term longer than three months
• on a term basis
• for one or more two-year terms
• Please indicate the *approximate* time of shipment from receipt of order.
• in such a *short* time
• in the *shortest* time
• this time span of 70 years
• work *for* a time outside Japan

◆企業

company [-ies], corporate, enterprise (s), firm (s), organization, etc.

• それぞれ個々の**企業**
• 地位が確立した立派な**企業**
• 柔軟性のある**企業**
• 世界有数の**企業**
• 主な**企業**
• 小企業から超大企業にわたるいろいろな**企業**
• この**企業**グループ
• このように強力な**企業**基盤
• **企業**顧客の非常に強力な基盤
• **企業**金融
• すでに目に見える**企業**業績を達成しています
• 多数の重要な**企業**経営者
• **企業**経営と指導力といった最も重要な問題

• the *individual* company
• the most *established* and respected companies
• *flexible* companies
• one of the world's *great* companies
• the *principal* companies
• companies that range in size from small to very large
• this group *of* companies
• this strong corporate *base*
• a very strong corporate *customer base*
• corporate *finance*
• have already attained recognizable corporate *gains*
• many important corporate *leaders*
• the most crucial questions of corporate *management* and leadership

• **企業**年金
• **企業**関係の開発を担当する

• corporate *pensions*/ occupational annuities
• <be> in charge of the development of corporate *relationships*

• **企業**乗っ取り屋
• 特定の**企業**部門
• PQR社の**企業**組織
• アジアの**企業**
• 中堅**企業**
• 私**企業**
• 公**企業**
• 別個の独立した**企業**

• a corporate *raider*
• a specific corporate *segment*
• the corporate *structure* of PQR
• *Asian* enterprises
• *medium-sized* enterprises
• a *private* enterprise
• *public* enterprises
• a *separate* and independent enterprise

- **企業**系列（化）
- 斜陽産業となった**企業**
- 多くの重要な**企業**
- 母体**企業**
- 意欲満々の**企業**家数人
- **企業**合同
- **企業**間株式保有
- **企業**間信用
- **企業**倒産
- **企業**内容の開示
- **企業**の合併・買収
- **企業**買収
- **企業**分割
- **企業**役員
- 最も厳しい**企業**倫理行動基準

- interlocking *of* enterprises
- firms *caught* in declining industries
- a number of *important* firms
- an umbrella **organization**
- a few highly motivated **entrepreneurs**
- merger
- intercorporate stockholding
- inter-company credit
- business failures
- disclosure
- merger and acquisition/ M&A
- buy (-)out
- divestiture
- business executives
- the highest standards of ethical conduct

◆聞く
- 弊社の提案を承諾いただけるかどうか、お**聞**かせ下さい。
- ……についてはきっとお**聞き**およびのことと存じます。
- ……と**聞き**ました。
- ……と**聞い**ています。
- 貴殿が、〈時間〉に〈場所〉へいらっしゃると**聞い**ております。
- 佐藤氏から ……と**聞い**ております。

hear, heard, told, understand
- We shall be glad to hear *whether* our proposal is acceptable to you or not.
- You have no doubt heard *of* ....
- I was told that ....
- We understand that ....
- I understand you will be in <place>, <time>.
- We understand from Mr. Satoh that ....

◆危険
- ……することは、明らかに**危険**であること
- 安全でない電気器具を輸入したり販売したりすることの**危険**性
- チャンスや**危険**性
- **危険**と不便を避ける
- 付加**危険**
- 下記の**危険**
- 破損・曲損**危険**
- 投荷および波さらい**危険**
- 漏損・不足**危険**
- ……しても、なんら**危険**はございません。
- **危険**資本

danger, risk (s), venture
- the obvious danger of <doing>
- the danger of importing and distributing unsafe electrical equipment
- opportunities and risks
- avoid the risk and inconvenience
- extraneous risks
- the following risks
- risk of breakage / bending and [/or] denting
- risk of jettison washing overboard
- risk of leakage and [/or] denting
- You risk nothing by <doing> .
- venture capital/ risk capital

◆期限
- **期限**付き為替手形取組み［引受け］信用状
- 20xx年12月15日をもって（使用）**期限**が切れます
- ……に**期限**が切れる
- 1カ月の**期限**を付ける
- **期限**に間に合わせる
- 同社は支払い義務の**期限**をよく守るので
- **期限**経過（約束）手形

acceptance, due, expire, limit, meet[-ing], overdue, payment, time, usance, etc.
- acceptance credits/ usance credits
- will be due on December 15, 20xx
- expire on ...
- put a one-month limit
- meet the deadline
- for their punctuality in meeting obligations
- overdue bills [notes]

- 期限一括返済
- 一覧後60日払いの**期限**付き手形（振出し）
- **期限**付き（為替）手形
- **期限**前返済
- このような**期限**延長
- **期限**前払戻し

◆帰国
- 無事**帰国**されますよう、祈っております。
- 日本へ**帰国**する
- ちょうどヨーロッパよりの**帰国**の途にありました。
- たった今、フィリピン訪問から**帰国**したばかりなのです。

◆記載
- ABC社の発展を**記載**する
- ……に**記載**されています
- **記載**事項が貴社の記録と一致する。
- 弊社事務員が航空貨物運送状の積荷目録を**記載**洩れをしました。
- 年報に**記載**されています
- 同封のパンフレットには ……と**記載**されております。
- 彼らの日程の一部を下記に**記載**いたします。
- 第3項に**記載**された ……
- 添付した信用状訂正状に**記載**したとおり
- 同封の価格表に**記載**されています
- 商業送り状に**記載**されたとおり

◆記事
- ……にご昇進との**記事**
- 貴殿の**記事**
- たいへん素晴らしい**記事**
- あなたのインタビューに基づく**記事**
- ……について**記事**を作る
- 類を見ない程立派な概観の**記事**
- 詳しい**記事**と統計

◆議事
- 最新の**議事**日程
- この**議事**日程
- **議事**日程項目
- 次の段階の契約交渉のための**議事**日程

- **議事**録
- この**議事**録にもとづいて

◆期日
- 予定通りの**期日**に

back (home), etc.
- a bullet payment
- a time draft at 60 days
- time [usance] drafts [bills]
- prepayment
- such an extension
- early [premature] withdrawal

back (home), etc.
- Have a safe trip back [home].
- get back to Japan
- I was just coming back from Europe.
- I have just returned from a visit to the Philippines.

describe, entry [-ies], manifest, etc.
- describe ABC's progress
- <be> described in ...
- These entries agree with your records.
- Our clerk erroneously omitted this air waybill on the manifest.
- <be> contained in the Annual Report
- The enclosed booklet tells ....
- We quote their itinerary in part as follows:
- ... mentioned under 3
- as noted in our attached amendment
- <be> shown in our price list enclosed
- as stated in the commercial invoice

account, article, overview, etc.
- an account of your elevation to ...
- your article
- the very fine article
- the article based upon your interview
- do an article on ...
- an unmatched overview
- detailed write-ups and statistics

agenda, minutes
- the latest program agenda
- this proposed agenda
- any agenda items
- an agenda for the next phase of contract negotiations
- the minutes
- based upon the minutes

maturity, etc.
- at maturity/ on the scheduled date

◆**貴社**
- **貴社**における
- **貴社**と
- **貴社**全体に広くゆきわたる
- **貴社**のウィリアム・T・ストロング氏

your company, etc.
- *in* your company [corporation, firm]
- *with* your company [corporation, firm]
- \<be\> prevalent throughout your organization
- your Mr. William T. Strong

◆**技術**

- **技術**系新入社員
- 傑出した**技術**者
- 有資格の**技術**者と科学者
- 〈地名〉出身の25歳の若い**技術**者
- 現在の**技術**協定
- このような**技術**的進歩
- **技術**契約
- **技術**援助
- 電子写真に関するいくつかの**技術**的側面
- 我々の仕事の**技術**的側面を論じる
- 弊社提案の**技術**的な部分について
- **技術**的内容
- **技術**的細目
- 細かい**技術**的な話
- **技術**の優秀さ
- **技術**面での緊密な協力関係
- **技術**的資料と価格表をお送りいただければ、ありがたく存じます。
- **技術**的進歩
- 特定の**技術**的問題
- **技術**的な質問に対する解答をもらう
- **技術**仕様書
- **技術**力と総合能力
- **技術**支援部署
- **技術**面での努力
- **技術**面でのビジョン
- システムデザインの**技術**
- 共通の**技術**を利用する
- 最新の**技術**
- 新しい**技術**についての情報
- 新素材の**技術**
- 世界の**技術**進歩
- **技術**コンサルタント
- **技術**集約産業
- **技術**管理
- 当社の独自の**技術**計画
- **技術**移転において
- この新しい**技術**分野
- **技術**的な進歩
- **技術**援助契約
- XYZ社から**技術**協力を受ける
- **技術**関連事業
- **技術**面において

engineer (s), know-how, technical, technique (s), technology [-ies, -ical]
- entry-level engineers
- an outstanding engineer
- qualified engineers and scientists
- a young 25 year old engineer from \<place\>
- the existing know-how agreements
- such technical *advances*
- a technical *agreement*
- technical *assistance*
- several technical *aspects* of electrophotography
- discuss the technical *aspects* of our work
- on certain technical *aspects* of our proposal
- technical *content*
- technical *details*
- detailed technical *discussions*
- technical *excellence*
- close technical *liaison*
- I would be pleased to receive your technical *literature* and price lists.
- technical *progress* [development]
- specific technical *problems*
- obtain answers to technical *questions*
- the technical *specifications*
- technical *strength* and general ability
- a technical *support* section
- technical *work* effort
- technical *vision*
- system design techniques
- use *common* technology
- the most *modern* technologies
- information on the *new* technology
- *new materials* technology
- the advancement of the *world's* technology
- technology *consultants*
- technology *intensive* industries
- technology management
- our own technology *plans*
- in technology transfer
- this new field *of* technology
- technological *advances*
- the technological *assistance* agreement
- receive technological *assistance* from XYZ
- technological *business*
- in the technological *directions*

- **技術**改善
- 重要な**技術**的問題
- **技術**的リード（首位、優位）

- technological *improvement*
- key technological *issues*
- a technological *lead*

◆規準

abasis

◆基準
- **基準**通貨
- **基準**貸出し金利
- 当社の**基準**価格
- **基準**相場
- **基準**金利
- 業界の**基準**
- 品質とスタイルに厳密な**基準**を要求しています

base, basic, standard (s)
- a base currency
- a base lending rate
- our base price
- a basic rate /pivot (-al) rates
- basic money rates
- industry standards
- insist on strict standards of quality and styling

◆絆
- ABC社とXYZ社の**絆**

- 両社の間に築かれた友好の**絆**

- 私どもの間の特別な**絆**

bond (s), etc.
- the bond between ABC and XYZ/ the bonds which tie ABC and XYZ together
- the bond *of* friendship that develops between two companies
- the *special* bond that exists between us

◆規制
- 多くの主要な金融センターでの**規制**緩和

- **規制**制度
- **規制**撤廃後
- **規制**撤廃後の市場で

regulation, etc.
- deregulation in a number of major financial centres
- regulatory systems
- after deregulation
- in the deregulated markets

◆基礎
- ……のための**基礎**を作るのに**役立つ**
- 討議のための非公式の**基礎**資料
- （計画の）**基礎**資料となる予備的計画案と日程表
- 日本語の**基礎**的知識
- **基礎**研究を行います
- ……のための**基礎**資料として

base, basic, basis
- help *build* a base for ...
- an *informal* base for discussion
- a preliminary program plan and schedule to serve as a base*line*
- a basic knowledge of Japanese
- conduct a basic study
- as a basis for ...

◆規則
- この**規則**に例外はないことになっています。
- 当方の**規則**や規定を説明します

rule (s)
- There are to be no exceptions to this rule.
- explain our rules and our regulations

◆期待
- ……と、**期待**してよいでしょうか。
- **期待**をはるかに超えて
- ……を大いに**期待**させる
- 会社の**期待**
- 当初の**期待**
- 当社が**期待**する水準まで

expect [-ed], expectation (s), hope (s), hopeful, etc.
- May we expect that ...?
- far more than I expected
- inspire an greater expectation for ...
- the company's expectations
- the original expectations
- up to our expectations

- 当社の**期待**に沿う
- ……に、大きな**期待**を抱いている
- ……ことを大いに**期待**しております。
- ……を**期待**して

- ……と**期待**しております。
- ……ということを**期待**して
- ……を**期待**しております。
- ……を心から**期待**しております。

- come up to our expectations
- have *great* hopes for ...
- We have *high* hopes that ....
- With the hope of ... / With the desire of ... / in hope (s) (of) ...
- I am hopeful that ....
- in the anticipation that ...
- I will look forward to ....
- We sincerely trust that ....

◆議題
- 念入りに準備した**議題**で
- 取り上げられた**議題**
- 主要な**議題**

agenda, topics, etc.
- with a well prepared agenda
- the topics covered
- our primary focus

◆議長
- 私が**議長**を務めるシンポジウム
- パネル**議長**:
- **議長**を務める

chairman, chair
- the symposium for which I am a chairman
- Panel chairman:
- chair

◆気づく
- お**気づき**のように、
- ディーラーに不適切で誤解を招くような情報が流れていることに**気づく**
- 残念ながら、……に**気づき**ました。
- 相違に**気づく**

<be> aware, note
- As you may be aware,/ As you are aware,
- <be> aware of the inadequacies, misleading information to dealers
- We note with regret (that) ....
- note the variations

◆気付け
- ガーナー氏**気付け**
- ホワイト人事部長**気付け**
- 輸入課長**気付け**
- 岡嶋真秀氏**気付け**で
- ABC社**気付**

attention, c/o
- Attention: Mr. W. J. Garner
- Attention Mr. T. White , Personnel Officer
- Attention of Import Manager
- for the attention of Mr. Masahide Okajima
- c/o ABC company

◆規定
- 国際特許条約の**規定**により

- 当方の規則や**規定**を説明します
- 中央銀行の**規定**
- **規定**に従って
- 信用状では、……と**規定**されています。
- **規定**されています
- こうした条件は、私どもの代理人が明確に**規定**し、説明すると思います。
- 改正（案）は、……と**規定**しています。

provision (s), regulations, stipulate [-d], etc.
- under the provisions of the International Patent Treaty
- explain our rules and our regulations
- the regulations *of* the Chuo Bank
- in accordance *with* the regulations
- The credit stipulates that ....
- <be> stipulated
- These conditions will be defined and described by our representatives.
- The amendment provides that ....

◆記入

- 用紙にできるだけ丹念に**記入**して下さい。
- 同封の注文書に**記入**する
- **記入**済みの申込書

complete [-d], entry, fill, indicate, mark, place, print, specify
- Please complete the form as thoroughly as possible.
- complete the enclosed order form
- the completed application

- 記入済み終了通知書
- 記入済みのNAE指名推薦状
- 注釈付きの記入例
- 記入する
- 下部の記入欄に記入する
- 宿泊予定先を同封の用紙に記入する

- 会議開催日を記入する
- 特別に興味のあるところすべてに、×印を記入してください。
- 全て活字体で記入して下さい。
- 認可第 ……号を記入する

- the completed closure notice
- a completed copy of NAE's Nomination Form
- a sample entry and explanatory notes
- fill in/ fill out
- fill out the form on the bottom
- indicate on the enclosed forms where you will be staying
- mark the dates of the event
- Please place an "×" by any areas that are of particular interest.
- Please print all information.
- specify License No. ...

◆記念

- この意義深い記念日にあたり
- 貴社の記念式典
- ……を記念して
- 30周年記念会議
- ……の何よりの記念
- その際のささやかな記念品
- ……の記念品として
- この美しい記念の品
- 私の誕生日を記念して
- 記念品として
- 寄付者各位の名前を収めた記念額
- ご厚意の記念の品として
- 素晴らしい記念碑
- 当社の記念日

anniversary, commemoration [-tive], memento, remembrance, souvenir, etc.

- on this significant anniversary
- your anniversary celebration
- in commemoration of ...
- the commemorative 30th annual meeting
- a good memento of ...
- a small memento of the occasion
- as a memento of ...
- this beautiful remembrance
- in remembrance of my birthday
- as a souvenir
- a plaque recognizing each contributor
- as a reminder of your kindness
- a fine memorial
- the memorial day of our company

◆技能

- 熟練した技能と経験
- 彼らの才能と技能
- 口語英語の技能の向上
- 優れた人間関係の技能
- パソコン、リーブロを自由に使いこなせる技能

skills

- good skills and experiences
- their talents and skills
- the development of spoken English language skills
- good interpersonal skills
- strong PC/WP skills

◆基盤

- ……のためのしっかりした基盤
- 故人（彼）が創業の初期に築いた基盤
- 基盤作りに協力する

a base, foundation

- a *sound* base for ...
- the foundation he laid in the early years
- cooperate with me in establishing the foundation

◆寄付

- ご寄付をいただける場合は下記にお送り下さい。
- 一部の方がわずらわしいと感じている寄付
- 数多くの寄付の要請
- ……よりの寄付金
- 5,000ドルの寛大な寄付金

contribution (s), contributor (s), donation (s), gift (s), etc.

- Contributions may be sent to:
- contributions which some have found burdensome
- the multiplicity of requests *for* contributions
- a contribution *from* ...
- generous contribution *of* $5,000

- 個人及び法人の**寄付**者
- 貴社の**寄付**予定に合わせる
- 補助金と会員の**寄付**
- ABC社からの前回の1,000ドルの**寄付**
- **寄付**金の小切手
- **寄付**金
- ……へのあらゆる**寄付**を歓迎いたします
- 800件の新規の**寄付**金
- 病院への**寄付**金
- 年3万ドルの**寄付**で

- individual and corporate **contributors**
- fit your own corporate **donation** calendar
- grants and membership **donations**
- the previous $1,000 **donation** from ABC
- the **donation** check
- a **gift**
- welcome all **gift** to ...
- some 800 new **gifts**
- hospital support
- with the commitment of $30,000 per year

◆**規模**
- やや**規模**を縮小したものとなるでしょう
- 似たような**規模**
- およそ12倍もの**規模**
- 資金支出の**規模**
- 学問分野やその**規模**の点で

scale, size, etc.
- will be on a somewhat *smaller* scale
- a *comparable* size
- approximately 12 fold *in* size
- the size of the commitment
- in discipline and size

◆**希望**

- 第2または第3**希望**で
- ……ということを私どもは強く**希望**しております。
- 日本に帰国なさりたいというあなた様のご**希望**
- 来たる20xx年には、……と心から**希望**いたします。
- ……ということを強く**希望**いたします。
- 私の**希望**は……です。
- 次に**希望**することは、……です。
- 当方は、……を**希望**しております。
- ……を**希望**して
- ご**希望**の旅行代理店
- ご**希望**のホテル（宿泊施設）
- スィートルームはすべてご**希望**により承ります。
- そのような指導を**希望**されるなら
- 貴殿がそれを**希望**されるなら
- ……のご**希望**の有無をお知らせ下さい。
- ご**希望**があれば、
- **希望**条件をお知らせ下さい。

choice, desire, hope (s), preference, request, wish (es)
- at your second or third choice
- It is our strong desire that ....
- your desire to return to Japan.
- We sincerely hope that in 20xx ....
- I strongly hope that ....
- My hope is that ....
- My second hope is that ....
- We are in hopes that ....
- in the hopes that ..../ Hoping that ....
- the travel agency of your preference
- your preference for accommodations
- All suites are on request basis.
- If you wish to have such guidance,
- Should you wish it,
- Please advise if you wish ....
- Subject to your wishes,
- Please inform us of your requirements.

◆**決まる**
- 議事日程はまだ完全に**決まって**おりません。
- 私のホテル予約はまだ**決まって**いません。
- 御社の出席者と日程が**決まり**次第、お知らせ下さい。
- その日程はまだ**決まって**おりません。
- 私どもの計画が**決まり**次第、
- 正確な日取りが**決まり**ましたらお知らせします。

confirmed, fixed, set
- The agenda is not fully confirmed.
- My hotel reservation is not fixed.
- Please advise us of your attendance and schedule as soon as fixed.
- The dates have not been set yet.
- Once all our plans are set,
- I will let you know once the exact date has been set.

◆義務
- 貴社の**義務**を果たさない
- 出資者に対する**義務**を果たす
- 貴殿の道徳的**義務**
- 何の**義務**も負わせることなく
- ……する**義務**が生じます
- メンバーは、……を行う**義務**を負います。

obligation, etc.
- *fail* in your obligations
- *meet* our obligations to our investors
- your moral obligation
- *without* the least obligation
- <be> obligated to <do>
- A member commits himself to ....

◆記名
- **記名**株券
- **記名**証券

inscribed
- inscribed stock certificates
- inscribed [nonbearer] bonds

◆決める

- 仕事についてははっきり**決め**ていません
- 貴殿のご滞在予定を一刻も早く**決め**させていただく
- 万一、……すると**決め**た場合は、
- ……に**決める**
- **決める**
- 退職することを**決める**
- ……のためのはっきりした日取りを**決める**
- 旅行日程を早く**決める**
- あなたにご都合のよい時間を**決める**
- お会いするのに都合のよい時間と場所を**決められる**よう
- まだ**決め**ておられない方々

commitments, completed, decide, decision, elect, fix, set, etc.
- have no firm commitments for work
- have all of our plans for your stay completed as early as possible.
- If you should decide to <do>,
- decide upon ...
- reach a decision
- elect to retire
- fix a definite date for ...
- fix his trip schedule as soon as possible
- set a time which will be most convenient for you
- so that we can find a convenient time and place to meet
- those of you who are still undecided

◆気持ち
- たいへん個人的な**気持ち**
- 私どもの**気持ち**
- 私の個人的な**気持ち**
- ……**気持ち**で
- **気持ち**の上では貴殿とご一緒させていただきます。
- そういう**気持ち**で
- **気持ち**の上では
- 貴殿より賜りましたお**気持ち**に対し、私たちは深く感謝しております。
- できればご招待をお受けしたい**気持ち**は山々なのですが、……
- 心からのお悔やみの**気持ち**で
- たいへん**気持ち**のよい方
- もっと**気持ち**よく

aspect, feeling (s), spirit, thoughts, etc.
- the very personal aspect
- our feelings
- my personal feelings
- with a feeling of ...
- I will be with you in spirit.

- in that spirit
- in thoughts and spirit
- We sincerely appreciated the sentiments you very compassionately expressed to us.
- I sincerely wish I were in a position to accept your invitation, ...
- with deepest sympathy
- a very pleasant representative
- in a pleasanter way

◆疑問
- ……に関する**疑問**を起こさせる
- 本件についてまだ何か**疑問**がございましたら、

question
- raise a question as to ...
- If you still have any question on this matter,

◆（お）客
- お**客**様として

customer, guest, etc.
- as a customer [guest, client]

- われわれの新ビルにお**客**さまとして
- ……の大切なお**客**様としてご招待

◆キャンセル
- ABCの注文を**キャンセル**する
- 同商品の注文をここに**キャンセル**いたします。
- 予約を**キャンセル**する
- ミナタホテルの彼らの予約を**キャンセル**する
- ご到着予定日前に予約を**キャンセル**なさる場合
- 〈日付〉に予定したニューヨークへの旅行を**キャンセル**しなければなりません
- 1泊分の**キャンセル**料

◆休暇
- **休暇**
- 楽しい**休暇**をお楽しみ下さい。
- 短かい**休暇**
- 2週間の**休暇**
- 立派に働いてかち得た**休暇**を取って
- **休暇**後まで
- 異なる**休暇**料率が適用されます。
- 素晴らしい**休暇**シーズン
- 楽しい**休暇**をお楽しみ下さい。
- 1週間の**休暇**の後、
- 楽しい**休暇**を過ごす
- 楽しい**休暇**をお過ごしのことと思います。
- 8月27日から9月7日まで**休暇**を取ります。

◆急逝
- 夫の**急逝**
- 同氏の**急逝**で
- ……の**急逝**の報に接し、深い悲しみに包まれています。
- 同氏の**急逝**
- **急逝**

◆急用
- **急用**のため
- **急用**のため、出席できなくなったためです。

◆脅威
- 販売店への**脅威**
- 何が**脅威**となっているのでしょうか。
- その**脅威**を補って余りある
- ……を**脅威**と感ずる

◆教育
- アメリカで**教育**を受ける
- 3万人以上の弊社従業員を完全に**教育**する

cancel, cancelled, etc.
- cancel our order for ABC
- We are writing to cancel our order for the goods.
- cancel my reservations
- cancel their reservations with the Minata Hotel.
- if the reservation is cancelled before the date of your arrival
- will have to cancel my trip to New York planned for 〈date〉
- one night penalty

holiday (s), rest, vacation
- the Holidays
- Wishing you the best of the holidays!
- a short holiday/ a short vacation
- a two week holiday
- on his well-earned holiday
- until after the holiday
- A different holiday scale is applied.
- a wonderful holiday season
- Wishing you the best in this holiday season!
- After one week's rest
- have a very nice vacation
- I hope you are having a pleasant vacation.
- I will be on vacation from August 27 through September 7.

sudden death [passing], unexpected death
- my husband's sudden death
- at his sudden death
- With deep regret I have learned of the sudden death of ....
- his sudden passing
- the unexpected death

urgent business
- because of some urgent business
- Urgent business prevents me from attending.

threat (s), etc.
- threats to distributors
- What is the threat?
- outweigh the threat
- feel threatened ...

educate [-d], etc.
- <be> educated in the U.S.
- It seems to be impossible to completely educate our

ことは不可能と思われます。
- 非営利の**教育**機関
- 非常に面白くかつ**教育**的な

30,000 plus employees.
- a non-profit educational institution
- both exciting and informative

◆協会
- 大きな国際的な**協会**
- **協会**貨物約款
- **協会**同盟罷業騒擾暴動担保約款
- **協会**戦争約款
- **協会**盗難不着危険担保約款
- 当**協会**の加盟企業

associations, etc.
- large international associations
- institute cargo clauses
- institute strikes/ riots and civil commotions clauses
- institute war clauses
- institute theft/ pilferage and non-delivery clauses
- our corporate members

◆業界
- オーディオ機器**業界**
- 玩具**業界**
- **業界**一です
- 日本の**業界**で
- 日本の半導体**業界**
- **業界**グループ
- **業界**指導者
- 我々の**業界**にとり
- **業界**誌
- **業界**新聞
- ……という記事を、たった今**業界**新聞で読んだところです。
- **業界**で

business, industry, profession, trade
- the audio equipment business
- the toy business
- <be> the best in the business
- in the Japanese business scene
- the Japanese semiconductor industry
- a industry grouping
- industry leaders
- in our profession
- trade journals
- the trade press
- I have just read in the trade press that ....

- throughout the trade

◆強化する
- その関与を**強化する**
- ABC社とXYZ社間の日常的な情報交換を**強化する**
- あなたの地位を**強化する**
- JMC社の活動を**強化する**
- 当行の地位を**強化する**
- 両者のつながりを**強化する**

buttress, enhance, reinforce, strengthen
- buttress that commitment
- enhance routine communication between ABC and XYZ
- reinforce your position
- strengthen the activities of JMC Ltd.
- strengthen the position of the bank
- strengthen our relationship

◆協議
- **協議**には、……についての討議を含めるべきです。
- ……を**協議**に参加させる
- **協議**には
- 両者**協議**の上
- 私どもの業務についてさらに**協議**するため
- ……との**協議**に入る
- これらの**協議**のために
- 何か起こった時は**協議**する
- ……と**協議**する
- 貴社とさらに綿密に**協議**するため

consultation (s), discuss, discussion (s), negotiate, talks
- The consultations should include a discussion about ....
- have ... included in the consultations
- in the consultations
- upon consultation between the two parties
- to further discuss our services
- open discussions with ...
- for these discussions
- negotiate as events occurred
- negotiate with ...
- in order to have closer talks with you

◆供給

provide, service, source, supply [-ies]

- 革新的で信頼性の高い通信設備を**供給**する
- provide innovative and reliable communications equipment

- 約500の小売店に製品を**供給**している
- service approximately 500 retail outlets
- ……の**供給**先として
- as a source of ...
- **供給**不足です
- <be> in very short supply
- 定期的な**供給**
- regular supplies
- 部品の**供給**において
- in the supply of components
- 品目の**供給**
- the supply of the items
- ……が**供給**可能です
- <be> able to supply ...
- ……の**供給**可能月間数量
- the monthly quantity of ... you could supply to us
- 高品質、高性能の製品を**供給**する
- supply a high quality, high performance product

◆行事

activities, event (s), occasion

- 素晴らしい**行事**計画
- an exciting program of activities
- この**行事**を毎年の予定に組み入れています
- include the event in their plans each year
- わが社の定例**行事**
- our annual event
- これらのとても興味深い**行事**
- these exciting events
- めでたい**行事**
- the happy event
- この素晴らしい**行事**
- a most remarkable event
- **行事**日程
- a program of events
- このような**行事**
- such an occasion
- このようなめでたい**行事**
- such an auspicious occasion
- 非常に楽しい**行事**
- a very festive occasion

◆業績

accomplishment (s), achievement (s), figures, job, performance, work

- 大きな業績
- great accomplishments
- 著しい**業績**
- the significant accomplishments
- 大へんな**業績**
- a tremendous accomplishment
- 誇るに足る**業績**
- an achievement to be proud of
- 抜群の**業績**
- outstanding achievements
- 貴社のめざましい**業績**
- the remarkable achievements of your company
- 長年にわたるすばらしい**業績**
- many years of outstanding achievement
- 一段と優秀な**業績**をあげる
- develop fine figures
- 素晴らしい**業績**
- the excellent job
- 部長としての素晴らしい**業績**により、
- Based on your excellent performance as the head of the Division,
- 貴殿の素晴らしい**業績**
- your good work
- **業績**の一部
- some of my work
- この分野におけるあなた様の**業績**
- your work in this field
- 彼女の優れた**業績**の結果
- as a result of her good work
- 過去1年間の貴殿の**業績**
- your work over the past year

◆競争

compete, competition, competitive [-ness], competitor

- 他社と**競争**して勝つ
- compete successfully with other companies
- 現地のトップ企業と**競争**する
- compete with local market leaders
- **競争**が激化する
- increase competition
- 昨今の**競争**のために、
- Because of the existing competition,
- ……との激しい**競争**
- the keen competition with ...

- 数多くの**競争**に直面している
- 価格は（他社と）**競争**力がある（安い）必要があります。
- より**競争**力がある
- **競争**的優位
- （他社と）**競争**できる値段で
- 貴社の新しい**競争**価格
- 会社の**競争**力を高める
- **競争**相手のモーターを使う

- have a wealth of competition
- The price needs to be very competitive.

- \<be\> more competitive
- a competitive edge
- at competitive prices
- your new competitive prices
- increase a firm's competitiveness
- use a competitor's motor

◆**協調**
- **協調**介入
- **協調**融資

coordinated, etc.
- coordinated intervention
- co-finance/loan participation/participation loans

◆**強調**
- ある特定の要件を**強調**する
- ……ことを**強調**しておかなければなりません。
- ……を**強調**したく存じます。
- ……ことを**強調**しました。
- 貴殿のご意見を**強調**します

emphasize, stress, etc.
- emphasize certain specific requirements
- I must stress that ....
- I'd like to stress that ....
- I was emphatic that ....
- underscore your view

◆**協定**
- **協定**書を２部郵送しました。

- 新しい**協定**
- **協定**書

agreement (s), arrangement (s), etc.
- Two copies of the agreement have been sent by mail.
- the *new* arrangements
- the deal

◆**共同**

- **共同**で
- **共同**所有権
- この**共同**事業で
- 将来の**共同**計画
- **共同**海損
- **共同**受賞
- **共同**口座
- **共同**保管制
- ……と**共同**して
- **共同**計画
- 別の**共同**プロジェクト
- **共同**してかつ単独に
- この**共同**事業
- ……の**共同**所有者として
- **共同**融資
- ABC社とXYZ社の**共同**入札を支持する
- **共同**経営者
- 私どもの**共同**経営事業のために
- ……の**共同**議長
- **共同**作用をもたらします
- **共同**保険

collaboration, collective, common, cooperative, general, group, joint [-ly], mutual, part, participation, etc.

- in collaboration
- collective ownership
- on this common enterprise
- future cooperative programs
- a general (average) loss/ general average/ G.A.
- a group award
- a joint account/ a joint and several account
- joint custody
- through a joint effort with ...
- a joint program
- another joint project
- jointly and severally
- this mutual endeavor
- as a part owner of ...
- participation loans
- support the ABC/XYZ tender
- a partner
- on behalf of our partnership
- cochairman of ...
- provide the synergy
- coinsurance

◆興味

	interest [-ed, -ing], etc.
・貴殿の記事を**興味**深く拝見いたしました。	・Your article *aroused* my interest.
・……に**興味**を示していただき、ありがとうございます。	・We *appreciate* your interest in ….
・本件に**興味**を持っていただき、ありがとうございます。	・We *appreciate* your interest in these matters.
・あなたの手紙に私はたいへん**興味**を持ちました。	・Your letter *captured* my interest.
・彼はABC社で働くことに**興味**を持っています。	・He *has expressed* an interest in working at ABC.
・同じように**興味**を持って	・with *equal* interest
・……に**興味**がある	・*have* any interest in …
・私どもの領域にご**興味**を持つ	・*share* your interest in our area
・……に**興味**を示す	・*show* an interest in …
・純粋な**興味**と真摯な欲求	・a *genuine* interest and sincere desire
・非常に**興味**ある2つの記事を貴殿に提供いたします	・provide you with two items that should be of *great* interest
・非常に強い**興味**を持って	・with *a great deal of* interest
・特に**興味**があるのは ……です。	・Of *particular* interest is ….
・貴殿の**興味**を特に引くものです	・<be> of *special* interest to you
・当方の提案に**興味**がございましたら、	・If you find my proposal *of* interest,
・この情報に**興味**がございますれば	・if you find this information *of* interest
・あなた様にとり**興味**のあるものだと思います	・may be *of* interest to you
・きっと**興味**深いものとなる	・prove to be *of* interest
・当方にとりたいへん**興味**のあるものです	・<be> *of* greatest interest to us
・**興味**深く	・*with* interest
・御社の最近の年次報告書を**興味**深く拝見しました。	・I have read *with* interest your recent Annual Report.
・……を**興味**深く拝見いたしました。	・I read *with* interest ….
・たいへん**興味**深く	・*with* considerable interest
・……に非常に**興味**を持っております	・<be> very much interested in …
・貴社製品に**興味**を持っております。	・We are interested in your products.
・……について**興味**深く拝聴する	・<be> interested to hear about …
・……ことは**興味**深いことです。	・It is interesting that ….
・たいへん内容の濃い、**興味**深いものです	・<be> most informative and very interesting
・きっと**興味**を持っていただけるものと存じます。	・I believe you will find it interesting.
・顧客の**興味**を一番そそります	・will be most appealing to the customer

◆業務

	business, operation (s), operational, services, etc.
・**業務**（商売）は順調に発展しています。	・Business is expanding satisfactorily.
・ご健康に留意されて**業務**に専念なさいますように。	・Devote yourself to your business and take good care of your health.
・貴社の**業務**内容	・your business affairs
・あらゆる**業務**で	・in all business affairs
・**業務**協定	・the business arrangement
・**業務**範囲	・the sphere [scope] of business
・当社の**業務**全般にとっても	・for all areas of our operation
・前年度の**業務**	・this past year's operations
・周辺**業務**	・areas incidental to ordinary operations/ peripheral business [lines, fields]
・当社の**業務**の一貫性を維持するために	・so that our continuity of operations will be

- •**業務**処理上の問題
- •下記**業務**のすべて
- •**業務**案内

- maintained
- •operational matters
- •all of the services listed below
- •a descriptive pamphlet

◆**協力**

assistance, collaboration, cooperate [-ing], cooperation [-ive], working

- •いつものとおりご**協力**いただき、ありがとうございます。
- •Thank you for your usual kind assistance.

- •拙著最終章の修正の際に賜わりました貴殿のご**協力**
- •your collaboration in amending the last chapter of my book

- •……と**協力**して
- •in collaboration with ...

- •貴社の新しいご活動に**協力**いたします
- •cooperate with your new activities

- •御社と喜んで**協力**していきたいと思います。
- •I shall be very glad to cooperate with you.

- •ご**協力**は惜しみませんのでご安心下さい。
- •Please be assured of our desire to cooperate with you.

- •私共も何らかの面で**協力**できますことを期待しております
- •look forward to cooperating with you in any way I can

- •貴社の迅速なご高配とご**協力**
- •your *prompt* attention and cooperation

- •ABC社の**協力**
- •the cooperation *of* ABC

- •いつも通りのご**協力**をありがとうございます。
- •Thank you *for* your usual cooperation.

- •異なった形の**協力**
- •different types *of* cooperation

- •この種の**協力**
- •this type *of* cooperation

- •今後ともご**協力**
- •your continued *kind* cooperation

- •本件についてのご**協力**に感謝いたします。
- •I very much *appreciate* your cooperation in the matter.

- •今後、ご**協力**いただければまことにありがたく存じます。
- •We will *appreciate* your cooperation in the future.

- •ご**協力**とご辛抱に、深謝いたします。
- •*Thank you for* your cooperation and patience.

- •この件に関してご**協力**を賜り、ありがとうございました。
- •*Thank you for* your (kind) cooperation in [on] this matter.

- •ABC社の素晴らしい**協力**
- •ABC's *excellent* cooperation

- •本件への貴社の格別のご**協力**に、厚くお礼申し上げます。
- •We wish to express our deepest appreciation for your *excellent* cooperation on this matter

- •すばらしい**協力**関係
- •the *fine* cooperation

- •長年にわたる実りの多い**協力**
- •many years of *fruitful* cooperation

- •全面的な**協力**
- •our *full* cooperation

- •全面**協力**して
- •in the *fullest* cooperation

- •本件に関するご**協力**
- •your *kind* cooperation on [in] this matter

- •ご**協力**いただければ、まことにありがたく存じます。
- •Your *kind* cooperation will be greatly appreciated.

- •同社の素晴らしい**協力**と歓待に対し
- •for their *wonderful* cooperation and hospitality

- •ご**協力**いただき、まことにありがとうございます。
- •Please accept our thanks *for* your cooperation.

- •メーカーと緊密に**協力**して
- •*in* close cooperation with the manufacturer

- •さまざまなご**協力**
- •all of your cooperation

- •完全にオープンで**協力**的です
- •<be> completely open and cooperative

- •このような**協力**
- •such cooperative efforts

- •……との密接な**協力**関係を維持する
- •maintain close working relations with ...

- •ABC社とXYZ社との緊密かつ効果的な**協力**関係
- •the close and effective working relationship between ABC and XYZ

◆許可 / allow, approve, license, permission

- 私に同行することを彼に**許可**する
- ……の輸出を**認可**する
- **許可**がおりる。
- 新プロジェクトの**許可**証
- ……に金城氏が出席するための**許可**を申請する
- **許可**が与えられます
- **許可**する

- allow him to accompany me
- approve the export of ...
- The license is granted.
- the license for the new project
- ask for a permission for Mr. Kaneshiro's attendance at <place>.
- will be granted permission
- grant permission

◆虚偽 / misstatements, etc.

- **虚偽**記載
- **虚偽**表示

- misstatements
- misrepresentation/ misstatements

◆寄与する / contribute, contribution

- ……に大いに**寄与する**
- 企業経営に関する文献に大きく**寄与する**

- contribute much to ...
- <be> an important contribution to the literature on management

◆拒否する / refuse, etc.

- 支払い／引受けを**拒否**する
- 貴社の要請を**拒否**してきました
- 手形の支払いを**拒否**することを考えています

- refuse payment/ acceptance
- have not accepted your request
- consider not honoring the draft

◆記録 / files, record (s)

- 当方の**記録**を調べましたところ
- 当方の**記録**をよく調べましたところ、
- この件に関する貴社の**記録**は終了する
- 当社の**記録**を常に最新のものにする
- 当方の**記録**を徹底的に調査する
- 当社の**記録**によれば、……です。
- 当方の**記録**では本項目は未決済のままとなっております。
- 立派な**記録**
- 素晴らしい成功の**記録**
- 当行の**記録**によれば、
- 貴行の**記録**のため
- 当方の**記録**のために
- 全ての取引を**記録**する

- In reviewing our files
- Upon closely *checking* our record,
- *close* your records on this matter
- *keep* our records up to date
- *search* our records thoroughly
- Our records *show* that ....
- Our records *show* the item remains unsettled.

- a great record
- your impressive record of success
- *According to* our records,
- *for* your records
- For the completion *of* our records [files]
- record all transactions

◆議論 / discussion, etc.

- 多くの興味深い**議論**
- ……については大きく**議論**が分かれるところです。
- 現在の問題について**議論**をする

- too much *interesting* discussion
- Much controversy exists *over* ....

- enter into any disputes *over* the present trouble

◆金額 / amount (s), value

- お申し越しの**金額**はいつも見慣れている金額よりはるかに高額です。
- お申し越しの**金額**なら大丈夫でしょう。
- かなりの**金額**

- Amount *mentioned* is much greater than we are accustomed to see.
- May be good *for* the amount mentioned.
- amounts *of* a considerable size

- 同社の能力を超えた**金額**
- 商業送り状記載の**金額**
- **金額**の点で

- an amount *beyond* their capacity
- the value *shown* in [on] the commercial invoice
- *in* value

◆緊急
- **緊急**の事態に備えて
- 本注文を**緊急**を要するものとして取り扱う
- **緊急**を要する私の仕事
- 新しく起きた**緊急**の要件で

emergency, urgent, etc.
- in the event of an emergency
- treat the order as urgent
- my *pressing* assignments
- but *with* a new urgency

◆銀行
- 事務幹事**銀行**
- 中央**銀行**
- 協同組合**銀行**
- 主幹事**銀行**
- 日本の**銀行**
- 幹事**銀行**
- 国法**銀行**［米］／国立**銀行**
- 州法**銀行**［米］
- 私の**銀行**口座
- **銀行**預金
- **銀行**書類に署名する
- **銀行**破綻
- 他の**銀行**グループや企業と意思疎通をはかる
- **銀行**保証
- 私ども**銀行**関係者の何人か
- この**銀行**補償状
- **銀行**為替
- **銀行**券
- **銀行**割引き歩合
- **銀行**預金残高
- **銀行**取付け
- 銀行の**銀行**
- 紙幣発行**銀行**
- 発券**銀行**
- **銀行**通帳
- **銀行**引受け手形
- **銀行**小切手

- **銀行**の秘密保持義務
- **銀行**振替で支払う
- **銀行**業
- 24時間**銀行**業務体制
- **銀行**業務

- **銀行**取引関係
- **銀行**恐慌
- **銀行**法
- ……と**銀行**取引がある
- **銀行**秘密
- あらゆる**銀行**サービスを提供する

bank (s), banker, banking, etc.
- an *agent* bank/ an agent
- a central bank/ a *banker's* bank
- *cooperative* banks
- the *lead* bank/ the lead manager
- a *Japanese* bank
- a *managing* bank (of a syndicate)
- *national* banks
- *state* banks
- my bank *account*
- bank *deposits*/ cash at bank(s)/ cash in bank(s)
- sign bank *documents*
- bank *failures*/ bank crash
- communicate with other bank *groups* and entities
- bank *guarantee*
- some of us *around* the bank
- this bank *indemnity*
- bank *money orders*
- bank *notes*
- the bank *rate* of discount
- a balance *at* the bank
- a run *on* a bank
- a bank *of* banks/ a *banker's* bank
- a bank *of* circulation [issue]
- a bank *of* issue
- a passbook
- banker's acceptances /bank acceptances /BA
- a banker's [cashier's] check/ an officer's check/ an official check/ bank checks
- a banker's *duty* of secrecy
- pay by banker's transfer
- banking
- twenty-four-hour banking
- banking (service)/ banking practices/ banking transaction
- a banking connection
- the banking crisis
- banking law
- have banking relations with ...
- banking secrecy /banking secret
- offer you every banking service

- **銀行**間（為替）相場
- **銀行**券発行高
- **銀行**の周辺業務

- interbank (exchange) rates
- notes in (active) circulation
- bank-related business

◆勤務

career, duty, employ, serve [-d], with, work, working, etc.

- ……での**勤務**の可能性を検討する
- **勤務**中の
- ……に**勤務**しております
- XYZアソシエーツのコンサルタントとして**勤務**します。
- 彼は日本や極東で**勤務**しました。
- 20xx年から当社に**勤務**しておりました。
- ……に**勤務**しております
- ABC社での**勤務**は実に素晴らしいものでした。
- ……で**勤務**することになります
- 4月1日より当社シカゴ事務所に**勤務**します
- ……に**勤務**する
- 通常**勤務**
- 従来通り**勤務**を続ける
- **勤務**時間
- 同市には〈日付〉まで**勤務**する予定です。
- **勤務**地——東京。ただし、研修は本社で行い、出張は多い。

- explore the possibilities of a career at …
- on duty
- have been in the employ of …
- I will serve as a consultant to XYZ Associates.
- He served in Japan and the Far East.
- He has been with the company since 20xx.
- <be> from [with] …
- My time with ABC has been truly great.

- will be assigned to work at …
- work in our Chicago office from April 1
- work for [with] …
- the routine of work
- continue working as usual
- working hours
- I will be there until <date>.
- Location: Tokyo, with an orientation at headquarters and possible frequent travel.

◆金融

finance [-cial, -cing], money [-tary], etc.

- 特定事業に対する**金融**
- **金融**会社
- 主要な**金融**センター
- **金融**技術
- **金融**機関
- 世界中の**金融**機関について
- **金融**商品
- **金融**の特殊用語
- 新しい**金融**市場
- 当行の**金融**商品（セット）
- **金融**恐慌
- 各種の**金融**サービスを提供する
- 外部**金融**
- 滞貨**金融**
- **金融**の改革
- **金融**緩和
- **金融**市場
- **金融**市場の状況
- 貴社の**金融**取引において
- **金融**政策
- **金融**引締め
- **金融**制度
- **金融**逼迫
- **金融**債

- project finance
- finance companies [corporations/houses]
- a major financial center
- financial engineering
- financial institutions
- on financial institutions around the world
- financial instruments/ financial products/ financials
- financial jargon
- the new financial markets
- our financial package
- a financial [money, monetary] panic
- provide a variety of financial services
- external financing
- stockpile financing
- financing innovations
- easiness of the money market
- money markets/ financial markets
- conditions in the money market
- for your monetary dealings
- the monetary [financial] policy
- a monetary squeeze
- the monetary system
- monetary stringency/ tightness of money/ tight money
- a bank bond/ bank debentures

- **金融**資産管理
- **金融**の証券化
- 最新の**金融**商品
- **金融**派生商品
- 農業**金融**

- cash management/ portfolio management
- securitization
- the latest instruments
- derivative instruments/ derivatives
- farm credit

◆金利
- ……ために必要な**金利**を支払う
- **金利**裁定
- **金利**先物取引
- **金利**敏感株
- **金利**
- **金利**の自由化
- **金利**戦争

interest (rate)
- pay the interest necessary for ...
- interest (rate) arbitrage
- interest rate futures
- interest-sensitive stocks
- a rate *of* interest
- liberalization *of* interest rates
- rate wars

く

◆くい違い
- **くい違い**
- 明らかな**くい違い**
- ……との間に僅かながら**くい違い**がありました。

difference (s), discrepancy
- the discrepancy
- an apparent discrepancy
- There were some minor differences between ....

◆苦情
- ……について**苦情**を申し立てる
- 御社に対する**苦情**がいくつかございます。
- ユーザーからの**苦情**
- **苦情**が聞き入れられません。
- 今までのところ、何の**苦情**も受けておりません。

complain, complaint (s)
- complain *about* ...
- I have several complaints *against* your firm.
- complaints from users
- Our complaints are rejected.
- Thus far we have received no complaints.

◆具体的
- **具体的**行動項目
- **具体的**な方法で
- **具体的**に

specific, etc.
- specific action points
- in concrete ways
- materlally

◆国
- **国**別限度
- **国**別リポート
- **国**別信用度
- **国**別危険度評価表
- わが**国**にいらっしゃることがありましたら
- わが**国**と近隣諸国の全域で
- 多くの**国**の方々
- 50カ**国**以上の**国々**に
- 世界の他の**国々**が日本をどう見ているのかを知る必要があります。
- 私どもの**国**にいらっしゃる時は

country [-ies]
- country limits
- country reports
- country risk
- country risk ratings
- if you are in this country
- throughout this and neighbouring countries
- people in many countries
- in over 50 countries
- You need to know how the rest of the world views Japan.
- when you come to our part of the world

◆組〜

- コーンや音声コイルの**組み立て**
- インターセット5の**組み立て**現場
- **組合**銀行
- 独特な**組み合せ**
- 彼らのために小規模のプログラムを**組む**
- ……にしっかり**組み込まれる**
- 諸条件を**組み込む**
- 最近の銀行業務の発展を**組み入れる**
- 細部を**組み立てる**
- 私の計画を**組み直す**
- フライト・スケジュールを**組み変える**
- 婦人用革手袋4,000**組**

assembly, associated, combination, create, embedded, incorporate, organize, reorganize, etc.

- the cone/voice coil assembly
- the Interset 5 assembly area
- associated banks
- a unique combination
- create a small program for them
- <be> embedded into ...
- incorporate the conditions
- incorporate recent developments in banking
- organize details
- reorganize my plans
- rearrange his flight schedule
- 4,000 pairs of Ladies' Leather Gloves

◆比べる

- 当社はABC社に**比べれば**、非常に小さな会社です。
- 前年に**比べて**
- それに**比べて**

compare, comparison, etc.

- We are a very small company compared to ABC.
- by comparison to a year ago
- By contrast,

◆クリスマス

- **クリスマス**・カード
- **クリスマス**カード郵送先一覧に
- **クリスマス**用の注文
- ぎりぎりになってからの**クリスマス**用の注文
- **クリスマス**休暇
- 貴殿の**クリスマス**カード
- 貴殿と奥様の素晴らしい（**クリスマス**）カード

Christmas, etc.

- Christmas cards
- on your Christmas card mailing list
- a Christmas order
- urgent last-minute Christmas orders
- Christmas vacation
- your card conveying the Season's greetings
- Thank you for your and Mrs. Young's beautiful card.

◆来る

- 最高のものはこれからやって**来る**。
- いつ**来られる**のかお知らせいただければ、
- ……にやって**来る**
- 事務所に**来る**
- ……する時が**来ました**。

come, etc.

- The best is yet to come.
- If you will let me know when you are coming,
- come up to ...
- call into my office
- It is time to <do>.

◆グループ

- 素晴らしい若者の**グループ**
- **グループ**内保証
- **グループ**のメンバーの誰か
- **グループ**の人数
- **グループ**で到着できるよう調整する

a group

- a *wonderful* group of young people
- *intra*-group guarantees
- one of the group members
- the group size
- coordinate their arrival *as* a group

◆クレーム

- **クレーム**を提出する
- 東洋貿易から、……に対する**クレーム**が提起されております。
- 顧客が貴社に対し提起した**クレーム**

claim

- file a claim
- A claim has been filed by Toyo Trading Company for ....
- the claim your customer filed against you

- このクレームに応ずる
- 貴社の顧客のクレームを解決する
- このようなクレーム
- このクレームを円満に解決するため
- このクレームを終結いたします。

- entertain this claim/ settle this claim
- settle your customer's claim
- such a claim
- for the amicable settlement of this claim
- We may close our file on this claim.

◆加える／加わる

- 貴社名をリストに加えます
- あなたの ……に独特の個人的味わいを加える
- マーク・ケカイソン氏が取締役会に加わりました。
- ……が加わることで
- 加えて
- 関西地区に加えて
- 産業振興や技術開発の支援に加えて

- 貴殿のお名前を私どもの預金者の中に加えさせていただく
- ……に加えて

add, addition, count, etc.

- add your company's name to the list
- add a personal touch on your ...
- Mr. Mark Kekeisen was added to the Board.
- by the addition of ...
- In addition
- in addition to the Kansai area
- In addition to promoting the industries, supporting technological advances,
- count your name among those of our depositors
- on top of ...

◆詳しく

- 同封のパンフレットにさらに詳しく出ています。
- もっと詳しく
- もう少し詳しく
- 詳しくは
- 詳しく、しかし読みやすく

detail (s), etc.

- The enclosed brochure *provides* further details.
- in further detail/ in more detail
- in some greater detail/ in a little more detail
- *for* further detail
- in a knowledgeable but readable way

け

◆敬意

- 高い評価と敬意
- 同様の敬意
- 私の心からの敬意
- ……に対し心から敬意を表す

regard, respect

- a *high* regard and level of respect
- a *similar* regard
- my *great* respect
- earn our *greatest* respect for ...

◆経営

- 営業・財務面の一流の経営者
- 経営指導者
- 経営者にとって最も関心ある問題
- 両国の経営者と政治家
- 海外事業を経営する
- 経営上の援助
- 貴社の榎本氏の熟達した経営のもとに
- 日本中の経営者
- 経営についての実践的結論を引き出す
- 国際的な大企業である御社の経営において

business, manage [-rial], management, operation, participation, etc.

- a superb business and financial executive
- business leaders
- the issues of greatest concern to business leaders
- business people and politicians in both countries
- manage the foreign operations
- managerial assistance
- under the *expert* management of your Mr. Enomoto
- *senior* management throughout Japan
- draw practical conclusions *for* management
- *in* the management of your important international company

- •**経営**幹部
- •**経営**水準
- •**経営**陣
- •**経営**チームとして
- •**経営**上層部
- •ABC社、XYZ社双方の**経営**陣の間で

- •貴社**経営**陣の皆さま
- •強力な**経営**陣
- •XYZ社の**経営**陣

- •一流の**経営**知識
- •XYZ社の**経営**
- •わが社のPQR社への**経営**参加
- •**経営**がうまい
- •**経営**指導念書
- •**経営**支配株

- the members *of* management
- the standards *of* management
- the management *group*
- as a management *team*
- the top management *group*
- between management *personnel* of both ABC and XYZ
- the other members of your management *team*
- a strong management *team*
- the XYZ management *team*/ members of XYZ management
- foremost management *wisdom*
- the operation of XYZ Corporation
- our participation in PQR
- <be> well-run
- a letter of comfort
- a controlling interest

◆**慶賀**
- •……と伺い、**慶賀**に堪えません。

- •……を祝うため手紙を書くことができ、**慶賀**に堪えません。

pleasure, satisfaction
- I have just learned with *great* pleasure of ..../ It is with the *greatest* satisfaction that I have just heard the news of ....
- It is with *great* satisfaction that I write to congratulate you on ....

◆**計画**

arrangement (s), plan (s), planned, planning, program, project [-ed], reschedule, scheduled, scheme

- •明確な**計画**
- •もしそのような**計画**があるのでしたら、
- •事業拡張に向けての貴社の**計画**
- •**計画**や戦略を立てる
- •ABC社の今後の**計画**と事業
- •あなたの新しい**計画**
- •訪問するにあたり具体的な**計画**は何もない
- •現**計画**
- •営業および財政の**計画**と目標
- •はっきりした**計画**
- •仮の**計画**
- •すべて**計画**通りに進行する。
- •当社の**計画**変更
- •正午に工場に到着するよう**計画**いたします
- •……する**計画**を立てる
- •この訪問はかなり前から**計画**されております。
- •きちんと**計画**した技術会議
- •……を導入することを**計画**しておりません
- •……ために、意を用い、かつ綿密な**計画**を立てていただき、ほんとうにありがとうございます。
- •**計画**を促進する
- •調整した**計画**

- specific arrangements
- If there *are* such plans,
- your *company's* plans for growth and expansion
- *produce* plans and strategies
- the *ABC* plans and projects for the future
- your *new* plans
- have no *concrete* plans for a visit
- our *current* plans
- *operating* and financial plans and objectives
- a *specific* plan
- a *tentative* plan
- Everything went *according to* plan.
- our change *in* plans
- will plan to arrive at the plant at noon
- *make* plans to <do>
- This visit had been planned for some time.
- a properly planned engineering meeting
- <be> not planning on introducing ...
- I very much appreciate your attention and careful planning for ....

- expedite the program
- a coordinated program

- お互いに満足できる**計画**
- この**計画**における
- この**計画**の概要
- 大規模な民営化**計画**
- 本**計画**を実現する
- **計画**していた私のイギリス旅行
- シアトル訪問をもう一度**計画**する
- 現在の**計画**どおり
- 上記の**計画**

- a mutually satisfying **program**
- in this **program**
- an overview of the **program**
- large scale privatisation **programmes**
- materialize this **project**
- my **projected** trip to England
- reschedule my visit to Seattle
- as currently [presently] **scheduled**
- the above **scheme**

◆景気

- **景気**が悪いです。
- **景気**指標
- 将来の**景気**動向
- **景気**動向指数
- 日本の**景気**後退が惹き起こしたいくつかの問題

business, etc.

- **Business** is dull.
- **business** barometers/ **business** indicators
- future **business** trends
- a diffusion index
- the problems which have been imposed by the recession in Japan

◆敬具

- **敬具**

'**regards, Yours, yours, Sincerely, etc.**

- kindest **regards** to you/ Kindest **regards,**/ Thank you and best **regards,**/ With my appreciation and kindest **regards,**/ With very best **regards,**/ Cordially **yours,**/ We remain, dear Sir, [**yours** sincerely, **yours** truly]. / Sincerely,

- **敬具**／草々
- **敬具**［米］

- With best **regards** from all of us,
- **Yours** sincerely,/ **Yours** truly,/ **Yours** very truly,/ Sincerely **yours,**/ Very truly **yours,**

- **敬具**［英］
- **敬具**（では、……）
- **敬具**（心より感謝と敬意を込めて……）

- **Yours** faithfully,/ **Yours** truly,/ Faithfully **yours,**
- In the meantime, I am,
- With assurances of heartfelt thanks and kindest personal **regards,** I remain,

◆経験

- 私どもの**経験**から、
- 数多くの貴重な**経験**を得る
- 多くの**経験**を得る
- 彼は**経験**豊富な人物です。
- 幅広い**経験**を持っている
- 確かな**経験**がある
- 当社製品を日本に輸出した**経験**がある

- 事業開発に7年の**経験**があります
- この商品（の取り扱い）に長年の**経験**があります
- 貴殿のNDSCでの**経験**をより楽しく有益なものにする
- **経験**から……ということがわかります。
- かなりの**経験**
- 気分爽快な**経験**
- 望ましい**経験**――
- 素晴らしい**経験**

experience (s), experienced, etc.

- *Based on* our experience,
- *gain* many valuable experiences
- *gain* much experience
- IIe *has* broad experience.
- *have* extensive experience
- *have* solid experience
- *have* some experience in exporting our product to Japan
- *have* 7 years experience in business development
- *have* many years' experience in the line

- *make* your experience at NDSC a more pleasant and useful one
- Experience has *shown* that ....
- (a) considerable experience
- an exhilarating experience
- The ideal experience:
- a groat experience

- ここ10日間の楽しい**経験**
- これまでの私の**経験**
- 過去の**経験**から
- 実にやり甲斐のある**経験**
- その顧客と取引した当行の**経験**
- 深い知識と豊かな**経験**を持っておられるので
- ユニークな**経験**
- ……における珍しいご**経験**
- 1年間の**経験**
- 深遠な知識と**経験**をもたらす
- 30年にわたる私の**経験**
- 豊富な**経験**がある
- 長年にわたる貴重な**経験**の恩恵
- 長年の**経験**があります
- かなり長い経営管理の**経験**を持つ
- 貴殿の素晴らしい経歴と**経験**をもって
- そうした**経験**
- ……で厳しい問題に直面した**経験**があります
- **経験**豊かな人々
- 輸出分野における幅広い**経験**
- 広範な実務**経験**

- the lovely experiences of the last ten days
- my past experience
- from past experience
- a rewarding experience indeed
- our experience with the account
- with your profound knowledge and *rich* experience
- a unique experience
- your unique experiences in ...
- a year's experience
- bring great depth *in* knowledge and experience
- my thirty years *of* experience
- have a wealth *of* experience
- the benefit of your long years *of* experience
- *have* years of experience
- with considerable years *of* management experience
- *with* your impressive background and experience
- such an experience
- have experienced some severe problems with ...
- a very experienced group of people
- the extensive background in the export field
- an extensive career

◆傾向
- ……する**傾向**がある
- この**傾向**にともなって
- 現在及び明日の社会と企業における**傾向**を綿密に調査する

tendency, trend (s)
- have a tendency to <do>
- in keeping with this trend
- examine trends in society and organizations today and tomorrow

◆警告
- ……するよう**警告**します。
- 度重なる**警告**の末
- 最終の**警告**状
- 何回も**警告**した後
- 貴社に**警告**すべきである

warn, warning (s), etc.
- I warn you to <do>.
- *after* many warnings
- our final letter *of* warning
- after many admonitions
- should be brought to your attention

◆経済
- 台頭しつつある**経済**ブロック
- 脅威の**経済**ブロック
- 現在の日本の**経済**情勢
- 現在の**経済**状況および商況のために

economic, economics, economy, etc.
- growing economic blocs
- an intimidating economic bloc
- the present economic conditions in Japan
- due to the present economic and business conditions

- **経済**発展
- **経済**的な困難さ
- **経済**指標
- 驚くべき**経済**発展
- **経済**的生産
- **経済**の悪化
- 日本の**経済**構造
- **経済**の不安定
- **経済**動向
- 今日の不安定な**経済**のため、

- economic development
- the economic difficulties
- economic indicators
- extraordinary economic performance
- economic production
- the adverse economic results
- Japan's economic structure
- economic uncertainty
- the trends of (the) economy
- Due to the uncertainty of today's economy,

- **経済**基盤
- 大きな**経済**的損失

- infrastructure
- a great financial loss

◆**計算**

calculate [-d], calculation (s), computed, statement

- 料金を**計算**する
- ７％の料率で利息を**計算**する
- ……で**計算**されます
- 以前の**計算**の
- 私どもの最良の**計算**によれば、
- 年率4.45％で**計算**した14ポンド65ペンス
- この**計算**書
- 損益**計算**書

- calculate the cost
- calculate the interest at the rate of 7%
- will be calculated at ...
- in your previous calculation
- Based on our best calculations
- £14.65 computed at 4.45% p.a.
- this statement
- an income statement (sheet)/ a profit and loss statement

◆**継続**

carry on, continue, continuation, continuity, continuously, etc.

- 業務を**継続**いたします
- 遠大な技術的躍進を**継続**して行く
- 技術契約を**継続**するよう提案する
- われわれは**継続**性が失われています。
- **継続**して取り扱います
- 優れた研究を**継続**する
- **継続**企業
- **継続**利益累積型投資信託

- carry on our business
- continue the far reaching technological thrusts
- propose the continuation of a technical agreement
- We lose continuity.
- will continuously handle
- sustain leading research
- a going concern
- a contractual [accumulation] plan

◆**経費**
- 負担された**経費**はすべて当方で支払います。
- **経費**削減
- およそ1,000ドルの**経費**をかけて
- ……に関わる**経費**
- 巨額の**経費**が節約できます
- 信用調査にかかった**経費**

cost (s), expense (s)

- Any cost incurred by you will be borne by us.
- reducing costs
- at a cost of approximately $1,000
- the costs of ...
- can achieve a great saving of expense
- any expenses accruing from this credit inquiry

◆**契約**

agreement, arrangements, commitment (s), contract (s), contract [-ed, -ing], deals, performance

- **契約**を更改する
- ……と**契約**を結んでいます
- 正式の**契約**書
- **契約**案
- **契約**違反
- **契約**期間
- 新しい**契約**のもとで
- **契約**上の約束
- 通常の**契約**であれば
- 通常の**契約**
- 重大な**契約**義務違反
- 本**契約**はABC社に決まりました。
- **契約**を獲得する
- **契約**に従う

- extend the agreement
- have an agreement with ...
- the official agreement
- the proposed agreement
- a breach of the agreement
- the term of agreement
- under the new arrangements
- a contractual commitment
- for normal commitments
- ordinary commitments
- a serious breach of contractual commitment
- The contract was *awarded* to ABC.
- *capture* the contract
- *comply with* the contract

- **契約**を 2 年間延長することができます。
- 本**契約**成立に際して
- …するための**契約**書に署名する
- 拘束力のある**契約**
- 正式な**契約**書
- 2 年間の第 1 回の**契約**が終了した後
- これが弊社の標準的**契約**書です。
- 3 者間の**契約**
- 3 年**契約**
- **契約**書
- **契約**書類
- **契約**に反して
- 2 年間の**契約**に基づき
- **契約**違反
- 重大な**契約**違反
- 弁解の余地のない**契約**違反
- **契約**締結日から
- **契約**の期間中は
- **契約**不履行

- **契約**条項
- ご署名をいただいた**契約**に基づき
- **契約**に基づき
- ……との**契約**により
- ABC社のために多くの**契約**をとる
- 今後のさまざまな**契約**
- 必要な**契約**書
- コンサルタント業務の**契約**
- **契約**書の条項
- **契約**通りに
- 前の**契約**通り
- **契約**された人
- 最近の**契約**
- **契約**保証
- 数を制限した個人的コンサルタントの**契約**

- **契約**型投資信託

- ◆経由
- ……を**経由**して
- ……**経由**で

- ◆経歴
- 写真と**経歴**書

- エンジニアリングの**経歴**がある ……
- 貴殿の素晴らしい**経歴**と経験をもって
- 上記に述べた私の**経歴**により
- 西欧または日本の銀行での**経歴**を積む中で

- 貴殿の**経歴**における

- The contract could be *extended* two years.
- in *making* the contract possible
- *sign* a contract to [do]
- a *binding* contract
- a *formal* contract
- after the *initial* contract of two years
- This is our *standard* contract.
- the three-way contract
- a three-year contract
- the contract note
- the contract papers
- *against* the contract
- on a contract *of* two years
- a breach *of* contract
- a gross breach *of* contract
- an inexcusable breach *of* contract
- from the date *of* the contract
- for the duration *of* the contract
- inobservance *of* a contract/ non-fulfillment of contract
- terms *of* contract
- *under* the contract you signed
- *under* the contract
- *under* contract with ...
- secure many contracts for ABC
- the various forthcoming contracts
- the necessary contracts
- contracts for consulting services
- clauses in contracts
- as contracted
- as previously contracted
- the contracting party
- the latest deals
- performance bonds
- a limited number of personal consulting relationships
- unit (investment) trusts

through, via
- \<be\> passed thru .../ routed through ...
- via ...

activities, background, career
- a photograph and manuscript of my professional activities
- ... with engineering background
- with your impressive background and experience
- because of my background stated above
- through making his career in a Western or Japanese bank
- throughout your career

◆経路

channels, routing

- 別の**経路**を通じて
- through other channels
- そのような**経路**
- such a routing
- そのような**経路**で
- via［through］such a routing

◆決意

determine, decision, etc.

- ……するよう、固く**決意**している
- \<be\> fully determined to \<do\>
- ……する**決意**に変わらない
- hold *to* my decision \<do\>
- 熱意と**決意**をもって
- with enthusiasm and determination

◆結果

outcome (s), result (s), etc.

- 双方に有益な**結果**
- a mutually beneficial outcome
- 会合の**結果**
- the outcomes of this gathering
- これら突っ込んだ討議の**結果**
- the outcomes of these probing discussions
- ……の**結果**です
- *\<be\>* the result of ...
- その**結果**を聞き次第
- as soon as I *hear* the result
- これが弊社が調査した**結果**です。
- Here *is* the result of our investigation.
- 何らかの**結果**が出ましたら、
- if any result *turns out*,
- 問題は、……の**結果**でした。
- The problem *was* the result of ....
- ……の**結果**
- the result of ... / as a result of ...
- ……の**結果**生じたもののようです
- appear to be the result of ...
- 献身努力の**結果**
- the result of your dedicated efforts
- 最善の**結果**を得る
- produce optimal results
- ……という**結果**になるでしょう
- will result in ...
- ……という**結果**になるだけです。
- It would only result in ....
- これまで収集してきた**結果**から、
- From the results which we have gathered so far,
- その**結果**として
- Consequently
- これの直接的な**結果**のひとつとして
- As one direct consequence of this,

◆欠陥

defect (s), fault (s), etc.

- 重大な**欠陥**
- *grave* defects
- たくさんの**欠陥**
- a number of faults
- **欠陥**部品
- the defective parts
- **欠陥**率
- failure rates
- **欠陥**のある権利
- a *bad* title

◆結婚

marriage, wedding

- 来たるべき**結婚**生活において
- in their *forthcoming* marriage
- 私どもの**結婚**式
- *our* marriage
- **結婚**式を挙げましたことをお知らせいたします
- have the pleasure of announcing *our* marriage
- 〈名前〉様とのご**結婚**
- *your* marriage to \<name\>
- ご**結婚**、心からお祝い申し上げます。
- Accept my sincere congratulations *on* your marriage.
- **結婚**式には必ず出席して下さい。
- Be sure and come to the wedding.

◆決済

payment, settle, settlement, etc.

- **決済**条件
- terms of payment
- 貴社のご希望の**決済**条件と銀行信用照会先とをお知らせ下さい。
- Please inform us of your preferred payment terms and bank references.
- 貴勘定を**決済**する
- settle your accounts

- この勘定を早く**決済**する
- 長期間未払いとなっている貴勘定の**決済**
- 30日以内の**決済**
- **決済**されないままになっている
- 粉飾**決済**

- make an early settlement of this account
- the settlement of your account now long overdue
- settlement within 30 days
- remain unsettled
- window-dressing/ fancy accounting

◆決断

decide, decisions, etc.

- 当方の協力が可能かどうかにつき**決断**を下す
- 重大な**決断**をする
- 貴殿の**決断**力と力量
- 数多くの重大な**決断**

- decide *on* whether our cooperation is possible or not
- make serious decisions
- your determination and ability
- many important choices

◆決定

decision (s), determine, elected, etc.

- このような**決定**をする
- 20xx年以降の方針を**決定**する
- **決定**を必要とする
- このたびのご**決定**を心から歓迎いたします。

- *make* this decision
- *make* our decisions for 20xx and beyond
- *require* a decision
- We have *welcomed* your recent decision with great pleasure.

- 重大な**決定**
- 賢明な**決定**
- 新しい支社を設置するとのご**決定**
- テープレコーダーの必要量の**決定**する
- ABC社は従業員を解雇することを**決定**しました。
- 研究開発の**決定**的な重要性

- major decisions
- a wise decision
- your decision to locate the new ABC facility
- determine our tape recorder requirements
- ABC elected to remove its people from the job.

- the crucial importance of R&D

◆月利

monthly interest rates

◆結論

conclusion (s), decisions, etc.

- ……という、**結論**に達する
- ……については、自身で**結論**をだす
- はっきりした**結論**が得られ次第、
- **結論**を出す
- **結論**が出される（さいが投げられる）。

- reach the conclusion that ....
- draw our own conclusions on ...
- As soon as any *definite* conclusions are reached,
- make certain decisions
- The die will be cast.

◆懸念

afraid, concern (s), concerned

- ……を**懸念**する
- ……の**懸念**を表明する
- 私どもが持ついくつかの**懸念**
- ……に関して**懸念**しています
- 取引には**懸念**がないものと思われます。

- <be> afraid of ...
- express the concern of ...
- our several concerns
- <be> concerned about ...
- Considered reliable and responsible for business engagements.

- 取引には、まったく**懸念**ないものと思われます。

- Considered absolutely responsible for business engagement.

◆下落

a dip, etc.

- 大きな**下落**
- 大きく**下落**する
- **下落**

- a big dip
- take a big dip
- downward changes

◆原因

- ……を直接の**原因**とすることができます
- **原因**を究明する
- この故障の**原因**
- 我々が持つ多くの問題の**原因**
- この**原因**について
- 失望の**原因**
- 少しがっかりした**原因**
- ……が**原因**です。
- **原因**不明の火事

attributed, cause, source, etc.

- can be directly attributed to ...
- investigate the cause
- the cause of the trouble
- the cause of many of our problems
- as to the cause of this
- a source of disappointment
- a source of some disappointment
- This is because ....
- a mysterious fire

◆見学

- ……を楽しく**見学**する
- 私どもの工場をご自身で**見学**する
- 施設**見学**
- ツアー（**見学**）に関して
- ……の系統的な展示を**見学**する
- ABC社の施設を**見学**する
- こうした**見学**には

observation, see, tour (s), view, visit

- enjoy the observation of ...
- come and see our plant for yourself
- a tour of the facility
- for tours
- view a systematic display of ...
- visit ABC's facilities
- for such a visit

◆（お）元気

- お**元気**でお過ごしのことと思います。

- **元気**で
- 私ども一同、**元気**に暮らしております。
- 私どもを**元気**づける
- とてもお**元気**そうに見える
- 貴殿には**元気**でご活躍中のことと拝察いたします。
- 私どもも**元気**で暮らしています。
- 私ども家族一同**元気**で暮らしております。
- 母子共に非常に**元気**です。
- お**元気**でお過ごしのことと存じます。（手紙）
- お**元気**のことと思います。（FAX）
- お**元気**にお過ごしのことと存じます。
- ……ということを知り**元気**づけられております。
- ごきげんよう、お**元気**で。

health, spirits, vigorous, well, etc.

- I hope that this letter finds you in the best of health and spirits.
- in good health/ in good [high] spirits
- We are all in good health.
- keep our spirits up
- seem to be so vigorous and alert
- I hope you well and thriving.

- We are doing very well.
- My family are all well.
- Both mother and child are doing very well.
- I hope that this letter finds you well.
- I hope this fax will find you well.
- I hope this is finding you well.
- It is comforting to know that ....

- Goodbye, and good luck.

◆研究

- 航空学と宇宙の様々な**研究**分野で
- ……ための**研究**奨励基金援助を行う
- かなりの**研究**奨励金援助
- **研究**成果の発展
- **研究**を今後も継続するつもりです。
- **研究**活動をする
- **研究**開発事業
- **研究**開発分野において
- **研究**費
- グループの**研究**目標

disciplines, fellowship, findings, research (es), study [-ies, -ing]

- in the various disciplines of aeronautics and space
- provide fellowship support for ...
- substantial fellowship support
- the development of findings
- I will be continuing the research.
- do some research
- research and development activities
- in the research and development field
- research costs
- the group's research objectives

- 私どもの**研究**公園
- 任意の**研究**援助
- 私の**研究**テーマ
- 私の**研究**について
- 重要な**研究**
- ……を徹底的に**研究**する
- ……について**研究**をする
- 事例**研究**
- 私どもの**研究**陣
- その**研究**領域
- ……の**研究**と観察によって
- 国際ビジネス・コミュニケーションの**研究**を続けています
- **研究**開発

- our research park
- discretionary research support
- my research theme
- about my research
- important researches
- conduct a close study of ...
- do a study of ...
- case studies
- our study group
- the scope of the study
- through study and observation of ...
- have been studying International Business Communication.
- Research and Development/ R&D

◆現金
- **現金**還付
- **現金**収支
- **現金**管理システム
- **現金**管理技法
- **現金**準備
- **現金**価値
- **現金**27億ドル
- 注文時**現金**払いの条件で
- **現金**自動支払い機

- **現金**自動預金［預入れ］機
- **現金**引替渡し、または注文時現金払いで

cash, etc.
- cash back
- cash flow
- cash management systems
- cash management techniques
- cash reserve (s)
- a cash value
- 2.7 billion dollars in cash
- on a cash-with-order basis
- CDs/ a cashomat/ a cashout/ cash dispensers/ automatic cash dispensers
- automatic depositors/ ADs
- on a C.O.D. or C.W.O. basis

◆権限
- 同氏に、……する**権限**を与えてもよいと思います。
- ……する**権限**を持っている
- ……する**権限**
- 銀行の書類に署名する**権限**
- 当方の口座に請求する**権限**を貴行に与えることはできません
- ……について決定する**権限**（決定権）を与えられています
- ……する**権限**を正式に与えられている

authority, authorize [-d]
- You may *give* him authority to <do>.

- *have* authority to <do>
- the authority to <do>
- the authority to sign bank documents
- <be> unable to authorize you to charge our account
- <be> authorized to make a decision about ...

- <be> fully authorized to <do>

◆（ご）健康
- お仕事に没頭のあまり、ご**健康**を損なわれませんように。
- 私の**健康**は、……できるくらい回復しました。
- **健康**と安全のプロ意識
- 新しい年のご**健康**とご多幸をお祈りいたします、
- 貴殿のご**健康**と貴社のご繁栄を

health
- You must not let your work *impair* your health.

- My health has improved sufficiently for me to <do>.
- health and safety professionalism
- Wishing you health and happiness for the New Year,
- for your good health and the continuing prosperity of your company

- あなたの**健康**ほど大切なものはありません。
- **健康**専門職と健康科学
- いつまでも、ご**健康**とご幸福をお祈り申しあげます。

- Nothing is more important than your health.
- the health professions and sciences
- Please extend my best wishes for a long life of health and happiness.

◆**原稿**
- タイプ**原稿**
- 私のスピーチの**原稿**
- あなた様の講演**原稿**
- **原稿**を用意する
- 文書にした**原稿**

copy, text
- a typewritten copy
- a copy of my speech
- a copy of your address
- have a prepared text
- a written text

◆**現行料率**

the going rates

◆**検査**
- 徹底的な**検査**
- 中身を**検査**する
- 装置を**検査**する
- **検査**証明書
- こちらの**検査**記録
- 貴社の**検査**用に
- ……を**検査**したところ
- **検査**人
- ……は、**検査**を受けなければなりません。
- 評価と**検査**のための

examination, inspect [-ion, -or], search, testing
- a thorough examination
- inspect the contents
- inspect the equipment
- an inspection certificate/ a certificate of inspection
- our inspection records
- for your inspection
- upon the inspection of ...
- an inspector
- ... will be subject to search.
- for evaluation and testing

◆**現在**
- 本日**現在**の
- 昨日10月22日**現在**、
- ……を**現在**務めています。
- **現在**および過去に
- **現在**までに
- **現在**のところ
- **現在**年率5.5%に
- **現在**では
- **現在**まで
- **現在**および将来にわたって
- **現在**までのところ

as of, currently, now, present, time, etc.
- as of this date
- As of yesterday, October 22,
- I am currently serving as ...
- now and in the past
- up to now
- at present
- at 5.5% p.a. for the present
- at this time
- up to this time
- during this and future years
- to date

◆**見識**
- ……について**見識**を豊かにする
- ……について貴重な**見識**と全体像

insights
- have *better* insights into ...
- *valuable* insights and perspective about ...

◆**現時点**
- **現時点**で

- **現時点**では

moment, etc.
- at the moment/ at this moment/ at the present moment
- at this point/ at this time

◆**現状**
- **現状**
- 日本の**現状**

current, present, situation, stand (s), etc.
- the current situation
- the present situation in Japan

- 同保証状の**現状**
- 仕様書の**現状**
- 日本市場の**現状**
- **現状**では、
- ABC社の**現状**

- the present status of the said guarantee
- the present status of the specifications
- the situation of the Japanese market
- As things stand./ As the matter stands,
- conditions in ABC

◆見地

standpoint

◆現地

local, locally, etc.

- **現地**の詳しい情報
- **現地**金融
- **現地**経営者
- **現地**市場に
- **現地**会議
- **現地**の人々
- **現地**法人
- **現地**生産を検討する
- … は**現地**で調達可能です。
- **現地**化
- 上記のプロジェクトを**現地**調査した際

- information on local details
- local financing
- the local management
- in the local market
- local meetings
- local people
- local subsidiaries
- look at manufacturing locally
- .... can be procured locally.
- localization
- in our field survey of the above project

◆検討

consider, consideration, explore, evaluation, go over, review, study, etc.

- 投資対象地としてカナダを**検討**する
- この件に関して**検討**していただきたく、よろしくお願いします。
- PQR社からの新しい要望について**検討**する
- ……を慎重に**検討**する
- その提案を至急**検討**していただけるのを、切に願っております。
- ご**検討**いただくために
- さらに**検討**を要する
- ……する可能性を**検討**する
- さらに**検討**していただくため
- 議事日程を**検討**する
- 調査資料の**検討**
- 上記事項を**検討**する
- 詳細に**検討**すべきです
- 本件を更に**検討**する
- 各種の手続きや仕様書を慎重に**検討**しております。
- 貴提案は、……が徹底的に**検討**させていただいております。
- ご提案を慎重に**検討**しなければなりませんでした。
- 要請を**検討**する
- 上記の件を**検討**する
- ご意見を慎重に**検討**いたしました。
- 慎重に**検討**される
- 見積りをもう一度**検討**する

- consider Canada as an investment location
- We would like you to consider this case.

- consider new requests from PQR
- give careful consideration to ...
- I would urge you to give the proposal your speediest consideration.
- for your consideration/ for your review/ for your study
- need to explore further
- explore the possibility of <doing>
- for your further evaluation
- go over the agenda
- a review of the survey data
- review the above
- should be reviewed in depth
- facilitate your further study of the matter
- We study carefully the methods and specifications.

- Your suggestions are being followed through by ....

- We have had to look at your proposal carefully.

- process your request
- give the above matter some thought
- I have carefully thought over your comments.
- <be> carefully endorsed
- check your calculation once again

こ

◆（ご）好意
- 御社のご**好意**にお応えする
- ……に関してお手紙をいただきまして、貴社のご**好意**に感謝しております。
- 尽きることのないご**好意**
- 貴殿よりご**好意**とご理解
- さまざまなご**好意**
- **好意**がなかったから

courtesy [-ies], goodwill
- answer your courtesy
- We appreciate your courtesy in writing about ....
- your unfailing courtesy
- your courtesies and understanding
- the many courtesies
- due to any lack of goodwill

◆（ご）厚意
- ……氏のご**厚意**により（手紙を人に託して届ける）

courtesy [-ies]
- Courtesy [Kindness] of Mr. ...

合意
- 基本取引条件について**合意**する
- **合意**しました通り、
- 貴社と**合意**したとおり
- **合意**に達する
- ……に関して、両社は基本的に**合意**いたしました。
- 契約上の**合意**
- **合意**に向けて
- 10月の会合で**合意**が得られました。

- **合意**状態
- **合意**に達し次第、

agree [-d], agreement, consensus, etc.
- agree on basic terms and conditions
- As we agreed,
- as agreed with you
- reach an agreement
- Agreement was essentially reached between the parties concerning ....
- a contractual agreement
- toward a mutual agreement
- There was a favorable consensus at the October meeting.
- consensus positions
- Upon their concurrence,

◆（ご）幸運
- ご**幸運**とご多幸
- ご**幸運**とご活躍をお祈りいたします。
- この賞に対しこれ程ふさわしい候補者に参加いただき、誠に**幸運**に存じます。
- **幸運**にもそこで得られた多くの友人たち

fortune, luck (y), etc.
- all good fortune and happiness
- I wish you the best of luck in your endeavors.
- We were indeed lucky to have such qualified candidates for this award.
- the many friends with whom I've been fortunate to make

◆光栄
- お目にかかれて**光栄**でした。
- ……することができ、まことに**光栄**です。
- ……していただき、まことに**光栄**に存じます。
- ご献本を賜り、**光栄**です。
- 貴殿よりそのことを伺い、さらに**光栄**に思っております。
- ……することを非常に**光栄**に存じます。
- ……していただき、大へん**光栄**に存じます。
- **光栄**にも、彼らは私どもの招待を受けてくれました。
- 今後とも何なりとお役に立てれば、私どもの**光栄**です。
- ……に参加することができ、**光栄**に存じます。

enjoyed, honor [-ed], privilege [-d], etc.
- I enjoyed meeting you.
- It was truly an honor of <doing>.
- You do me a great honor by <doing>.
- I was honored to receive a copy from you.
- I felt additionally honored by hearing of it from you.
- I am highly honored to <do>.
- We are very honored that ....
- They have honored us with their acceptance of our invitations.
- It will be our privilege to be of any service to you.
- I felt privileged to take part in ....

- そのような申し出を受け、たいへん**光栄**に存じます。
- **光栄**に存じます
- ……に参加するようお招きいただきたいへん**光栄**に存じます。
- 将来も貴殿にご利用いただければまことに**光栄**に存じます。

- I feel really **privileged** to receive such an offer.
- feel very much **complimented**
- I am **flattered** indeed by your kind invitation to join ....
- It will be a real **pleasure** for us to serve you in the future.

◆公開
- **公開**買付け
- **公開**市場操作
- **公開**会社

open, etc.
- a takeover bid/ TOB
- open market operations
- public companies

◆交換
- **交換**レート
- かなりの**交換**性
- 営業や技術情報の**交換**
- このような意見の**交換**
- **交換**協定
- クリスマス・カードを**交換**する
- 互いに関心のある事項につき意見を**交換**する
- アイデアや技術的知識を**交換**する
- 情報を**交換**する
- 個人的に情報を**交換**する
- 相互の関心事について意見を**交換**する
- 研究の管理に関して意見を**交換**する

- ……について意見を**交換**する
- アイデアや意見を率直に**交換**できたこと
- ……と**交換**に
- 既設のコンピュータと周辺装置を新型モデルと**交換**する
- **交換**用組立部品
- 主要なシステムの**交換**

conversion, convertibility, exchange, etc.
- the conversion rate
- a considerable degree of convertibility
- the exchange of business and technical information
- such an exchange of views
- the exchange agreement
- exchange Christmas cards
- exchange ideas on matters of mutual interest
- exchange ideas and technical knowledge
- exchange information
- exchange information privately
- exchange a talk on matters of mutual interest
- exchange views in regard to topics pertaining to management of research
- exchange views on ...
- the candid exchange of ideas and viewpoints
- in exchange for ...
- replace our existing computers and support equipment with newer models
- the replacement assemblies
- the major systems tradeoffs

◆好況
- **好況**産業
- **好況**市場

boom, etc.
- a boom industry
- a broad market

◆航空

aerospace, air, aircraft, airfreight, airline, airmail, airway, plane, etc.

- **航空**宇宙関係者たち
- **航空**貨物
- **航空**貨物取扱事務所
- **航空**貨物について
- **航空**貨物チャーター運賃
- 弊社の**航空**貨物業務
- これからの**航空**貨物オペレーションについて話し合う
- **航空**便
- その**航空**路

- the aerospace interests
- air cargo/ air freight
- an air cargo office
- for air cargo
- a charter rate for air cargo
- our air cargo business
- discuss our future air cargo operation

- AIR MAIL/ PAR AVION
- the air route

- **航空**送り状
- **航空**貨物運送状
- **航空**積荷受取り証
- **航空**機で
- **航空**小包で
- **航空**小包郵便で
- 通常の**航空**便用封筒で
- **航空**貨物便で
- 当社の素晴らしい**航空**機
- **航空**運賃および発着手数料の支払い
- **航空**貨物で
- 搭乗した**航空**会社
- 東京と主要6都市の現在の**航空**ダイヤ

- **航空**券を提供する
- **航空**運賃の代金
- **航空**便で
- 商品を出荷したら**航空**便でお知らせ下さい。

- **航空**貨物用輸入担保荷物保管証
- 午後3時25分発、午後7時55分大阪着のタイ**航空**620便で
- **航空**券
- **航空**輸送［空輸］（で）

◆合計
- **合計**12点の品物
- この2種類の信用供与額の**合計**
- **合計**金額は正しくは9,750ドルです。
- **合計**38カ国が扱われています。
- ……の**合計**
- **合計**で
- 毎月**合計**約5,000円になります
- 元利**合計**額

◆貢献
- 事業の成功に引き続き**貢献**する

- あなた様の協力が……に**貢献**する。
- ……に大きく**貢献**する
- その成果に大きく**貢献**したABCチームのメンバー
- 意義ある**貢献**
- 貴重な**貢献**をする
- ……に卓越した**貢献**をする
- ……にたいへん実質的な**貢献**をする
- ……のために積極的な**貢献**ができる
- 社会に対して卓越した**貢献**
- 大きな**貢献**
- これまでの貴殿の**貢献**と優れた業績に対して

- air waybills/ airway bills/ airwaybills
- air waybills/ airway bills/ airwaybills
- air waybills/ airway bills/ airwaybills
- by air
- by air parcel
- by air parcel post
- in regular air mail envelopes
- via air freight
- our fantastic line of aircraft
- the payment of the airfreight and terminal charges
- by airfreight
- the Airline they came in on
- current airline schedules between Tokyo and six major cities
- provide the airline tickets
- airmail costs
- by airmail/ via airmail
- Please advise us by airmail when the goods have been despatched.
- an airway T/R
- by Thai Airways Flight 620 leaving at 3:25 PM, arriving in Osaka at 7:55 PM
- plane tickets
- air freight shipment/ by air

altogether, sum, total, etc.
- 12 (twelve) items altogether
- the sum of the two facilities
- The total should read $9,750.
- A total of 38 countries are covered.
- the total amount of ...
- in total
- will total about ¥5,000 a month
- an amount with interest added/ the principal and interest added together

contribute [-d], contribution (s), etc.
- contribute to the continuation of our very successful activities
- Your cooperation will contribute to ....
- contribute significantly to ...
- members of the ABC team who contributed significantly to the effort
- a meaningful contribution
- make an invaluable contribution
- make an outstanding contribution to ...
- make a very real contribution to ...
- can make a positive contribution to ...
- an outstanding contribution to society
- a significant contribution
- for your contribution and distinguished services

- 貴殿の財務面における**貢献**
- 貴国と世界全体に大きな**貢献**をした人

- ……に対し多大の**貢献**をする
- ……に多大の**貢献**をする
- エレクトロニクスの業界への多大な**貢献**
- 重要な**貢献**
- ……への**貢献**に対して
- 技術と人類全体への貴殿の貢献
- 私どもの合弁事業への同氏の**貢献**
- 貴殿の顕著な**貢献**

◆広告
- **広告**を出しています
- 当社の2種類の**広告**の写し
- **広告**を十分しなかったために
- 当社の**広告**代理店
- 効果的な**広告**キャンペーン
- **広告**に2,000ドルかける
- 日本の経済紙に載った**広告**

◆口座
- **口座**を持つ
- 当行本店に**口座**を持つ
- 当店に**口座**を持っている
- 当アカデミー取扱**口座**
- 休眠**口座**
- 睡眠**口座**
- 架空名義**口座**
- 不動**口座**／不動口
- ナウ**口座**

- くわしい指示と**口座**案内のために
- 今回新たな**口座**開設関係
- **口座**振替

- これらの**口座**を組み合わせたもの
- 当行に**口座**を開設しました
- 当行での**口座**の開設を前向きに考える

- 開設ご希望の**口座**の種類をお知らせいただ
  ければ幸いです。
- ……の**口座**明細書
- **口座**維持手数料（月次）
- **口座**相違

◆交際
- ご**交際**をいただく
- 私どもは、実に長く、気心の知れた、実り
  多い**交際**を続けております。
- モリス氏は貴殿との個人的な**交際**を非常に

- your contribution in finance
- a man who has made significant contributions to
  your country
- make many contributions to ...
- make tremendous contributions to ...
- great contributions to the electronics profession
- important contributions
- for your contributions to ...
- your contributions to engineering and mankind
- his devotion to our joint venture
- your outstanding services

ads, advertising, advertisements
- <be> running ads
- copies of two of our ads
- by not advertising enough
- our advertising agents
- an effective advertising program
- spend $2,000 on advertisements
- advertisements in Japan's financial papers

account (s), acct., a/c, A/C, A.C. etc.
- *carry* an account
- *carry* accounts with our Head Office
- *maintain* an account at this office
- the Academy operating account
- a dead acct.
- a dormant [sleeping] a/c
- a fictitious A/C
- an inactive A.C.
- a negotiable order of withdrawal account/ a *NOW*
  account
- for further instruction and account information
- this new account *relationship*
- account transfers/ account conversion/ a fund
  transfer
- a combination *of* those accounts
- have favored us *with* an account
- consider favorably the opening of an account *with*
  us
- We should like to know what kinds of accounts you
  wish to open with us.
- the statement of our accounts with ...
- a (monthly) service charge
- misposting

acquaintance, etc.
- maintain our acquaintance
- Our association has certainly been long, congenial
  and productive.
- Mr. Morris valued very much his personal

大切にしておりました。

relationship with you.

◆公式
• **公式**新聞発表
• **公式**認可

formal
• formal news releases
• official authorization

◆交渉
• ……について**交渉**する必要があるでしょう
• 価格および納期をメーカー側と**交渉**いたします。
• メーカーと**交渉**する
• 現地メーカーと直接**交渉**する
• ……と**交渉**中です
• 顧客と**交渉**を始める
• **交渉**を行う
• ……に関しての**交渉**
• もっと具体的な**交渉**に発展するかもしれません
• 顧客と**交渉**して、
• **交渉**事項

negotiate, negotiation (s)
• will be a need to negotiate ...
• We will negotiate prices and delivery with the manufacturer.
• negotiate with the manufacturer
• negotiate directly with the local manufacturer
• <be> negotiating with ...
• begin negotiating with our customers
• conduct negotiations
• our negotiations relating to ...
• may lead to more concrete negotiations

• After negotiations with the customer,
• the points of our negotiation

◆工場
• 旧式**工場**を建設する
• **工場**見学を行う
• 〈日付〉に予定しております**工場**訪問
• 貴**工場**の開設
• **工場**見学

• 当社仕上げ**工場**
• 新しい**工場**
• **工場**設備の拡張を進めています
• **工場**渡し
• 日本の自動車製造**工場**
• **工場**
• **工場**設備見学

factory, plant, works, etc.
• *build* yesterday's factory
• *see* the factory
• our factory visit scheduled for <date>
• the opening of your factory
• a tour of our factory/ the plant tour/ the tour of the plant
• our finishing plant
• a new plant
• <be> expanding plant equipment
• ex works
• Japanese auto manufacturers
• manufacturing facilities
• my brief trip to the industrial equipment

◆更新
• 同勘定を**更新**する
• 英国におけるわれわれの提携関係を**更新**する
• **更新**または払戻しのいずれも行うことができます
• 私どもは両社間の技術援助の契約を**更新**する
• 毎年**更新**する
• **更新**を済ませる
• 援助の**更新**を明示する
• 同封の**更新**請求書
• 貴殿の**更新**料金
• 同代理店と契約を**更新**する

renew, renewal, etc
• renew the account
• renew our association in England
• may renew or withdraw the deposit

• renew the technological assistance agreement between us
• <be> renewed each year
• complete your renewal
• indicate your support renewal
• the enclosed renewal invoice
• your renewal payment
• conclude a new agreement with the agent

◆構造 **structure, etc.**
- **構造**と機能
- 企業グループの**構造**
- ユニットの**構造**

- the structure and function
- the structure *of* corporate groups
- the unit construction

◆行動 **act, action (s), activities, etc**
- ……するためには、我々は断固たる**行動**を取ります。
- **行動**を起す
- そのような**行動**
- 速やかに**行動**を取るよう、ニューヨークのABC社に強く迫る
- 一部の購買層が提案した**行動**計画
- 最良の**行動**方針
- 最も有利な**行動**方針
- 貴殿の側の**行動**
- 詳細な**行動**予定表
- ……に従って**行動**いたします
- このような勝手な**行動**を取る

- We act decisively to <do>.

- take action
- such actions
- push the ABC Company in New York *for* their soonest action
- one course *of* action suggested by some subscribers
- the best course *of* action
- the most advantageous course *of* action
- action *on* your part
- a detailed schedule of activities
- will live up to ...
- take such an arbitrary step

◆口頭発表 **presentation (s)**
- 喜んで**口頭発表**させていただきます。
- 素晴らしい**口頭発表**
- 御社の社員が行った（**口頭**）**発表**
- （**口頭**）**発表**の質

- I will have the honour of making a presentation.
- the *excellent* presentations
- the presentations *by* your people
- the quality of the presentations

◆購入 **buy, purchase (s)**
- その設備を**購入**する
- **購入**経路
- ５エーカーの土地の**購入**を検討する
- **購入**価格
- **購入**数量
- この保険証券を**購入**する
- 貴社製品を**購入**する
- **購入**することができます
- 通常の**購入**

- buy the facilities
- buying channels
- consider the purchase of five acres of land
- the purchase price
- the quantity you want to purchase
- purchase this insurance policy
- purchase your products
- <be> available for purchase
- regular purchases

◆後任 **replace, replacement (s), succeed, successor**
- 私の**後任**は古川の予定です。
- 私の**後任**は〈名前〉です。
- 現在の職員の**後任**者
- 役員会がジョン・ウォルターを私の**後任**として選んだ。
- 平田氏が総支配人として村上氏の**後任**となります。
- 有能な**後任**
- OPQの私の**後任**者
- 私の**後任**者であるマーク・テイラーを紹介いたします。
- ……が、私の**後任**となります。

- Mr. Furukawa will be replacing me.
- My replacement will be <name>.
- replacements for current positions
- The Board elected John Walter to succeed me.
- Mr. Hirata will succeed Mr. Murakami as General Manager.
- a competent successor
- my successor in OPQ
- Please let me introduce my successor, Mark Taylor.
- My successor will be Mr. ....

◆（ご）高配
- 過分のご**高配**
- 貴社の迅速なご**高配**とご協力
- 貴殿のご**高配**により
- ……して下さいましたご**高配**
- ご**高配**とご協力
- いつものようなご**高配**とご支援

attention, offices, etc.
- the exceedingly fine attention
- your prompt attention and cooperation
- through your kind offices
- your generosity in <doing>
- any courtesies and cooperation
- your usual courtesies and assistance

◆後半
- 今年**後半**に
- 本年**後半**
- 6月**後半**になってから
- 12月**後半**

later, latter
- later this year
- later in the year
- at a later date in June
- during the latter part of December

◆高品質
- **高品質**の新製品
- **高品質**のシート
- **高品質**の商品
- **高品質**である

high quality, etc.
- high quality new products
- high-quality sheets
- fine quality goods
- <be> of *good* quality

◆合弁
- **合弁**企業／**合弁**事業
- **合弁**会社
- 当**合弁**会社のますますの発展に寄与するでしょう
- 日本における最初の**合弁**企業
- 新しい**合弁**事業法
- 〈会社名〉との**合弁**事業

joint venture
- a joint venture
- a joint venture company
- will contribute to the continuing success of our joint venture company
- the first Japanese joint-venture company
- the new joint venture law
- a joint venture *with* <company>

◆公募

public offering

◆候補者
- 申し分のない**候補者**
- 適任の**候補者**
- 数人の**候補者**から就職したいとの申し出を受ける
- 採用される**候補者**
- この賞にうってつけの**候補者**たち

candidate, etc.
- the *ideal* candidate
- a *qualified* candidate
- receive offers for work from *several* candidates
- the *successful* candidate
- the highly qualified nominees

◆高利回り
- （低リスク）**高利回り**
- **高利回り**株

higher yield(s)
- higher yields with low risk
- high-yielders

◆考慮
- ……を**考慮**されてはいかがでしょうか。
- ……を**考慮**（検討）していただけませんでしょうか。
- ……を**考慮**していただければ
- すべてを**考慮**してみると
- ……を十分**考慮**せずに
- ……が**考慮**されます

consider[-d], consideration
- Why don't you consider ...?
- Would you care to consider ...?
- if you consider ...
- All things considered,
- without *giving* any adequate consideration to ...
- *take into* consideration ...

- 好意的な**考慮**
- 下記の事情を**考慮**して
- 日数を**考慮**して
- ……という事実を**考慮**して、
- ABC社の独創的な役割を**考慮**に入れて、

- your favourable consideration
- in consideration of the following situation
- in consideration of the length of time
- In view of the fact that ....
- Given ABC's unique role,

◆超える
- 昨年を優に**越えて**いるように見えます
- 自己の履行能力を**超えて**
- 指示された要件を**越えて**
- このスタッフの費用は年間50万ドルを**越え**ます。
- 50ドルを**超える**注文
- 価格は１セットにつき５ドルを**超えて**はなりません
- 新しい本部はレンガとモルタルでできた単なる建造物をはるかに**超える**ものです。
- １億円を**超えない**額の退職金

ahead of, beyond, exceed, in excess of, more than
- appear to be well ahead of last year
- beyond their ability to fulfil
- beyond mandated requirements
- The costs of this staff exceeds $500,000 per annum.
- orders in excess of $50
- should not be more than $5.00 per set
- The new headquarters is far more than mere bricks and mortar.
- a retirement allowance of not more than 100 million yen

◆誤解
- **誤解**を避ける
- ……の間に少し**誤解**があります。
- **誤解**があったことが判明し、いたく残念に思っております。
- 関係者間に**誤解がないように**
- 私どもの**誤解**により

misunderstanding
- avoid misunderstanding/ prevent any misunderstanding
- There may be some misunderstanding between ....
- I am very sorry to find that there was a misunderstanding.
- so that there be no misunderstanding among the interested parties.
- due to a misunderstanding on my part

◆子会社
- **子会社**
- ゾネラル・モーターズの新**子会社**
- 地元の**子会社**
- 貿易専門の**子会社**
- ABC社は、新会社が完全所有する**子会社**として事業を運営いたします。

subsidiary
- subsidiary companies/ a subsidiary
- a *new* subsidiary of Zoneral Motors Corporation
- *local* subsidiary offices
- fully trading subsidiaries
- ABC will operate as a wholly owned subsidiary of a new entity.

◆小切手
- **小切手**に横線を引く
- **小切手**を作成する
- ……宛てに**小切手**を作成する
- 本金額の**小切手**をご送付下さい。
- 改変**小切手**
- 前日付け**小切手**
- 偽造**小切手**
- 市外**小切手**
- 店用**小切手**
- **小切手**帳の控え（片）
- **小切手**で支払うことができます。
- その１枚の**小切手**に対する
- **小切手**の変造

check (s), checkable, checking, etc.
- cross a check
- have a check made up
- make out our check to ...
- Please send us your check for this amount.
- altered checks
- an antedated check
- bogus checks
- out-of-town checks
- counter checks
- check stubs/ a stub of a check/ a counterfoil
- You can pay *by* check.
- *on* that one check
- alteration *of* checks

- 〈金額〉の**小切手**
- 会員更新料の65ドルの**小切手**

- 300ポンド15ペンスの**小切手**
- **小切手**振出し可能預金
- お客さまの**小切手**振出し預金から直接借記する小切手
- さまざまな**小切手**プラン
- **小切手**帳
- **小切手**偽造［乱発］

- a check *for* <amount>
- your check *for* sixty-five dollars for membership renewal dues
- a check *for* Stg. Pounds 300.15
- checkable deposits
- a check to directly debit your **checking** account

- a variety of **checking** plans
- a checkbook
- paperhanging

◆顧客

client (s), clientele, customer (s)

- 日本全国の大手の**顧客**
- 当社の大切な**顧客**
- 以前の**顧客**や取引関係者
- **顧客**向け報告書
- 弊社の**顧客**
- 当社製品の潜在**顧客**をより多く確認する
- ヨーロッパの**顧客**のため
- 弊社の最大の**顧客**のひとつ
- 貴社の潜在的及び現在の**顧客**
- 立派な**顧客**
- それぞれの**顧客**
- 最重要**顧客**層の一つです
- **顧客**接触
- この**顧客**リスト
- **顧客**記録を入手する
- **顧客**満足度
- 当社の**顧客**サービス
- **顧客**名簿

- most major **clients** throughout Japan
- our (most) valued **clients**
- past **clients** and business contacts
- **client** reports
- our **clientele**
- *identify* more possible **customers** for our products
- for one of our European **customers**
- one of our largest **customers**
- your potential and existing **customers**
- respected **customers**
- respective **customers**
- <be> numbered among our most valued **customers**
- **customer** contact
- this **customer** list
- obtain your **customer** record
- **customer** satisfaction
- our **customer** service
- a list of **customers**

◆国際

cross-border, global, international, supranational, etc.

- **国際**株式投資
- 厳しい**国際**競争
- **国際**復興開発銀行

- **国際**銀行業務の分野で
- **国際**ビジネス・コミュニケーション
- **国際**企業
- **国際**複合運送
- **国際**会議へ出席する
- **国際**競争力

- 長期的な**国際**競争
- **国際**的大企業
- **国際**企業の在日関連会社
- **国際**宅急便で
- **国際**通貨
- 私の**国際**部次長就任

- cross-border equity investment
- keen global competition
- International Bank for Reconstruction and Development /IBRD
- in the field of international banking
- International Business Communication
- international business firms
- international combined ⌊multimodal⌋ transport
- attend the international conference
- international competition/ international competitiveness
- long-term international competition
- a major international corporation
- the Japanese affiliates of international corporations
- by international courier service
- international currencies [money]
- my recent appointment as Assistant Manager of our International Division

- **国際**金融
- **国際**的財務担当役員
- **国際**投資
- **国際**投資管理の分野で
- 強力な**国際**販売網
- **国際**金融管理センター
- **国際**通貨基金
- **国際**的組織
- **国際**収支

- **国際**的評価
- **国際**決済銀行
- **国際**的な科学共同研究
- この新しい**国際**的調査
- **国際**規準との調和
- **国際**通商協定
- **国際**貿易・開発
- **国際**機関債
- ますます進む組織の**国際化**

- ……の**国際化**及び自由化に向けて
- 他に43を超える**国際**市場
- **国際**協調融資
- **国際**収支の赤字

- **国際**宅配便で
- **国際**融資団

◆**小口**
- **小口**現金
- **小口**預金
- **小口**貸出し
- もっと**小口**の注文
- **小口**扱い貨物

◆**国内**
- 広範な**国内**市場を持っています
- **国内**総生産
- **国内**の旅行
- **国内**でも海外でも
- **国内**のみならず、世界中の
- **国内**市場で成功いたしましたので

◆**極秘**

- **厳秘**
- **極秘**裡に
- ……は、**極秘**扱いにいたします。
- **極秘**として取り扱います
- **極秘**として
- 上記の情報を**極秘**として取り扱います

- international finance
- the international financial executive
- international investment
- in international investment management
- the powerful international marketing network
- international money management centres
- International Monetary Fund /IMF
- an international organization
- a balance of international payments/ international balance of payments

- international recognition
- Bank for International Settlements/ BIS
- international scientific collaboration
- this new international survey
- the harmonization of international standards
- international trade arrangements
- international trade and development
- supranational bonds
- the increasing internationalization of the Organization

- toward internationalization and liberalization of ...
- over forty-three other world markets
- syndicated loans
- an adverse balance of payments/ the balance-of-payments deficit

- by a door-to-door courier service
- a consortium

petty, etc.
- petty cash/ a float
- petty deposits
- petty loans
- smaller orders
- LCL (less than container load) cargo

domestic, home, local
- <be> commanding an extensive domestic market
- gross domestic product/ GDP
- domestic travels
- both at home and abroad
- not only at home, but also throughout the world
- in view of our success in the local market

confidential, strict confidence, strictly confidential

- Strictly Confidential
- in strict confidence
- ... will be held in strict confidence.
- will be treated in strict confidence
- as strictly private and confidential
- will treat the above information as strictly private

•**極秘**親展として取り扱います
•**極秘**に取り扱います

and confidential
•will be treated strictly private and confidential
•will be treated as strictly confidential

◆克服
•言葉の問題を**克服**する
•障害を**克服**する
•あなたが**克服**された数多くの厳しい挑戦

overcome, overcame
•overcome the language problem
•overcome obstacles
•the many severe challenges you overcame

◆心〜

•**心がけ**ている
•**心**の底から
•**心から**［衷心より］
•**心から**
•**心ばかり**の品
•**心より**
•**心**苦しく感じております。
•あなた様とご友人の皆様と**心**の中では
•**心**の中で
•……に対し、**心より**お礼申し上げます。
•親切でお**心**のこもったお手紙
•……するように、**心がけ**ております。
•**心尽くし**のお中元
•……するよう、いつも**心がけ**ている
•お**心配り**に重ねて感謝いたします。
•市況について貴重な情報を提供していただき、たいへん**心強い**思いでした。
•貴殿とお会いし、ともに取引ができますことを**心待ち**にしております。
•早いご返事を**心待ち**にしています。

heart, hearty, heartily, indebted, in spirit, mind, sincerely, thoughtful, etc.
•have at heart
•from the bottom of my heart
•from the bottom of our hearts
•with all my heart
•my hearty present
•most heartily
•I remain indebted.
•in spirit to be with you and your friends
•in my own mind
•May I thank you most sincerely for ....
•your gracious and thoughtful letter
•We have been attempting to <do>.
•your thoughtful Ochugen
•make a point of <doing>
•Thank you again for thinking of me.
•You encouraged me with valuable information about the market conditions.
•We look forward to meeting you and doing business together.
•I am anxiously looking forward to your early reply.

◆心遣い

•あなた様のお**心遣い**とご寛容
•私どもへのたいへんなお**心遣い**
•お**心遣い**と親切なお言葉
•故人の死を悼む貴殿の優しい**心遣い**
•11月15日付けファクスでお知らせいただいたお**心遣い**
•貴社の素晴らしい**心遣い**
•いつもお**心**にかけていただきありがとうございます。
•子供達ともども、貴殿のお**心遣い**に深く感謝いたします。
•……して下さり、お**心遣い**（ご配慮）誠にありがとうございます。
•**心遣い**あふれる贈り物を惜しみなく提供していただき
•お**心遣い**にたいへん感謝いたします。
•御社より賜りましたお**心遣い**

care, consideration, hospitality, kind thoughts, service, thinking, thoughtful, thoughtfulness
•your courteous care and generosity
•your great consideration for us
•your consideration and expression of hospitality
•your kind thoughts at his passing
•your kind thoughts conveyed to me in your fax of 15 th November
•your excellent service
•Thank you very much for thinking of me every time.

•My children and I cordially appreciate your thinking of us.
•It's very thoughtful of you to <do>.

•this generous and thoughtful tribute to him

•Your thoughtfulness is much appreciated.
•the thoughtfulness manifested by you

- お**心遣い**いただき、たいへんありがたく存じます。
- ……して下さったお**心遣い**に対して、重ねてお礼申し上げます。

- I am most grateful for your thoughtfulness.
- Thanking you again for your thoughtfulness in <doing>

◆ご自愛
- くれぐれも**ご自愛**下さい。
- ますますの**ご自愛**とご多幸
- 今後ともますますの**ご自愛**とご多幸

good care, etc.
- I hope that you will take good care of yourself.
- your *continuing* good health and happiness
- many more years of good health and happiness

◆故障
- ハードウェア面の**故障**
- **故障**時間（非稼動時間）
- 私どもの装置は計10回も**故障**しました。
- **故障**する
- それらは全く**故障**がありません。
- 簡単で**故障**知らずの
- ……は、どこか**故障**しています。
- **故障**付き船荷証券

breakdown (s), down, trouble, wrong
- hardware breakdowns
- down time
- Our equipment has been down a total of ten times.
- go down
- They are completely trouble-free.
- trouble-free and fool-proof
- Something is wrong with ....
- foul［dirty］bills of lading/ foul B/L

◆個人
- **個人**会員
- 我々にとって非常に重要な**個人**資産の一部
- **個人**的に
- **個人**的な情報交換
- **個人**データ
- **個人**預金
- ……に、**個人**的関心を持つ
- 貴殿が**個人**的に関与していただければ、まことにありがたく存じます。
- **個人**ローン
- **個人**融資用手形
- 日本の関係者と**個人**的に会っていただく手はずを整える
- ……に対し、**個人**的に心よりお礼の意を表わす
- **個人**財産
- 良好な取引関係および**個人**的関係
- **個人**保証
- **個人**的にお目にかかること
- **個人**銀行
- **個人**でコンサルタントの仕事
- **個人**生活
- **個人**的な特別のオファー
- **個人**株主を高い比率に維持する

individual, personal, personally, private
- individual members
- one of our most important personal assets
- on a personal basis
- personal communication
- personal data
- personal deposits/ personal savings/ private deposits
- take a personal interest in ...
- Your personal involvement will be deeply appreciated.
- personal loans
- your personal loan note
- arrange a personal meeting with our associates in Japan.
- add a personal note of heartfelt thanks for ...

- personal property
- the good business and personal relationship
- personal security
- our personally meeting
- private bankers
- a private consulting service
- private life
- a special private offer
- maintain a high proportion of private shareholders

◆答え
- 当該項目に対する**答え**が「なし」という場合は、
- どんな質問にも**答える**
- ……を、お**答え**下さい。

answer, reply (to), respond (to), response
- If the answer to any item is "None"
- answer［respond to］any inquiries
- You are required to answer［reply to, respond to］....

- 〈日付〉のご照会に**お答え**いたします。
- 顧客の質問に**答える**
- 10月2日のご照会に**お答え**して、
- 2月25日のご要請に**お答え**して
- 〈日付〉のお手紙に**お答え**いたします。
- お問い合わせに**お答え**します
- 当方の質問にさっそく**お答え**いただき、まことにありがとうございます。
- もっと詳しく**答える**

- We are glad to answer your inquiry of <date>.
- answer questions from our customers
- In reply to your inquiry of October 2nd,
- in reply to your request of February 25
- We write in reply to your letter of <date>.
- respond to your inquiry
- Thank you very much for your prompt response to our questions.
- respond with more details

◆応え

- ……で、ご要望の一つに**応え**たい所存です。

- ご要望に**お応え**できます
- お客さまのご要望に**応える**
- お客様のご期待に**応える**
- 皆様の信頼と寛大さに**お応え**する
- 銀行の専門家と利用者のさまざまな要求に**応える**
- 私どもは貴社のニーズにすぐ**お応え**いたします。
- お客様のご要望に**お応え**するため

address, comply with, fulfill, meet, merit, respond to, responsive, satisfy

- We will attempt to address one of your requests by ....
- can comply with your request
- fulfill your desires
- meet our customers' expectations
- merit your confidence and generosity
- respond to the needs of banking specialists and users
- We will be responsive to your needs.

- in order to satisfy our valued customers

◆小包
- **小包**を送る
- 書籍と資料の**小包**
- このような**小包**
- 同じ**小包**に
- **小包**郵便で

a package, a parcel
- send a package
- the package of books and materials
- such a parcel
- in the *same* parcel
- by parcel post

◆言葉

- 心からお祝いの**言葉**
- 温かいお悔やみのお**言葉**
- 温かいお**言葉**を賜り、ありがとうございました。
- ご挨拶とお祝いのお**言葉**
- 分かりやすい**言葉**で
- **言葉**の点で私を補佐する
- 貴殿の最近のお**言葉**
- あなた様の温かいお悔やみのお**言葉**
- 貴殿より心のこもったお悔やみの**言葉**

- 丁寧なお祝いの**言葉**
- はっきりとした**言葉**で
- ……というあいまいな**言葉**遣い
- 親切なお**言葉**を数多く賜り、まことにありがとうございます。
- ……に2、3の**言葉**を申し上げる
- 親切な励ましのお**言葉**に感謝しております。
- ……する**言葉**もない

best wishes, expression, good wishes, language, message, note, terms, wording, words, etc.
- my warm congratulations and best wishes
- your very kind expression of sympathy
- Thank you for your good wishes.
- your message of greetings and good wishes
- in plain language
- help me with the language
- your recent messages
- your warm message of sympathy
- your deeply appreciated message of condolence and sympathy
- your gracious note of congratulations
- in the clearest of terms
- the ambiguous wording of ...
- I most gratefully and warmly *accept* your many kind words.
- *address* these few words to <someone>
- Your kind and encouraging words are *appreciated*.
- *have* no words to <do>

- 私の気持ちを言い表すのに**言葉**は適当ではありません。
- どんな**言葉**も十分でないことをよく存じております。
- ……を、どのような**言葉**で申し上げてよいかわかりません。
- 慰めのお**言葉**
- 丁寧なお**言葉**
- **言葉**と数字と図表とグラフで
- 丁重なお悔やみの**言葉**
- お誉めのお**言葉**
- 何とも残念という以外**言葉**がありません。
- ……は、**言葉**では表せないほど素晴らしい。

- Words *are* inadequate to express my feelings.
- I know too well that words *are* not enough.
- Words cannot *express* ....
- your comforting words
- your thoughtful words
- in words, figures, charts and graphs
- your words of condolence and sympathy
- your words of praise
- I cannot tell you how sorry I am.
- ... <be> beyond description.

◆コピー
- ……のためにこの手紙の**コピー**を作りました。
- 余分の**コピー**
- 校閲用（贈呈）**コピー**
- 修正した**コピー**
- 「ロサンゼルス・タイムズ」紙の記事の**コピー**
- 弊社の新聞発表の**コピー**
- 通常は各書簡のハード**コピー**（紙に印刷した記録）をファイルに保管しておりません。
- ……の両面**コピー**
- テープの**コピー**をする
- テキストの該当部分を**コピー**する

copied, copy[-ies], transcription, xerox
- I have copied this letter for ....
- the extra copies
- an inspection copy
- a revised copy
- a copy of the "L.A. Times" article
- a copy of our news release
- We do not usually keep hard copies of each letter on file.
- copies of both sides of ...
- do transcription
- xerox the corresponding part of the text

◆雇用
- 20万人近い従業員を**雇用**する
- **雇用**条件
- **雇用**期間
- どのような**雇用**主
- 2カ国語を話し、経営学修士号を持っているアメリカ人を**雇用**する

employ, employment, etc.
- employ nearly 200,000 people
- employment conditions
- the period of employment
- any prospective employer
- hire a bilingual American MBA

◆これまで
- **これまで**通り
- 彼女は**これまで**海外旅行をしたことがありません。
- **これまで**の25年間または30年間
- **これまで**に
- **これまで**の ……
- **これまで**の
- **これまで**の40年
- **これまで**の50年間
- **これまで**のところ

as heretofore, as yet, passed, past, so far, this time
- as heretofore
- She has not as yet had the opportunity for international travel.
- the 25 or 30 years that have passed
- on past occasions/ by [up to] this time
- ... of the past years
- in the past/ over the past years
- the past 40 years
- over the past 50 years
- so far

◆今後

- **今後**の

ahead, coming, hereafter, in the future, more, next, to come
- in the years ahead/ for the period ahead/ over the coming years/ for many years to come

- **今後**10年間に
- **今後**何年かで
- **今後**何年にもわたり
- **今後**は
- **今後**も
- **今後**とも末長く
- **今後**2週間の間に
- **今後**何年にもわたって

- in the decade ahead
- over the years ahead
- for many years ahead
- hereafter
- for many many more years/ in the days to come
- for many more years to come
- during the next two weeks
- for many years to come

◆コンサルタント
- **コンサルタント**業務を行う
- 当社の**コンサルタント**部門
- 国際的企業の**コンサルタント**
- ……に関する問題の**コンサルタント**として
- XYZアソシエーツの**コンサルタント**として
- **コンサルタント**として務める
- 沢山の有利な**コンサルティング**の**仕事**がきました。
- **コンサルティング**業務

consultancy, consultant (s), consulting
- provide consultancy
- the consultancy arm of our company
- a consultant for companies with worldwide business
- as a consultant in matters relating to ...
- as a consultant to XYZ Associates
- act as a consultant
- Many lucrative consulting jobs came along.

- some consulting work

◆コンテナ
- **コンテナ**B/L
- **コンテナ**輸送方式
- 必要な**コンテナ**数
- **コンテナ**船
- **コンテナ**船の第1船で
- **コンテナ**船の便
- **コンテナ**貨物

container (s), containership, containerized
- container B/L
- the container system
- the number of containers required
- a containership
- on the first available containership
- a containership service
- containerized cargo

◆困難な
- **困難な**状況
- このように**困難な**時に
- 当方と連絡を取ることが**困難な**場合は
- 段々とより**困難な**ものとなる

difficult, difficulty, etc.
- a difficult situation
- during these difficult times
- Should you experience any difficulty contacting us,
- grow steadily more challenging

◆コンピュータ

- ラップトップ・**コンピュータ**
- **コンピュータ**付属品部門を近々新設いたします
- **コンピュータ**業界
- **コンピュータ**通信網
- **コンピュータ**会社
- **コンピュータ**のハード、ソフト及び通信機器の全種類
- **コンピュータ**メーカー
- **コンピュータ**周辺機器
- **コンピュータ**・サービス産業
- 数多くの伝統ある**コンピュータ**会社
- 入手可能な最高の**コンピュータ**システム
- **コンピュータ**、通信機器、オフィス・ンス

computer (s), computer-aided, computer-based, etc.
- laptop computers
- <be> setting up a computer accessories department
- the computer business
- computer-communication networks
- computer companies
- all kinds of computer hardware/software and communications equipment
- computer manufacturers
- computer peripherals
- the computer service industry
- numerous well established computer suppliers
- the best computer system available
- on the computer, communications and office

テム分野における

- **コンピュータ**技術と通信技術
- 当社の**コンピュータ**を使用した製造及び技術システム
- **コンピュータ**による銀行業務
- **コンピュータ**援用設計生産
- **コンピュータ**資金振替システム

systems fields
- computer technology and communications technology
- our computer-aided manufacturing and engineering systems
- computer-based banking
- CAD/CAM
- the electronic funds transfer system

◆梱包
- **梱包**に問題があるように思われます。
- **梱包**不良
- 丈夫な**梱包**にする
- 生糸200**梱包**

packing, packaging, etc.
- There seems to be a problem *with* the packing.
- *faulty* packing [packaging]/ *improper* packing
- \<be\> well packed
- 200 bales of raw silk

◆（ご）婚約
- このたびのご令嬢のご**婚約**
- ご**婚約**おめでとうございます。

engagement
- the *recent* engagement of your daughter
- Congratulations on *your* engagement.

◆今夕
- **今夕**6時にお越しいただきたいと思います。

this evening
- I hope you will be able to come at six o'clock this evening.

◆混乱
- 貴殿宛て小包配送に関して**混乱**

- 最初は**混乱**いたしましたが ……
- すべての**混乱**の原因は、……にあります。
- 万事**混乱**しているようです。
- 非常に**混乱**しているので

confusion, mix-up, etc.
- the confusion which occurred in delivering your parcel to you
- Despite all the confusion of the startup ...
- This mix-up is due to the fact that ....
- Everything seems to be in a mess.
- with all the turmoil

さ

◆再～
- 次回の**再**注文
- **再**注文（追加注文）
- **再**注文
- **再**投資
- **再**保険会社

next, etc.
- the next reorder
- further orders
- repeat orders
- plowback/ reinvestment
- reinsurance companies

◆財～
- **財**源
- **財**界指導者

funds
- funds/ ways and means
- business leaders

◆最近
- ごく**最近**に
- **最近**のウォーターフロント開発計画
- **最近**の「ABCニュース」に掲載された
- **最近**数カ月の

immediate past, recent
- in the immediate past
- the recent waterfront development projects
- in a recent copy of "ABC News"
- in recent months

•**最近**

◆**在庫**
•**在庫**量を最低限に抑える
•**在庫**持ち越しの問題
•**在庫**金融

•**在庫**水準を下げる
•ABC製品の現在の**在庫**状況を添付いたします。
•これら商品の**在庫**は豊富にあります
•その商品は**在庫**がございません。
•その商品の**在庫**は少ないです〔減少しております〕。
•**在庫**が減少してきております。
•現在の**在庫**が切れ次第、
•来期の販売計画を遂行するための十分な**在庫**
•当面の顧客の需要を満たすために必要となる**在庫**量
•**在庫**から出荷する
•その商品は**在庫**しております。

•ご要望の品目はすべて**在庫**しています。
•貴社の**在庫**商品
•その商品は**在庫**がございません。
•**在庫**を切らしております。
•一部の機種はすぐに**在庫**切れとなります。

•その型は**在庫**が不足しています。
•貴社商品の**在庫**を増やす
•……の**在庫**を持つ
•当社の**在庫**はほとんど尽きてしまいました。
•現在の**在庫**がなくなった時は
•当社の**在庫**が少なくなり次第
•私どもは20xx年のすべての計画を遂行するのに十分なだけの**在庫**を持っております。
•当社が現在持っている ……の**在庫**を減らす
•当社の**在庫**が非常に減少しております。

◆**最高**
•**最高**経営責任者
•100名以上の**最高**経営責任者
•当銀行の**最高**経営責任者
•会社の**最高**幹部の間で
•**最高**水準を維持する
•企業の**最高**幹部
•**最高**経営者
•強力でバランスのとれた**最高**経営陣
•貴社の**最高**幹部の方々
•**最高**経営責任者とその基本戦略アドバイザー

•Within recent days,

inventory, stock (s)
•*minimize* inventory
•an inventory *carry-over* problem
•inventory *finance* [financing]/ stockpile financing/ flooring
•reduce inventory *level*
•Attached is our current inventory *level* of ABC product.
•*have* ample stock of these goods
•We *have* no stock of the goods.
•The stock of the goods *is* [runs] low.

•I'm afraid our stock has *run* low.
•As soon as our present stock has run out,
•*sufficient* stock to cover our sales plan for the coming season
•the stock *quantities* needed to fulfill current customer demands
•supply *from* stock
•The goods are *in* stock./ We have [keep] the goods *in* stock.
•All the items required are *in* stock.
•the commodities you have *in* stock
•The goods are *out of* stock.
•We are [run] *out of* stock.
•Some models are likely to run *out of* stock very quickly.
•We are short of stock *in* that model.
•stock more of your lines
•*carry* stocks of ...
•Our stocks have almost been *exhausted*.
•when our present stocks are *exhausted*
•as soon as our stocks *get* low
•We have sufficient stocks to cover all of the 20xx plan.
•*reduce* our present stocks of ...
•Our stocks are *run*ning very short.

chief, highest, top, etc.
•corporate chief executives
•over 100 chief executives
•Chief Executive of the Bank
•at the highest corporate levels
•maintain the highest standards
•top business executives
•top executives
•a strong and well-balanced top management team
•top members of your organization
•the CEO and his key strategy advisors

◆再考（する）
- 貴殿のキャンセルについてご**再考**いただけませんか。
- 貴殿に**再考**するようお勧めします。
- ご**再考**の上、参加して下さいますようお願いいたします。
- ABCロンドンの決定を**再考**するために

reconsider, etc.
- Could you reconsider your cancellation?
- I must urge you to reconsider.
- We hope you will reconsider and come.
- with a view to reconsidering ABC London's decision

◆財産
- 1番の**財産**
- 相当な**財産**
- 純**財産**が6桁の中位（40万～60万）
- 最も大事な**財産**のひとつ
- よき**財産**管理
- **財産**形成

asset, equity, net worth, possessions, etc.
- a key asset
- a substantial equity
- net worth of medium six figures
- one of our most cherished possessions
- good stewardship
- an ongoing legacy

◆最終
- **最終**決定
- **最終**船積み期日
- 間近に迫った5月15日の**最終**船積日
- **最終**残額一括払い
- **最終**結果

final, latest, etc.
- a final decision
- the latest shipment date
- the approaching latest shipment date of May 15
- (a) balloon payment
- the bottom line

◆最初
- **最初**から
- 計画の**最初**の数カ月
- **最初**の6カ月間に

beginning, first
- from the beginning
- the first few months of the plan
- in the first six months

◆在職中に

during one's tenure

◆最新

brand-new, current, news, newest, update, updated, up-to-date, etc.

- 弊社の**最新**カタログ
- 仕事についての**最新**事情を得る
- **最新**の調査
- 危険率と利回りの**最新**情報
- **最新**版
- **最新**情報
- **最新**情報を提供する
- あなたからの**最新**情報
- **最新**のケーススタディ
- **最新**のものです
- 最新の**情報**
- その後の進捗状況について**最新**の情報をお知らせします
- 多くの**最新**設備
- **最新**号
- **最新**技術の

- our brand-new catalogue
- keep current on the business
- the latest research
- news of risk/return
- the newest edition/ latest versions
- the update
- provide an update
- your recent update
- an updated case study
- <be> up-to-date
- up-to-date information
- bring you up to date on my subsequent progress
- many modern facilities
- a recent issue
- state-of-the-art, etc.

◆財政
- 2,000ドルから5,000ドルの**財政**援助

financial, fiscal, public finance, etc.
- financial *support* in the amount of $2,000 to $5,000

- 健全な**財政**状態
- **財政**困難
- **財政**的逼迫
- **財政**や信用に関する情報
- **財政**的実績
- 同社の**財政**状態に関する
- 緊縮**財政**
- **財政**硬直化
- **財政**赤字

- a sound financial *condition*
- financial *difficulties*
- financial *exigencies*
- financial or credit *information*
- the financial *results*
- on their financial *standing*
- an austere fiscal policy
- inflexibility of public finance
- a budget deficit

◆**最善**
- ……することが**最善**だと思います。

- 貴社の貨物の取扱いには**最善**を尽くします。

- 当社は、……するために**最善**を尽くします。
- ……するよう**最善**を尽くす
- **最善**を尽くす

best, best efforts, our best, our utmost, etc.
- I believe the best course of action would be to \<do>./ I really think it would be best if ..../ I really think it would be best to \<do>.
- Our best efforts will be exerted to the handling of your cargo.
- We will (try to) do our best to \<do>.
- do our utmost to \<do>/ do our very best to \<do>
- do all that you can

◆**最中**
- ……してする**最中**です
- ……している**最中**［ところ］です
- 私どもは現在、……の**最中**です。

the course, the process
- \<be> in the course of \<doing>
- \<be> in the process of \<doing>
- We are now in the process of ....

◆**最低**
- 貴社の**最低**価格
- **最低**見積り額
- **最低**価格と最高価格
- 貴社の**最低**価格
- **最低**の価格で
- **最低**残高に達していない
- **最低**海上運賃
- **最低**注文量
- メーカーより依頼された**最低**注文量

- **最低**発注量
- **最低**注文量以上の
- **最低**量まで減少する
- **最低**見積り

best, low-end, lowest, minimum, most attractive
- your best prices
- your best quote possible
- low-end and high-end prices
- your lowest prices
- at the lowest possible price
- do not meet the minimum balance
- minimum ocean freight
- a minimum order
- the minimum order quantity requested by the manufacturer
- a minimum purchase quantity
- more than minimum quantities
- fall to a minimum
- your most attractive quotes

◆**債務**

- **債務**名義
- **債務**不履行
- かなりの**債務**支払い能力を持っている
- **債務**の承認
- 偶発**債務**があります
- **債務**を払っております
- 今回の**債務**返済につきまして早速ご履行い

debt, default, financial responsibility, indebtedness, liable, obligations, obligor, responsible, etc.
- a title of debt
- an event of default/ default
- have considerable financial responsibility
- an acknowledgment of indebtedness［debt］
- \<be> contingently liable
- meet his obligations
- We appreciate the prompt and satisfactory manner

ただきありがとうございました。
- **債務**履行
- **債務**者
- ……については**債務**履行能力がある
- **債務**繰延べ／リスケ／債務返済期限の緩和

in which you have *repaid* this obligation.
- fulfillment of obligation
- an obligor
- prove responsible for ...
- reschedule/ rescheduling

◆財務
- **財務**上の課題
- **財務**上の問題で
- 私どもにとり最も親密な**財務**担当者
- **財務**変動状況
- **財務**諸表
- 企業の信用の質と**財務**力

finance, financial
- financial challenges
- in financial matters
- the financial officer closest to us
- changes in financial position
- financial statements
- the credit quality and financial strength of corporations

◆財務省～
- **財務省**短期証券
- **財務省**長期証券
- **財務省**小切手
- **財務省**中期証券

treasury
- treasury bills/ T-bills/ T.B.
- treasury bonds/ T-bonds
- treasury checks
- treasury notes

◆採用
- その国の人間を最高経営者の地位に**採用**する
- **採用**通知
- あなたは東西銀行に**採用**されます。
- 来年のために現在7名を**採用**する
- 有能な後任を**採用**する必要がある
- コンサルタントの**採用**
- 貴社で働けますこと（ご**採用**）を願っております。

employ, employment, employed, hire, recruit, staffing, etc.
- employ people from that country in top management positions
- employment offers
- You will be employed by the Tozai Bank, Ltd.
- hire 7 people for next year
- need to recruit a competent successor
- the staffing of consultants
- I look forward to the opportunity of working for you.

◆差額
- 本件相殺金額の**差額**
- 費用との**差額**を負担する
- 価格の**差額**分に対して
- **差額**決済

difference, etc.
- the difference arising from the said offsetting
- bear the difference of the cost
- *for* the difference in price
- netting

◆探す
- 新しい市場を**探す**
- 彼のために小さな部屋を**探す**
- ……のメーカーを**探して**います
- 上記の航空貨物受領証の番号では、その積送品を**探し**出すことはできません
- 地位を**探す**
- 私は別の企業に職を**探さ**なくてはなりません。
- 記帳事項を**探し**出す

find, locate, seek, trace
- find a new market
- find a small room for him
- locate a manufacturer of ...
- cannot locate the shipment for the above AWB Number
- seek an appointment
- I am forced to seek a position at another company.
- trace the entry

◆先～
- **先売り**御免条件付き申込み

prior, etc.
- an offer subject to prior sale

- **先売**りご免を条件として
- **先**順位証券
- **先払**い手数料
- **先**日付け小切手

- subject to the goods being unsold [prior sale]
- senior securities
- an up-front fee
- a postdated check

◆**先物**
- **先物**買い予約
- **先物**売り予約
- **先物**為替

- **先物**とオプション
- **先物**取引
- **先物**市場
- **先物**持ち高

forward, future (s)
- the forward buying contract
- the forward selling contract
- a forward exchange/ forward [future] delivery/ future (s) exchange/ futures
- futures and options
- forward dealings/ dealing in futures/ futures trading
- the forward [futures] market
- a forward position

◆**作業**
- こうした改良**作業**
- **作業**部会
- 当社の機械**作業**場
- ……する**作業**を進めてきました

work, etc.
- this type of modification work
- a working committee
- our machine workshop
- have been in the process of <doing>

◆**さく（割く）**
- 時間を**さく**
- ちょっとお時間を**さい**ていただけないものか
- 私のために時間を**さい**ていただき、感謝します
- 数分程度時間を**割い**てお会いいただけませんでしょうか。
- XYZ社の仕事に多少時間を**さく**

spare, etc.
- spare the time
- whether you would be good [kind] enough to spare me a few minutes
- appreciate your sparing me some time

- I wonder whether you have a few minutes.

- devote some time to the affairs of XYZ

◆**削減**
- 援助（額）を**削減**する
- 当方のコストを**削減**する
- 運賃を**削減**することができます
- コストを10パーセント**削減**する
- 同社は、……（する）ことによって人員を**削減**しました。
- 同社は今や人員を**削減**せざるを得なくなっています。

cut back, reduce, reduced
- cut back their support
- reduce our costs
- can reduce our freight costs
- reduce costs by 10%
- The company reduced its staff by <doing>.

- The company is now forced to reduce its staff.

◆**作成**

- 書類を**作成**する
- 新しい技術援助契約案を**作成**する
- 正式な契約書を**作成**したいと考えています
- 勧告の**作成**
- ……に基づいて**作成**されます
- ……のために**作成**されています
- 40通コピーを**作成**する

complete, draft, draw up, formulation, generated, etc.

- complete the paperwork
- draft a new technological assistance agreement
- expect to draw up a formal contract
- the formulation of recommendations
- <be> generated from ...
- <be> designed for ...
- photocopy 40 copies

◆避ける / **avoid, inevitable, prevent**
- 利害の衝突を**避ける** / avoid any conflict of interest
- 業界専門語は**避ける** / avoid jargon
- のちのちの誤解を**避ける** / avoid misunderstandings in the future
- 同様のトラブルを**避ける** / avoid similar troubles
- 会議開始間際の混雑を**避ける**ために / so as to avoid the last minute convention rush
- **避け**られないものです / cannot be avoided
- ……は、**避け**られないかもしれません。 / It may be inevitable that ....
- そのような事態の発生を**避ける** / prevent such an occurrence

◆指図 / **order, etc.**
- 当方の注文書および**指図**書 / our order and instructions
- 常設**指図** / a standing order
- **指図**式船荷証券 / order B/L
- **指図**人払い小切手 / an order check
- 当行が裏書きした**指図**人払い為替手形 / a draft bearing our endorsement payable to your order
- **指図**式裏書き / special endorsement

◆さっそく / **lost no time in <doing>/ without any delay**

◆寂しい / **miss, missed, etc.**
- トムを失って皆**寂しい**思いをしています。 / We all miss Tom.
- ただ素晴らしい彼女がいなくなって**寂しい**だけです。 / We'll just miss her wonderful presence.
- ……と別れて私は**寂しい**思いをすることでしょう。 / I'll miss ....
- **寂しい**思いをすることでしょう / will be sadly missed
- 同氏を失い、**寂しい**限りです。 / He will be greatly missed.
- 貴殿がおられないのでとても**寂しい**思いをしております。 / I am very sorry indeed to have missed you.
- 貴殿が参加されない会議はさぞ**寂しい**ものとなるでしょう。 / The meeting will not be the same without you.

◆寂しく / **miss, etc.**
- 貴殿よりの楽しいファクスやメッセージに接することができなくなることを**寂しく**思います。 / I will miss your very cheerful faxes and messages.
- 彼を亡くしたことをたいへん**寂しく**思います。 / We will miss him.
- 少し**寂しく** / a bit sad
- 退職後も**寂しく**はありません。 / I do not feel isolated in my retirement.

◆サービス / **service (s), servicing, etc.**
- より良い**サービス**を提供する / *give* better service
- 顧客に十分な**サービス**を提供する / *give* full customer service
- お客様に行き届いた**サービス**を提供いたします / will *offer* you personalized service
- 大衆向けに**サービス**を提供する / *provide* service to the public
- 当社の**サービス** / the service *rendered* by us
- 最良の**サービス** / the best possible service
- **サービス**術 / the *follow-up* service method

- 形式ばらない効率的な**サービス**
- 適切な**サービス**
- 出張**サービス**料
- **サービス**エンジニア
- あらゆる**サービス**を利用する
- 銀行は**サービス**機関です。
- 小さな**サービス**組織
- **サービス**技術者
- 適切な水準の**サービス**を提供する
- 新たな**サービス**をもたらす
- 顧客に迅速かつよりよい**サービス**を提供する
- 最良の**サービス**を提供することができます
- 貴社が提供する製品と**サービス**
- **サービス**を利用する
- あらゆる**サービス**
- いろいろな種類の**サービス**を提供する
- ニューヨーク信託会社のどんな**サービス**でもご利用下さい。
- 部品交換と**サービス**
- その**サービス**電話で
- 余分の**サービス**抜きの

◆さまざまな
- **さまざまな**色や大きさ
- **さまざまな**国際市場
- **さまざまな**ABCコンピュータ・システムを開発いたしました
- **さまざまな**サイズと型

◆参加

- **参加**／欠席
- 貴殿はその行事に**参加**できます
- **参加**費用は無料です。
- 配偶者、招待客のお名前（**参加**される場合）
- **参加**者にとって貴重な参考資料となるでしょう
- ２万人以上の**参加**者と500社以上の出展者
- 展示会には主要なハードウェア販売業者が**参加**します。
- ……に喜んで**参加**いたします。
- 奥様にもパーティーに**参加**していただければ、たいへん嬉しく存じます。
- パーティーに**参加**する
- その会合に積極的に**参加**する
- ……に進んでご**参加**いただいたこと
- ……に**参加**されています
- これらの会合のすべてに**参加**する
- 本協会に**参加**する

- an informal, efficient service
- the right service
- outside service charges
- a service engineer
- make use of all the service facilities
- A bank is a service institution.
- the minimal service organization
- a service technician
- provide an adequate level *of* service
- *bring* new services
- *maintain* quick and better services to our clients
- <be> in a position to *offer* the best services
- products and services *offered* by your company
- *utilize* the services
- the entire services
- furnish different types *of* services
- You are invited to use any or all of the services *of* the New York Trust Company.
- replacement parts and servicing
- on that courtesy phone
- no-frills

various, etc.
- various colors and sizes
- various international markets
- have developed a variety of ABC computer systems

- a wide selection of sizes and types

attend, attending, attendee (s), include, join, (take) part, participate (in), participating, participant (s), participation, present, presence, recipients, share in, etc.
- I will attend/ I will not attend
- permit you to attend that event
- There is no fee to attend.
- Spouse/Guest's name (if attending)
- will provide the attendee with valuable reference material
- over 20,000 attendees and 500 exhibitors
- The exhibition will include major hardware vendors.

- We are sincerely happy to join you in ....
- We would be most pleased to have her join the party.
- take part in the party
- take an active part in the meetings
- your willingness to participate in ...
- enjoy the opportunity to participate in ...
- participate in all of these functions
- participate in our Institute

- 今回の極めて重要な会議に**参加**する
- ボランティア組織に**参加**する
- パネリストとしてシンポジウムに**参加**する
- 事情により私自身が**参加**できないことだけが残念です。
- 貴社の**参加**協力
- 今年の**参加**企業名簿
- **参加**者全員
- 他の**参加**者
- **参加**者の75%
- その**参加**者と引率者のリスト
- 400人以上のビジネスマンの**参加**を見込んでいます。
- **参加**する旨の確認をする
- ……への活発な**参加**
- 世界各地から多数の**参加**者があり
- 貴殿のご**参加**を心より願っております。
- 授賞式に**参加**できたらよかったのになぁと思っております。
- 国際ビジネスに積極的に**参加**しています
- 1月上旬に**参加**者に届く
- ……に**参加**する
- 申し訳ございませんが、先約のため**参加**できません。
- 貴殿のご**参加**なしに
- 準備していただいた夕べに**参加**できませんでした
- **参加**払い
- **参加**引受け

- participate in this most significant meeting
- participate in voluntary organizations
- participate in the symposium as a panel member
- I only regret that circumstances prevent me from participating in person.
- your cooperation in participating
- a list of this year's participating companies
- all participants
- other participants
- 75% of the participants
- a list of the participants and staff
- We anticipate the participation of over 400 business people.
- confirm their participation
- the very active participation of ...
- with much international participation
- Your personal participation is heartily solicited.
- I wish that I could have been present at the ceremonies.
- have an active presence in international business
- reach recipients in early January
- share in ...
- I am sorry to say that a previous engagement prevents me from joining you.
- without your presence
- have missed the evening you arranged

- payment for honor
- acceptance by intervention/ acceptance for honor/ acceptance supraprotest/ accepted S.P./ an act of honor /supraprotest

◆**産業**
- 電気**産業**
- 基幹**産業**
- 日本の**産業**界で
- 関連**産業**
- 先端**産業**
- 斜陽**産業**
- これらの2つの**産業**
- 新しい**産業**基盤
- 強力な**産業**組織
- **産業**部門

industry [-ies], industrial
- the electrical industry
- essential industries
- in Japanese industry
- linked industries
- pioneering industries
- sunset industries
- these two industries
- the new industrial base
- a strong industrial organization
- industrial sectors

◆**参考**

- ご**参考**のために
- 当方の**参考**のために
- ご**参考**までに

convenience, guidance, information, reference, records, etc.
- for your convenience/ for your guidance
- For our future [general] guidance
- For your (information and) guidance/ For your (ready) reference/ for your information/ for your reference

- 今後の**参考**として
- よい**参考**
- 有益な**参考**資料
- **参考**資料
- **参考**までに
- **参考**レート

◆参照
- **参照**：貴取引第5324号
- 〈日付〉の貴社の電報をご**参照**下さい。
- このパンフレットに載っている情報をご**参照**下さい。
- 20xx年6月18日付けのお手紙を**参照**して下さい。
- ……をご**参照**下さい。
- すぐに**参照**できるよう

◆残高
- 受注**残高**
- 残金**残高**
- 現在の**残高**
- 昨年の（預金）**残高**

◆参入する
- この分野に本式に**参入する**
- 新製品で市場に**参入する**
- 中国でのビジネスに**参入する**
- 日本市場に**参入する**
- 日本市場へ**参入する**

◆残念

- ……は**残念**です。
- ひとつ**残念**だったこと
- 私にとり唯一**残念**なことは、……です。
- **残念**なことに、
- **残念**ながら、……ことを、お知らせいたします。
- ……することには**残念**ながら応じられません。
- まことに**残念**ながら、……をお知らせしなければなりません。
- **残念**なことに、……することはできません。
- ……ということを実に**残念**に思います。
- 貴状より ……であることを知り**残念**に思います。
- 私どもは彼が去ることを**残念**に思います。
- **残念**ながら、……
- たいへん**残念**ですが
- お訪ね下さいましたのにお会いできず、**残念**でございました。

refer to, reference
- for future reference
- a good reference
- a useful reference
- reference material
- for our records
- indication (rates)/ info rates/ a level

refer to, reference
- Reference: Your Transaction #5324
- Please refer to your cable of <date>.
- Please refer to the information included in this booklet.
- Please refer to your letter of June 18, 20xx.

- Please refer to ....
- for quick reference

backlog, balance (s)
- the backlog of orders
- a deposit balance
- the present balance
- balances during the past year

enter, etc.
- enter this field properly
- enter the market with new products
- enter the China business
- enter the Japanese market
- entry into the Japanese market

afraid, missed, regret, regretted, regretfully, sorry, unfortunately, unhappy, with regret
- I am afraid that ....
- one thing I missed
- My only regret is that ....
- To our regret,
- We regret to inform you that ..../ We regret that we are unable to <do>./ I am sorry to inform you that ..../ I am sorry to report that ....
- We regret our inability to <do>.
- We very much regret having to inform you that ....
- I regret to say that I cannot <do>.
- I deeply regret .... / I feel deep regret for ....
- We regret to note [know] from your letter that ....
- We regret his departure.
- It is regretted that ....
- Very regretfully
- I am (very) sorry to have missed your call.

- まことに**残念**ですが、ご一緒できません。
- 職場を去ることは、**残念**に存じます。
- (まことに) **残念**ですが、……をお知らせしなければなりません。
- ……ことはたいへん**残念**です。
- 非常に**残念**なことに
- 私は失敗して非常に**残念**です。
- ……するのは、まことに**残念**です。
- ……を知り、**残念**に存じます。
- ほんとうに**残念**な

- I am extremely sorry to be unable to go with you.
- I am sorry to leave a position.
- We are (very) sorry to have to inform you that ....

- We are (very) sorry that ....
- most unfortunately/ much to our regret
- I am most unhappy with my failure.
- It is with regret that ....
- We have learnt with regret that ....
- with sincere regret

◆サンプル
- 皮革の**サンプル**を持っていきます。
- 同封の**サンプル**
- これら商品の**サンプル**と見積りをお送り下さい。
- フォレスト・エレクトリック社製のスピーカーの**サンプル**
- 商品の**サンプル**
- 当社製品の**サンプル**を一式全部

sample (s)
- I will be bringing samples of leather with me.
- the *enclosed* sample
- Please *send* us samples and quotation on those items.
- a sample speaker manufactured by Forest Electric

- a sample of the goods
- a full range of samples of our products

◆産油国

petroleum exporting countries

し

◆幸せ
- ご一緒の様子はたいへん**幸せ**そうです。
- ……できて、この上なく**幸せ**に存じます。
- 自分やほかの人を**幸せ**にする

happy, happiness
- She looks very happy with you.
- I shall be only too happy to <do>.
- bring happiness to ourselves or others

◆仕入
- 貴社の販売店から**仕入れ**ることができません
- 貴商品を**仕入れ**る
- **仕入**業者か販売店
- ……の当社**仕入**先
- 当社のすべての**仕入**先
- 海外の**仕入**先を探し出す
- 可能性のある他の**仕入**先メーカー
- 現在の**仕入れ**先
- ……から直接部品を**仕入れ**る

distributor (s), stock, stockists, supplier (s), etc.
- <be> not able to obtain deliveries from your distributors
- stock your goods
- stockists or distributors
- our supplier for ...
- all of our suppliers
- locate foreign suppliers
- other potential suppliers
- our present source
- obtain the spare parts directly from ...

◆シェア
- アメリカのマイクロコンピュータ市場で……と同じ**シェア**を持つ
- **シェア**を獲得し、これを維持する際に
- 弊社は市場の約15パーセントの**シェア**を持っています。

share
- hold *equal* shares of the American microcomputer market with ...
- in capturing and holding *market* share
- We hold [have] a 15% share *of* the market.

◆支援

- ……（取引）拡大のため、いつでも貴殿をご**支援**したいと思っております。
- カナダの公的私的セクターの販売努力を**支援**する
- 同社の輸出業務を**支援**する
- この計画を**支援**する
- 親切なご**支援**
- できる限りの**支援**をいたします
- 本件に関しご**支援**賜りますればありがたく存じます。
- 彼に対してもご**支援**下さいますようお願い申し上げます。
- ……を**支援**する
- 若く有能な大学院生の**支援**を得る
- ご**支援**を賜りまことにありがとうございます。
- ……するためご**支援**下さいますようお願いいたします。
- あなた様からお受けしたご**支援**にはことごとく感謝しております。
- 本問題解決のため、ご**支援**を仰ぎたいと思います。
- **支援**（アフター）サービス
- これまでのご**支援**
- **支援**する
- 日米関係を**支援**する
- そのように**支援**態勢の強化
- 貴社のご**支援**に心から感謝いたします。
- 私が、……からいただいたご歓待とご**支援**
- 変わらぬ寛大なご**支援**
- 両社による企業としての心からの**支援**

- ハードウェアの**支援**と保守
- 貴殿の個人的なご**支援**とご関心
- **支援**グループ
- **支援**業務
- この分野における教育を**支援**する
- ……に対するABC本社の**支援**が十分でないという認識
- 世界的企業の**支援**
- **支援**の面で
- ……を**支援**して
- 当社の販売目標達成を**支援**する
- **支援**不足

◆直〜
- **直渡し**には
- **直積み**の建て値
- **直積み**を保証することはできません

assist, assistance, help, service, stand behind, support
- We are always anxious to assist you in broadening ....
- assist Canadian public sector and private sector marketing efforts
- assist their export trade
- assist in the program
- the *friendly* assistance
- will *afford* you every possible assistance
- We shall *appreciate* any assistance you may be able to provide us in this matter.
- Please *give* him your assistance.

- *render* assistance to ...
- *secure* the assistance of able young postgraduates
- Thank you very much for being *of* assistance./ Thank you very much for your assistance.
- We would like to *ask* your help in <doing>.

- Thank you very much for all of your help.

- I hope that you can help us with this problem.

- back-up service
- your past service
- stand behind
- *continue* my support of the US-Japan relationship
- such *enhanced* support
- Your support *is* really appreciated.
- the hospitality and support *provided* to me by ...
- your *sustained* and very generous support
- the wholehearted *corporate* support of both of our companies
- *hardware* support and maintenance
- your *personal* support and interest
- a support *group*
- support *tasks*
- support *training* in the field
- the perceived lack of ABC support *for* ...

- the support *of* a world-class corporation
- *in* support
- *in* support of ...
- support our sales goals
- lack of support

immediate, prompt, spot, etc.
- for immediate delivery
- your quotations for immediate shipment
- cannot guarantee prompt shipment

- **直積み**できるように
- **直物**為替
- **直売り**先買い取引
- **直物**持ち高
- **直先**総合持ち高

- for prompt shipment
- spot exchange
- spot-forward transactions
- (a) spot position
- (a) net open position/ (an) overall position

◆資格

capacity, competent, eligibility, membership, qualified, qualification, well-qualified

- ……という**資格**で
- この**資格**で
- 現在役員の**資格**で
- ……する**資格**が十分ある
- （入国）　**資格**証明書
- 名誉会員の**資格**
- 国際法人準会員の**資格**
- コンサルティングの仕事に従事する**資格**を持っている
- この会社は上記の機械を製造する**資格**があります。
- 私には彼をこの賞に推す**資格**がないと思います。
- サービス業務を行う**資格**を持った者
- 十分な**資格**がある
- それ相応の**資格**を持っていなければなりません
- **資格**取得手続き
- 立派な**資格**を持っておられる方

- in the capacity of ...
- in this capacity
- in his present management capacity
- feel competent to <do>
- the Certification of Eligibility
- the Honorary Membership
- International Corporate Associate membership
- <be> qualified in pursuing a career in Consulting

- This company is qualified to manufacture the above-mentioned machines.
- We do not feel qualified to endorse him for this award.
- people qualified to do service
- <be> fully qualified
- must be suitably qualified

- qualification procedures
- a well-qualified person

◆時間

A.M., evening, hour (s), minutes, morning, time, etc.

- 午前のかなり早い**時間**に
- 当組織のため、一夜**時間**をさく
- 自由な**時間**を探す
- ……との話し合いや交渉に多くの**時間**をかけた後
- **時間**外に
- 少し**時間**をさいて ……して下さい。
- 今朝早目の**時間**に
- **時間**を割いていただければ、まことにありがたく存じます。
- ご都合に合わせてお目にかかる**時間**をつくります。
- 多くの**時間**と労力を費やす
- 少し**時間**をさいて、彼と会っていただきたいと思っています。
- 貴社のスタッフの方々がさいて下さった**時間**と努力
- 少し**時間**を下さい
- この件に関して貴重な**時間**をさかれる
- **時間**がございましたら
- ……する**時間**がたっぷりある

- in very early A.M.
- devote one evening to our institution
- find a free hour
- after many hours of discussion and negotiation with ...
- after (office) hours
- Please take (just) a few minutes to <do>.
- earlier this morning
- Your time and kindness would be *appreciated* greatly.
- I can *arrange* a time convenient to you for meeting.
- *consume* much of my time and energy
- I hope you will be able to *find* the time to spend a few minutes with him.
- the time and effort *expended* by members of your staff
- *give* me some time
- *give* us your precious time on this matter
- if you *have* time
- *have* ample time to <do>

- ……にあてる**時間**が増える
- ……する**時間**ができました。
- ちょっと**時間**を上手に使う
- 金と**時間**を費やす
- ……するのに、たいへんな**時間**を無駄する
- **時間**を作って、……に立ち寄る
- もう少し**時間**が必要です
- お会いする**時間**を取ることができない
- ……するために、貴重な**時間**をさく
- ……するのに、非常に長い**時間**を費やす
- ……するにあたって、必要以上に多くの**時間**をかける
- 彼のために貴重な**時間**を多くさかれる
- ……するために、多くの**時間**を使う
- 私のためにお**時間**をさかれる
- お忙しいスケジュールから**時間**をさかれる
- たいへんにお忙しい日程の中から**時間**を取る
- ぎっしりつまった予定から**時間**をさく
- お**時間**と（ご尽力）をいただきありがとうございます。
- **時間**がたつのが非常に早い。
- 私どもがともに過ごした**時間**がとても短かった。
- かなりの**時間**
- 当社の世界的計測器事業の経営に大部分の**時間**を費しています
- 途方もなく長い**時間**
- 会見に適当な**時間**
- 貴重なお**時間**
- 現世のわずかな**時間**で
- 別の**時間**
- 私との面談に惜し気なく**時間**をさかれる
- 短い**時間**の枠
- ぎっしり詰まった**時間**枠
- **時間**管理
- 許された**時間**内に
- かなりの**時間**と労力をかけて
- 多くの**時間**
- **時間**があまりありませんので、
- **時間**を守る
- 火曜日の何**時間**かは
- 予想よりはるかに長い**時間**がかかりました
- **時間**も費用もかかる訴訟を起こす

◆**時期**
- **時期**が近づきましたら
- よい**時期**
- 比較的に孤立した**時期**
- あなたがXYZ社を陣頭指揮なさっていた**時期**
- 一**時期**
- 秋の**時期**

- *have* more time to devote to ...
- I *have had* time to <do>.
- *invest* a few minutes of your *time* advantageously
- *invest* time and money
- *lose* much time in <doing>
- *make* time to come by ...
- *need* a little more time
- do not *permit* you the time to be with us
- *spare* your precious time to <do>
- *spend* a great amount of time <doing>
- *spend* more time than what we should be in <doing>
- *spend* so much of your valuable time with him
- *spend* too much time to <do>
- *take* the time to help me
- *take* time off your busy schedule
- *take* some time off from your very busy schedule
- *take* time out of your busy schedule
- *Thank you for* your time (and effort).

- Time *goes* very fast.
- Our time together *was* so short.

- *considerable* time
- spend the bulk of *his* time in the management of our worldwide instrument business
- an extraordinarily *long* time
- a convenient *meeting* time
- your *precious* time
- in our *short* time in this world
- *some other* time
- give so freely of *your* time to meet with me
- the short time *frame*
- the tight time *frame*
- time *management*
- *in* the time available
- at a considerable expenditure *of* time and effort
- a great deal *of* time
- Because of the shortness *of* time
- <be> punctual
- part of Tuesday
- have taken considerably longer than anticipated
- go into lengthy and costly litigation

dates, moment, period, season, time, years
- as these dates approach
- an opportune moment
- a period of relative isolation
- the period during which you headed XYZ

- for a period of time
- the fall season

- 1年中で最も忙しい**時期**
- 旅行に出発の**時期**になって
- 大きな成果を上げてきた**時期**

◆**式典**
- **式典**に出席する
- （公式の）**式典**
- 株式公募の成功に伴う**式典**

- **式典**の最後に

◆**至急**
- 当方は、……を大**至急**必要としています。
- **至急**送金
- **至急**ご返事いただけることを心待ちにしております。

- **至急**ご返事下さい。
- **至急**要請した商品の一部

◆**死去**
- 当社の……会長の**死去**に際して

- 亡夫の**死去**に際しましては
- ……の時ならぬ**死去**
- **死去**の時
- 夫の**死去**に際し
- XYZ社〈名前〉社長の**死去**に際し

- ……のこのたびの**死去**に際し
- ……の**死去**という悲しい出来事に際して
- 今朝5時20分**死去**いたしました
- 大好きだった兄［弟］〈名前〉とその妻〈名前〉の**死去**に当たり
- ……の**死去**に際し

◆**市況**
- 堅調**市況**
- 鈍調**市況**
- 高騰**市況**
- 暴騰**市況**
- 堅実な**市況**
- 逼迫**市況**
- **市況**クレーム
- **市況**
- そちらの**市況**に関する情報
- 変動する**市況**のもとで
- **市況**を調査する
- 貴地の**市況**
- **市況**株
- 市況産業

- the busiest time of the year
- at the time of your planned trip
- many fruitful years

---

ceremony
- attend the ceremony
- an *official* ceremony
- the ceremonies incident to the successful public offering
- at the end of the Ceremony

---

hurry, prompt, soon, soonest, urgent
- We are in a great hurry for ....
- a prompt remittance
- I look forward to hearing from you soon./ We hope to hear from you soon./ We hope you will soon reply.
- Kindly make a reply (the) soonest possible.
- some of the urgent requests made

---

death, died, loss, passing away
- following the death of the Chairman of the Corporation, Mr. ...
- following the death of my late husband
- the untimely death of ...
- at the time of his death
- on the death of her husband
- on the occasion of the death of the president of the XYZ Company, <name>
- on the recent death of ...
- on the very sad occasion of the death of ...
- died at twenty past five this morning
- over the loss of my much loved brother <name> and his dear wife <name>
- at the passing away of ...

---

market, etc.
- a firm market ［quote］
- a heavy market
- a rising market
- a soaring market
- a steady market
- a stringent market
- market claims
- market conditions/ the state *of* the market
- information on your market conditions
- under fluctuating market conditions
- study the market situation
- the conditions *in* your market
- cyclical stocks
- a cyclical industry

◆**事業**

- 貴社の主な**事業**活動
- ABC社の**事業**を確立する
- 同社の**事業**を統合・拡大する
- **事業**は積極的かつ成功裡に展開しております。
- 将来の**事業**発展
- **事業**網を広げる
- 実行可能な**事業**計画
- 日本での貴社の**事業**見透し
- この重要な**事業**計画
- 世界中の**事業**について
- **事業**を遂行する際
- **事業**継承
- **事業**会社
- 利益の多い**事業**活動
- PQR社の**事業**において
- **事業**を拡大する
- 過去1年間の**事業**活動
- 子会社の**事業**
- 当社の**事業**継続
- ABC社の今後の計画と**事業**
- 当社**事業**の一環として
- その他の大**事業**
- このすばらしい**事業**計画
- すばらしい新規**事業**
- ……において、当社の**事業**を進展させる
- **事業**拡大金融
- **事業**債

activity, business, operating, operation (s),
performance, projects, services, undertakings,
venture, etc.

- your organisation's main activity
- *build* a good business for ABC
- *consolidate* and *expand* his company's business
- Business *is* conducted actively and successfully.
- the development of *future* business
- expand their business *network*
- a viable business *plan*
- your business *prospects* in Japan
- this important business *scheme*
- *about* business around the world
- in the conduct *of* their business
- the succession *of* a business
- operating companies
- a profitable operation
- in the operation of PQR
- expand our operations
- this past year's operations
- subsidiary operations
- our continuing performance
- the ABC plans and projects for the future
- as part of our services
- other major undertakings
- this exciting venture
- a very excellent business venture
- advance our interests in ...
- expansion financing
- industrial bonds〔debentures〕

◆**資金**

- **資金**調達
- **資金**引出し実行
- **資金**引出しの際の
- 一回の**資金**引出しについての最低額（一回の最低貸出額）
- ……によって**資金**調達されています
- ……で**資金**手当てをすることができます
- 主な**資金**的約束（借入れ）の概観
- **資金**を調達する
- オーストラリアドルの**資金**を当方に送金して下さい。
- 〈目的〉のため、**資金**を拠出下さいますようお願い申し上げます。
- 十分な**資金**
- 即時支払い可能**資金**
- **資金**移動
- **資金**なし
- 同　口**資金**

capital, drawdown, finance, financed, financial,
financing, fund (s), money, etc.

- capital raising/ finance/ financing/ funding
- drawdown
- at the time of drawdown
- the minimum amount per drawdown

- <be> financed by ...
- can be financed with ...
- an overview of the major financial commitment
- *raise* funds
- You will *remit* to us funds in Australian Dollars

- I am writing to *request* funds for <purpose>.

- ample funds
- immediately available funds
- moving funds
- No Sufficient Fund/ No Fund
- same day funds

- 持続的前進を支える**資金** ・the funds to bolster continued advances
- 運転**資金** ・operating funds, working capital
- 季節**資金** ・*seasonal* funds
- **資金**移動分析 ・funds flow analysis
- **資金**運用表 ・a fund statement/ an application of funds statement
- **資金**使途 ・purpose *for* funds/ use of funds
- **資金**の流れ ・flows *of* funds
- ……に必要な**資金** ・funds for …
- **資金**不足 ・Not Sufficient/ N.S./ n.s./ N/S/ not sufficient funds/ shortage of funds

- **資金**担当支配人 ・money managers
- **資金**と経営管理の両面で ・in terms of money and management
- 当社の**資金**繰り ・our cash flow

◆**刺激** **incentives, stimulate**
- 金融上の**刺激**策 ・the financial incentives
- 投資と貿易の**刺激**策 ・through investment and trade incentives
- **刺激**を与えて取引量を増加させる ・stimulate increased business
- 精神的に**刺激**のあるものです ・<be> mentally stimulating

◆**試験** **experimental, sample, test, testing, trial, etc.**
- 新製品開発のための工場での**試験**稼働 ・factory experimental runs to develop new products
- 100セットの**試験**注文 ・a 100 sets sample order
- 酸性**試験**（比率） ・an acid test (ratio)/ a quick (assets) ratio
- **試験**結果 ・the test result
- **試験**実施機関 ・the testing agency
- **試験**的に ・on a trial basis
- **試験**注文をする ・place a trial order
- ……に対する**試験**的措置として、 ・As a trial step for …,

◆**自己** **auto-, capital, equity, self, own, owned, etc.**
- **自己**金融 ・auto-financing/ self-finance
- **自己**資本比率 ・a capital-asset ratio/ a capital adequacy ratio/ a ratio of net worth to total capital
- **自己**資本利益率 ・return on equity
- **自己**宛小切手 ・a check drawn to self
- **自己**取引 ・self-dealing transactions
- **自己**引受け手形 ・own acceptances
- **自己**資本 ・an owned capital/ an equity capital/ an equity/ a shareholders' equity/ a stockholders' equity/ the owners' equity
- （銀行の）**自己**宛小切手 ・cashier's checks
- **自己**資本負債比率 ・a gearing ratio

◆**自行** **my, our, etc.**
- **自行**勘定で ・on our own account
- **自行**払い小切手 ・on us checks

◆**自国** **direct, ,domestic, etc.**
- **自国**通貨建て相場［米］ ・direct rates
- **自国**通貨による為替相場表示 ・direct quotation

◆仕事

- コンサルタントの**仕事**
- 新しい**仕事**
- 一緒に**仕事**をする
- 胸を躍らせるような新しい**仕事**
- 立派な**仕事**をする
- 真剣かつ綿密な**仕事**をする
- 楽しく**仕事**をすることができました。
- 私の**仕事**がだいぶ楽になる
- 別の**仕事**をする
- **仕事**を引き継ぐ
- 素晴らしい**仕事**

- 貴殿の不満足な**仕事**ぶり
- 早く**仕事**をする
- （非常に）難しい**仕事**
- 片付けなければならない**仕事**が山ほどあります。
- **仕事**に精を出す
- お**仕事**でお忙しいようでしたら、
- 私どもの**仕事**の一部
- 貴殿がやっておられる**仕事**
- ABC社で行われている最も重要な**仕事**
- ABC社がわが社のためにしてくれた**仕事**
- 私たちは彼女の立派な**仕事**に感謝しております。
- ……という困難な**仕事**
- 優れた**仕事**
- 最も重要な**仕事**のいくつか
- 貴殿の**仕事**ぶり
- **仕事**に戻りましたところ
- **仕事**、研究、観光のいずれにとっても
- 貴殿の**仕事**に対して
- 貴殿と組んで**仕事**をする
- 私どもと**仕事**をする際
- 一緒に**仕事**ができますことを楽しみにしております
- **仕事**を始めます
- 本日より大阪本社営業部にて**仕事**を始めました。
- 机に向かって**仕事**をしております。
- コンサルタントの**仕事**をする
- **仕事**がいつでもできるようにする
- いくつかの**仕事**先

◆資産
- **資産**を移動させる
- 有体**資産**
- 最も重要な**資産**
- **資産**商品運用

assignment, business, challenge, job, service,
task, work, work with, working, etc.

- a consulting assignment
- your new assignment/ your new job
- do business together
- an exciting new challenge
- do a good job
- do a serious and thorough job
- I enjoyed the job.
- make my job easier
- take another job
- take over the job
- a beautiful job/ an outstanding job/ the very fine work/ the excellent work
- your unsatisfactory service
- perform our assigned task promptly
- a (very) difficult task
- There is a great deal of work that needs to be *accomplished*.
- *attend to* my work
- If you are busy *attending to* your work,
- some of the work we *do* [are *doing*]
- the work that you are doing
- the most significant work being *done* at ABC
- the work *performed* for us by ABC
- We are most appreciative of her *fine* work.

- the hard work of ...
- the outstanding work
- some of the most *significant* work
- your work performance
- on my return to work
- for work, study, and sightseeing
- on your work
- work with you closely together
- in working with us
- look forward to working with you

- will begin working
- I have started working in the Sales Department of the Osaka Head Office from today.
- I am at my desk.
- do some consulting
- make yourself always available
- a number of situations

asset (s), resources, etc.

- redeploy assets
- tangible assets
- the most valuable asset
- asset based vehicles

- **資産**状態
- **資産**剥奪
- **資産**の点では
- 協会の**資産**運営において
- 私どもの**資産**総額

- assets position
- asset-stripping
- in terms of assets
- in the management of the Society's resources
- the total value of all we own

◆ （ご）**指示**

directed, instruct, instructed, instruction, instructions, order, word

- ……から**指示**されました。
- 書状でご**指示**いただければ、
- 代理店に対し、当方に連絡するよう**指示**する
- ……ということを貴社に知らせるよう**指示**されました。
- 玉井氏は、日本に戻るように**指示**されました。
- （……を通じて）**指示**されたように
- これにより**指示**します。
- くわしい**指示**と口座案内のために
- ご**指示**をお待ちしております。
- ご**指示**に従う
- 必要な**指示**を出す
- ご**指示**をいただく
- 今後のご**指示**を心待ちにしております。

- I was directed by ....
- If you will instruct us by letter,
- instruct your agents to call us
- I have been instructed to inform you that ....

- Mr. Tamai was instructed to return to Japan.
- as instructed (through...)
- You are hereby instructed.
- for further instruction and account information
- We *await* your instructions.
- *comply with* your instructions
- *give* necessary instructions
- *receive* your instructions
- I look forward to *receiving* your instructions in due course.

- 銀行に再度**指示**する
- 貴行の添え状の**指示**
- 速やかなご**指示**
- この点についての特別のご**指示**
- 継続的な**指示**
- テレックスによるご**指示**
- お送りしました当方の**指示**書に従い
- 手続きについての貴殿のご**指示**
- 貴信用状の**指示**に従い

- *repeat* your instructions to that bank
- your *covering* instructions
- your *early* instructions
- your *specific* instructions in this regard.
- *standing* instructions
- your *telex* instructions
- *as per* the instructions we sent you
- your instructions *as to* the procedures
- *in accordance with* the instructions in your letter of credit

- ご**指示**があるまで、それらの取扱いは貴社にお任せいたします。
- ……の**指示**により
- 特にご**指示**がなければ、

- We hold them at your disposal *pending* your instructions.
- by order of ...
- Unless we receive word to the contrary,

◆**事実**

case, fact (s), factor (s), factual, indeed, in effect, true, truth

- **事実**その通りであることを切に願っております。
- もしそれが**事実**だとすれば
- これは**事実**ではありません。
- **事実**上
- すべての**事実**を認識するため
- 基本的な**事実**
- 急速な発展という重要な**事実**から

- We hope very much that is the case.

- If that should be the case,
- This is not the case.
- As a matter of fact/ In fact ［In truth］,/ in effect
- for all the facts
- basic facts
- out of such important factors as the rapid development

- **事実**関係資料
- 私の経験では**事実**は反対なのです。

- factual material
- The opposite has been true in my experience.

◆市場

	market (s), marketing, marketplace, etc.
• 全国的な**市場**を持っています	• *have* a market throughout the country
• ……にとって最大の**市場**	• the *biggest* market for ...
• 強気**市場**	• a *bull* market
• 弱気**市場**	• a *bear* market
• 消費者**市場**	• a *consumer* market
• 規制撤廃した新しい**市場**	• the newly *deregulated* market
• 闇為替**市場**	• a dark *exchange* market
• 最大の**市場**	• the *largest* market
• 車内用品**市場**	• the *in-car* market
• **市場**金利連動型定期預金	• *money* market certificates /MMC
• **市場**金利連動型普通預金	• *money* market deposit (ory) accounts/ MMDA
• **市場**金利連動型投資信託	• *money* market funds/ MMF
• 場外**市場**	• the *over-the-counter* market/ the off-board market
• この特定の**市場**	• this *particular* market
• すぐ売れる**市場**	• a *ready* market
• 仕手**市場**	• a *speculative* market
• 確かな**市場**	• a *valid* market
• 乱調の**市場**	• a *wild* market
• 複雑な**市場**環境	• the complex market *environment*
• **市場**指標	• market *indicators*
• **市場**知識	• market *knowledge*
• 現行**市場**レート	• the prevailing market *rate*
• 広範な**市場**調査	• extensive market *research*
• **市場**規模	• market *sizes*/ the market dimensions
• **市場**調査	• a market *survey*
• 当社の**市場**占有率	• our market *share*
• **地域**的の市場研究	• regional market *studies*
• **市場**に	• *on* the market
• ……を**市場**に出す	• put ... *on* the market
• **市場**の動向	• the tendency *of* the market
• 全世界の**市場**に	• in all international markets
• 日本以外のいくつかの**市場**で	• in several markets outside of Japan
• パーソナルケア、健康、栄養食品、フィットネスの製品を**市場**に出しています	• market personal care, health, nutrition, and fitness products
• **市場**調査の結果	• the results of your marketing survey
• 高級**市場**	• the premium marketplace
• 価格および商品を貴**市場**に合うようにします	• adapt our prices and products to your marketplace
• 最も理想的な**市場**	• the most ideal location

◆事情

	case, circumstances, fact, intricacies, picture, reason (s), situation
• **事情**次第で	• as the case may be
• **事情**を理解する	• understand the circumstances
• **事情**がよくわかりました。	• We have fully understood the circumstances.
• 私どもの**事情**	• the circumstances in which we were placed
• 彼の退職をめぐる**事情**	• the circumstances surrounding his retirement
• このような**事情**のもとで	• In these circumstances/ Under the circumstances
• 上記の**事情**	• the above fact
• ……の複雑な**事情**	• the intricacies of ...
• **事情**をかいつまんで申し上げますと，	• To put you in the picture as briefly as possible,

- 何らかの**事情**により
- 個人的な**事情**で
- 上記の**事情**のため、
- 私はフィリピンの**事情**に精通しています。

- for any reason
- for personal reasons
- Because of the above situation,
- I am at home in the Philippines.

◆自信

- 当社はいつでも貴社のご用命に従いますことを**自信**を持ってお約束し ……
- 私は外国のビジネスマンと取引をすることに十分**自信**があります。
- ……してための自分の能力に十分**自信**を持っている
- 国際企業の**自信**を取り戻す
- ……には十分**自信**があります

assuring, confidence, confident, confidently

- Assuring that we are always at your service,....
- I have full confidence in dealing with foreign businessmen.
- have full confidence in his ability to <do>
- regain the confidence of global business
- <be> sufficiently confident on ...

◆システム

- 高度**システム**設計
- このような将来の**システム**
- CATV**システム**
- 貴社の**システム**開発
- このスピーカー**システム**で

system (s)

- advanced system architecture
- such future systems
- CATV systems
- the development of your systems
- on this speaker system

◆シーズン

- 20xx年の今**シーズン**
- 来**シーズン**
- 観光**シーズン**
- 来**シーズン**は

season

- our current 20xx season
- the next season
- the tourist season
- for the coming season

◆事前

- この催しの**事前**通知
- 当方に**事前**通知なしに
- ほんの数日の**事前**予告

advance, previous, etc.

- advance notice of this event
- without previous notice to us
- only a few days' notice

◆次第

- ……**次第**
- これは、……**次第**です。
- こういう**次第**で、

depending, etc.

- depending upon ...
- This will have to be contingent upon ...
- Under the circumstances,

◆時代

- 私が育った**時代**
- ……の**時代**に
- 世界平和の**時代**
- 劇的な変化の**時代**
- このような**時代**において
- これからの多難な**時代**において

era, period, times, years

- an era in which I grew up
- in an era of ...
- an era of worldwide peace
- a period of dramatic change
- in times such as these
- in the challenging years ahead

◆従う

- ……に**従う**ものとする
- 御社の範に**従い**ます
- そのような慣習に**従う**ことで、
- ……に**従う**ことはできます

compliant, follow, following

- shall be compliant with ...
- follow your lead
- Following such customs,
- <be> capable of following ...

◆従って

- 従って
- ……に従って
- 従って、……ということになります。

Therefore, etc.

- Therefore/ Thus/ Accordingly/ consequently
- In accordance with .../ According to ...
- It follows that ....

◆実業〜

- アジアの実業界
- 日本の実業界
- 実業界
- 実業界・産業界人
- 実業界において
- 偉大な実業家
- たいへん先見の明のある実業家

business, businessman

- the Asian business community
- the Japanese business community
- the business world
- those *in* business or industry
- in business circles
- a great businessman
- a very visionary businessman

◆実現

- この計画の実現させる
- 貴計画を実現する
- 長年の夢をまさに実現しようとしております
- 私の日本出張が実現する。
- 実現すれば、……

accomplish, realize, etc.

- accomplish the program
- realize your plans
- <be> about to realize a long-time dream
- My trip to Japan will indeed occur.
- ... , when materialized.

◆実行

- ……を実行する
- 宇宙計画を実行する
- この注文を実行する
- 細部まで正確に実行する
- 調査活動を実行する
- 購入は合法的に実行されます。
- 実行を求めて
- 適合した計画を実行する
- 契約を実行する
- お客さまへの6月の報告書に記載される取引から実行されます
- 貴社は信用状どおりの指示を実行しておりません。

attend to, carry out, conduct, effected, execute, execution, implement, perform, take effect, etc.

- attend to .../ execute ...
- carry out the space program
- carry out this order
- carry out meticulously
- conduct surveys
- The purchase may be legally effected.
- for execution
- implement a tailored program
- perform the contract
- will take effect beginning with your transactions on your June statement
- You have not undertaken the instructions as per the L/C.

◆実施（する）

- プロジェクトを実施する
- 20xx年11月2日付けで実施される
- 3、4時間のセミナーを実施する

implement, etc.

- implement the project
- <be> put into effect on Nov. 2, 20xx
- run a three or four-hour seminar

◆実績

- ……における最高の実績
- 素晴らしい操業実績
- 実績と市場における認知度から
- 実績不良により
- 長年にわたって成功してきた実績
- 長年の実績を持つ一流の輸入販売会社

achievements, performance, record, standing

- the ultimate achievements in ...
- an admirable operating performance
- by performance and market perception
- for failure of performance
- a long record of success
- a leading firm of importers and distributors of many years' standing

◆実地
- **実地**経験
- **実地**調査

on-the-spot, etc.
- hands-on experience
- the on-the-spot survey

◆知っている
- ……をよく**知っている**
- ……をよく**知っております**
- 5年以上も彼は弊社を**知っています**。
- 他社での仕事ぶりも**知っております**。
- ……を**知っていましたので**
- ……を私どもは**知っております**。

aware, familiar, known, knowledge, observe
- \<be\> aware of ...
- \<be\> quite familiar with ...
- He has known us for more than five years.
- I have knowledge of their work in other companies.
- with the knowledge that ...
- We observe that ....

◆失望
- 幸運や**失望**を共にしてまいりました。
- ……に対し、お詫びと**失望**の気持ちをお伝えいたします。
- ……に、たいへん**失望**し、また残念に思っております。

disappointment, etc.
- We have shared good fortune and disappointment.
- I must express my apologies and disappointment *in* ....
- I am most disappointed and regret very much that ....

◆質問
- 私の**質問**に答えるため
- 尋ねられたその他の**質問**
- 顧客サービスについて**質問**する
- 何人かの人に同封の**質問**をする
- 何かご**質問**がありましたら、
- **質問**したいことが沢山あります
- もしさらにご**質問**があるようでしたら、
- **質問**がございましたら、お知らせ下さい。

query, question(s)
- in *answering* my query
- Other questions being *asked*:
- *ask* some questions about customer service
- *ask of* several individuals the questions enclosed
- If you *have* any questions,
- *have* many questions
- If you *have* any further questions,
- Please advise if you *have* any questions./ Please feel free to contact us should you *have* any questions./ Please feel free to write us if you *have* any questions./ Please let us know if you *have* any questions.

- ……に基づいて、適切な**質問**をする
- 下記の**質問**
- 一連の引き延ばしの**質問**
- 詳細な**質問**
- 明らかに単純な**質問**
- いくつかの私の**質問**
- 彼女は京都についての貴方の**質問**を私に回してきました。

- *pose* some appropriate questions based on ...
- the questions *below*
- a series of *delaying* questions
- our *detailed* questions
- the apparently *simple* questions
- several *of* my questions
- She has passed on to me your question *about* Kyoto.

◆失礼
- 3月3日付けの貴状に対しお礼するのが遅れ、**失礼**いたしました。
- たいへん恐縮でございますが、**失礼**させていただきます。
- 申し訳ありませんが**失礼**させて下さい。
- **失礼**ですが、本状に申込書を同封いたしました。
- **失礼**ながら、……を、お知らせいたします。

excuse, etc.
- Excuse me for my belated thanks for your nice letter of March 3.
- I must ask you to excuse me.
- I must regretfully ask to be excused.
- I've taken the liberty of enclosing an application form with this letter.
- We beg leave (to you) to inform (you) that ....

◆指定

- 地方及び地域の販売店を**指定**する
- ……を販売業者として**指定**する
- PQRを代理店として**指定**する
- **指定**の時刻までに
- 当社の**指定**販売店
- 仕向地または陸揚げ港を**指定**する
- 当社注文書xxxに**指定**した ……

appoint, appointed, authorized, specify, specified

- appoint local and regional distributors
- appoint ... as a distributor
- appoint PQR as an agent
- by the appointed time
- our authorized Distributor
- specify a different destination or port of discharge
- ... specified in our order No. xxx

◆指摘

- ……をご**指摘**いただきましてありがとうございます。
- アメリカ軍事筋からの**指摘**
- これらの点を**指摘**する
- ……を**指摘**したいと思います。
- ……について**指摘**がありました。
- 前に**指摘**したとおり
- ご**指摘**のとおり

attention, indications, point(s), point[-ed] out

- Thank you for calling our attention to ....
- the indications by U.S. military sources
- mention these points
- We wish to point out that ....
- It has been pointed out that ....
- As has been pointed out before,
- as you have pointed out

◆支店

- **支店**ないし出張所
- 国内支店の**支店**長
- 京都**支店**
- 貴行のロンドン**支店**
- 〈地名〉に新しい**支店**

branches, etc.

- branches and sub-branches
- general manager of domestic branches
- a branch in Kyoto
- your London Branch
- a new store in <place>

◆指導

- 貴殿のご**指導**の下で
- 鈴木氏の親切な**指導**のもとに
- 貴殿のような方々の**指導**を仰ぐ
- 健全な洞察力や**指導**
- 同氏の関心と**指導**力
- あなた自身のリーダーシップと**指導**
- 定評のある**指導**者
- ……は、貴殿と同じく企業の**指導**者です。
- 政界の**指導**者
- XYZ社の**指導**者
- 政財界の**指導**者の方々
- 技術関連事業の**指導**者たち
- **指導**的人物
- 貴殿の立派なご**指導**の下で
- 長年にわたる貴殿の**指導**
- 強じんな**指導**力がある
- これからも強力な**指導**力を発揮されますことを期待しております。
- 効果的な**指導**力
- 新しい**指導**力の下で
- ……において**指導**的役割を果たす

direction, guidance, leader(s), leading, leadership

- under your direction/ under your guidance
- under Mr. Suzuki's kind direction
- have the guidance of people such as yourself
- sound insight and guidance
- his interest and guidance
- your personal leadership and guidance
- an acknowledged leader
- ... will be corporate leaders like yourself.
- political leaders
- a leader in XYZ
- the leaders of industry and government
- leaders of technological businesses
- leading figures
- under your *able* leadership
- your *continued* leadership
- have *powerful* leadership
- We look forward to the continuing strong leadership.
- *effective* leadership
- under *new* leadership
- serve in leadership *positions* in ...

◆自動

- **自動**金銭出納機

auto-, automated, automatic, direct, standing, etc.

- auto teller machines/ automatic cashiers

- **自動**受払い機
- **自動**入出金機

- automated [automatic] tellers machines
- automated teller (s) machines/ ATM/ automatic teller (s) machines/ auto-tellers/ unattended banking terminals

- **自動**振替
- **自動**引落し
- **自動**通訳電話

- direct debit
- a standing order/ standing authorization/ direct debit
- an interpreter telephone

◆品〜

collection, gift, goods, items, products, remembrance, etc.

- 最大の**品揃え**
- 結構なお**品**
- その商品はいま**品切れ**です。
- ご注文の**品**
- ご注文にあった**品物**は大部分
- 特別なお**品**
- この記念の**品**、本当にありがとうございました。
- ご注文の**品**は生産完了次第

- 素晴らしい思い出の**品**

- the largest collection
- your kind gift
- The goods are now sold out.
- the goods you *ordered*
- most of the items on your order
- the special products
- Thank you so much for the remembrance.

- as soon as the production of your order is completed
- a welcome reminder

◆**支払**（い）

account, cancelled, debit (s), due, pay, payer, payor, paying, payment, repayment, returned, etc.

- あなたの**支払い**となります
- **支払い**済み小切手の両面の写し
- 貴殿の**支払**済み手形
- 8件以下の**支払い**に対しては月3ドル
- 9件以上の**支払い**に対しては月6ドル
- **支払い**未済額
- **支払**期限経過（の）
- 10日以内にお**支払い**の場合は、
- ……をどうぞお**支払い**下さい。
- **支払い**能力
- **支払い**意思
- **支払人**
- **支払い**窓口
- 近く**支払い**が行われます
- お**支払い**いただくとしたら、
- いろいろなお**支払い**方法
- 残額期限一括**支払い**
- 最初の**支払い**
- **支払**拒絶
- **支払い**差止め
- 貴行の**支払い**通知
- 同封の**支払い**用紙
- 御行宛ての**支払い**指図書
- 同封の**支払**手段で

- 上記の**支払い**指図書
- **支払い**方法を取り決め

- will be on your account
- copies of both sides of the cancelled check
- your cancelled note
- $3 per month for eight or fewer debits
- $6 per month for nine or more debits
- the amount due
- past due/ overdue
- If you pay within ten days,
- You are cordially requested to pay ....
- an ability to pay/ solvency
- willingness to pay
- a payer/ a payor
- a paying teller
- The payment will be *effected* in due course
- If the payment is to be *made*,
- the various ways you can *make* your payment
- a *balloon* [lump sum] payment
- the *first* payment
- *non*payment/ protest
- *stop* (-) payment
- your payment *advice*
- the enclosed payment *form*
- our payment *instructions* addressed to you
- by means of the attached copy of the payment *instrument*
- your above (-noted) payment *order*
- some arrangements for a payment *schedule*

- **支払い**条件
- ……以外の**支払い**条件では受け入れられません。
- **支払い**渡し
- **支払い**のために
- 継続的な**支払い**遅延
- **支払い**の猶予
- **支払い**方法［手段］
- **支払い**済みの小切手
- その他絶対に必要な**支払い**
- **支払い**承諾
- **支払い**承諾見返り
- 10万ポンドの**支払い**能力がある
- **支払い**保証小切手
- 60日の**支払い**猶予

◆**支払う**

- 東西銀行が**支払う**べきです
- 1割増しで**支払う**
- 支払い期限が過ぎた……ドルを全額**支払う**
- XYZ社に直接**支払う**
- 500ドル以上を**支払う**
- **支払う**ものとする
- **支払われ**ます
- ……を**支払わ**なくて済む
- もしまだ**支払っ**ていない場合は、

◆**死別**

- このたびのご**死別**を悼み、貴殿とご遺族の皆様に心よりお悔やみ申し上げます。
- ご**死別**に

◆**死亡**

- 万一**死亡**した場合は
- 父は病のために**死亡**いたしました。
- **死亡**記事

◆**資本**

- **資本**の流れ
- **資本**市場
- **資本**および設備費用
- **資本**を増やす
- **資本**豊富国
- ある種の**資本**取引
- **資本**自由化
- **資本**の流入
- **資本**の逃避
- 他人**資本**
- 冒険**資本**

- payment *terms*/ terms of payment/ the terms of repayment
- I cannot allow you any payment *terms* other than ....

- documents *against* payment /D/P
- *for* payment
- continued delays *in* payment
- a respite *of* [for] payment
- a means [mode] *of* payment
- your returned check
- other really necessary obligations
- acceptance (s) and guarantee (s)
- customer's liabilities for acceptance and guarantee
- <be> considered good for £100,000
- a certified check
- 60 days usance

account, pay, pay [paid] out, payable, paying, payment

- <be> for Tozai's account
- pay 10% more
- pay the past due amount of $ ... in full
- pay XYZ by direct payment
- pay out over $500
- <be> to be paid out
- will be payable
- avoid paying ...
- If you have not yet effected payment,

bereavement

- My heartfelt sympathy goes to you and your family in your great bereavement.
- in [about] your bereavement

death, etc.

- in the event of death
- Our father succumbed to his illness.
- the obituary

capital, capitalization, creditors, recapitalize

- capital flows
- the capital markets
- capital and equipment needs
- add capital resources
- capital-rich countries
- certain types of capital transactions
- liberalization of capital transactions
- an afflux [inflow, influx] of capital
- a flight of capital
- borrowed capital/ creditors' equity
- venture capital

- **資本**金
- PQR社の**資本**総額
- **資本**構成を変更する

- (a) capitalization/ capital stock
- the capitalization of PQR
- recapitalize

◆**事務**～

administrative, business, clerical, clerks, firm, office (s)

- 弊社の**事務**管理部門の人間を、2～3人
- 優秀な**事務**用コンピュータ
- **事務**的なミス
- この**事務**ミス
- 当方の**事務**員
- 公認会計士**事務所**
- 一番新しい**事務所**
- ……に駐在員**事務所**をオープンする
- 地方の**事務所**と効果的に意志の疎通をはかる

- some of our administrative personnel
- an excellent line of business computers
- a clerical error
- this clerical mistake
- our clerks
- a public accounting firm
- our newest office
- open your Representative Office at ...
- communicate effectively with regional offices

◆**示す**

indicate, etc.

- ……の変化を**示し**ています
- 価格表に**示し**てあります
- 同社の財政状態を正しく**示し**ている
- 増収増益という点で大きな進歩を**示し**ている
- ……を最もよく**示し**ている実例

- indicate changes in ...
- <be> indicated in the price list
- present fairly the financial position of the company
- show great progress in both sales gains and profit gains
- the best example of ...

◆**社員**

people, personnel, representative (s), staff, etc.

- ABC社の**社員**の方
- 高度な専門的技術を持つ献身的な**社員**
- 当社の**社員**は以下の通りです。
- 当社の重要な**社員**
- 現場で作業ができる**社員**の養成

- one of the ABC people
- highly professional and dedicated people
- Our personnel are as follows:
- our key personnel
- the training of personnel capable of working on the scene

- **社員**を派遣する
- **社員**代表を選ぶ
- 貴社のアフター・サービス担当の**社員**
- シドニー駐在の貴社の**社員**
- 貴社の全**社員**
- **社員**一同

- send a representative
- choose your employee representative
- your service representatives
- your representatives in Sydney
- your entire staff
- our entire organization

◆**社屋**

building, office, premises, etc.

- 当社の新**社屋**
- 新**社屋**の住所・電話番号等

- our new office building
- our new office address and the telephone number, etc.

- 同社の新**社屋**で
- 新**社屋**の所在地

- at their new premises
- our new location

◆**社会**

infrastructure, social, society[-ies], world

- **社会**資本
- **社会**的利益
- **社会**工学部
- **社会**的予測
- **社会**保険料

- infrastructure
- the social benefits
- the Faculty of Social Engineering
- social forecasts
- social insurance

- **社会**的責任
- **社会**制度
- **社会**に影響を与える
- **社会**一般のみならず
- **社会**の仕組み
- 工業化**社会**
- より自由で、漸進的ながらもより繁栄する**社会**
- 実**社会**に出る

- social responsibility
- social systems
- affect our society
- as well as the society at large
- the fabric of society
- industrialized societies
- more liberal and gradually more prosperous societies
- go out into the world

◆釈明
- ……について、**釈明**いたします。
- 次のとおり**釈明**をいたします。

clarify, explain, etc.
- Let me clarify [explain] ....
- Let me offer the following clarification.

◆写真
- お嬢さんたちの**写真**
- **写真**在中
- 当該データの入っているページの**写真**複写
- 素晴らしい**写真**
- スチール**写真**
- **写真**を1枚
- 一連の**写真**
- 送達状の**写真**複写
- 「ニューヨーク・タイムズ」紙上で貴殿のお**写真**を拝見する
- 日本の美しい風景の**写真**を撮る
- 貴殿のお元気そうな**写真**
- 素晴らしい額入り**写真**
- 今年いただいた**写真**
- **写真**入りの役員名簿と住所録

- 同封のカタログに掲載された**写真**でおわかりになるとおり、
- ……の**写真**を一部
- ピンで留めてある**写真**
- この製品の**写真**ネガがほしい

photo, photocopy, photograph (s), photostat, picture (s), etc.
- the photo of your daughters
- Photo Only
- a photocopy of the information page
- an excellent photograph
- still photographs
- a copy of the photograph
- a set of photographs
- a photostat copy of the transmittal letter
- see your picture in "The New York Times"

- take pictures of the beautiful scenery of Japan
- your cheerful picture
- the attractively framed picture
- this year's picture
- the picture book of Board membership and an address listing
- As you see from the pictures in our enclosed catalog,
- a copy of the picture of ...
- the pictures on the pin
- need negatives of this product

◆社長
- 新**社長**
- **社長**である貴殿の指導のもと
- 副**社長**

president, etc.
- the new President
- under your Presidency
- a vice-president

◆借記
- 当方の勘定を**借記**する
- **借記**（借方記入）
- 関係**借記**通知

debit
- debit our account
- your debit entry
- the relative debit advice

◆社名
- 関心を持っている会社の**社名**
- XYZ社の**社名**をABC社の礼名と共に使う

the name of the company, etc.
- the names of any interested firms
- use the XYZ name in conjunction with ABC

- 会社の**社名**、連絡先およびその業種

- XYZ社という**社名**で
- 貴社の**社名**と住所

◆社用
- **社用**機
- **社用**で

◆収益
- 一株当たりの**収益**
- **収益**株
- 貴社の**収益**状況
- **収益**のほうは好調のようです。
- 満足のゆく**収益**性を実現する
- 売上高と**収益**の増加
- 生み出した**収益**で
- 合衆国の市場の**収益**

◆従業員
- 私の自動車販売店の**従業員**でした
- ……に携る**従業員**
- **従業員**数
- 当社**従業員**
- わが社の**従業員**は総勢約400名です。
- **従業員**
- 仕事熱心な**従業員**の一人

◆従事する
- この商売に**従事**している
- ……に**従事**しています
- ……の製造に**従事**していました。
- ……の国内外の取引に**従事**しています。
- 国境を超えた取引に**従事**する人々
- ……に**従事**する

◆住所
- **住所**は次のとおりです。
- 新しい**住所**は次の通りです。
- 貴社の社名と**住所**
- 佐藤氏のご**住所**
- 勤務先の**住所**は以下の通りです。
- ……の正確な**住所**
- 彼の現**住所**
- （送金）受取人の正確な**住所**
- 新**住所**
- 〈日付〉以降、ご連絡は〈新しい**住所**〉にお願いいたします。
- 私たちは、次の３つの**住所**のいずれかにおります。
- **住所**注記のついた「中央日記」

- the names/ communication details and business type of companies

- under the name of XYZ Corporation
- your company's name and address

corporate, etc.
- a corporate airplane
- in the interests of his company

earnings, income, profit (s), profitability, revenues
- earnings per share/ EPS
- income stocks
- your profit picture
- Profits look fine.
- develop acceptable profitability
- the growth in sales and income
- with generated revenues
- United States' market revenues

employee (s), staff, workers
- have been an employee with my auto shop
- employees undertaking ...
- the number of employees
- employees of this company
- Our staff counts some 400 in total.
- staff on the payroll
- one of our hardest workers

business, engaged, involved, work on
- \<be> in the business
- \<be> engaged in ...
- Engaged in the manufacture of ....
- Engaged in foreign and domestic trades of ....
- everyone involved in cross-border business
- work on ...

address, residence, etc.
- The address *is* as follows:
- Our new address *is*:/ My new address will be:
- your name and address
- Mr. Sato's address
- My *business* address is as follows:
- the *correct* address of ...
- his *current* address
- the *exact* address of the payee
- the *new* address
- After \<date> please send all correspondence to: \<new address>.
- We will be at one of our following three addresses:
- "the Chuo diary" with all of the address *notations*

- 上記の**住所**に
- 私へは上記の**住所**と電話、ファクシミリ番号に連絡して下さい。
- 現時点では**住所**は定まっておりません。
- ご連絡は、下記の**住所**に賜りますようお願いいたします。
- 当社の本店及び支店の**住所**人名録

- *at* the above **address**
- I can be reached *at* the above **address** and telephone/facsimile number.
- I do not have a permanent **residence** at this point.
- Please send all correspondence to the following: <address>
- our directory of main offices and branch offices

◆**就職**

career, employment, job, position, etc.

- **就職**先を決定することは、とても難しいことでした。
- **就職**の機会
- ……に**就職**する
- ……での**就職**口
- **就職**口
- ……にぜひ**就職**したいと思っております
- いくつかの興味のある**就職**先を検討しています

- My **career** decision has been very difficult.

- **career** opportunities
- find **employment** at ...
- **employment** opportunities at ...
- an opening for a **job**
- <be> anxious to get a **position** in ...
- <be> examining several interesting possibilities

◆**修正**

adjust, adjustments, amended, amendment, changes, corrections, modify, modification (s), revise, revisions, etc.

- 記録を**修正**する
- ほどほどの**修正**
- 上記の**修正**済注文書
- 手形支払い人から申し出のあった（信用状の）**修正**
- 信用状の**修正**通知
- ……に**修正**を加える
- 編集上のわずかな**修正**を加える
- 必要な変更と**修正**をする
- プログラムを**修正**する
- ……にどんな**修正**でも喜んで行います。
- 来年度は日程に少し**修正**を加える

- 記載事項を**修正**する
- いくつか小さな**修正**を加える
- **修正**申込み

- **adjust** your records
- more modest **adjustments**
- our above **amended** order
- the **amendment** proposed by the accountee

- an **amendment** advice of the credit
- make any **changes** to ...
- make some light editorial **changes**
- make the necessary **changes** and **corrections**
- **modify** programs
- We shall be glad to present any **modification** to ....
- make appropriate **modifications** for next year's itinerary

- **revise** your listing
- make several minor **revisions**
- a counteroffer/ a counter offer

◆ （ご）**就任**

appointment, duties, election, inaugural, inauguration, position, etc.

- 私の新職務**就任**に関連して
- このたびのご**就任**
- 今般の私の**就任**について
- ご**就任**の第１日目
- 私のヴィクトリー社副社長への**就任**を祝う

- 米国本社社長の**就任**に際して

- ABC社の新職務に**就任**する
- ABC社社長へのご**就任**

- in connection with my *new* **appointment**
- your *recent* **appointment**
- regarding my *recent* **appointment**
- this first day *in* your new **appointment**
- congratulate me *on* my **appointment** as a Victory Vice President
- concerning my **appointment** *as* President-U.S. Operations
- take up my new **duties** with ABC
- your **election** to the presidency of ABC Company/

• このたびXYZ社の社長ご**就任**の由

• **就任**演説
• 先日の**就任**式
• ご**就任**おめでとうございます。

• 〈役職名〉に**就任**いたします。
• 貴殿の社長ご**就任**
• 私の後任には中村氏が**就任**します。
• 代表取締役の職に**就任**する

◆周年
• 500**周年**記念の年
• XYZ社50**周年**創立記念日

◆週末
• この前の**週末**に
• 7月24日から26日の**週末**に
• **週末**は

◆重要

• 極めて**重要**な
• **重要**な技術分野
• ……にとり極めて**重要**です
• ……が非常に**重要**だと思います。
• 非常に**重要**な情報を提供する
• 何よりも**重要**です
• ……することはきわめて**重要**である。
• ますます**重要**になってくる
• ……に留意することは**重要**です。
• 最も**重要**な16カ国で
• いちばん**重要**な顧客
• 機会が**重要**であるという点で
• **重要**な国際会議
• 私どもの業種を最も**重要**なものと考えております
• ……にとりあまり**重要**ではない
• **重要**顧客の関係
• 弊社の**重要**な顧客
• ……はきわめて**重要**です。
• ……にとってきわめて**重要**な事件

◆終了

• 正午に**終了**します
• **終了**する
• 土曜正午に**終了**いたします

your **appointment** to the presidency of ABC Company
• on your recent **election** to the presidency of XYZ Company
• the **Inaugural** Address
• our recent **inauguration** ceremony
• Congratulations on your new **position**./ You have our congratulations on your new **position**.
• I will be <position>.
• your **presidency**
• I will be succeeded by Mr. Nakamura.
• assume the office of a Representative Director

an anniversary, etc.
• the 500th **anniversary**
• the 50th **birthday** of the XYZ Company

weekend
• this *past* weekend
• *during* the weekend of July 24-26
• *on* the weekend

all-important, critical, crucial, essential, importance, important, magnitude, principal, priority, significant, valued, vital
• all-important
• the critical technical disciplines
• <be> crucial to ...
• It is considered essential that ....
• provide you with essential information
• <be> of utmost importance
• It is of the utmost importance to <do>.
• become increasingly important
• It is important to note that ....
• in sixteen of the most important countries
• the most important customer
• in the magnitude of the opportunities
• the principal international conference
• regard our industry as a top priority

• <be> less significant to ...
• a valued account relationship
• our valued customers
• It is vital that ....
• events vital to ...

conclude, end, ended, terminate [-d], termination, etc.
• conclude at 12:00 noon
• bring to an end
• will end at noon on Saturday

- その時までに**終了**した年度の
- 本契約を**終了**させることができる
- 貴社との取引は当月末をもって**終了**となります。
- 現行の再販［転売］協定の**終了**
- 式**終了**後すぐ

- for the years then ended
- may terminate this Agreement
- Your services will be terminated at the end of the month.
- the termination of the present resale agreement
- immediately following the service

◆**重量**
- **重量**明細書が見当たりません。
- 210ポンドの**重量**不足
- **重量**容積明細書
- 5ないし12ポンドの**重量**不足です

weight, etc.
- The weight list is missing.
- a shortage in weight of 210 lbs
- a list of weight and measurement
- weigh short by 5 to 12 lbs

◆**受益**
- （信用状の）**受益**者
- **受益**証券
- 当社を**受益**者として
- 当社を**受益**者とする、9月30日まで有効の取消不能信用状
- 中央物産を**受益**者として
- 最大の**受益**者

beneficiary, favor［米］, favour［英］, recipient
- a beneficiary
- beneficiary certificates
- in our favor
- an irrevocable L/C in our favor valid until September 30
- in favour of Chuo Bussan Kaisha
- the biggest recipients

◆**祝～**

- 〈名前〉（1908年出生1985年没）の一生を記念する**祝典**
- 例年開く極めて重要な**祝賀**行事の一つとなる
- 盛大なご**祝典**をお祈り申し上げます。
- ……に私の**祝辞**を付け加える
- ご**祝詞**ありがとうございます。
- ……に際しご**祝詞**を賜り、まことにありがとうございました。
- 貴殿からのご**祝詞**とお心遣いに対し深くお礼申し上げます。
- ご**祝詞**とお祈り申し上げます。
- このめでたい行事に対するご**祝詞**
- ご**祝詞**
- クリスマスと新年のご**祝辞**

- この大事な**祝典**に

celebration (s), congratulations, good wishes, greetings, message, words, etc.
- A celebration of the Life of <name> 1908-1985.
- grow to truly one of the most outstanding *annual* celebrations
- I wish you a *successful* celebration.
- add my congratulations to ...
- Thank you for your congratulations.
- I do appreciate your good wishes on ..../ It was very kind of you to send me warm congratulations ....
- I sincerely appreciate your good wishes and thoughtfulness.
- I am happy to send my greetings and good wishes.
- a message commemorating the happy event
- your kind words
- a Merry Christmas and a Happy and Prosperous New Year
- on this special occasion

◆**宿泊**
- 以下の**宿泊**を確認する
- **宿泊**先のご希望は、……で予約いたします。
- ふさわしい**宿泊**設備を用意します
- 3**泊**を希望する
- 御一行のご**宿泊**のお世話をつとめさせていただきます
- **宿泊**申込書

accommodations, lodging, night (s), room
- confirm the following accommodations
- Your choice of accommodations will be reserved on ....
- set aside suitable accommodations
- wish accommodations for three nights
- serve the lodging needs of your group
- the papers for lodging

- **宿泊**は2日以上となっています。
- 10月7日、8日、9日、10日の4**泊**を
- **宿泊**日数
- **宿泊**希望数

- Two night minimum is required.
- for the nights of October 7, 8, 9, and 10th
- number of nights
- the room requirements

◆**主催**
- レセプションを**主催**する
- 一連のディナーを伝統的に**主催**する
- チャールズ・モートン氏**主催**の楽しいディナー
- 1年間に30ほどの会議を**主催**する
- 数多くの会議やセミナーを**主催**しています
- シンポジウムを**主催**する
- JMC株式会社**主催**の ……

host [-ed], organize, sponsor [-ed]
- host a reception
- traditionally host a series of dinners
- the very enjoyable dinner hosted by Mr. Charles Morton
- organize some 30 meetings a year
- sponsor scores of conferences and seminars
- sponsor a symposium
- ... sponsored by JMC Co. Ltd.

◆**受賞**
- 貴殿の……の**受賞**
- **受賞**歴
- あなた様が**受賞**されたことに対して
- 過去の6人の**受賞**者

award (s), etc.
- your award of ...
- awards
- on your being awarded
- the previous six recipients

◆**授賞式**
- **授賞式**
- **授賞式**に出席する予定です
- **授賞式**参加のための

presentation (s), etc.
- the presentations
- <be> planning on being at the presentations
- for the commendation ceremony

◆**受託**
- **受託**業務
- **受託**銀行
- **受託**者

- 納入先ブランドによる**受託**製造

trustee, etc.
- trustee business
- a trustee/ commissioned banks
- an assignee/ a bailee/ a consignee/ a depositary/ a fiduciary
- OEM/ original equipment manufacturing

◆**受諾**
- ……を**受諾**するのは難しいかと存じます。
- 貴社の条件を**受諾**いたします。
- ……の契約を**受諾**する
- 任命を**受諾**する
- 6カ月分の受注文を**受諾**いたします
- 貴注文を**受諾**するよう、メーカーを説得いたしました。
- ご提案を**受諾**いたします。
- 貴社の条件を**受諾**する
- 下記の条件を**受諾**されるならば
- これらの条件を、**受諾**していただけるものと存じます。
- ……の授賞をありがたく**受諾**いたしましたことをトーマス博士にお知らせいたしました。
- 直ちに**受諾**なさいますよう、強くお勧めいたします。
- あなたの正式な**受諾**状
- このオファーの**受諾**には

accept, acceptable, acceptance
- It would be difficult for us to accept ....
- We are pleased to accept your *conditions*.
- accept *contracts* for ...
- accept the *designation*/ accept an appointment
- will accept your *order* for six months' requirements
- We persuaded our manufacturer to accept your *order*.
- I'll accept your *proposal*.
- accept your *terms*
- if you accept the following *terms* and conditions
- We trust that you will find these conditions acceptable.
- I have informed Dr. Thomas of my grateful acceptance of the award of ....
- We strongly recommended your immediate acceptance.
- your official acceptance letter
- on the acceptance of this offer

◆手段

- 満足のゆく**手段**
- 最後の**手段**として
- 思い切った**手段**
- 国際交流のためのすぐれた**手段**として
- 最後の**手段**
- 新しい**手段**と方法
- 貴社の視野を広げる**手段**

approach, attempt, measures, medium, resort, tools, vehicle
- a satisfactory approach
- in a last attempt
- drastic measures
- as an excellent medium for international exchange
- a final resort
- new tools and methods
- a vehicle for enhanced visibility for your company

◆出荷

- **出荷**日
- **出荷**指図
- **出荷**と荷印の指図
- 大量に**出荷**する
- ……を**出荷**いたします。
- **出荷**用コンテナ
- 一番都合のいい**出荷**日
- 注文第107号の**出荷**を急いで下さい。
- 今回の**出荷**
- **出荷**が完了したら
- 最初の積送品の**出荷**日をはっきり申し上げることはできません。

despatch, dispatch, ship, shipped, shipping, shipment, etc.
- the dispatch date
- despatch instructions
- despatch and marking instructions
- ship in large quantities
- ... will be shipped.
- the shipping containers
- the best shipping date
- Please expedite your shipment of our P/O No. 107.
- this shipment
- upon your completed shipment
- We cannot state any definite date when the first consignment will be sent.

◆出航

- 横浜に向け香港**出航**予定の商船「ピースメーカー号」に
- **出航**予定日

departure, etc.
- on M.V. "Peace Maker" leaving Hong Kong for Yokohama
- expected [estimated] time of departure

◆（ご）出席

- 〈会合〉に、必ずご**出席**下さい。
- 委員全員ご**出席**下さい。
- 取締役全員、必ずご**出席**下さい。
- 万障繰り合わせてご**出席**下さい。
- ご**出席**されないものといたします。
- この公開討論会に**出席**する
- 私どものプレゼンテーションに**出席**される
- これにより、……に**出席**することを命ずる。
- ……に**出席**するため
- 披露宴に**出席**できません
- ご**出席**になれない場合は
- 御社の**出席**者
- **出席**する
- ご**出席**の皆さま
- **出席**される場合は
- 会合に**出席**されるかどうか

attend, attendance, attendees, attending, be present, join, presence, present, etc.
- It is imperative that you attend <meeting>./ Your presence at <meeting> is imperative.
- All committee members are expected to attend.
- All members of the board are expected to attend.
- Please attend by all means.
- It will be assumed that you are not planning to attend.
- attend this forum
- attend our presentations
- You are hereby ordered to attend ..../ You are hereby required to be present at ....
- in order to attend ...
- <be> unable to attend the reception
- if you will be unable to attend
- your attendance
- <be> in attendance
- attendees
- if you are attending
- if you will or will not be attending the meeting

- **出席**者はいずれも
- ……に**出席**する
- その**会議**には出席できません。
- カクテルパーティーに、喜んで**出席**いたします。
- ……も**出席**の予定です。
- ご**出席**いただけるかどうか
- 必ずご**出席**下さい。

- ……にご**出席**下さいますよう、お願い申し上げます。
- 貴殿がご**出席**下さるようご案内申し上げます
- **出席**者はすべて
- ご**出席**いただけるかどうか

- every person **attending**
- <be> **present** at ...
- I cannot **be present** at the meeting.
- I will be most pleased to **be present** at Cocktails.

- ... will also **be present**.
- if you can join us
- Your **presence** is necessary./ Your **presence** is required.
- Your **presence** is hereby requested at ....

- request the honour of your **presence**

- all **present**
- if we may expect you

◆**出張**
- **出張**で
- 私は**出張**で不在でした。
- 急遽やむを得ない**出張**に出掛けておりました。
- 海外に**出張**する
- 極東への例年の**出張**
- オーストラリアへの7週間の**出張**
- ……へ**出張**する
- 近く予定している私のシカゴ**出張**
- 厳しい日程の**出張**旅行
- 次回の日本へのご**出張**の折は
- 先ごろのカナダ**出張**の際に
- 予期せぬ香港**出張**

business, business trip, trek, trip
- on official **business**
- I have been away on a **business trip**.
- I was on a sudden unavoidable **business trip**.
- conduct overseas **business trips**
- our annual **trek** to the Far East
- a seven weeks' **trip** to Australia
- make his **trip** to ...
- my *forthcoming* **trip** to Chicago
- my *demanding* **trip**
- on your *next* **trip** to Japan
- during my *recent* **trip** to Canada
- an *unforeseen* **trip** to Hongkong

◆**出展**
- **出展**スペースを予約する
- 今年の大会に**出展**する

exhibit
- reserve our **exhibit** space
- **exhibit** at this year's convention

◆**出発**

- 少し早く**出発**する
- 神戸を**出発**する
- 空港から東京の都心にあるホテルまで**出発**する
- 私たちが**出発**する直前
- ロンドンへ**出発**する
- ニューヨークに向け**出発**します
- **出発**航空便に間に合うように
- 私どもの**出発**点
- 新しいお仕事の**出発**に当たり

come out, depart from, departure, leave for, outgoing, starting, etc.
- **come out** a little earlier
- **depart from** Kobe
- **depart from** the airport for downtown Tokyo hotels

- just prior to our **departure**
- **leave for** London
- <be> **leaving for** New York
- to connect with **outgoing** flights
- our **starting** point
- on this new phase of your career

◆**出版**
- **出版**組織
- 当社の**出版**部門

publishing
- a **publishing** infrastructure
- our **publishing** arm

◆取得

- 外国為替取扱店の地位を**取得**する
- 翻訳出版権を**取得**する
- 私はハーバード大学で博士号を**取得**しました。
- 電気工学の理学修士号**取得**。

acquire, obtain, receive

- acquire a Foreign Transaction Branch status
- obtain the translation and publication rights
- I received my Ph.D. at Harvard.
- Received a Master of Science Degree in Electrical Engineering.

◆主要

- 世界の**主要**企業
- **主要**市場
- 日本での**主要**取引銀行
- **主要**取引先名簿
- **主要**な工業化社会が直面する問題

leading, main, major

- the leading world enterprises
- the main market
- your major banks in Japan
- an impressive list of names of our major customers
- the problems facing major industrialized societies

◆需要

- ……の**需要**は伸びてきています。
- 弊社の新製品の**需要**は伸びております。
- 新しい電気器具に対する**需要**が伸びております。
- **需要**に応える
- 現在の**需要**が今後も続くと
- 活発な**需要**
- これらの商品には大きな**需要**があります。
- 弊社は市場の**需要**に敏感です。
- ……に対する広範かつさまざまな**需要**
- **需要**の大きさ
- 日本の**需要**に関する
- ……に対する当方の**需要**はかなりあります。

demand, needs, requirements

- There *has been* a growing demand for ....
- There *is* a growing demand for our new models.
- There *is* a growing demand for new electrical appliances.
- *meet* the demand
- if the present demand *continues*
- a *brisk* demand
- These goods are in *great* demand.
- We are sensitive to the *market* demand.
- a *wide* and varied demand for ...
- the extent *of* the demand
- about the needs in Japan
- Our requirements for ... are considerable.

◆受領

- 私どもが貴殿の手紙を**受領**したことを確認します。
- 20xx年 5 月30日付けのお手紙の**受領**通知を後ればせながらさせて下さい。
- 当方の申込書に対する貴社**受領**通知書
- 本状を**受領**次第

- ……を確かに**受領**いたしました。
- ……を、無事**受領**いたしました。
- ……の代金の**受領**記録はありません
- ……を**受領**したことを確認いたします。

- 同封の**受領**書に署名する
- 納品**受領**証
- 裏側の**受領**欄
- 元の**受領**証
- 11月18日付けの貴ファックスを**受領**しています。
- この情報を**受領**し次第、
- ……を**受領**する

acknowledge, acknowledg (e)ment, reach, receive [-d], receiving, receipt, recipient

- We wish to acknowledge your letter.

- I still have to acknowledge receipt of your letter of May 30, 20xx.
- your acknowledgement of my application
- as soon as this letter reaches you/ as soon as you receive this letter/ upon receipt of this letter
- We have duly received ....
- We have safely received ....
- have no record of receiving payment for ...
- I am writing to *confirm* receipt of ..../ This letter is to confirm receipt of ....
- sign the *accompanying* receipt
- the *delivery* receipt
- the receipt *column* on the reverse side
- the original receipt *form*
- We are *in* receipt of your fax of November 18.

- *On* receipt of this information,
- <bc> the recipient of ...

◆主力
- **主力**銀行
- **主力**製品

main
- a main bank [banker]
- main products

◆種類
- あらゆる**種類**の ……
- あらゆる**種類**のスポーツ手袋
- 3 **種類**
- （電気）器具の**種類**
- 10**種類**の色

sorts, types, etc.
- all sorts of ...
- all types of sports gloves
- three types
- types *of* appliances
- 10 different colors

◆順調

- 万事**順調**です。
- すべて**順調**にいっております。

- 貴殿にとって、すべてが**順調**にいった。
- 東京とバンコクでのビジネス、ますます**順調**のことと思います。
- その会社は、最近非常に**順調**に発展してきております。
- 万事が**順調**にゆく。

fine, going all right [fine, well], prospering, satisfactorily, smoothly

- Everything is fine.
- Everything is going fine./ Everything is going all right.
- Things have been going well for you.
- I hope your business is prospering both in Tokyo and Bangkok.
- The company has been growing quite satisfactorily over recent periods.
- Everything runs smoothly.

◆準備

- いろいろな会合を**準備**する
- 貴殿の都合のよい時に会議が開けるよう**準備**いたします
- 私どもの訪問のための**準備**する
- 貴殿とお会いするための**準備**をいたします。
- ……する**準備**をする
- それらが**準備**でき次第
- 十分な**準備**金の積立て
- ……する**準備**を進めている
- ……する**準備**をしましょう。
- **準備**に多忙です
- 配偶者または招待客のために**準備**される
- 出版のためにこの資料を**準備**する
- ……の**準備**をしなければならない
- ……するために**準備**万端整えております
- ……の**準備**会議
- **準備**の最中に
- 新社屋への移転の**準備**する
- 冬期には特別プログラムを**準備**しておりません。
- 会議を**準備**する
- 必要な**準備**段階

arrange, arrangements, <be> ready, building, gear up, get ready, offered, prepare [-d] (for), preparatory, preparation (s), provision, set up

- arrange our various meetings
- arrange a time convenient to you for meeting
- make arrangements for our visit
- I can make arrangements to meet you.
- <be> ready to <do>
- the moment they are ready
- building of ample reserves
- gear up to <do>
- Let's get ready to <do>.
- <be> busy getting ready
- <be> offered for your spouse or guest
- prepare this material for publication
- have to prepare for ...
- <be> fully prepared to <do>
- a preparatory meeting for ...
- in the course of preparation
- make preparations for removal to the new building
- There is no provision for a special program in winter.
- set up a meeting
- a necessary prelude

◆使用
- **使用**できるようになる

available, employ, operational, use, used
- become available

- **使用**できる色
- 数多くの基本的なデザインや建築についての技術を**使用**する
- 通信プロトコル（規約）を**使用**できるようにする
- 包装市場において大量に**使用**されている
- **使用**されています
- ……を**使用**または保管するために
- 情報システムを効率的に**使用**することにより
- ビジネスや投資の目的のために**使用**されるのなら
- ……の用途に**使用**することができます

- colors available
- employ many basic design and construction techniques
- make the communications protocol operational

- have a major use in the packaging market
- <be> in use
- for the use or custody of ...
- through efficient use of information systems
- if used for business or investment purposes

- can be used to <do>

◆**仕様**
- **仕様**はあまり厳密ではありません。
- この工具の性能面の**仕様**

specification (s)
- The specification is not very high.
- the tool's performance specifications

◆**仕様書**
- **仕様書**を送る
- **仕様書**売買
- **仕様書**変更のご提案を受諾できます
- **仕様書**の詳細

specification (s)
- submit specifications
- sale by specification
- can accept your proposed changes in specifications
- the details of the specifications

◆**紹介**

- ……を**紹介**いたします。
- 以前にお話した嶋田君をご**紹介**いたします。

- 羽田野博士をご**紹介**いたします
- 山本国男君をご**紹介**させていただきます。

- 本状にて馬場氏をご**紹介**させていただきます。
- 日本市場へ当社製品を**紹介**する
- 米国にまだ**紹介**されていない ……
- 宇都宮氏を**紹介**いたします（紹介状を被紹介者に渡す封筒の上書き）
- 謹んで、竹内氏を**紹介**させていただきます。

- 私の親友中の親友の一人である鎌塚氏を、ご**紹介**申し上げます。
- テレビでの**紹介**
- **紹介**状
- 重要な問題を**紹介**することから始まる
- 貴殿の**紹介**で
- 近くのレンタル会社をいくつかご**紹介**いたします
- 弊社の製品を**紹介**する

introduce, introduced, introducing, introduction, etc.
- May I introduce ..../ We are pleased to introduce ....
- This is to introduce to you Mr. Shimada about whom I have told you.
- introduce Dr. Hadano to you
- I am very happy to introduce to you Mr. Kunio Yamamoto.
- These lines serve to introduce to you Mr. Baba.
- introduce our products into the Japanese market
- ... not yet introduced in the U.S.
- Introducing Mr. Utsunomiya.

- Wc [I] have much pleasure in introducing to you Mr. Takeuchi.
- I take great pleasure in introducing to you one of my dearest friends, Mr. Kamatsuka.
- the TV introduction
- a letter of introduction
- begin with the introduction of an important issue
- through your kind introduction
- can give you the name of a few rental companies close by
- show our products

◆**照会**

- **照会**を始める

inquiry [-ies], inquiring, note, refer to, referred, reference
- *initiate* [start] an inquiry

- 10月12日のご**照会**をいただいたあとで、
- After *receiving* your inquiry of October 12,
- 11月15日付けのご**照会**にお答えして、
- *Replying to* your inquiry of 15th November,
- 広範な**照会**
- *extensive* inquiries
- 増加している貿易と投資に関する**照会**
- the increasing number of *trade* and investment inquiries

- 〈日付〉のご**照会**、ありがたく存じます。
- We are grateful *for* your inquiry of <date>.
- （……についての）ご**照会**感謝申し上げます。
- We thank you *for* your inquiry (of ….)
- 貴**照会**状
- your kind letter *of* inquiry/ your kind note
- 6月25日付けの上記のご**照会**にお答えして、
- In response to your above inquiry *of* June 25,
- 当方は……について**照会**いたします。
- We are inquiring as to ….
- 当社の信用状態につきましては、次の銀行にご**照会**下さい。
- Please refer to the following bank for our credit standing.
- 直接貴行を**照会**先として伺ったのではございません。
- We have not been referred directly to your bank.

- ……に関し、**照会**を要する。
- A reference is required concerning ….
- **照会**先として貴行の名が挙げられました。
- Your bank was given as a reference.
- ……の**照会**先となる
- <be> a reference for …

◆生涯
career, etc.
- 鈴木氏のすぐれた**生涯**
- Mr. Suzuki's *distinguished* career
- あなた様の**生涯**において
- in your life
- 彼が**生涯**を通じてラジオへ貢献したこと
- his contributions to radio throughout his life-time

◆障害
barrier (s), obstacle (s)
- ……に対する**障害**
- the barriers *to* …
- 言語の**障害**
- the language barrier
- アジア・太平洋地域の企業が直面する機会と**障害**
- the opportunities and obstacles facing Asian-Pacific firms

◆償還
recourse, redemption, reimburse, reimbursement, etc.
- **償還**請求権付き
- with (full) recourse
- **償還**請求に応ぜず
- without recourse
- ケミカルバンクに**償還**請求します。
- We will reimburse ourselves on Chemical Bank.
- **償還**請求手形
- our reimbursement draft
- **償還**請求にあたっては
- in reimbursement
- **償還**期間30年の財務省長期証券
- Thirty-year Bonds

◆上記
above
- **上記**契約
- the above *contract*
- **上記**の日から
- from the above *date*
- **上記**会議日程
- the above *meeting* schedule
- **上記**の
- above-*noted*
- **上記**貨物
- the above *referenced* shipment
- **上記**の件について
- in the above *regard*
- **上記**の電話番号に
- at the above *telephone* number
- **上記**住所
- the address *given* above
- **上記**価格で
- at the prices *listed* above
- **上記**の貴口座
- your account *noted* above
- **上記**の質問
- the *questions* above
- **上記**のことを申し訳なく思います。
- We are very sorry for the above.

- **上記**書類を受理することはできかねます。
- We are unable to accept the said documents.

◆**上級**
- 今日の**上級**役員
- 主として**上級**管理職の方々から
- **上級**幹部年金制度
- **上級**副社長
- **上級**・中間管理職の全員

senior, etc.
- today's senior executive
- mostly from senior executives
- senior executive pension arrangements
- Senior Vice President
- all of the upper and middle management

◆**状況**

circumstances, conditions, environment, picture, situation (s), state, etc.
- **状況**が変わりしだい、
- **状況**の変化に対し
- 別の**状況**でしたら
- こうした**状況**
- ……について疑いを抱くという**状況**が起きております。
- Whenever the circumstances change,
- in view of the changing circumstances
- under any other circumstances
- these circumstances
- Conditions arise where there is some doubt as to ....
- こうした**状況**のもとで
- **状況**はまだはっきりしていません。
- より明確な**状況**
- ……のような**状況**がこれからも起こるかもしれませんので
- ……に至った**状況**
- そういう**状況**になったら
- ABC社はきわめて深刻な**状況**にあります
- この不十分な**状況**
- すべての**状況**
- **状況**はまだ厳しい。
- in this environment
- The picture is still unclear.
- a clearer picture
- as there may be more situations like ...
- the situation which resulted in ...
- if that situation should develop
- place ABC in a very serious situation
- this unsatisfactory state of affairs
- all indications
- The mood is still austere.

◆**商業**
- **商業**銀行
- 積極的で経験豊かな**商業**銀行業務担当者
- 広範囲にわたる**商業**銀行活動
- **商業**銀行業務および小売り銀行業務
- **商業**手形
- 修止済みの**商業**送り状一式
- **商業**信用状
- **商業**信用状約定書
- **商業**ローン
- **商業**ベースで販売できる
- **商業**引受け手形

commercial, commercially, trade
- commercial banks
- an active, experienced commercial banker
- a full range of commercial banking activities
- commercial and retail banking
- commercial [trade] bills
- a set of the revised commercial invoices
- commercial letters of credit
- agreement of commercial letters of credit
- commercial loans
- <be> commercially available with sales
- trade acceptances

◆**証券**

issue, issuing, portfolio, securities, security, securitized, underwriter, etc.
- **証券**発行団
- **証券**発行会社
- **証券**投資
- **証券**を取扱う
- 花形**証券**
- **証券**取引委員会
- **証券**会社
- an issue syndicate
- an issuing house
- portfolio investment/ securities investment
- handle securities
- active securities
- the Securities and Exchange Commission/ SEC
- securities companies

- **証券**取引所
- **証券**担保金融
- **証券**投資家
- **証券**市場
- **証券**規制
- **証券**売買
- **証券**担保貸付け
- **証券**化商品
- **証券**引受け人
- 預託**証券**
- 累進的割賦償還抵当**証券**
- **証券**業者
- **証券**業務兼営銀行
- ニューヨーク**証券**取引所
- 倉荷**証券**
- 直航船荷**証券**

- securities exchange
- securities finance
- securities investors
- the securities market
- securities regulation
- purchase and sales of securities
- security collateral loans
- securitized paper
- an underwriter
- depository [depository] receipts/ DR
- graduated payment mortgages
- market makers/ traders
- a universal bank
- the New York Stock Exchange
- warehouse receipts [米]/warehouse warrants [英]
- direct B/L

◆条件

- この**条件**に従う
- 下記の**条件**で
- 取決めなければならないその他の**条件**
- 日本で出版する際の貴社の**条件**
- **条件**付き引受け
- **条件**つきオファー
- より有利な**条件**
- 弊社の最良の**条件**
- 非常に有利な**条件**
- ……についての重要な**条件**
- 弊社の通常の（契約）**条件**
- 非常に妥当な**条件**で
- お申越しの**条件**で
- この**条件**では
- 貴社の**条件**で
- 以前と同じ**条件**で
- **条件**
- ……という**条件**で
- 上記修正を**条件**として
- 当社の最終確認を**条件**として

condition (s), conditional, terms, terms and conditions, etc.

- conform to this condition.
- with the following conditions/ on the terms quoted below
- other conditions to be worked out
- your conditions for publication in Japan
- conditional acceptance
- a conditional offer
- more *attractive* terms
- our best terms
- very favorable terms
- major terms of ...
- our usual terms
- at the very reasonable terms
- on the terms you have mentioned
- on these terms
- on your terms
- on the same terms as before
- the terms and conditions
- ..., provided that:
- subject to the above-mentioned modifications
- subject to our final confirmation

◆条項

- ……という意味の**条項**
- 「僅かな差異も許さず」という**条項**
- 前の**条項**
- 罷業、暴動および内乱**条項**
- ……の**条項**に従って
- 補足**条項**

clause, provisions, etc.

- a clause to the effect that ...
- a "no slight difference allowed" clause
- the previous clause
- the strikes, riots and civil commotions clause
- pursuant to the provisions of ...
- a rider

◆詳細

- ……の**詳細**が記載されている

detail (s), particulars, specifics, etc.

- *contain* details of ...

- **詳細**をファクスでお知らせいたします。
- **詳細**を説明いたします。
- ……の**詳細**がわかります
- 私どもは、特に……に関する**詳細**を知りたいと存じます。
- 以下は、……に出席するための日程の**詳細**です。
- 〈製品〉の**詳細**と見本
- **詳細**
- **詳細**を記した ……
- 場所と正確な時間についての**詳細**
- 綿密な**詳細**
- 業績がきわめてよかった1年の**詳細**
- 本書の**詳細**
- 貴社〈商品〉の**詳細**資料
- その**詳細**の一部
- ……に関する**詳細**については

- I will *fax* you all the details.
- Let me *give* you the details.
- *give* full details of ...
- We would particularly like to *have* details concerning ....
- Following *are* some arrangements details for attending ....
- details and samples of 〈products〉
- the full details
- ... with full details
- further details about location and exact time
- the meticulous detail
- the details of a most exciting year
- complete particulars of the book
- full particulars of your <product>
- some of the specifics
- for more information on ...

◆詳細に

- **詳細**に検討する
- **詳細**に
- きわめて［かなり］**詳細**に
- さらに**詳細**に
- やや**詳細**に

detail (s), etc.

- go into details
- in detail
- in accurate detail/ in considerable detail
- in greater details
- at some length

◆証書

- 現在お手元にある**証書**
- **証書**貸付け
- 公正**証書**
- 元の**証書**
- 完済した借用**証書**

bond (s), certificate, deed (s), documents, instrument, papers

- the certificate now in your hands
- loans on deeds
- attested documents/ notarial deeds
- the original instrument
- your cancelled loan papers

◆上昇（する）

- まもなく価格は**上昇**します。
- 商品の値段が**上昇**しました。
- 39%**上昇**しています
- この**上昇**傾向
- 急激に**上昇**する

rise, etc.

- The prices will rise soon.
- The cost of the merchandise has risen.
- <be> up by 39%
- this upward trend
- shoot up

◆上場

- **上場**する
- **上場**会社

- **上場**株
- **上場**証券
- 東京証券取引所へのABC社の**上場**

board, listed

- go on the board
- a listed company/ quoted companies/ registered companies
- listed stocks ［shares］
- listed securities/ quoted securities
- the listing of ABC *on* the Tokyo Stock Exchange

◆（ご）昇進

- 社長へのご**昇進**

ascendancy, ascension, elevation, promote, promoted, promotion, rise to

- your ascendancy to the presidency of your company

- 社長の席へのご**昇進**
- ご**昇進**
- ABC社社長にご**昇進**
- 貴殿を係長に**昇進**させることに決定いたしました。
- ……に**昇進**する
- 課長に**昇進**いたしました。
- このたびのご**昇進**

- 名誉あるご**昇進**
- このような重職へ**昇進**
- 〈地位〉にご**昇進**
- ……へのご**昇進**、おめでとうございます。

- ……に**昇進**されたことをたった今伺い、たいへん喜んでおります。
- 貴兄が ……という重職に**昇進**なさったという記事を読む
- ……へのこのたびの**昇進**に際し
- ABC社でのご**昇進**
- かくも優秀な会社の社長に**昇進**する

◆**招待**
- **招待**客に関する資料一覧
- 同社にパートナーとして参加するよう**招待**いたします
- 貴殿を拙宅にご**招待**したいと存じます。
- ……にご**招待**いただき、ありがとうございました。
- レセプションにあなたを**招待**するよう、出版社に依頼する
- 〈名前〉のための正式の宴会に、謹んでご**招待**申し上げます。
- 謹んでご**招待**申し上げます。
- 貴殿はご親切にもご自宅でのディナーに**招待**して下さいました。
- 主要な**招待**客
- ご**招待**ありがとうございます。
- 喜んでご**招待**をお受けします。

- ……にご**招待**いただき、感謝いたします
- 直接ご**招待**状を差し上げたく存じます。
- 貴殿を当社にご**招待**申し上げます
- かくも心温まるご**招待**をいただき、大変ありがたく存じます。
- その方もご**招待**いたしたく存じます
- **招待**状をお送り下さり
- より正式なご**招待**状を差し上げます
- 貴殿のご家族でしたら、どなたでも**招待**いたします。

- the ascension to the president's chair
- your elevation/ your promotion
- your elevation to the Presidency of ABC Company
- We have decided to promote you to section chief.

- <be> promoted to ...
- I have been promoted to the manager.
- this fine promotion/ this well deserved promotion/ your latest promotion/ your recent promotion
- this very honorable promotion
- such an important promotion
- your promotion to <position>
- Congratulations on your promotion to the position of ..../ May we congratulate you on [upon] your promotion to ....
- I was extremely happy to hear of your promotion to ....
- read of your promotion to the important post of ...

- on my recent promotion to ...
- your promotion within ABC Company
- rise to the head of so esteemed a Company

guest, invite, invited, inviting, invitation
- a guest information summary
- invite the company to join us as a partner

- I would like to invite you to our home.
- You were so good as to invite me to ....

- ask my publisher to invite you to the reception

- You are cordially invited to a formal banquet in honor of <name>.
- You are respectfully invited.
- You kindly invited us to dinners at your home.

- senior invited participants
- Thank you for inviting me.
- I am happy to *accept* your invitation./ I have pleasure in accepting your invitation.
- *appreciate* the invitation to attend ...
- I would like to *extend* a personal invitation to you.
- *extend* an invitation to you to visit our Company
- It was most kind of you to *extend* such a warm invitation to me.
- *extend* our invitation to that person as well
- in *extending* this invitation
- you will *receive* a more formal invitation
- The invitation *includes* any member of your family.

- 同封の**招待**状からお分かりのように、
- 正式な**招待**状
- 晩餐会にご**招待**
- ご**招待**に重ねてお礼申し上げます。

- 個人的にご**招待**
- この**招待**
- かくも心温まるご**招待**
- **招待**券3枚を同封いたします。
- この会議は**招待**者だけで開催されます。

- As you can see from the *enclosed* invitation,
- a *formal* invitation
- your *kind* invitation to a dinner party
- Again let me thank you for your most *kind* invitation.
- a *personal* invitation
- *this* invitation
- such a *warm* invitation
- Enclosed you will find three invitation *tickets*.
- The conference will be *by* invitation only.

◆**承諾**
- お誘いを**承諾**する
- 公認会計士事務所に務めることを**承諾**する
- 私共の……をご**承諾**いただき、ありがとう存じます。
- ご**承諾**を得る
- ……に対し、受益者の**承諾**を得る

accept, gain, obtain
- accept an invitation
- accept a position with a public accounting firm
- Thank you for accepting our ....

- gain your approval
- obtain the beneficiary's consent to [for] ...

◆**承知**
- ご**承知**と思いますが
- ……とのこと、**承知**いたしました。
- ……は**承知**しております。
- ご**承知**のとおり
- そのようにご**承知**下さい。

appreciate, note, etc.
- As you will appreciate,
- We note that ....
- I am aware that ...
- As you are aware,
- Please be advised accordingly.

◆**譲渡**

- 白地式**譲渡**
- **譲渡**可能信用状
- **譲渡**性定期預金証書
- ……の**譲渡**
- ……に**譲渡**することはできません
- ……へ**譲渡**することができます
- **譲渡**委任状
- **譲渡**証書
- **譲渡**抵当

assigned, assignable, assignment, negotiable, transfer, transferred, transferable, etc.
- assigned in blank/ assignment in blank
- an assignable L/C/ a transferable letter of credit
- (negotiable) time certificates of deposit
- the transfer of ...
- may not be transferred to ...
- <be> transferable to ...
- the stock power
- a deed of conveyance
- a mortgage

◆**承認**
- このような書類を**承認**する
- 当方の措置を**承認**する
- ……で正式に**承認**される
- 電話でご**承認**いただければ幸いです。
- ……をご**承認**下さい。
- 当方の**承認**手続き用に
- 政府の**承認**を得る前に
- 全面的に**承認**して
- ……の**承認**を必要とします
- ……の**承認**を要請する

approve[-d], approval, authorization
- approve such a document
- approve of our action
- can be officially approved at ...
- I would *appreciate* your approval by telephone.
- Kindly *give* us your approval of ....
- for our approval
- prior to governmental approval
- with our full approval
- will be subject to the approval of ...
- request authorization for ...

◆商売
- **商売**を続ける
- 綿製品の**商売**をしております
- この**商売**（この分野の仕事）
- 当社はこの**商売**に多年の経験を持っております。

business, line
- stay in business
- \<be> in the cotton goods business
- this line (of business)
- We have many years' experience in this line of business.

◆商品

- 10日付けでご注文いただきました**商品**
- **商品**リスト
- この種の**商品**
- 新しい**商品**分野
- **商品**取引所
- **商品**先物取引
- ご所望の**商品**
- 損傷した**商品**
- 納入された**商品**
- これらの**商品**の需要が増大したため、
- **商品**代金を支払うことができません
- **商品**の状態
- 当社が非常に興味を持っている**商品**がいくつかございます。
- **商品**目録
- 類似の**商品**が売り物に出ている
- この**商品**で
- ご要望の**商品**を供給する
- 最良の**商品**
- 直渡し**商品**
- メーカーに**商品**代金を支払う
- 当社**商品**のカタログと価格表
- お送りした**商品**明細の中に

article (s), business, commodity [-ies], goods, items, line (s), merchandise, range
- the articles you ordered on the 10th
- the list of articles
- this type of article/ this line of commodities
- new lines of business
- a commodity exchange
- commodity [commodities] futures
- the goods you asked for
- the damaged goods
- the delivered goods
- Owing to the increased demand *for* these goods,
- \<be> unable to pay *for* goods
- the condition *of* the goods
- There are several items in which we are very much interested.
- a list of the items
- *have* a similar line on offer
- in this line
- supply the lines requested
- the best possible merchandise
- goods for immediate delivery
- pay for the merchandise to the manufacturer
- a catalog and price list of our merchandise
- among the range we sent

◆情報

- 貴社に関して発表される詳細な**情報**
- ……についてさらに詳細な**情報**
- **情報**を収集する
- ……に関する**情報**を集める
- もっと**情報**をいただきたいと存じます
- お求めの**情報**をお送りいたします
- 内部**情報**
- ……に関してさらに**情報**が必要でしたら、
- さらに**情報**が必要な場合は
- ……に関する**情報**を入手する
- ……に関してご提供いただける**情報**
- ロンドンのジェトロ（ジャパン・トレード・センター）から提供された**情報**
- 御社ご依頼の**情報**
- さらに必要な**情報**がありましたら、

details, information, intelligence, knowledge, news, reference, resource, source (s), etc.
- the details published about your company
- further details on ...
- assemble the information
- *gather* some information regarding ...
- want to *get* some more information
- *give* you the information you requested
- insider information
- If you *need* any other information on ...,
- if you *need* any additional information
- *obtain* information relative to ...
- any information you can *provide* regarding ...
- information *provided* by JETRO London (Japan Trade Centre)
- the information that you *request*
- If there *is* any further information you may need,

- 提供された**情報**
- 詳しい**情報**が必要でしたら、
- ……からくる**情報**
- 現在当方に届いている**情報**によれば
- この**情報**が多少とも貴殿のお役に立つことを願っております。
- 適切な**情報**が記入された
- その背景となる**情報**
- 競合する**情報**
- 詳細な**情報**
- 下記の**情報**
- 上記の**情報**
- ……についての詳しい**情報**
- 必要な**情報**をすべて
- 最も価値ある**情報**
- **情報**産業
- **情報**システム
- **情報**システムの輝かしい未来
- **情報**技術を**利用**して
- **情報**技術産業
- 貴団体の活動についての**情報**
- 対日投資についての**情報**
- すぐに使える**情報**
- 貴重な**情報**源

- 客観的な**情報**源
- 私は、……という**情報**を受け取りました。
- **情報**源
- 非常に重要な**情報**源
- 客観的な評価を行う主要な**情報**源
- すぐれた**情報**源
- ……を含むさまざまな**情報**源
- 本件についての最新の**情報**を貴殿にたえずお知らせいたしたいと思います。
- **情報**隔壁
- **情報**公開協定書
- 次回の**情報**交換
- 最近のマスコミへの**情報**紹介

◆正味資産

◆証明
- ……ことを、**証明**いたします。
- そのような金額は、……で**証明**されます。
- 私どもが言っていることを**証明**します。
- 数量不足を**証明**する
- いかなる形の**証明**手段

◆証明書
- ……を示す**証明書**を同封いたします。
- 衛生**証明書**

- the *provided* information
- If further information is *required*,
- the information *stemming* from ...
- From the information now *reaching* us
- We hope this information *will be* of some help to you.
- with the *appropriate* information filled in
- some *background* information
- *competitive* information
- *complete* information
- the *following* information
- the *foregoing* information
- *full* information on ...
- all *necessary* information
- the most *valuable* information
- the information [knowledge] *industry*
- information *systems*
- the brilliant future of information *systems*
- through the use of information *technology*
- the information *technology* industry
- information *about* your activities
- information *on* investment in Japan
- the kind *of* information we have readily available
- an invaluable source *of* information/ an invaluable reference source
- an objective source *of* intelligence
- I received news saying that ....
- reference source
- an essential resource
- leading sources of objective assessments
- a quality source
- various sources including ...
- We wish to keep you fully posted on this matter.

- the Chinese Wall/ a fire wall
- a Disclosure Agreement
- our next communication
- recent media placements

net worth

certify, prove, etc.
- This is to certify that ....
- Such an amount will be certified by ....
- We prove what we are saying.
- prove the shortage
- any means of authentication

certificate, certification, voucher
- I have enclosed a certificate representing ....
- health certificate/ sanitary certificate

- 買取り銀行の**証明書**
- **証明書**を提出すること
- ロイズ鑑定人の**証明書**
- 原産地**証明書**
- 通常の**証明書**
- 文書による**証明書**

- the negotiating bank's certificate
- the production of a certificate
- a certificate from a Lloyd's surveyor
- a certificate *of* origin
- our usual certification form
- a voucher in written form

◆**商用**
- **商用**で
- ……へ**商用**で出張する
- **商用**にて1週間大阪に行っておりました。

business
- on business
- make a business trip to ...
- I was on a business trip to Osaka for one week.

◆**将来**
- **将来**

- 近い**将来**
- **将来**の
- 川村氏と**将来**性について話し合う

ahead, future, etc.
- in the years ahead/ in the years to come/ in the future
- in the near future/ in the not-too-distant future
- for the future
- discuss possibilities with Mr. Kawamura

◆**初回**
- かなり大口の**初回**注文
- **初回**入金分とともに

first, initial
- a fairly large first order
- together with your initial fund

◆**初期**
- 私どもの**初期**目標は ……することです。
- 生産の**初期**段階に

initial
- Our initial aim is to <do> .
- in the initial stages of production

◆**職**
- よい**職**を見つける
- 事務員の**職**
- 販売員の**職**
- 翻訳者の**職**
- 社長の**職**にとどまる

position, etc.
- find a good position
- the position of clerk
- the position of salesman
- the position of translator
- remain in office as President

◆**職業**
- 日米両国に関係する**職業**につく
- 退職して別の**職業**に就く
- 自分の**職業**を決定する
- 貴殿の**職業**上の関心事

career, etc.
- pursue a career under the U.S.-Japan setting
- step off into another career
- make my career decision
- your professional interests

◆**職務**

- 新しい**職務**で

- この**職務**で
- **職務**に関する十分な知識
- 新**職務**における
- 新しい**職務**においても
- 新しい**職務**でのご活躍をお祈り申し上げます。
- 彼の主な**職務**

assignments, business, capacity, duties, job, position, responsibility[-ies], undertaking, work
- in the new assignments/ in your new duties/ in your new undertaking
- in this capacity
- sufficient knowledge of its business
- in your new job
- in my new position
- May you enjoy every success in your new responsibility.
- his major responsibilities

・**職務**経歴を記載する

◆助言
・……について**助言**していただければ幸いです。
・ご**助言**をいただければありがたく存じます。
・ご**助言**をいただけますでしょうか。
・ご**助言**の一部をこの本に取り入れる
・必要とされる**助言**であればどのようなものでも
・……に関して**助言**を求める
・専門家の**助言**
・一般的**助言**
・心のこもったご**助言**をいただき、誠にありがとうございます。
・同社に関して貴社の**助言**と専門家としての評価
・今後とも、引き続きご**助言**を賜りますよう、お願い申し上げます。
・貴殿の**助言**と貴社との取引を求めて
・**助言**と情報を求めて
・……の**助言**によって
・特定の株または状況についての**助言**
・経営陣に**助言**する
・カナダの民間セクターや各種行政機関に**助言**する
・……についての**助言**や勧告を与える
・貴殿のご**助言**とご支援
・さらにご**助言**いただけることはございませんでしょうか。

◆処置
・そのような思い切った**処置**

◆署名

・同様な協定書に貴社の切明氏に**署名**していただきました。
・バイヤーの代表者が**署名**した書状
・**署名**済み申込書
・**署名**済みのコピー
・**署名**済み販売店契約書
・**署名**入り送り状
・**署名**者
・……に**署名**する
・**署名**を確認する
・新代表者同様、旧代表者の**署名**ももらって下さい。
・貴社の正式な**署名**
・**署名**見本
・**署名**届
・協定書の**署名**日に

・depict my work experience

advice, advise, counsel, recommendations
・I would *appreciate* your advice concerning ....

・Your advice would be greatly *appreciated*.
・Could you please *give* me some advice?
・*incorporate* some of your advice in the book
・any advice that may be *required*
・*seek* your advice on ...
・*expert* advice
・the *general* advice
・Thanks a lot [very much] for your *kind* advice.

・your *kind* advice and expertise on this company

・I rely on you for your further *kind* advice.

・for your advice and business
・for advice and information
・upon the advice of ...
・some advice on any special stock or situation
・advise the management
・advise the Canadian private sector and various levels of government
・provide advice and counsel on ...
・your counsel and support
・Do you have any further recommendations?

step
・such a drastic step

signed, signer, signature (s), signatory, signing, undersigned, unsigned, etc.
・A similar agreement was signed by your Mr. Klrlake.
・a letter signed by the buyer's representative
・the signed application
・a signed copy
・the signed dealership agreement
・signed invoices
・a signer/ a signatory
・*affix* your signature to ...
・*identify* the signature
・Please *obtain* the signatures of the old as well as new representative.
・your *official* signature/ your authorized signatures
・the *specimen* signature
・a signature card
・on thc datc of thc signing of thc agrccmcnt

- 下記**署名者**
- 下記**署名者**宛てに［気付けで］
- 船荷証券に**署名**がないまま
- 支払い指図書は**署名**なしで発行されている。
- イニシャルで**署名**する
- **署名**捺印済みの文書を 1 部

- the undersigned
- to the attention of the undersigned
- with the unsigned bills of lading
- The payment order was issued unsigned.
- initial your name
- one executed copy

◆**書面**
- **書面**で
- 雇用条件を**書面**で確認する
- ……ことを**書面**でお知らせいたします。
- **書面**をもって……をご通知申し上げます。
- **書面**をもって……をお伝えいたします。

correspondence, in writing, letter
- via correspondence/ in writing
- confirm in writing the terms of employment
- This letter is to announce that ....
- This letter is to inform you that ....
- This letter is to let you know that ....

◆**諸問題**
- 深刻で複雑な**諸問題**
- ご提示下さった**諸問題**
- ……の**諸問題**について

problems, etc.
- the serious and *complex* problems
- the *various* points you raise
- *on* issues of ...

◆**処理**

attend, deal [dealt] with, disposal, executed, handle, processed, processing, take care of, transactional, treated

- この件を大至急**処理**して（対応して）下さい。
- この問題を**処理**する
- ご注文はただちに**処理**いたします。
- 関係船積み書類の**処理**
- 貴社に十分ご満足いただけるよう**処理**いたします
- その小切手はこちらで**処理**されていませんでした。
- 集中注文**処理**
- 上記滞納分を**処理**する
- 緊急の用件を**処理**する
- 幅広い**処理**能力
- ……で**処理**されます

- Please attend to this matter with all speed.
- deal with this problem/ handle this matter
- Your order will be dealt with immediately.
- the disposal of the relative shipping documents
- will be executed to your full satisfaction
- The check was never processed here.
- a centralised order processing
- take care of the delinquency mentioned above
- take care of pressing items of business
- a wide array of transactional capabilities
- will be treated with ...

◆**助力**
- 貴殿より賜りましたご**助力**
- この点について非公式に貴殿のご**助力**をいただきたい、と思っております。
- 貴殿のご**助力**
- たくさんのご**助力**と情報
- ご**助力**ありがとうございます。
- ……の献身的な**助力**がなしでは
- これらの問題についてご**助力**願えればありがたいのですが。
- 必要な時はいつでも**助力**を惜しまない

assistance, help, helping
- the assistance you have rendered to us
- I would like to seek informally your assistance in this regard.
- your kind assistance
- a great deal of assistance and background
- Thank you for your help.
- without the dedicated help of ...
- Your help on these matters will be appreciated.
- give a helping hand wherever it is needed

◆**書類**

- この**書類**

document (s), documentation, forms, papers, paperwork, etc.
- this document

- 「了解事項覚書」と呼ばれる**書類**
- これらの**書類**はすでに揃えられ、発送できるようになっています。
- 本機に関する**書類**
- 正規の**書類**
- 書籍の注文に必要な**書類**
- むだな**書類**作業
- **書類**の不備

- a document called the "Minutes of Understanding"
- These documents are now completed, and ready to be forwarded.
- the documentation on the machine
- the proper forms
- the necessary papers for ordering books
- needless paperwork
- discrepancy

♦ （お）知らせ

add, advise [-d], announce, announcing, attention, aware, inform, informed, informing, let me [us, you] know, news, notice, report, remind, share with, say, tell, word, etc.

- ……を取り急ぎお**知らせ**いたします。
- ……をお**知らせ**いただけませんでしょうか。
- ……をお**知らせ**下さい。

- I hasten to add that ....
- Can you advise us of ...?
- Please advise me of ..../ Would you kindly [May we ask you to] advise us of ...?/ Please inform us of ..../ We shall be pleased if you will inform us of ..../ Kindly let us know ..../ Will you kindly tell us ...?

- 本書状は、……についてお**知らせ**するものです。
- ……について今後も引き続きお**知らせ**いたします
- ……をお**知らせ**いたします。

- This letter is to advise you ....

- will keep you advised of ...

- <be> pleased to announce ..../ We are pleased to announce that ..../ will advise you of ..../ We wish to advise you that ..../ I am glad to inform you that ..../ I am pleased to inform you that ..../ I wish to inform you that ..../ I am happy to report that ..../ I will share with you ..../ I am happy to tell you that ....
- ……ことをお**知らせ**いたします。
- I am pleased to announce ..../ This letter is to announce ..../ We advise you that ..../ I am writing you to inform that ..../ We are pleased to inform you that ..../ We are pleased to inform you of ..../ We inform you that ..../ I have the pleasure to inform you that ..../ I must remind you that ..../ I'd like to remind you that ..../ I am happy to say that ....
- It is my great pleasure to be able to announce to you that ....
- ……ことをお**知らせ**できますことは、まことに光栄です。
- ……を開設いたしましたので、お**知らせ**申し上げます。
- この件をお**知らせ**いただき、ありがとうございます。
- ……を貴殿にお**知らせ**します
- ……を謹んでお**知らせ**いたします。

- We take pleasure in announcing the opening of ....

- Thank you for bringing this matter to our attention.

- make you aware of ...
- We beg to inform you that ..../ We have the pleasure to inform you that ..../ We are glad to inform you that ..../ We have pleasure in informing you that ..../ We take pleasure in informing ..../ We take pleasure in informing you that ..../ I am writing to tell you that ....
- 必ず貴社にお**知らせ**いたします。
- We shall not fail to inform you.
- ……をお**知らせ**したく存じます。
- We would like to inform you that ..../ We wish to inform you that ....

- ……をお知らせします。

- 上記の状況を御行にお知らせする
- 本書状は、……についてお知らせするものです。
- ……を絶えず貴殿にお知らせしたいと思います
- 私どもの活動状況を詳しくお知らせいたします。
- 貴殿にたえずお知らせするよう心掛けます。
- お知らせしましたとおり
- ……どうか、折り返しファクスでお知らせ下さい。
- なるべく早くお知らせ下さい。
- ……をお知らせいただければ、ありがたく存じます。
- ……かどうか、お知らせ下さい。
- 〈日付〉までにお知らせ下さい。
- ……を書中をもってお知らせいたします
- ……についての知らせを受け、たいへんうれしく存じます。
- このお知らせについて
- 本件をわざわざ知らせる
- ……ことを（念のため）お知らせいたします。
- ……をぜひお知らせしたいと思います。
- ……をここにお知らせした次第です。
- ……のお知らせをいただき、嬉しく存じます。
- ……という知らせをたった今伺ったところです。
- ……の知らせを、たった今受け取ったところです。
- その時、新しい住所をお知らせいたします。

◆報（しらせ）
- 新たにご就任されたとの報
- 日本からご貴殿がABC社最高顧問にご就任との報が届きました。

◆知られている
- XYZ社ではよく知られている
- 当方にも、業界にもよく知られております
- ……ではすでによく知られております
- ……で知られています
- ABC社という社名は、この国では全くと言っていいほど知られていませんでした。
- 御社は世界中でよく知られています。

◆知り合いになる
- ……と知り合いになる
- 貴殿と知り合いになる

- I am happy to inform you that ..../ I would like to inform you that ....
- inform you *of* the above condition
- This letter is to inform you ....

- wish to keep you informed *of* ...

- We will keep you closely informed *of* our work.

- We will keep you informed.
- as intimated
- Please let me know by return fax if ....

- Please let me know as soon as possible.
- We would appreciate it if you would let us know ....

- Please let us know if ....
- Please let us know by <date>.
- I am writing to let you know that ....
- It is most gratifying to receive the news about ....

- concerning this notice
- bring this matter to our notice [attention]
- I am writing to remind you ..../ This letter is to remind you ....
- I must not forget to tell you that ....
- I wanted to write to tell you of ....
- It is a pleasure to have word from you ....
- Word has just been received that ....
- I have just received word of ....

- We will send you our new address at that time.

news, etc.
- the news of your new appointment
- Word has reached me from Japan of your appointment as Senior Advisor of ABC.

known, noted, unknown, well-known
- <be> well known to XYZ
- <be> well known to us and the industry
- <be> already well known to ...
- <be> noted for ...
- The ABC name in this country was almost a total unknown.
- Your company is well-known all over the world.

acquaintance
- make acquaintance with ...
- make your acquaintance

◆退く
• 完全に**退く**
• 現役の仕事を**退か**れる
• ……を**退く**
• 取締役会長の座を**退か**れる

• 今期限りで取締役会を**退く**

◆資料
• **資料**一式

• **資料**カード
• あなた様からお送りいただくこのような**資料**はすべて
• **資料**を収集する
• **資料**を同封するのを忘れる
• ご提供いただいた**資料**はどれも
• 依頼いたしました**資料**
• 上記の**資料**
• 関連する支持**資料**
• 発表のための**資料**
• 本**資料**
• 大量の**資料**
• 会社についての他の**資料**

◆知る

• ……して、初めてそのことを**知っ**たような次第です。
• 「ニューヨーク・タイムズ」で貴殿の昇進を**知っ**て
• ……のことを**知り**、まことに遺憾に存じます。
• ……についての情報をいつも**知っ**ていたい
• 私どもはお互いによく**知っ**ている仲なので、
• ……ことを**知り**、うれしく存じます。

• 貴状より、……であることを**知り**、うれしく思います。
• ……をお**知り**になりたいのではと存じます。
• 私どもの**知る**限りでは
• ……ことを**知っ**ているので
• ……を**知り**、たいへんうれしく存じます。

• ……ことを（6月10日付けお手紙で）**知り**、申し訳なく思っております。
• ……を**知り**たいと思っているのですが。
• ……をお**知り**になりたいのではないかと存じます。

retire, etc.
• retire *completely*
• retire *from* his active role
• will be retiring *from* ...
• step aside from your post as Chairman of the Board
• do not undertake another term on the board

information, items, material (s)
• a complete package of information/ a complete set of materials
• information sheet
• any such items you send

• *assemble* the material
• neglect to *enclose* the materials
• all the materials you *provided* us with
• the material I *requested*
• the *above* materials
• the pertinent *back-up* material
• the *presentation* material
• *this* material
• an immense amount *of* material
• other materials *about* the company

aware, having read, hear [of], inform [-ed], know, knowing, knowledge, learn [-ed], note, understand
• I was not aware of this until ....

• after having read about your promotion in "The New York Times"
• We are very sorry to hear that ..../ We regret to hear of ...
• stay informed about ...
• since we know each other so well
• I am pleased to know of ..../ I'm happy to know that ..../ It is nice to know that ..../ It gives us pleasure to note that ....
• We are glad to know from your letter that ....

• You will be interested to know that ....
• As far as we know/ To the best of our knowledge
• Knowing that ...,
• It gives [gave] me a great deal of pleasure to learn about [of] ....
• We are sorry to learn (in your letter of June 10) that ....
• We would be interested to learn ....
• You might be interested to learn that ....

- ……を**知**ったところです
- 貴状より ……であることを**知**りうれしく存じます。
- ……で**知**りました。

- I have (just) learned that ....
- We note with pleasure from your letter that ....

- I understand from ....

◆印

- 希望の支払い方法に**印**を付ける
- これを私の尊敬の**印**と見なしていただきたいと存じます。
- ……の**印**として
- 貴殿のカレンダーに**印**を付ける
- 段落をはっきりさせるため文字で**印**が付けられている
- ……に**印**をつける
- 貴殿のご厚誼の**印**として
- 信頼と関与のはっきりした**印**
- ……に対する私の感謝の**印**として
- 私どもの熱意の**印**
- 貴殿の（温かい）友情の**印**として

check off, evidence, expression, mark [-ed], notations, reminder, signal, symbol, token

- check off the collections you want
- I hope you will regard this as evidence of my esteem.
- as an expression of ...
- mark your calendar
- <be> marked to identify paragraphs by letter

- make notations on ...
- as a reminder of your cordial friendship for me
- a clear signal of confidence and commitment
- as a symbol of my appreciation for ...
- a token of our eager wish
- as a token of your (warm) friendship toward me.

◆新〜

- 当社の**新**工場
- ……が開発した**新**製品
- **新**製品開発
- **新**株落ち
- 当社**新規**追加商品
- 今後の注文に関する**新**協定について討議する
- **新**残高
- **新**支店
- **新規**事業で成功する
- 同日に**新**証書をお送りいたします
- この**新**会社
- 地域的及び世界的統合という**新**経済の時代

- 7月に採用された**新入**社員
- **新規**投資
- **新**株
- **新**製品
- 電子製品の**新**製品
- 弊社の**新**製品を販売する
- （債務繰延べ国に対する）**新規**貸出し
- 千葉の貴社**新**工場を訪ねる
- **新**製品用
- **新**製品開発のための
- **新**価格
- **新**製品について話し合う
- **新**製品発表
- **新**計画のもとでは
- 病院用機器を取り扱う当社の**新任**社員
- **新**業務

brand-new, invention, new

- our brand-new plant
- the invention developed by ...
- the development of the invention
- *ex* new (allotment)/ new shares off/ ex rights
- our new *additional* line
- discuss new *arrangements* for future orders
- new *balance*
- a new *branch*
- <be> successful in his new *business* venture
- send you new *certificates* on the same day
- this new *company*
- the new *economic era* of regional and global integration
- a new *entrant* employed in July
- new *investments*
- new *issues*
- new *items*
- our new *line* of electronic goods
- sell our new *models*
- new *money*
- visit your new Chiba *plant*
- for the new *product*
- for developing new *products*
- a new *price*
- discuss any new *products*
- the launching of new *products*
- under the new *program*
- our new *representative* for hospital equipment
- a new *service*

- 貴社の ……の**新**株取得のために
- **新**製品（特製品）は間もなく発売されます。
- **新**戦略基地
- システムのデータ処理における**新**技術
- **新**技術の開発
- **新**製品を考えている
- **新**株引受け権証書

- for your acquisition of the new *shares* of ...
- The new *specialities* is going to be issued soon.
- the new *strategic base*
- new *techniques* in data processing for the system
- development of new *technology*
- think of some new *things*
- stock purchase warrants

◆**人材**
- マーケティングおよび技術部門の有能な**人材**
- 最も貴重な**人材**のひとり
- 貴社の貴重な**人材**となります
- ……にとって、貴重な**人材**

people, etc.
- competent marketing and technical people

- one of the most valuable people
- become an asset to your company
- a valuable asset to ...

◆**人事**
- （新しい）**人事**異動
- **人事**課
- （弊社の）**人事**訓練プログラム
- **人事**部

personnel, etc.
- a new assignment
- the personnel section
- our personnel training programme
- a personnel department

◆**信じる**
- ……ということを**信じ**ております。

- ……と**信ずる**に足る根拠があります。
- ……とは**信じ**がたい思いがいたします。
- ……とはとても**信じ**られません。
- 皆さまが無事帰国なさったと**信じ**ております。

believe, trust, etc.
- I [We] believe that ..../ We are almost *certain* that ....
- We have reason to believe that ....
- I find it difficult to believe that ....
- It is hard for me to believe that ....
- I trust that everyone has arrived home safely.

◆**申請**
- ……のための**申請**をする
- 〈目的〉のための**申請**をお願いいたします。

- 許可を**申請**する

an application, etc.
- make an application *for* ...
- I am writing to request an application *for* <purpose>.
- request permission

◆**人生**
- あなたとの交際や友情によって、私の**人生**は豊かになりました。
- 私自身の**人生**

one's life
- My life has been enriched by our association and our friendship.
- my own life

◆　（ご）**親切**
- とても**親切**です
- ユーモアに富み、人に対し**親切**です
- お心遣いと**親切**なお言葉
- ご**親切**にも、……していただければ、非常にありがたく存じます。
- この件に関して、ご**親切**・ご協力、ありがとうございます。
- ご**親切**に対し返礼したいと存じます。
- ご**親切**はいつまでも忘れません
- ご**親切**［ご助言、ご助力、お知らせ］に重

friendly, hospitality, kind, kindness
- <be> very friendly
- <be> of good humor and friendly
- your consideration and expression of hospitality
- I should appreciate it greatly if you would be so kind as to <do>.
- We thank you for your kind cooperation to the matter.
- I will be able to reciprocate your kindness.
- will always remember your kindness
- Thank you again for your kindness [advice, help,

ねてお礼申し上げます。
- 貴殿の心からの友情と**ご親切**

information].
- cordial friendship and **kindness** accorded to us

◆**人選**

choice/ selection

◆**信託**
- **信託**勘定
- **信託**業務
- **信託**銀行
- **信託**証書
- 当行の**信託**部門をご利用いただきたくご案内申し上げます。

trust
- **trust** accounts
- **trust** services
- **trust** banks
- a **trust** deed/ a **trust** certificate
- We call your attention to our **Trust** Department.

◆**人的**
- **人的**生産性
- **人的**担保

human, personal
- human productivity
- personal security

◆**新年**

coming year, Happy New Year, new year, New Year, New Year's Day, New Year's, New Years, etc.

- クリスマスと**新年**おめでとうございます。

- よい**新年**をお迎え下さい。
- **新年**おめでとうございます。

- クリスマスと**新年**のご多幸をお祈り申し上げます。

- **新年**にあたり、
- **新年**の
- **新年**のご多幸
- ご健勝とご多幸な**新年**
- 家族一同、素晴らしい**新年**を迎えました。
- 家族一同楽しい**新年**を迎えました。
- **新年**のご健康とご多幸をお祈り申し上げます
- 明るく実り多い新年
- **新年**のご多幸とご繁栄
- ご健康と**新年**のご多幸をお祈りいたします。
- **新年**のご挨拶
- **新年**のご挨拶ありがとうございました。
- **新年**［時候］のご挨拶を申し上げます［おめでとうございます］。

- We *send* you our cordial Christmas greetings and very best wishes for a Happy New Year.
- Best wishes for the coming year.
- With my warmest greetings and good wishes (for you) for the coming year./ Greetings for the new year.
- Best Wishes for a Merry Christmas and a Happy New Year./ Best Wishes for Christmas and (the) New Year./ Wishing you a Merry Christmas and the best of all possible New Years.
- As the new year begins,/ in the New Year
- in the new year
- a good and prosperous new year
- a happy, healthy, and prosperous New Year
- My family and I *enjoyed* a very nice New Year's Day.
- My family and I *had* an enjoyable New Year.
- *wish* you a healthy and prosperous New Year
- a bright and successful New Year
- a happy and prosperous New Year
- Health and best wishes for the New Year.
- your New Year's Greeting
- Many thanks for your New Year's greetings.
- Season's Wishes.

◆**心配**

anxious, concern (s), concerned, worry [-ies], worried

- ……について**心配**する
- 自分達の問題や**心配**事を話し合う
- ……についてちょっと**心配**している
- 疑問点あるいは**心配**の点がある

- <be> anxious about .../ <be> concerned at ...
- *discuss* our problems and our concerns
- *have* bit of a concern about ...
- *have* questions or concerns

- かなり**心配**の種
- 弊社は、……という貴社の知らせを聞いて、非常に**心配**しております。
- **心配**することは何もないと思います。
- 最初は多少**心配**気味でしたが
- ……をかなり**心配**する
- このニュースをかなり**心配**しています
- いつもあなたのために**心配**しております。
- とても**心配**する

- a source of considerable concern
- We are much concerned at your news that ....

- I do not think there is anything to worry about.
- after some initial worries
- <be> worried over ...
- <be> rather worried over the news
- I am always thinking of you.
- <be> hard pressed

◆**人物**
- **人物**照会先
- 知性と情熱を持った**人物**

- とても人気がある**人物**
- 信頼できる**人物**
- ふさわしい経歴と順応性を併せ持つ**人物**
- 極めて誠実な**人物**
- 貴殿がお会いになった**人物**
- 慎重で注意深い**人物**
- 並はずれて優秀な**人物**
- 本当に立派な**人物**
- 適切な**人物**
- うってつけの**人物**
- 数少ない人物の一人
- 望ましい**人物**像——

character, man, person (s), etc.
- character reference
- a man whose intellect and enthusiasm embraced so much
- a most popular man
- a trustworthy man
- a man of suitable background and compatibility
- a man of the utmost integrity
- the person or persons you met
- a cautious and careful person
- a very exceptional person
- a really fine person
- the proper persons
- the right person
- one of the few people
- The ideal profile:

◆**新聞**
- **新聞**発表
- **新聞**で
- このたびの**新聞**発表
- ……いうことを**新聞**で読みました。
- その年に発行されるすべてのAIAA関連の**新聞**（約1,000種）
- 報告書を**新聞**発表しようとしています

news, newspapers, papers, press
- a news release/ the press release
- in newspapers/ in the press
- recent newspaper announcements
- I've read in the newspapers that ....
- all AIAA papers published during the year (approx. 1,000 papers)
- <be> about to release a report to the press

◆**進歩**
- 絶えず**進歩**するこの技術分野
- デザインの改良と技術の**進歩**により
- かなりの**進歩**を成し遂げる
- このような**進歩**を可能にする
- 大きな**進歩**の跡が見られます
- ABC社の**進歩**と価値
- 史上最大の**進歩**を遂げながら

advancing, developments, progress
- this advancing technological field
- through new styling and technical developments
- make significant progress
- make this progress possible
- show substantial progress
- the progress and values of ABC
- with the most tremendous progress in our history

◆**信用**

- ……の**信用**に値します。
- ……の**信用**供与を提案いたします
- **信用**貸しを求める

confidence, commitment, credit, creditworthiness, facility [-ies], line, margin, reference (s), report (s), standing, status, etc.
- Deservers confidence of ....
- offer you our commitment of ...
- apply for credit

- 貴殿は、総計6,000ドルの**信用**枠を持っています。
- **信用**を落とす危険
- 高い**信用**を得られる
- 割賦**信用**
- 当行の**信用**供与
- ……に関する**信用**調書
- 同社についての**信用**調書
- **信用**供与限度
- **信用**供与限度を利用する
- **信用**調書
- 通常の**信用**需要
- **信用**危険
- **信用**組合
- 以下の**信用**供与限度
- **信用**力
- 今回の**信用**供与額
- 当行の**信用**供与の最高限度額
- **信用**供与の条件
- ……ついての適当な**信用**限度
- **信用**買い
- 私どもを**信用**照会先として利用する
- **信用**照会先
- 個人の**信用**照会（先）
- **信用**照会については、
- 貴行の**信用**調（査）書
- **信用**状態
- 良い**信用**状態
- 弊社の**信用**状態に関して
- 当方の**信用**状態について

- **信用**調査
- **信用**調査報告書
- **信用**貸付け
- **信用**限度内
- **信用**通貨
- **信用**発行

◆**信用状**

- 貴行よりの上記**信用状**
- 上記に示した**信用状**
- **信用状**の当初条件
- **信用状**は、……によって確認されます。
- **信用状**を発行する
- 注文金額の**信用状**を開設する
- **信用状**の開設が遅れまして、申し訳ございません。
- 巡回**信用状**
- （輸出）前貸し**信用状**
- 回転（循環）**信用状**
- **信用状**開設依頼状

- You *have* credit available to you in the amount of $6,000.00.
- a bad credit risk
- can enjoy a good credit reputation
- installment credit
- our credit facilities
- credit *information* regarding ...
- our credit *information* on the firm
- a credit limit/ a line *of* credit
- use the credit *line*
- a credit *report*
- normal credit *requirements*
- a credit *risk*
- a credit *union*/ a popular bank
- the following line *of* credit
- creditworthiness
- the amount of this facility
- the ceiling of our credit facilities
- the terms and conditions of the facility
- a proper line for ...
- buying on margin/ margin buying
- use us as a reference
- credit references
- personal reference
- With regard to references,
- your usual banker's reports
- business standing/ credit standing/ a status
- a good credit standing
- concerning our credit standing
- with regard to our standing/ As to our business standing,
- a status inquiry
- a status report
- unsecured loans
- in a limited amount
- fiduciary currency [money]
- fiduciary issue

credit (s), letter (s) of credit, L/C, Letter (s) of Credit, etc.

- your above-captioned credit
- our above-noted credit
- the original terms *of* the credit
- The credit will be *confirmed* by ....
- *issue* letters of credit
- *open* a letter of credit for the amount of this order
- I'm very sorry for the delay in *opening* the letter of credit.
- a *circular* letter of credit
- *red clause* credits/ a packing credit
- a *revolving* (letter of) credit
- letter of credit *instructions*

- 信用状発行銀行と連絡を取る
- 信用状番号
- 信用状発行銀行
- 信用状記載の条件
- 信用状の内容
- 信用状を3通開設するため
- 信用状受領後
- 6桁の中の金額の信用状が発行中になっています。
- 同様の信用状
- 当方を受益者とする20,500米ドルの信用状
- 信用状開設依頼人
- 信用状開設銀行
- 信用状発行依頼人

◆信頼
- ……に、大きな信頼を持つようになる
- ……を十分信頼しております。
- ……に対する信頼感を示す
- ……に全幅の信頼を置いています
- 強い信頼を保つ
- 私どもに対するご信頼
- ……を十分信頼している
- 信頼感
- 両社間の良好な信頼関係を育ててゆく
- 相互に友好と信頼の関係を築く
- お客さまのご信頼とご愛顧をいただく
- ……なさるものと信頼しております。
- 有能で信頼できる管理職
- 御社が非常に得がたく信頼できる重役

- communicate with the L/C *issuing* bank
- the L/C *number*
- the L/C *opening* bank
- the conditions stipulated *in* the L/C
- the contents *of* the credit
- for the issuance *of* three Letters of Credit
- after receipt *of* L/C
- A medium six figure amount is outstanding *on* letters of credit.
- a similar type *of* credits
- your L/C for US $20,500 in our favor
- an opener/ a grantee/ an accountee
- an opening [issuing] bank/ an accrediting party
- an accreditee/ an accredited party/ the accountee

confidence, good faith, trust, trusted
- *develop* great confidence in ...
- We *entertain* the fullest confidence in ....
- *exhibit* confidence in ...
- *have* the utmost confidence in ...
- *maintain* that high confidence
- the confidence you have *placed* in us
- have a high level of confidence in ...
- a spirit of confidence
- develop good faith among both of us
- build mutual friendship and trust
- earn your trust and friendship
- We trust that you will <do>.
- effective and trusted managers
- a most valued and trusted officer

す

◆遂行
- 貴注文を遂行する
- 私は米国での私の任務を遂行できなかったと思います。
- 新しい職責の遂行に
- みごとに業務を遂行されたことに対して

◆水準
- アメリカや世界の水準から見ても
- 引続き記録的な水準にあります

◆推薦

- 心より彼女を推薦いたします
- 斉藤氏を貴殿に推薦し、

execute, fulfill,etc.
- execute your order
- I don't think I could have fulfilled my duties in the States.
- in the discharge of your new responsibilities
- on a job well done

standard (s), etc.
- by American and world standards
- continue to be at record levels

commend, commending, endorse, recommend [-ed], recommendable, recommending, recommendation, etc.
- commend her most cordially
- Commending Mr. Saito to your kind attention,

- 同氏をこの賞に**推薦**する
- ……を貴殿に喜んで**推薦**いたします。
- 営業部門向けに、……を**推薦**いたします
- 〈人名〉を〈職階〉の職に**推薦**いたします
- 貴殿が考えておられるポストに彼女を**推薦**します
- 貴社を強く**推薦**する
- ……をご**推薦**願えますでしょうか。
- 御社セールスマンにより**推薦**されたディーラー
- 同社はどんな取引にも**推薦**することができると考えられます。
- 〈名前〉を、……としてご**推薦**申し上げます。

- **推薦**状を提出する
- **推薦**状
- **推薦**状に

◆**数**〜

- **数年**ぶりに
- **数日中**に
- ここ**数日**来
- ここ**数年**間
- **数日**の内に
- この数字が**数倍**にまで増える
- これらの**数字**
- **数量**過不足認容条件
- **数百万**ドルの多国籍企業を築き上げる
- この**数字**を上回るように全力を尽くす
- 速報**数字**
- 最高10%までの**数量**割引き
- 100ダースを超える**数量**に対して
- **数量**条件
- **数日**間にわたり
- **数カ月**の間
- **数年**前に
- かなりの**数量**の注文

◆**末**（すえ / まつ）
- 年**末**に当たり、
- 9月**末**頃
- 5月**末**に
- 今月**末**に
- 20xx年**末**の
- 年**末**までには
- 商品は8月**末**までに貴社宛てに発送いたします。
- 1月の**末**頃
- 20xx年**末**に
- 今年**末**

- endorse him for this award
- We are pleased to recommend ... to you.
- recommend ... for the business department
- recommend <person> for the position of <title>
- recommend her for the position you have in mind

- recommend your organization very highly
- Can you recommend ...?
- the dealer recommended by your salesman
- The company is considered recommendable for any business engagements.
- I take great pleasure in recommending <name> as ....

- submit a recommendation
- a letter of recommendation
- on the nomination form

few, figure (s), more or less, multi-million, number (s), plus/minus, quantity, several, some, substantial

- after a few years interval
- in a few days' time
- over the past few days
- over the last few years
- within a few days
- grow to several times this figure
- these figures
- more or less ［plus/minus］ clause
- create a multi-million dollar, multi-national company
- try very hard to exceed this number
- flash numbers
- a quantity discount of up to 10%
- for a quantity of more than 100 dozen
- terms of quantity
- for the several days
- for several months
- some years ago
- a substantial order

close, end, late, etc.
- As the year draws to a close,
- around the end of September
- at the end of May
- at the end of this month
- at year end 20xx
- by year end
- The goods will be forwarded to you by the end of August.
- near the end of January
- in late 20xx
- late this year

・**末長く**

◆**過ぎる**
• 8 月22日を**過ぎ**ますと
• 貴社の支払いは期限を**過ぎ**ています。
• ……の実施期限が**過ぎ**ている
• ……から、 1 年近く**過ぎ**ようとしております。

◆**すぐに**

• 予定がはっきりし次第、**すぐに**
• **すぐ**
• **すぐに**返事の手紙を出すことができません
  でした。
• **すぐにも**
• **すぐに**
• ヨーロッパ大陸への出張から戻ると**すぐに**

◆**スケジュール**
• 私の**スケジュール**に合わせていただきあり
  がとうございます。
• 11月 9 日中に**スケジュール**を決めることが
  できると思います。
• ……があらかじめ手配した**スケジュール**
• 私どもの**スケジュール**を立てているところ
  です
• **スケジュール**に従う
• **スケジュール**案
• **スケジュール**に妨げられず、ご出席いただ
  けますことを願っています。
• **スケジュール**の都合がつかず残念ながらお
  伺いできません。
• ……の完全な**スケジュール**
• 貴殿の到着と出発の**スケジュール**
• **スケジュール**の変更がございましたら

◆**過ごす**
• 楽しい一時を**過ごさ**せていただきました。
• 楽しい夏休みをお**過ごし**下さい。
• たいへん楽しい時を**過ごし**ております［**過
  ごし**ました］。
• ご家族と楽しい夏休みを**過ごす**

• 私はシカゴで楽しい夏を**過ごし**ました。
• たいへんに楽しい一夜を**過ごし**ました。
• 私どもと夕べの一時を**過ごす**
• 貴殿と一日を**過ごす**
• 週末を**過ごす**
• 私はロンドンで週末を**過ごす**つもりです。
• 数日を**過ごす**

• for many pleasant years

beyond, overdue, etc.
• beyond August 22
• Your payment is overdue.
• <be> overdue in the execution of ...
• It is nearly one year since ....

**as soon as, in no time, promptly, quickly,
shortly, etc.**
• as soon as my plans become clearer
• in no time/ shortly/ quickly
• I was unable to answer your letter promptly.

• very shortly
• without delay
• On my return from a business trip to the
  Continent

schedule
• Thank you again for *accommodating* my schedule.

• We could *arrange* our schedule sometime during
  November 9.
• the schedule previously *arranged* by ...
• <be> *arranging* our schedule

• *follow* the schedule
• a *proposed* schedule
• I hope your schedule will *allow* you to attend.

• My schedule *precludes* my being able to accept your
  kind invitation.
• a full schedule of ...
• your incoming/outgoing schedule
• if there is any change *in* your schedule

enjoy, have [had], spend, etc.
• I enjoyed myself very much./ I had a good time.
• Have a nice summer vacation.
• I have [had] a very good time.

• have an enjoyable summer vacation with your
  family
• I had a very enjoyable summer in Chicago.
• We had a very pleasant evening.
• spend an evening with us
• spend a day with you
• spend the weekend
• I plan to spend a weekend in London.
• spend a few days

- ご一緒に時間を**過ごす**
- 貴殿と長時間一緒に**過ごす**
- 多くの時間をヨーロッパで**過ごす**
- たとえ僅かの間でも**過ごす**
- カリフォルニアの山の中で**過ごした**一夜
- 皆様いかがお**過ごし**でしょうか。
- いかがお**過ごし**でしょうか。
- 元気にお**過ごし**のことと存じます。

- spend some time with you
- spend so many hours with you
- spend extensive time in Europe
- spend any length of time
- an evening in the mountains of California
- How are you doing?
- How are you getting along?
- I hope that you are well.

◆進む

- 滞りなく**進む**
- すべてが順調に進んでいる。
- その方向に**進む**
- 貴社との協力と共同活動がさらに広範囲に**進む**
- 次の段階に**進む**

go, move, etc.

- go smoothly
- All is going well.
- move in this direction
- lead to broader areas of cooperation and joint activity
- take the next step

◆進める

- 統計的手法の研究を**進める**
- ……間の取引を**進める**
- いくつかの構想を**進める**
- 我々はさらに高い目標に向かって会社の経営を**進め**ました。
- ……の設立を**進める**
- 問題の会社との取引はあくまでも慎重に**進める**
- 必要な話合いを**進める**
- 計画を**進める**
- こうした計画を共同して**進める**
- この件をさらに**進める**

continue, develop, move, proceed with, pursue, take

- continue your study of statistical methods
- develop business between ...
- develop some ideas
- We moved the company along to more lofty goals.

- proceed with the establishment of ...
- proceed with every possible caution in dealing with the firm in question
- pursue necessary discussions
- pursue the program
- pursue such programs jointly
- take this matter further

◆勧める

- 貴殿が……されることを強くお**勧め**いたします。
- 本オファーをお受けになるようお**勧め**します。
- 当地に到着したら貴殿に連絡するようモーディー氏より**勧め**られました。
- ……することをお**勧め**いたします。
- ……を大いにお**勧め**いたします。
- 弊社の〈製品名〉をお**勧め**いたします。
- ……することを、お**勧め**したいと思います。
- IBXのパソコンの購入を**勧め**ます
- ……なさるようお**勧め**いたします。
- ……をお**勧め**いたします。
- ……に行かれることをお**勧め**します。
- 貴殿と連絡をとるようスコット氏より**勧め**られました。
- できるだけ多くの人々がこの会議に参加するよう、強くお**勧め**いたします。

advise [-d], encourage, recommend [-ed], suggest [-ed], urge, urged

- I would strongly advise you to <do> .

- We would advise you to accept this offer.
- Mr. Mordy advised me to contact you upon my arrival.
- I encourage you to <do>./ You are urged to <do> .
- I can highly recommend that ....
- We recommend our <product name>.
- I would like to recommend you to <do>.
- recommend the IBX PC for purchase
- It is recommended that ....
- We would suggest that ....
- We suggest that you visit ....
- Mr. Scott suggested I get in touch with you.

- I would like to urge as many of you as possible to come to this Conference.

- ……するようお勧めします。
- ……するよう、貴殿にお勧めします。
- 予定をたてられることを強くお勧めします

- May we urge you to ....
- I must urge you to <do>.
- urge you to make plans

◆スタッフ

- 貴社の**スタッフ**の方々がさいて下さった時間と努力
- 関係した**スタッフ**の皆様
- 優秀な**スタッフ**
- 専門的に訓練を受けた**スタッフ**
- **スタッフ**の誰にでも
- その他の貴殿の**スタッフ**の方々
- 貴殿と**スタッフ**の皆様
- ……する**スタッフ**がいる

staff, <be> staffed

- the time and effort expended by members of your staff
- all the staff involved
- the superb staff
- an expertly trained staff
- any member of our staff
- the rest of your staff
- you and all (the) members of your staff
- <be> staffed to <do>

◆スナップ写真

- 家族の**スナップ写真**
- その晩に撮った**スナップ写真**を数枚
- 古い**スナップ写真**
- 私のカメラで撮った富士山の**スナップ写真**

snapshot (s)

- a snapshot of my family
- *some* snapshots taken during the evening
- an old snapshot
- snapshots of Mt. Fuji taken with my camera

◆素晴らしい

- そのホテルはどこからみてもこの上なく**素晴らしい**ものでした。
- 通常、**素晴らしい**ものです
- 何より**素晴らしい**ことです
- ほんとに**素晴らしい**
- ナイアガラの滝の眺めは**素晴らし**かったです。
- 申し分のない**素晴らしい**時

exquisite, glorious, impressive, lovely, superb, wonderful, etc.

- The hotel was exquisite in every respect.

- <be> usually glorious
- <be> most impressive indeed
- <be> very lovely
- A view of Niagara Falls was superb.
- a perfectly wonderful time

◆住む

- わが家から数ブロックのところに**住ん**でいる
- **住む**場所として良いところを選びました。
- 私どもの田舎の別荘を貴殿の臨時のお**住まい**とする
- これから**住む**アパートの住所はまだ分かりません
- クイーンズベリー湖畔に**住む**予定です。
- ずっとここに**住む**ことに決めた。

live, etc.

- live a few blocks from me

- We made a good choice of a nice place to live.
- make our rural retreat your temporary abode

- I do not know my future apartment's address.

- We will be on Lake Queensberry.
- We decided to live here for life.

◆済む

- 大きな被害がなくて**済む**
- ……しなくても**済み**ます

get off, etc.

- get off without much damage
- may be relieved of <doing>

◆〜する

- ……**する**ためのものです
- ……**する**つもりで
- ……**せざ**るを得ない
- 貴殿に、……**して**いただきたいと存じます。

to <do>, <doing>, make, do, etc.

- <be> meant to <do>
- With the *intention* of <doing>
- <be> forced to <do>
- We hope you will <do>./ We want you to <do>.

- ……**する**ため
- In order that ... may <do>/ In order to <do>/ With a view to <do>

- 皆様と私どもとの関係を快適で有益なもの**とする**
- make their contacts here as enjoyable and profitable as possible

- 取引関係を双方にとり気持ちよく満足できるものと**する**
- make the relations mutually pleasant and satisfactory

- ……**する**ように必ずいたします。
- I will make sure that ....

- すみませんが、……**して**いただけませんか。
- May I trouble you to <do>?

- ……**して**下さいませんか。
- May we ask you to <do>./ May we have the pleasure of <doing>.

- お手数ですが、……**して**下さい。
- Please take time to <do>.

- ……ように**して**下さい。
- Please arrange that ....

- ……**する**ようにして下さい。
- We ask you to see to it that ....

- ……**する**ように
- So as to <do>

- 彼はできる限りのことを**して**くれるでしょう。
- He will be glad to help you in anything he can.

- 貴殿はきっと素晴らしい仕事を**なされる**でしょう。
- I know you will do an outstanding job.

- 〈議題〉について、貴殿と ……**したい**と存じます。
- We would like to <do> with you on <subject>.

- ……**して**いただきたいと存じます。
- We would request that you <do>.

- ……**しよう**としているわけではありません。
- We are not trying to <do>.

せ

◆税～

assessment, customs, deductible, duties, tariff, tax, taxation

- 源泉［分離］**課税**
- assessment at the source/ a withholding tax

- **関税**障壁
- a customs［a tariff］barrier

- **税関**申告
- customs declaration

- **税関**送り状
- a customs invoice

- もしこの方法が貴国の**税関**規則に違反していなければ
- if this method is not against your customs regulations

- **課税**控除できるかもしれません
- may be deductible

- 差別**関税**
- discriminating duties

- **税**負担
- tax burden

- **租税**条約
- a tax convention

- **税率**や会計上の変更
- tax and accounting changes

- **脱税**
- tax evasion

- **税金**避難地
- a tax haven

- **税金**の抜け道
- a tax loophole

- **税務**対策
- tax management

- **税金**対策として
- for tax purposes

- **税金**逃れの隠れみの
- a tax shelter

- 二重**課税**
- double taxation

◆成果

fruit (s), good work, results, successful, etc.

- **成果**を上げ続ける
- continue to bear fruit

- 知識と創造力の**成果**
- the fruits of knowledge and invention

- 今後とも**成果**をあげられる
- will continue your good work

- **成果**を求める
- こうした**成果**
- ……にめざましい**成果**を収める
- 予測した**成果**

- get results
- such results
- <be> outstandingly successful in ...
- the predicted performance

◆**性格**
- たいへん誠実で**性格**のよい方
- まさにその**性格**からして

character, nature
- a man of high integrity and good character
- by its very nature

◆**正確**
- **正確**に
- 貴社の記録は全く**正確**です。
- （ここに記載した）情報の**正確**さ

- **正確**な金利
- **正確**な日数による金利計算方式

accuracy, correct (-ness), exact
- with accuracy
- Your records are perfectly correct.
- the correctness of the information (contained herein)
- exact interest
- an exact-day interest method

◆**生活**
- **生活**水準
- **生活**水準の上昇
- 習慣や**生活**様式
- 家族から離れて**生活**する

life, living, etc.
- quality of life
- rising living standards
- the customs and the ways of living
- keep us away from our families

◆**請求**
- 当社の**請求**書を支払わなかったことは一度もありません
- 私どもの**請求**書を直ちにお支払い下さい。
- 食料雑貨の**請求**書
- **請求**書を受領次第、
- ……の**請求**書
- 貴行の引取手数料**請求**します
- 原価で**請求**する
- **請求**書
- 当社の**請求**書
- **請求**書を支払う
- ……に**請求**されております
- **請求**があり次第
- **請求**払い

bill (s), charge, claim, debit, invoice, etc.
- have never failed to *meet* our bills

- Please *pay* our bill at once.
- the grocery bill
- on receipt *of* your bill,
- a bill *for* ...
- charge your acceptance commission
- charge at the cost
- a claim form
- our debit note
- pay the invoice
- <be> incurred to ...
- on request
- pay on application [demand]/ P/A

◆　（ご）**逝去**
- ご**逝去**を悼み
- 〈名前〉様のご**逝去**
- 最愛の〈名前〉様のご**逝去**

- ……のご**逝去**を知り、たいへん残念に存じます。
- ……様のご**逝去**をいたみ、心からお悔やみ申し上げます。
- 叔父様が**逝去**されたこと
- ……が**逝去**されたとの知らせを受けました。
- ご令息の**逝去**の報に接し

bereavement, death, loss, passing [away]
- in your bereavement
- the death of <name>/ the passing of <name>
- the death of beloved <name>/ the passing of your beloved <name>
- We were extremely sorry to learn of the death of ....
- We express our deep regret over the death of ....

- your uncle's death
- Word has been received of the death of ....
- at the news of your dear son's death

- ……の時ならぬご**逝去**［急な死］に際し
- 悲しいご**逝去**
- ……のご**逝去**に当たり
- ……のご**逝去**に対し
- ご尊父様のご**逝去**
- ……の突然のご**逝去**
- 有名な貴社の会長が**逝去**されたとの悲報

- ……のご**逝去**
- ……のご**逝去**に際し

- ……様ご**逝去**の報に接し
- ……氏のご**逝去**の報に接し、まことに残念に存じます。
- ……様**逝去**の悲報

◆制限
- ……の数を**制限**する
- 資金移動の融通性を**制限**する
- **制限**裏書き
- **制限**引受け

◆成功
- 双方がPQR社の**成功**を望んでいる。
- 共通の利害関係を持つ事業で**成功**を収める
- 経済的な**成功**を収める
- ……に大きな**成功**をもたらす
- これと同じ位の**成功**を収めてはいません
- ……の販売で大**成功**を収めております
- この**成功**を可能にする
- 今年のプログラムを**成功**に導く
- 御社のあらゆる面でのご**成功**をお祈りいたします。
- ご努力の**成功**をお祈りいたします。
- 事業での**成功**をお祈り申し上げます。
- 当社一同新任務におけるご**成功**をお祈りしております。
- **成功**いたしました
- 今日までのABC社のご**成功**
- 引き続いてのご**成功**を祈ります。
- 末長く**成功**しつづけること
- あなた様のご**成功**に対して
- 今後のご**成功**
- ……がもっと**成功**することを楽しみにしています
- 私ども両社の**成功**
- 数多くのめざましい**成功**
- 今回の**成功**
- ……のご**成功**
- めざましい**成功**
- この地域で最も**成功**した例の一部

- on the untimely death of ...
- your grievous loss
- at the great loss of ...
- for the loss of .../ over the loss of ...
- your father's passing
- at the untimely passing of ...
- the sad news of the passing of your distinguished board chairman
- the passing away of ...
- in the passing of .../ on the occasion of the passing away ...
- on hearing of the recent passing away of Mr. ...
- It was a source of deep regret for me to learn that Mr. ... had passed away.
- the sad news of the recent passing away of ...

limit, restricted, qualified
- limit the number of ...
- limit flexibility in moving funds
- restricted [restrictive] endorsement
- qualified acceptance

succeed, success, successful, etc.
- We both desire PQR to succeed.
- *achieve* success in business of our common interest
- *achieve* financial success
- *bring* great success to ...
- have not *enjoyed* the same degree of success
- <be> *enjoying* great success in our sales of ...
- *make* this success possible
- *make* this year's program a success
- We *wish* you every success.

- We *wish* you every success in your efforts.
- We *wish* you great success in your enterprise.
- We all here *wish* you the best of success in your new position.
- have proven to be a success
- *ABC's* success to date
- Best wishes for *continued* success.
- for *continuing* success
- for your *every* success
- your *future* success
- look forward to even *greater* success in ...

- our *mutual* success
- a number of *significant* successes
- *this* success
- your success in ...
- an outstanding success *story*
- some of the region's best success stories

- ……の**成功**によって
- ……の**成功**をめざして
- この事業の**成功**
- この合弁会社の**成功**
- ……することに**成功**する
- 私どもの先ごろのドイツ訪問は、大**成功**でした。
- **成功**企業
- 双方の利益となる事業として**成功**を収める
- 数多くの**成功**
- この取引を**成功**させる
- 過去の**成功**と幸福の日々

- *in* the success of ...
- *toward* the success of ...
- the success of such an endeavor
- the success of our joint venture
- <be> successful in <doing>
- Our recent visit to Germany was most successful.

- a successful company
- lead to successful ventures of mutual interest
- a long series of triumph
- pull this deal through
- many past days of achievement and happiness

◆生産

- わが社の現在の**生産**能力
- **生産**及びマーケティング戦略
- 弾力的**生産**
- **生産**提携
- **生産**設備
- **生産**量
- 当社の**生産**高の限界
- **生産**ラインの産出高の問題
- **生産**目標
- 食糧**生産**
- ６月の……の**生産**に対する
- 最短の**生産**リード・タイム（所要時間）
- 貴社の**生産**スケジュール
- **生産**場所
- **生産**労働者
- **生産**面で困難な点がある
- **生産**中止
- 先進工業諸国における過剰**生産**能力
- **生産**性

capacity, manufacturing, output, product, production, etc.

- our existing capacity
- manufacturing and marketing strategies
- flexible manufacturing
- manufacturing alliances
- manufacturing facilities
- manufacturing output
- a limit to our output
- the product line yield problem
- the product objectives
- food production
- for June production of ...
- best production lead time
- your production schedule
- production space
- production workers
- have difficulties in production
- out of production
- over-capacity in the industrial countries
- productivity

◆精算する

- 期限経過勘定を**清算する**
- 未払いの差額を**精算する**
- （任意）**精算**［整理］

settle, etc.

- settle past due accounts
- cover the balance owed
- voluntary liquidation

◆正式

- **正式**書類
- 職を退く**正式**通知
- **正式**の住所
- **正式**契約書
- ……との**正式**通知を貴社よりいただき、たいへん喜んでおります。
- **正式**開設の記念の
- **正式**な退職
- **正式**通知
- **正式**契約通り

formal, official, officially, etc.

- formal *copies*
- a formal *notice* of my retirement
- the official and formal *addresses*
- an official *agreement*
- We are overjoyed at your company's official *announcement* that ....
- on the occasion of the official opening
- my official *retirement*
- official word
- as officially contracted

- •**正式**に署名した本状の副本
- • the duplicate copy of this letter duly signed

◆**製造**

**manufacture, manufacturer, manufacturing,
produce, product, production, etc.**

- •……の**製造**に従事してきました。
- •キャンプ用品を**製造**する
- •貴社が輸出用に**製造**なさっている全製品
- •**製造**元
- •**製造**ライセンス
- •**製造**工場
- •**製造**担当者
- •……を**製造**することができます
- •**製造**物責任保険
- •貴社の**製造**上の難しさ
- •**製造**中止で
- •高品質スピーカーの**製造**元
- •**製造**元（供給先）

- • We have been engaged in manufacture of ....
- • manufacture camping equipment and accessories
- • all products that you manufacture for export
- • the original manufacturer
- • the manufacturing license
- • manufacturing plants
- • manufacturing staff
- • <be> able to produce ...
- • product liability insurance
- • your production difficulty
- • out of *make*
- • a *source* of superior quality speakers
- • the *source* of supply

◆**成長**

grow, growing, grown, growth, etc.

- •……に**成長**する
- •共に**成長**する
- •最も急**成長**した会社の一つ
- •……に**成長**いたしました
- •ここ10年間に驚くべき**成長**を遂げています
- •将来**成長**する
- •この支店を**成長**させるため、
- •新しく**成長**しようと固く心に決める
- •私どもは持続的**成長**を遂げています。
- •PQR社を**成長**・繁栄させる
- •当社の今後の**成長**
- •著しい**成長**
- •重要な**成長**企業
- •**成長**産業
- •**成長**パターン
- •**成長**の可能性
- •**成長**率
- •貴社のプログラムを通して**成長**する

- • grow into ...
- • grow together
- • one of the fastest growing corporations
- • have grown into ...
- • have grown remarkably in the past ten years
- • *experience* growth in the future
- • To *guide* this branch's growth,
- • determine to *push forth* new growth
- • We have experienced sustained growth.
- • continue PQR along the road of growth and success
- • all our future growth
- • significant growth
- • an important growth company
- • growth industries
- • a growth pattern
- • the growth potential
- • a growth rate
- • benefit from your program

◆**制度**
- •この**制度**により
- •……ついて、業界として公式発表する**制度**
がありません。

plan, system
- • under the proposed plan
- • There is no industry reporting system for ...

◆**正当所持人**

a holder in due course

◆**性能**
- •素晴らしい**性能**で
- •**性能**要件
- •ABC社の機器の**性能**
- •この機械の**性能**
- •この高水準の**性能**

performance
- • with *superior* performance
- • performance requirements
- • the performance of our ABC equipment
- • the performance of the machine
- • this high level of performance

◆製品

- この種の**製品**
- 特定の**製品**
- 当社**製品**に関する
- 御社の広範囲にわたる高度な**製品**
- 貴社の**製品**及びサービスはまったく意に満たないものです。
- 本**製品**が、おっしゃるとおり優れたものであれば
- 似たような**製品**を出しています
- 貴社が提供する**製品**とサービス
- 貴社の**製品**やサービスを利用する
- このすぐれた**製品**
- ワックス**製品**
- **製品**パンフレットを**同封**いたします。
- さまざまな**製品**分野
- 当社の**製品**開発工程表
- 入手可能な**製品**情報をお送り下さい。

- これらの**製品**（系列）
- 貴社の**製品**群
- 貴社の**製品**に関する情報
- 貴社の**製品**案内
- **製品**価値
- 当社**製品**の性質上、
- 極めて広範囲にわたる**製品**
- ある種の**製品**
- 当社**製品**
- 社内での**製品**開発
- これらの**製品**の売上げ
- 弊社の**製品**についての情報
- 当社の**製品**カタログ一式

◆政府
- **政府**機関証券［米］
- **政府**間協定
- **政府**当局
- **政府**予算
- **政府**調達の決定をする
- **政府**職員
- **政府**の論拠
- **政府**証券
- **政府**短期証券

◆世界
- **世界**企業
- **世界**的企業の中で
- **世界**的な経済ブロック
- 今日の**世界**経済の中で
- **世界**的経済統合

article, item (s), merchandise, product (s), production

- this type of article
- the specific items
- for our merchandise
- the wide range of your most *advanced* products
- Both your product and your service *have been* totally unsatisfactory.
- If this product *is* as good as you say,

- *offer* similar products
- products and services *offered* by your company
- *utilize* your products and services
- this *remarkable* product
- *wax* products
- Enclosed you will find our product *brochure*.
- the various product *categories*
- our product *development* process
- Could you send us any available product *information*?
- these product *lines*
- your product *range*
- information on your product *range*
- literature on your product *range*
- product *values*
- Judging from the nature *of* our product,
- an enormous range *of* products
- certain kinds *of* products
- our line *of* products
- internal development *of* products
- sales *of* these products
- information *on* our products
- a full set of our production catalogues

federal, government (s), Government, etc.

- federal agency securities
- the government-to-government agreement
- our Government *authorities*
- government *budgets*
- make the government *contract* decisions
- government *officials*
- the Government's *reasoning*
- government *securities*/ governments
- treasury bills/ T/B/ financing bills

global, globally, globe, world, world (-)wide

- global companies
- among global corporations
- global *economic* blocs
- in today's global economy
- global *integration* of economies

- **世界**的な問題と事件
- **世界**的な現象
- **世界**に向け発表されます
- **世界**中の
- ますます国際化している**世界**の中で
- 複雑な**世界**の問題
- **世界**中に
- ……の**世界**的計画において
- ……に向けての最近の**世界**的傾向
- **世界**貿易の
- **世界**で
- アメリカ及び**世界**各地で
- あなたの広く賢明な**世界**観
- **世界**各地で
- **世界**中で
- **世界**的大企業
- **世界**一流の企業や銀行
- **世界**主要企業
- **世界**的規模の取引に
- **世界**的企業
- **世界**的事業体として
- **世界**通信事情
- 当社の**世界**的な事業
- 米国のみならず**世界**全体に

- global *issues* and events
- a global *phenomenon*
- will be published globally
- across the globe/ around the world
- in an increasingly *internationalized* world
- complex world *problems*
- on a world *scale*
- in the world *scheme* of ...
- the current world *tendency* toward ...
- in world *trade*
- *around* the world
- both in the United States and *around* the world
- your broad and wise view *of* the world
- in many parts *of* the world
- *throughout* the world
- the world's great *corporations*
- the world's leading corporations and banks
- the world's major *companies*
- in worldwide business
- a worldwide enterprise
- as a worldwide institution
- worldwide telecommunication matters
- our world-wide business
- not only in the U.S. but worldwide

◆積送品
- 上記の**積送品**
- この**積送品**
- 標記の**積送品**
- 同一の**積送品**
- ……の1月の**積送品**

consignment, shipment
- the above consignment
- this consignment
- subject consignment
- a *duplicate* shipment
- January shipment for ...

◆責任
- **責任**限度
- ……の**責任**があります
- ……に**責任**を持つチームないしグループ
- ……に対して**責任**があります
- ……する**責任**
- 本情報は極秘裏に貴社に提供するもので、当方は一切**責任**を負わないものといたします。
- この情報については、当方はいかなる**責任**も負いません。
- より大きな**責任**を持って
- 貴行に**責任**のかかることはございません
- ……には私が**責任**を負います
- 損害について貴社は**責任**を取らなければなりません。
- その遂行に**責任**を持つ
- 宿泊、食事、乗り物、及び雑費の資金を提供する**責任**を取ります
- ……に対して貴社に**責任**があると考えます。

liability, liable, responsibility, responsible
- liability limitations
- <be> liable for ...
- a team or group having responsibility for ...
- share the responsibility for ...
- the responsibility of <doing>
- The information is given in strict confidence without any responsibility on our part.
- This information is furnished without any responsibility on our part.
- with higher responsibility
- without responsibility on your part
- I shall be responsible for ....
- You should be responsible for any loss.

- <be> responsible for carrying them out
- will be responsible for funding accommodation, food, transportation, and miscellaneous expenses
- I hold your company responsible for ....

◆設計
- ……となるように**設計**されています
- 特別に機能するよう**設計**されている
- ABC社の要件に合うよう**設計**されている
- ……で**設計**される

<be> designed
- <be> designed to be ...
- <be> designed to perform specifically
- <be> designed so as to meet the ABC requirements
- <be> designed *by* ...

◆設定
- ……に**設定**されました
- 私たちの旅行がうまく**設定**できるかどうか
- 支払い（期限）を**設定**し直す

fixed, etc.
- have been fixed for ...
- whether our trip can best be programmed
- have the payment rescheduled.

◆説得する
- ……するよう貴殿を**説得する**
- 貴社の要請を受け入れるよう取引銀行を**説得する**
- ……するように彼らを**説得する**
- この地位を引き受けるよう、彼を**説得する**

convince, persuade, etc.
- convince you to <do>
- persuade our bank to accept your request

- induce them to <do>
- prevail upon him to accept this position

◆設備
- **設備**投資
- 資本および**設備**費用
- 放送**設備**
- **設備**資金
- この新しい**設備**

equipment, etc.
- plant and equipment investment
- capital and equipment needs
- broadcasting equipment
- equipment funds
- this new facility

◆説明

briefing, description (s), descriptive, explain[-ed], explanation, information, outline, picture, report, self-explanatory, etc.
- ブリーフィング（簡潔な**説明**会）に出席する
- ……についての私の未来図を**説明**する
- より詳しい**説明**書を送る
- 簡単な**説明**
- 詳細な**説明**書
- 装置**説明**書
- ……を簡単に**説明**したもの
- **説明**売買
- 本計画の**説明**書
- **説明**用パンフレット
- 訪問の目的をご**説明**申し上げます。
- 当方の事情を**説明**いたします。
- ……を**説明**して下さいますようお願いいたします。
- ……をご**説明**いただけますでしょうか。
- 本状は、……を**説明**するためのものです。
- 当社のかかえる問題を**説明**する
- 前任のマネジャーと取り交わした契約を、新任のマネジャーに**説明**する
- 下記にご**説明**のとおり
- 私の秘書が**説明**申し上げたとおり
- これらの点につき、早く**説明**して下さるのをお待ちしております。

- attend a briefing
- describe my visions of ...
- *send* more detailed descriptions
- a *brief* description
- *detailed* descriptions
- *equipment* descriptions
- a *short* description of ...
- sale *by* description
- a description *of* the program
- descriptive literature
- Let me explain the purpose of my visit.
- Let me explain our situation.
- I am writing to ask you to explain ....

- Could you please explain ...?
- This letter is to explain ....
- explain what our problems are
- explain to the new managers agreements you made with the old managers
- as explained below
- as explained by my secretary
- We *await* your early explanation of these points.

- 非常にはっきりした**説明**
- 前述の**説明**
- ……についての正確な**説明**
- **説明**として
- 貴社の行動についての**説明**
- 同社製品「東洋ブランドワックス」についての**説明書**
- 簡単な**説明書**
- 弊社製品についての**説明書**
- 私どもの活動の要点を詳しく**説明**します
- もっとわかり易い**説明**をさせていただきます。
- その入札についてさらに詳しく**説明**する
- 特に**説明**するまでもございません（自明です）
- 私は、討議の内容を詳しく**説明**しませんでした。

- the very *clear* explanation
- the *foregoing* explanation
- a *precise* explanation on ...
- *by way* of explanation
- an explanation *of* your actions
- an explanation *of* their product "Toyo Brand Wax"
- a *brief* information sheet
- information *about* our products
- outline in detail our activities
- Let me give you a better picture.
- report more light on the bid
- <be> self-explanatory
- I have not dwelt on finite details of our discussions.

◆設立

- この会社を**設立**いたしました
- 同研究所は、……に応えるため**設立**されました。
- このたび新会社を**設立**されたとのこと
- PQR社の**設立**にあたって
- ……が共同して**設立**する
- ……として、もともと**設立**されました
- 別組織を**設立**する
- コンサルタント会社を**設立**する
- ABC社は**設立**当初、電話機の組立てを行っていました。

build [built], establish [-ed], formation, found [-ed], set up, etc.

- have built our company
- The institute was established to meet ....
- your recently established business
- in the formation of PQR
- <be> founded jointly by ...
- was [were] originally founded as ...
- set up a separate operation
- set up my consulting business
- ABC assembled telephone sets in its infancy.

◆セミナー

- 技術的な**セミナー**
- 非技術的な**セミナー**
- **セミナー**の日程表を同封いたします。

a seminar

- a technical seminar
- a non-technical seminar
- The seminar schedule is enclosed.

◆世話

- **世話**
- あなたとご家族をお**世話**いたします
- いろいろお**世話**になり、ありがとうございました。
- たいへんお**世話**になりました。
- その他一部の商品についてはきっと貴社のお**世話**になります。

attend, care, etc.

- attend/ attendance
- take care of you and your family
- Thank you very much for everything.
- You were a very gracious host to me.
- We can rely on you for some other goods.

◆全～

- 貴社の**全**社員をお連れくださいますよう、お願いいたします。
- **全**生活費
- **全**危険担保
- **全**損（のみ）担保
- **全**社員が出席いたします。

all, complete, full, in full, etc.

- I hope you will bring all the members of your firm.
- all living expenses
- against all risks/ all risks/ A/R/ A.R.
- free of [from] all average (s)/ FAA
- Our full staff will be present.

- **全額**一括払い
- 貴社の**全**製品
- **全**出席者リスト

- payment in full
- your complete line
- the final attendee list

◆**先行**

prior, etc.

- **先行**裏書き
- **先行**資金需要

- prior endorsements
- premature capital demands

◆**選択**

choice, criteria, option (s)

- 素材の**選択**
- 私には他に**選択**の道がないと思います。
- 厳密な**選択**基準
- 厳しいABCDEの**選択**基準に沿って

- いずれの**選択**にも異存はない
- この**選択**
- 貴社の**選択**
- **選択**権付き契約（取引）
- **選択**するのに先立って

- choice of material
- I feel I have no other choice.
- our strict criteria
- upon meeting the stringent ABCDE criteria for selection
- have no objection to either option
- this option
- your options
- option contracts [dealing, trading]
- prior to making my selection

◆**宣伝（する）**

advertise, advertising

- この機会を**宣伝**する
- 大々的に**宣伝**した製品
- **宣伝**に
- 最も有効な**宣伝**方法

- advertise this opportunity
- a highly advertised product
- for advertising
- the most effective means of advertising

◆**選任**

elect [-ed], election

- ……に**選任**された
- 彼は信託部門担当に**選任**されました。
- ……に**選任**されたことにつき、
- 社長に**選任**
- ……へ**選任**された由、心からお祝い申し上げます。
- 私の取締役会への**選任**に関しましては、

- have been elected ...
- He was elected as Trust Officer.
- on your election as ...
- your election to the post of President
- My heartiest congratulations on your election to ....
- As for my participation on the board,

◆（……に）**専念する**

devote to .../ concentrate on ...

◆**船腹**

(shipping) space

- 〈貨物〉を積む十分な**船腹**がある
- 必要な**船腹**を予約する
- **船腹**の不足
- **船腹**に空きがあれば

- has space enough to take on 〈goods〉
- secure necessary space
- a shortage of shipping space
- subject to the shipping space being available

◆**専門**

expert (s), expertise, professional, specialist, specialization, specialized, specifically, technical, technicalities, etc.

- 各国の**専門**家たち
- 当行の**専門**スタッフ
- **専門**家集団
- ……関する**専門**的知識を持っている
- そうした計画を立てるための**専門**的知識を

- experts from various nations
- our expert staff
- a team of experts
- have the expertise to <do>
- provide expertise in developing such plans

　提供する
- 貴社の権限を持った**専門家**
- **専門**的用途
- **専門**スタッフ
- **専門**チーム
- **専門**家会議
- **専門**の
- 金融関係の図書を**専門**とする
- **専門**金融機関
- この問題を**専門**に取り組んでいる仲間

- **専門**的知識
- **専門**用語
- ……の法律上及び政府関係の**専門**的事項
- 市場調査の**専門**筋

◆先約
- **先約**

- **先約**があるため

◆戦略
- **戦略**的同盟を結ぶ
- 優れた**戦略**的焦点
- **戦略**的な意味
- **戦略**上の立地条件
- **戦略**計画
- 効果的な**戦略**判断
- **戦略**的に
- **戦略**の評価する
- 貴社用の**戦略**を立てる
- 適切な**戦略**を立てる。
- ……に適切な焦点を合わせた**戦略**
- **戦略**会議
- **戦略**設定
- 計画や**戦略**を立てる
- 最も効果的な**戦略**
- 多角化やベンチャー事業に乗り出すための**戦略**
- ……の**戦略**および位置付け

◆全力
- **全力**を尽くします。
- ……することに**全力**を尽くす
- ……するように、**全力**を尽くします。
- ……のために、**全力**で勤め、最善の努力を払う所存ですので、どうかご安心下さい。

- your authorized **professional**
- **professional** applications
- **professional** staff
- a **professional** team
- **specialist** conferences
- **special**, **specific**
- **specialize** in financial books
- **specialized** financial institutions
- a company that is working **specifically** on this problem
- the **technical** expertise
- **technical** words
- the legal and governmental **technicalities** of ...
- market researchers

previous, prior

- a **previous** commitment [engagement]/ a **prior** engagement
- due to **previous** [**prior**] commitments

strategic, strategically, strategy [-ies]

- form **strategic** alliances
- superb **strategic** focus
- the **strategic** implications
- the **strategic** location
- **strategic** planning
- effective **strategic** thinking
- **strategically**
- *assess* our **strategy**
- *create* your company's **strategy**
- A proper **strategy** is *developed*.
- a properly focused **strategy** for ...
- **strategy** sessions
- **strategy** setting
- *produce* plans and **strategies**
- the most effective **strategies**
- **strategies** for diversification and new ventures

- the **strategies** and positioning of ...

one's utmost, etc.

- I will do **my utmost**.
- make every effort to <do>
- We will do everything we possibly can <do>.
- You can be assured of my strong commitment and best endeavours in ....

そ

◆粗案　　　　　　　　　an indicative proposal
- 下記の**粗案**　　　　　　　・the following indicative proposal
- ここに示した**粗案**　　　　・this indicative proposal

◆総〜　　　　　　　　　sole, sum, total
- **総**代理店契約　　　　　　・a sole agency agreement
- 当社の日本での**総**代理店として　・as our sole agent in Japan
- **総**額25,000米ドル　　　・the sum of $25,000.00 in U.S. dollars
- **総**額10万米ドル　　　　　・the total amount of US $100,000
- **総**資産は7桁の下　　　　・total assets of low seven figures
- 海外への**総**投資額　　　　・total investment overseas
- **総**資産利益率　　　　　　・return on assets/ ROA

◆草案　　　　　　　　　draft, draft agreement, preliminary draft
- 契約書**草案**　　　　　　　・the draft agreement
- **草案**の写し　　　　　　　・a draft copy
- ……の別の**草案**　　　　　・another draft of ...
- 必要な契約書の**草案**　　　・a draft of the necessary agreements
- 契約書の**草案**　　　　　　・a draft of the contract/ a preliminary draft of the
　　　　　　　　　　　　　　　　agreements
- 委員会の報告書**草案**　　　・a draft of the committee's report

◆増加　　　　　　　　　increase, etc.
- ……が**増加**する　　　　　・bring an increase in ...
- 昨年度と比べて13%の**増加**　・an increase of 13% over last year
- 取引量の**増加**　　　　　　・the growing volume of business

◆増額　　　　　　　　　increase, increasing
- 預金を**増額**する　　　　　・increase the deposit
- 信用状を（金額）**増額**する　・increase the L/C by <sum>
- 基礎研究費の**増額**　　　　・the increasing amount of basic research

◆葬儀　　　　　　　　　funeral service (s), etc.
- **葬儀**
- ……氏の**葬儀**に　　　　　・funeral services/ the funeral
- 父の**葬儀**のため　　　　　・at Mr. ...'s funeral service
- **葬儀**は日曜日に執り行います。・for my father's funeral
- 正式な**葬儀**　　　　　　　・The funeral will take place on Sunday.
　　　　　　　　　　　　　　　・a formal service

◆早急に　　　　　　　　as early as possible, etc.
- ご都合つき次第**早急に**　　・as early as possible/ at an early opportunity
- **早急に**　　　　　　　　　・in a very short time
- **早急に**対応していただければ、ありがたく　・Your immediate action will be appreciated.
　存じます。

◆創業　　　　　　　　　inception
- 同社は**創業**から間もないため、・As their inception of business is of quite a recent
　　　　　　　　　　　　　　　　date,

◆送金

- 差額を**送金**します。
- 1,500米ドルを**送金**する
- ……の支払い代金として〈金額〉を**送金**する
- **送金**（為替）
- これらの送り状を支払うため、ご**送金**いただければ幸いです。
- **送金**を受領する
- ご**送金**をお願いいたします。
- 金額1,800ドルのご**送金**、まことにありがとうございました。
- ドルの**送金**額
- 仕向け**送金**
- **送金**の状況
- 100万円を御社宛て**送金**致しました。
- **送金**者
- **送金**代理人
- 全額を**送金**する
- **送金**為替
- **送金**小切手
- ……を受取人とする**送金**小切手
- **送金**小切手振出し案内
- その金額を、……の先方口座に**送金**する

remit, remittance (s), remitted, remitter, transfer, etc.

- We will remit the balance.
- remit US $1,500
- remit <amount> as payment for ...
- remittance
- We would *appreciate* your remittance to cover those invoices.
- *receive* the remittance
- We look forward to your remittance.
- Thank you very much for your remittance in the amount of $1,800.
- the volume of *Dollar* remittances
- *outward* remittances
- the status *of* the remittance
- We have remitted one million yen to you.
- the remitter
- the remitter's agent
- transfer the entire amount
- a money order
- demand drafts
- a draft made payable to ...
- an advice of drawing
- pass the amount to their account with ...

◆倉庫
- 当社の**倉庫**
- **倉庫**証券
- **倉庫**で
- **倉庫**渡し
- **倉庫**管理及び出荷
- 新しい**倉庫**

depot, warehouse, warehousing

- our depot
- warehouse receipts
- at the warehouse
- ex warehouse
- warehousing and shipping
- new warehousing

◆相互
- 貴重な**相互**作用のための
- **相互**利益のため緊密に仕事する
- 貴社との**相互**協力
- 職業上の**相互**協力関係と誠実さ
- 私どもの現在の**相互**関係
- **相互**貯蓄銀行
- **相互**理解を深める

interaction, mutual

- for valuable interaction
- work closely to our mutual profitable advantage
- our mutual collaboration
- our mutual professional cooperation and integrity
- our existing mutual relationship
- mutual savings banks
- increase our mutual understandings

◆草稿
- **草稿**を公開する
- **草稿**段階のもの
- **草稿**に多少手を入れる
- ……の**草稿**を1部
- 記事［論文］の**草稿**

draft

- make the draft available
- a draft form
- introduce a few minor changes in the draft
- a copy of the draft of ...
- a draft of the article [paper]

◆総合
- 双方の**総合**戦略

broad, comprehensive, general, integrated, total

- our broad strategic views

- **総合**データベース
- この**総合**計画案
- **総合**口座
- **総合**計画
- **総合**的サービスの見地

- a comprehensive database
- this general plan
- an integrated account
- the total program
- a total service standpoint

◆創設
- 同社は、……するために**創設**されました。
- **創設**以来
- 製品計画法を**創設**する
- ABCグループは1967年に英国で**創設**されました。

<be> founded, founding, etc.
- The firm was founded to <do>.
- since its founding
- institute product planning methods
- The ABC Group of companies originated in the U.K. in 1967.

◆草々
- **草々**
- **草々**（温かい敬愛と好意の気持ちで）
- **草々**（心からの敬意とあらゆる好意を込めて）
- **草々**（最大の個人的敬意を込めて）
- **草々**（心からの個人的な敬愛の気持ちで）

with best wishes, etc.
- ..., and with very best wishes,
- With warm regards and best wishes,
- With kindest regards and all good wishes,
- With best personal regards,
- With kindest personal regards,

◆相続
- **相続**
- **相続**財産

- **相続**税
- **相続**人
- 代襲**相続**で

inheritance, etc.
- accession/ inheritance/ succession
- hereditament/ hereditary property/ inherited property
- an inheritance tax
- a successor
- in stirpes

◆相談
- 個人的にご**相談**する
- いつでもご**相談**下さい。
- 貴殿の弁護士あるいは財務顧問と**相談**する
- その問題について、ご**相談**申し上げたいことがあります。
- **相談**役として

confer, consult, etc.
- confer with you personally
- Consult us at any time.
- consult with your lawyer or financial advisor
- I want to have a talk with you about the matter.
- as advisors

◆相当
- 350米ドル**相当**の日本円
- 5,000万ドル**相当**の電気機器
- ……の代金にほぼ**相当**します
- ……の**相当**部分に当たる小切手
- ……に**相当**する

equivalent, worth, etc.
- the yen equivalent of US $350
- a 50 million dollars worth of electric apparatuses
- represent the approximate cost of ...
- a check for a good portion of ...
- stand for ...

◆相場
- 対顧客**相場**
- 邦貨建て**相場**表
- 寄付き**相場**

rate (s), quotation, etc.
- customer ('s) rates
- giving quotations
- an opening price [quotation]

◆送付
- 当社宛ての文書はすべて新しい事務所宛てにご**送付**下さい。

address, forward, mailing, send, sending, etc.
- Please address all correspondence to our new office.

- その為替手形を**送付**する
- **送付**先リスト
- 貴殿あて ……を**送付**いたします。
- ……をご**送付**いただければありがたく存じます。
- ……をご**送付**［航空便でご送付］いただければありがたく存じます。
- 日銀宛て小切手を当行にご**送付**下さるようお願い申しあげます。

- forward the draft
- the mailing list
- We send you ....
- We shall ［should, would］ be pleased ［grateful, obliged］ if you will ［would］ send us ....
- We would appreciate your sending ［airmailing to］ us ....
- We wish you to kindly *furnish* us with a check on The Bank of Japan.

◆創立

- 間近に迫ったXYZ株式会社**創立**50周年記念日
- XYZ社の第30回目の**創立**記念日
- ABC社**創立**50周年というこの重要な記念日に
- XYZ社**創立**70周年の本年
- 弊社は1950年に**創立**されました。
- **創立**25周年を記念して

- **創立**80周年

anniversary, Anniversary, establishment, founded, founding

- the impending 50th anniversary of XYZ Company, Limited
- XYZ's 30th Anniversary
- on this important 50th Anniversary date of the founding of ABC Company
- this year being XYZ Inc.'s 70th Anniversary
- Our company was established ［founded］ in 1950.
- In celebration of the company's 25th year since its establishment
- the 80th anniversary of its founding

◆促進

- 両国の相互理解の目標を**促進**する

- 重要な研究を**促進**する
- A計画の認可を**促進**する
- 御社の日本支店設立を**促進**する
- 両社の友好的かつ有益な関係を**促進**する

- リーダーと将来のリーダーとの相互理解を**促進**する
- 放射線腫瘍学と診断放射線医学の進歩を**促進**させる
- 肥料や化学製品の輸出を**促進**させる
- 科学・技術研究を**促進**させる
- 販売を**促進**する
- 米国とアジアとの間の貿易を**促進**する

advance, encourage, expedite, facilitate, foster, promote

- advance the cause of understanding between our two nations
- encourage important research
- expedite the A plan approval
- facilitate the establishment of your Japan Branch
- facilitate the friendly and helpful relations between our organizations
- foster understanding between leaders and future leaders
- promote advancement in radiation oncology and diagnostic radiology
- promote their export of fertilizers and chemicals
- promote scientific and technological research
- promote sales
- promote trade between the United States and Asia

◆素材
- 映画やその他映像上興味のある**素材**
- 当地原産の**素材**
- 同じ**素材**で作られている
- 特殊**素材**
- こうした**素材**

material (s)
- films or other materials of visual interest
- indigenous materials
- <be> made from the same material
- special material
- such materials

◆組織

- 世界最大の ……の連合**組織**

federation, organization (s), organizational structure, organizer, structure
- the world's largest federation of ...

- プロに徹した有能な**組織**
- それぞれの**組織**内の適任者個人との間で

- いろいろな**組織**
- 立派な**組織**をもう1つか2つ
- この価値ある**組織**
- この若い前途有望な**組織**
- **組織**の全業務
- この交換計画の**組織**化
- 新しい**組織**機構
- 素晴らしい**組織**力の持ち主
- 若干の**組織**変更
- 国際企業連合体を**組織**化する

- a *professional* competent organization
- between appropriate individuals in our *respective* organizations

- *various* organizations
- one or two other *well-respected* organizations
- this most *worthwhile* organization
- this *young* but promising organization
- all operations in the organization
- the organization of the exchange
- the new organizational structure
- an excellent organizer
- some changes in the structure
- structure the international participation

◆**訴訟**
- ABC社に対して集団**訴訟**を起こすことです
- 時間も費用もかかる**訴訟**を起こす
- 直ちに**訴訟**を起こされるでしょう
- 貴社に対する**訴訟**手続きをとるよう弁護士に指示する
- いかなる**訴訟**でも起こしてほしいとの指示

action, litigation, etc.
- \<be\> collective court action against ABC
- go into lengthy and costly litigation
- will result in immediate litigation
- instruct our attorney to *proceed* against you

- instructions to *proceed* with any action

◆**措置**
- どんな適切な**措置**でも取る
- この問題の解決のため至急**措置**を取る
- 何らかの**措置**を取る
- 即時**措置**を取らなければ、
- こうした**措置**をとらざるを得ませんでした
- この点における当方の**措置**
- 抜本的な**措置**
- 必要な**措置**を取る
- ……するようあらゆる**措置**を取る
- ……するために、何らかの**措置**が取られるべきです。

action, moves, procedures, steps, etc.
- take any appropriate action
- take immediate action to correct this problem
- take some action
- Unless immediate action is taken,
- have been forced to take this course of action
- our action in this respect
- fundamental moves
- take necessary procedures
- take all possible steps to \<do\>
- Something should be done to \<do\>.

◆**その～**
- **そのあと、**
- **その上**
- **そのうち**
- **その折**
- **その後**
- **その節**は
- **その旨**貴殿にお知らせします。
- 至急**その旨**お知らせ下さい。
- 当行は貴行に対し必ず**その旨**を直ちにお知らせいたします。
- **そのうちに**

that, etc.
- After that,
- Besides/ furthermore/ Moreover,
- in due course/ in due time
- during that time
- afterward/ subsequently
- at that time
- I will advise you accordingly.
- Please inform us to that effect promptly.
- We shall not fail to communicate with you immediately to that effect.
- in the course of time

◆**ソフト／ソフトウェア**
- 家計用の**ソフト**
- 新しく開発された**ソフトウェア**

software, etc.
- home finance software
- newly developed software

•**ソフト**の助け	•the software help
•**ソフトウェア**の問題	•software matters
•**ソフト**面の問題をいくつか指摘する	•point out some software problems
•**ソフト**の最新版	•updated versions of the software
•当社製経理業務用**ソフト**	•our accounting package

◆（お）**粗末な**	**poor**
•お**粗末な**サービス	•the poor service
•お**粗末な**商売	•a poor practice

◆**それ〜**	**each, respective, etc.**
•下記の書籍を**それぞれ**1部ずつ	•one copy each of the following books
•3品目選びましたので、見本を**それぞれ**1個ずつお送り下さい。	•We choose three items and will appreciate your sending us one sample each.
•**それぞれ**のモデル番号	•the respective Model numbers
•**それぞれ**のプロジェクトに	•in your respective projects
•**それでは、**（くだけた言い方）	•Very best to you, / My best regards, / With best regards, / My regards to you, / Best wishes,/ Then,
•**それでは、**（個人的な言い方）	•Cordially, / Sincerely,
•**それゆえに**	•Hence,
•**それどころか**	•On the *contrary*

◆**損害**	**casualty, damage (s), indemnity, loss**
•**損害**保険	•casualty insurance/ non-life insurance
•**損害**を検査する	•examine the damage
•費用と**損害**	•costs and damages
•**損害**賠償について	•for the damages
•**損害**賠償	•an indemnity/ reparation/ restitution
•当社はまったく**損害**を受けておりません。	•We have suffered no loss at all.
•大きな**損害**	•serious loss

◆**存在**	**exist [-ed], etc.**
•いろいろな国々に**存在**する文化の違い	•the differences in cultures that exist between different nations
•長年にわたって**存在**してきた良好な関係	•the good relationship which has so long existed
•展示会での貴社の**存在**を目立たせる	•highlight your presence at the show
•……という以下の条件が**存在**します。	•The following conditions obtain that ....

◆（ご）**存知**	**acquainted, aware, know**
•弊社のことはご**存知**のことと思います。	•You're acquainted with our firm.
•……をよく**存じ**ております	•<be> well aware of ...
•……を十分**存じ**ております。	•I know fully well ....
•ご**存じ**の通り	•as you know
•ご**存じ**かとも思いますが、	•As you may know,
•すでに［きっと］ご**存知**と思いますが	•As you already [undoubtedly] know,
•たぶんもうご**存じ**かと思いますが、	•As you probably know by now,

◆**損失**	**loss (es)**
•**損失**を補償する	•make up for the loss
•**損失**をできるだけ少なくする	•minimize your possible loss

- 私個人にとっても大きな**損失**
- ABC側に重大な財務上の**損失**の発生する可能性があります。

- a great personal loss to me
- There are potentially serious financial losses to ABC.

◆損傷

- **損傷**した組立部品
- **損傷**品
- 輸送の途中で**損傷**を受けないように
- 海水ないしは塩水による**損傷**
- 商品の**損傷**のため
- ……による**損傷**
- 8個の商品が**損傷**を受けています。
- ケース本体は**損傷**しておりませんでした。
- **損傷**貨物

broken, damage, damaged

- the broken assembly
- the broken items
- so as to avoid damage in transit
- sea or salt water damage
- due to damage of our merchandise
- damage by ...
- Eight pieces of the merchandise have been damaged.
- The case was not damaged.
- damaged cargo

た

◆代案

- **代案**をいくつか用意する
- もし**代案**が必要であれば、
- ほかの方法（**代案**）を提案する
- 興味深い**代案**
- ……に関するさまざまな**代案**

alternative (s)

- prepare several alternatives
- If alternatives are required,
- suggest alternatives
- an *interesting* alternative
- the *various* alternatives regarding ...

◆第一

- **第1**希望の部屋がとれない場合は、
- **第1**順位担保権
- まず**第一**に
- ……の**第一**段階
- そして、まず**第一**に
- **第一**歩

first, initial, etc.

- If your first choice is unavailable,
- the first security interest
- First of all/ In the first place/ To begin with
- the initial phase of ...
- and to *start* with,
- a step/ the beginning

◆対外

- **対外**債務
- **対外**債務返済比率
- **対外**ローン債権の売買

external, etc.

- external [foreign] debts
- debt service ratios
- sub-participation

◆貸記

- ……の金額を貴行の勘定に**貸記**する
- 1,000円を御行勘定に**貸記**（入金記帳）いたしました。
- 当行の貴社当座勘定に**貸記**（入金記帳）いたしました

credit ⌊-ed⌋,

- credit your account with the sum of ...
- We have credited ¥1,000 to your account.
- have been duly placed to the credit of your current account with us

◆大企業

- 世界中の**大企業**
- 日本の**大企業**
- この地域の**大企業**

major corporations, etc

- major corporations the world over
- major Japanese companies
- the region's largest corporations

・**大企業**
・a large company

◆**代金**　　　　　　　　　　**bill, cash, payment, price, proceeds**
・**代金**取立て
・**代金**引換え払い
・遅れていた**代金**
・当該書籍**代金**
・手形の**代金**

・bill collection
・**cash** on delivery
・the overdue payment
・the price of the book
・the proceeds of the bill

◆**体験**　　　　　　　　　　**an experience**
・アメリカの家庭生活を**体験**させていただきました。
・私たち２人にとって、特別な**体験**となるでしょう
・最も心おどる**体験**
・忘れられない**体験**

・We really enjoyed our experience *of* American home life with you.
・will be a *different* experience for both of us
・the most *exciting* experience
・the *unforgettable* experience

◆**滞在**　　　　　　　　　　**<be> in, stay (in, with), staying**
・大阪に少し**滞在**する
・シンポジウムでこの町にご**滞在**中に
・アメリカ**滞在**中は
・私どもの**滞在**中
・ご**滞在**中に申し上げましたように
・当市**滞在**中は
・彼らが京都に**滞在**する予定ではないことが、たった今分かりました。
・１～２週間拙宅に**滞在**する
・私どもが**滞在**することになっているセブンスター・ホテルで
・わが家に**滞在**するつもりでいて下さい。

・spend a short time in Osaka
・while you are in the town for the symposium
・while in the States
・during our stay
・As I mentioned during your stay,
・for the length of your stay in town
・We have just learned that they are not expected to stay in Kyoto.
・stay with us for a week or two
・at the Seven Stars Hotel where we shall be staying
・Please plan on staying with us.

◆**対策**　　　　　　　　　　**measures, provision, steps, etc.**
・可能なあらゆる**対策**を取る
・**対策**
・伝導性の金属ケースをアース（接地）するための**対策**がまったくとられていません。
・積極的かつ革新的な**対策**をとる
・必要な**対策**を取る
・……するための、思い切った**対策**がとられています。
・それについてどんな**対策**がとられているでしょうか。

・*take* all possible measures
・corrective measures
・No provision for earthing the conductive metal case was made.
・*achieve* positive, progressive steps
・*take* the necessary steps
・Major steps are being *taken* to <do>.
・What is being done about it?

◆**第三**　　　　　　　　　　**third, etc.**
・**第三**債務者
・**第三**次産業
・**第三**者割当て

・a garnishee
・the tertiary industry
・allocation of new stocks to a third party

◆**大事**（にする）　　　　　　**treasure, value, valued, etc.**
・……された人々と知り合いになれたことを、私はとても**大事**にしております。

・I fondly treasure knowing those persons who ....

- 私どもはお客様を非常に**大事**だと考えております。
- それをいつまでも**大事**にいたします。
- 自主的な思考方法を**大事**にする
- ……を当社では常に**大事**にしてまいりました。
- **大事**な取引先のために、
- 一語一語を**大事**にする
- **大事**をとる

- We value our customers highly.
- I will always value it.
- value independent thinking
- We have always valued ....
- On behalf of a valued customer,
- make every word count
- \<be\> on the safe side

◆退社
- サイモン博士のABC社**退社**について
- ミナミ商会を**退社**いたします。

departure, leave
- concerning Dr. Simons' departure from ABC
- I will leave Minami Corporation.

◆対処
- 現状に**対処**する
- もはや増産に**対処**できなくなっています。
- 将来の難しい課題に**対処**する
- 当方の要求に**対処**する
- ……となるように**対処**いたします。

cope with, meet, etc.
- cope with the present situation
- We are no longer able to cope with growth.
- meet the challenges ahead
- adjust our claim
- We will see to it that ....

◆退職
- **退職**金はクロス氏の扶養家族に支給されることになるでしょう。
- ……を**退職**されるとのご意志
- XYZ社を**退職**することになりました。
- OPQセンターを正式に**退職**することになりました。
- **退職**年金
- 20xx年9月30日に**退職**いたします。
- 会社を**退職**する
- **退職**後のご多幸とご健康
- 大田博士の**退職**が迫っておりますので、
- ……を近々**退職**なさるとのご通知をいただく
- **退職**金
- **退職**年金を受ける資格がある
- **退職**計画
- 当社の**退職**制度に従い
- **退職**予定
- 面倒な**退職**手続き
- 20xx年3月31日付けで私がABC社を**退職**します。
- 会社の**退職**一般募集

allowance, leave, pension, retire, retirement, retiring, separation
- The allowance would be made to Dr. Cross' dependents.
- your decision to leave ...
- I will be leaving [retiring from] XYZ Co.
- I will officially be leaving OPQ Center.

- a pension plan [scheme]/ retirement pensions
- I will retire on 30 September 20xx.
- *take* retirement from the company
- a *happy* and healthy retirement
- In view of the *imminent* retirement of Dr. Ohta,
- receive the announcement of your *impending* retirement from ...
- a retirement *allowance*
- \<be\> entitled to a retirement *pension*
- retirement *planning*
- through our retirement *program*
- my plans *for* retirement
- go through the frustration of processing *for* retirement
- I will be retiring from ABC Company on March 31, 20xx.
- the company's general invitation to separation

◆大切
- ……が**大切**だと私は考えます。
- その関係を**大切**にする
- この素晴らしい贈り物は末長く**大切**にいたします。

important, nurture, treasure [-d], valued
- I believe it is important that ....
- nurture the relationship
- I will long treasure your wonderful gift.

- この贈り物を素晴らしい記念の品として**大切**にする
- treasure this gift as a wonderful memory

- 贈り物はいつまでも**大切**にさせていただいております。
- I have long treasured your precious gift.

- 夫は長年にわたる貴殿の友情とお力添えを**大切**に思っておりました。
- My husband valued your friendship and support over the years.

◆**代替（だいたい）〜**　alternative, replacement(s)
- **代替日**をいくつか提案する
- suggest several alternative dates
- 同一ユニットの**代替**価格
- an alternative price for the same unit
- 紛失した3箱の**代替品**
- a replacement for the three missing boxes
- **代替品**を船積みさせる
- have the replacements shipped
- **代替品**を船積みするよう手配する
- arrange for shipping of replacements

◆**退任**　retire, retirement, retiring
- 社長の職から**退任**いたします
- will retire as President
- ……氏に取締役会からの**退任**を求める
- ask Mr. ... to retire from the Board
- ……の**退任**に際しては
- upon the eventual retirement of ...
- ……の地位からの私の**退任**
- my retirement from the position of ...
- 私のABC社取締役会**退任**に際し
- on the occasion of my retirement from the ABC Board
- ……の事務局長を**退任**します
- I will be retiring from the position of Director-General of ...

◆**代表**　delegation, headed, major, on behalf of, represented, representation, representative (s), representing

- **代表**団の他の方たち
- the other members of your delegation
- 同社は……が**代表**となっております。
- Their management is headed by ....
- 一流専門家の**代表**作2冊
- two major titles written by leading experts
- アカデミーの全員を**代表**して
- on behalf of the entire Academy
- XYZ社を**代表**して
- on behalf of XYZ Company
- XYZ社全員を**代表**して
- on behalf of all of the XYZ organization
- ……のご来賓の皆様を**代表**して
- on behalf of all of your guests from ...
- 当社を**代表**して
- on behalf of the staff of our company
- ジェーン・エドワード家の人々を**代表**して
- on behalf of the family of Jane Edwards
- **代表権**
- representation power
- 私どもの東京（支店）の**代表**
- our representative in Tokyo
- 貴地における当社の新しい**代表者**
- our new representative for your area
- たいへん有能な**代表者**
- most able representatives
- 貴社の**代表**の方と協議する
- hold discussions with your representatives
- ABC社の**代表**の方々
- representatives of ABC
- ……の**代表者**と
- with representatives of ...
- **代表**の派遣を望む
- wish to be represented
- アジア・太平洋地域を**代表**して
- representing the Asia Pacific region

◆**耐用年数**　an economic life

◆**代理**　agency, agent, alternative, proxy, representative (s), representing, etc.

- **代理**貸付け
- agency loan (s)

- 手形振出人の**代理**人
- どなたか**代理**の方にお越しいただきたいと存じます。
- **代理**人あるいは本人によって
- 米国内に複数の**代理**業者を持つ
- ……に**代理**人を送る
- あなたの**代理**として
- **代理**出席は認められていません。

- the drawer's agent
- Please send alternative delegates on your behalf.

- either by proxy or in person
- have more than one representative in the U.S.
- send a representative to ...
- representing you
- Substitutions are not permitted.

◆代理店

agency [-ies], agent (s), distributor, on behalf of, represent (s), representation, representative, represented

- 定評ある**代理店**
- **代理店**契約
- 貴社と長期の**代理店**契約を結ぶ
- 十分な数の**代理店**を持っている
- 貴社の**代理店**になりたいと存じます。

- 米国における貴社の**代理店**として
- 貴社製品の**代理店**または特約店についての詳しい情報
- 最も誠実な**代理店**
- 当社の**代理店**を通して
- 貴社が目下輸出中の商品の**代理店**
- **代理店**を取り替える
- ABC社の**代理店**として
- 弊社が日本の**代理店**を引き受けてはどうかというお申し出
- 弊社の**代理店**になる
- 当社の乗用車販売の**代理店**になる
- 当社はいくつかの有名店の**代理店**となっております
- **代理店**の皆様を表象する点でも
- 貴社の**代理店**業務
- 有力な**代理店**がありません
- 現任における貴社の**代理店**および販売店の総数
- 貴地に、**代理店**を持っています
- すでに当地に満足のゆく貴社の**代理店**がございます場合は、

- established agencies
- an agency contract
- conclude a long term agency contract with you
- have enough agents
- We are willing to act as an agent of your firm./ We wish to be appointed your representative.
- as your agents in the United States
- details of agents or distributors for your products

- agents of the highest integrity
- through our agent
- your agent for the goods you are exporting now
- change our distributor
- on behalf of ABC
- your proposal to have us represent your firm in Japan
- represent our interests
- represent us in the sale of our automobiles
- Our company represents several famous stores.

- for representation of our valued agencies
- the representation of your firm
- have no powerful representative
- the numbers of your current representatives and distributors
- <be> represented by a firm in your city
- If you are already satisfactorily represented here,

◆大量

- **大量**に購入する
- **大量**に注文する
- 次回の**大量**引渡し
- かかる**大量**の注文
- **大量**注文
- **大量**の ……
- **大量**に在庫する
- **大量**の信用状業務を取り扱う

bulk, large, larger, quantity [-ies], volume

- buy in bulk/ buy in volume
- order in bulk/ place large orders/ order in quantities
- the next bulk delivery
- such a large order
- the larger quantity order
- a large quantity of ...
- carry large stocks
- handle quite a large volume of letter of credit business

- •**大量**買付け
- •**大量**供給

- • quantity purchasing
- • volume supply

◆高〜

enhance, high, highly, increase, etc.

- •ＸＹＺ社の名声と効率性を大いに**高める**
- •波がとても**高い**。
- •貴社の見積りは**高**過ぎる
- •6桁の上位の**高い**ところ（80〜90万ドル）
- •当社を**高く**評価しているようです
- •日本関係事業との取引の効率を**高める**

- •貴社の価格はひどく**高い**。
- •まだ少々**高**すぎる

- • greatly enhance XYZ's reputation and effectiveness
- • The waves are very high.
- • Your estimate is too high.
- • a high point in high six figures
- • seem to think highly of the company
- • increase their effectiveness in dealing with Japanese business
- • Your prices are prohibitive.
- • <be> still a bit too expensive

◆宅配

home〔door-to-door〕delivery, etc.

- •**宅配**サービス
- •**宅配**便で

- • courier service
- • by DHL

◆ （ご）**多幸**

best wishes, good fortune, happiness, happy, very best

- •今後のご**多幸**をお祈りいたします。
- •ご**多幸**をお祈り申し上げます。
- •ご健勝とご**多幸**をお祈り申し上げます。
- •貴殿のますますのご**多幸**をお祈り申し上げます。
- •今後ともますますのご自愛とご**多幸**
- •ますますのご自愛とご**多幸**
- •貴殿のご**多幸**をお祈りいたします。

- •在職期間中のご**多幸**とご活躍
- •ご一同様のご**多幸**

- • My personal best wishes are with you for the future.
- • With best wishes and personal regards,
- • Our best wishes for health and happiness.
- • I wish you much continued good fortune.

- • many more years of good health and happiness
- • your continuing good health and happiness
- • Let me wish you every happiness./ I wish you much joy.
- • a happy and successful tenure of office
- • all of the very best

◆他行

(other) banks, etc.

- •**他行**貸し勘定
- •**他行**借り勘定

- • due from banks〔bankers〕
- • due to banks〔bankers〕

◆多国籍

multi national, etc.

- •**多国籍**企業
- •**多国籍**銀行

- • multi national corporations
- • a consortium bank

◆確かに

certainly, etc.

- •**確かに**
- •同小切手は**確かに**振り出されました。

- • Surely/ To be sure,
- • The check was surely issued.

◆確かめる

ascertain, etc.

- •それを私の予定に組み込めるかどうか**確か**めてみます
- •……を**確かめる**ために
- •今回の訪問は、……を**確める**ためのものです。
- •自分の目で**確かめる**
- •……を**確かめる**必要がある

- • ascertain if it can be fitted into my itinerary
- • in order to ascertain ...
- • This visit may serve to insure that ....
- • see for yourself
- • need to verify ...

◆助け

- ……する、大きな**助け**となります
- 大いに貴社の**助け**になる
- ……に大いに**助け**られる
- いくつかの問題について、**助け**を求める
- もし**助け**ていただけるなら、
- これで非常に**助か**りました。
- おかげさまでたいへん**助か**りました。
- ……の**助け**になる

aid, assistance, help, helpful, instrumental, etc.

- will be of substantial aid in <doing>
- <be> of the greatest assistance to you
- benefit greatly from ...
- ask for help on some questions
- If you're able to help me out,
- This has been very helpful.
- You've been very helpful.
- <be> instrumental in ...

◆訪ねる

- お泊りのホテルへあなたをお**訪ね**するつもりです
- ……を**訪ねる**
- 近く貴殿をお**訪ね**する

call [-ing]

- plan to call for you at your hotel
- call upon ...
- will be calling to see you shortly

◆尋ねる

- ……についてお**尋ね**いたします。
- 会議を開催できるかどうかを**尋ねる**
- 論文発表手続きについて**尋ねる**
- 空港のインフォメーション・デスクでお**尋ね**下さい。
- ……に関しお**尋ね**いたします。
- さらにお**尋ね**したいので、

inquire, inquiring, queries

- I am writing to inquire about ....
- inquire about the possibility of a meeting
- inquire about procedures for delivering a paper
- Please inquire at the Information Desk at the airport.
- We are inquiring regarding ....
- in follow-up to my queries

◆立場

- ……の**立場**で
- ご夫妻のお嬢さま方と私自身の**立場**で立って
- ……についての貴社の**立場**は同意しかねます。
- 今より強い**立場**をとる
- 当方の**立場**を明確に述べる
- 〈件名〉についての貴社の**立場**をはっきりさせていただけませんでしょうか。
- ABC社の**立場**を最大限に利用する
- 慎重な**立場**を取る
- あなたがとられた**立場**
- 私どもの**立場**を理解する
- 競争相手の**立場**
- 日本の経済的な**立場**が向上したこと
- 当社は、……できる**立場**にあります。
- 私どもは、……できる都合のよい**立場**にあります。
- 私どもは、……することができる**立場**にございません。
- 本件に関する当方の**立場**
- 貴社の**立場**を理解する
- ……という有利な**立場**

capacity, on behalf of, position, situation, etc.

- in the capacity of ...
- on behalf of their daughters and myself
- We can't *accept* your position on ....
- *assume* a stronger position
- *clarify* our position
- Could you please *clarify* your position on <item>?
- *optimize* ABC's position
- *retain* our conservative position
- the position which you *have taken*
- *understand* our position
- a competitor's position
- an improving economic position in Japan
- We are happy to be *in* a position to <do>.
- We are *in* the happy position of being able to <do>.
- We are not *in* a position to <do>.
- our position on this matter
- understand your situation
- the vantage point of ...

◆立ち寄る

- 当方にお**立ち寄り**下さい。

call on, come by, drop [-ping] in, stop by, stopping over, etc.

- Please call on any of us.

- お気軽にお**立ち寄り**下さい。
- 10時にお**立ち寄り**いただけますか。
- 近くにお越しの節はどうぞお**立寄り**下さい。

- どうぞお**立ち寄り**になっていろいろお話しください。
- 元の会社に**立ち寄る**
- 〈場所〉に途中で**立ち寄らない**
- どうぞお**立ち寄り**下さい。
- 約2時間**立ち寄ります**

◆**達する**
- 与信総額は数十万ドルに**達しております**。

- 結論に**達した**場合には、
- 平和的な解決に**達する**
- 彼はグループの監督者になり得るレベルには**達している**でしょう。
- 以下の結論に**達する**
- 標準に**達していません**

◆**達成する**
- その目標を**達成する**
- 戦略目標を**達成する**
- 来年度の目標を**達成する**
- ご訪問の目的が**達成されました**こと
- 今回の旅行における四大目標は、すべて**達成する**ことができました。
- その販売目標を**達成する**
- 売上目標を**達成する**

◆**楽し～**

- 夏休みをお**楽しみ**下さい。
- クラシック音楽を**楽しむ**
- キャンプしたり、泳いだり、山歩きをして**楽しむ**ことができます。
- 一緒にいる人たちを**楽しませる**
- 休暇を十分**楽しむ**
- これまでよりはいくらか多めの余暇を**楽しんでおります**。
- 真の英国式ポニー・トレッキングの**楽しみ**
- ……を**楽しみ**にしていらっしゃることと存じます
- お便りをいただけますことを**楽しみ**にしております。
- 貴殿をお迎えすることを一同心から**楽しみ**にしております。
- お手紙をいただくのはいつも**楽しみ**です。

- Please feel free to call on us.
- Will you please **drop in** at 10 o'clock?
- Please **drop in** and see us when you happen to come this way.
- I would appreciate very much your **dropping in** for a visit with us.
- **stop by** my old office
- will not be **stopping over** in <place>
- Please **come** and [**to**] see me.
- have about two hours' **stop**

amount to, come to, progress [-ed], reach, up to
- The aggregate value of these credits **amounts to** several hundred thousand dollars.
- When we **come to** a conclusion,
- **come to** an amicable settlement
- He will have **progressed** to a level wherein he is now supervising a group.
- **reach** the following decision
- have not been **up to** par

accomplish, achieve, achievement, fulfilled, etc.
- **accomplish** that objective
- **achieve** strategic objectives
- **achieve** our targeted objective for the coming year
- your **achievement** of the object of your mission
- All of my four major objectives of this trip have been **fulfilled**.
- **capture** the sale
- **meet** our sales goals

enjoy, enjoyable, enjoying, enjoyment, look [-ing] forward to ... , etc.
- I hope you **enjoy** your summer vacation.
- **enjoy** the sound reproduction of classical music
- We can **enjoy** camping, swimming, and walking around the hills.
- make his company **enjoyable**
- have an **enjoyable** holiday period
- I am **enjoying** a little more leisure time.

- the **enjoyment** of real British pony-trekking
- I'm sure you will **look forward to** <doing/noun>

- I'm **looking forward** to hearing from you.

- We all **look forward** with great pleasure to welcoming you.
- It is always a **pleasure** to hear from you.

◆楽しい
- 私としても、フランスでたくさんの旧友に会え、**楽しゅう**ございました。
- とても**楽しい**できごと
- **楽しい**夏
- **楽しい**休日
- **楽しい**夕べ
- **楽し**かった当時の日々を思い出す
- きっと**楽しい**でしょうね。

◆楽しく
- **楽しく**有益な旅行
- **楽しく**

◆旅
- 長期間の南海巡航の**旅**に向けて
- シアトルからロサンゼルスまでの空の**旅**
- あなたの国でかなりぜいたくな**旅**をしました。
- 信じられないほど素晴らしい**旅**
- よい**旅**
- たった一度の**旅**で
- 東京への**旅**が快適でありますよう祈っております。
- 非常にせわしい**旅**
- 帰りの**旅**
- 帰路の**旅**は快適だったことと思います。
- 新幹線の**旅**
- ……への**旅**

◆賜物
- ……の**賜物**です
- 評価の**賜物**
- 関係者一同の努力の**賜物**
- 日本に対する貴殿の功績の**賜物**

◆〜ため
- ……を見落とした**ため**、
- ひどい風邪の**ため**
- ……を改める**ために**
- ……の**ために**
- ABC社［当社、貴殿］の**ために**
- ……の**ため**、この送り状を返送いたします。

◆（お）便り
- 今後のお**便り**
- お**便り**をいただくのは、いつもうれしいことです。
- この日までに貴社よりお**便り**がない場合は、
- 貴殿からのお**便り**（お手紙）を心待ちにしております。

enjoyable, pleasant, etc.
- It was most enjoyable for me to be in France to see so many old friends.
- a most enjoyable affair
- a very enjoyable summer
- a pleasant holiday
- a very pleasant evening
- recall the many pleasant hours, days and weeks
- That would be fun.

pleasant, etc.
- a very pleasant and beneficial trip
- with great pleasure

cruise, flight, travel [-led], trip
- on an extended South Seas cruise
- our flight from Seattle to Los Angeles
- We travelled in your country quite expensively.
- a *fabulous* trip
- a *nice* trip
- in only *one* trip
- I do hope you will have a *pleasant* trip to Tokyo.
- a very *quick* trip
- your *return* trip home
- I hope your trip *home* was pleasant.
- the trip *by* Shinkansen
- a trip *to* ...

a tribute
- <be> a tribute *to* ...
- a *fitting* tribute
- a tribute *to* all concerned
- a tribute *to* your service to Japan

due to, etc.
- Due to [By, Owing to, Through] an oversight in ...,
- due to a bad cold
- for the purpose of revising ...
- in order that .../ on account of ...
- on ABC's [our, your] behalf
- We are returning this invoice so that ....

correspondence, hear [-ing] from, good news, write
- the continuing correspondence
- It is always good to hear from you.
- If we do not hear from you by this date,
- I look forward to hearing from you.

- よいお**便り**をいただけることを切望しております。
- すぐにまたお**便り**を差し上げます。

- We are anxiously expecting your good news.

- I shall soon write to you again.

◆段階
- 管理職の各**段階**に
- 次の**段階**に進む
- その**段階**に達する
- 私どもの会談の早い**段階**で
- できるだけ早い**段階**で
- この**段階**で
- **段階**的平価変動制

levels, phase, point, stage, system
- at various executive levels
- move to the next phase
- reach that point
- at an earlier point in our conversation
- at the earliest possible stage
- at this stage
- a crawling peg system

◆短期
- ニューヨークへの**短期**滞在中に
- 私どもの**短期**英国滞在
- **短期**滞在のため
- **短期**貸付け
- **短期**負債
- **短期**金利
- **短期**金融市場
- **短期**的需要
- **短期**物
- **短期**金融市場商品

brief, short, short-term, etc.
- during my brief stay in New York
- our short stay in England
- for a short stay
- short-term loan/ short-term loans receivable
- short-term debts
- short-term interest rates
- the short-term money market
- our short-term requirements
- short dates
- money market instruments

◆（ご）誕生
- ……のご**誕生**、おめでとうございます。
- **誕生**日おめでとうございます。
- お**誕生**日おめでとうございます。
- 女児のご**誕生**
- 我が家に男児が**誕生**いたしました。

birth, birthday, etc.
- Congratulations on the birth of ....
- Happy Birthday!
- Best wishes on your birthday.
- the arrival of your daughter
- A son was born to us.

◆担当
- ……**担当**の営業推進課長
- 私どもの**担当**課長がすぐにお伺いします。
- 当社の極東地域**担当**者
- ……を**担当**しています
- 貴社の修理**担当**者
- どなたに連絡したらよいか**担当**者名をお知らせ下さい。
- 新しい**担当**者

handling, in charge, in charge of, representative, the right person, etc.
- Group Sales and Marketing Manager handling ...
- Our manager in charge will call on you at once.
- our person in charge in the Far East
- <be> in charge of ...
- your service representative
- Kindly let me know the right person whom I should contact.
- a new person

◆担保
- 添え**担保**
- 増し**担保**
- 関連の見返り**担保**
- **担保**付き貸付け
- 副**担保**
- 見返り**担保**貸付け
- **担保**付き条件で

collateral, collateralized, secured, security, etc.
- collateral/ side collateral
- an additional collateral/ a supplementary security
- relative collateral
- collateral loans/ collateralized loans/ secured loans
- collateral security/ side collateral
- advance against collateral（security）
- on a secured basis

- 融資の**担保**を取る
- **担保**差入れ証
- **担保**の掛け目
- 歳入**担保**債
- 同盟罷業騒擾（そうじょう）暴動不**担保**
- 捕獲拿捕不**担保**約款

- take security for a loan
- a letter of hypothecation
- a loan-to-value ratio
- revenue bonds
- free from strikes, riots and civil commotions
- free from capture and seizure clause/ FC & S Clause

ち

◆地位

- うらやむべき**地位**を占めています
- ごく最近までこの**地位**におりました
- 新しい**地位**
- 比較的優位な**地位**
- ……の**地位**から
- そのような**地位**で
- 部長代理の**地位**
- 新しい**地位**での貴殿のご活躍を確信しております。
- 貴殿はこの新しい**地位**にまさにうってつけの人物です。
- **地位**と権威が伴う

position, post, status

- <be> in an enviable position
- took up his most recent position
- your new position/ your new post
- a relatively strong position
- from his position of ...
- in such a position
- the position of assistant manager
- I am sure you will handle your new post exceedingly well.
- You are really the right person in your new post.

- carry status and authority

◆地域

- 数少ない未開発の**地域**
- この**地域**に
- 一部の**地域**で
- 御社の**地域**担当者
- 当**地域**の経済
- 自分たちの地域社会
- **地域**内またはその周辺にある ……
- この**地域**及び世界的に
- **地域**開発計画
- **地域**内の経済協力
- **地域**的及び世界的統合という新経済の時代
- **地域**に即したマーケティングの機会と条件
- 戦略的な**地域**計画会議
- 太平洋のあらゆる**地域**
- 貴行の**地域**で

area (s), communities, locality, region, regional, sector (s), territory

- a rare area of untapped land
- at this area/ in the area
- in some areas
- your staff in charge of this area
- the economy of the area
- our own communities
- ... residing within and around our locality
- throughout the region and globally
- regional development planning
- regional economic cooperation
- the new economic era of regional and global integration
- regional marketing opportunities and conditions
- strategic regional planning meetings
- all sectors of the Pacific
- in your territory

◆チェック

- 帝日ホテルに**チェックイン**する
- 昼前にホテルに**チェックイン**する
- 会合について**チェック**する
- **チェック**マークで

check, check in, check into, check out, examination

- check in at the Teinichi Hotel
- check into the hotel before noon
- check on meetings
- with check marks

- **チェック**アウトの際に
- **チェック**していただくため

- at the time of check out
- for your examination

◆遅延
- **遅延**に抗議する
- この大きな**遅延**には失望しております。
- 貴社宛の弊社の航空貨物引渡しを**遅延**させる
- 入金が**遅延**した理由
- **遅延**利息
- **遅延**損害金
- ……が**遅延**する

delay, delayed, late, etc.
- protest (against) the delay.
- We are disappointed at [with] the long delay.
- delay the releasing of our cargo to you
- the reason for the delayed entry.
- delayed interest
- late charges
- fall behind in ...

◆近～

- ……に非常に**近い**
- 250人に**近い**実業界の指導者とその招待客
- **近いうちに**

- **近いうちに**、またお目にかかりたく存じます。

- **近々**
- **近く**にある島のひとつ
- 20年**近く**の間
- ……と**近づき**になる
- 貴社とお**近づき**になれますよう願っております。
- 誰も ……に、**近づく**ことができません。
- 貴社の市場戦略に基づいて**近づこう**と努力する

close, close to, early, future, near-by, nearly, soon, etc.
- <be> very close with ...
- close to 250 business leaders and their guests
- at an early date/ in the near future/ in the not too distant future/ in the not-too-distant future/ in due course of time/ before too long
- I hope to see you again sometime in the near future./ I hope we can get together again in the not-too-distant future./ I hope to see you again soon.
- in the very near future/ pretty soon
- one of the near-by islands
- for nearly twenty years
- get *acquainted* with ...
- I hope to be in contact with your firm.

- No one can gain access to ....
- try to reach with your marketing strategy

◆力

- **力**の限り
- より**力**をつけて
- アメリカ、ヨーロッパ、日本の競争力の**力**関係
- ……に**力**を注ぐ
- 多くの**力**
- 会社の**力**
- 変革についての重要な経済的、社会的、技術的な**力**
- 貴殿のお**力**になることができません。
- あなたの大きな**力添え**のおかげで
- お**力添え**をいただけないでしょうか。
- このイベントの計画に**力**を貸していただく
- 私どもの**力**が許す限り
- 貴殿のお**力添え**とご指導

ability, capability, dynamics, efforts, energies, fiber, forces, help, resources, support, etc.
- to the best of our ability
- with greater capability
- the dynamics of competition between the United States, Europe and Japan
- exert efforts on ...
- a lot of our energies
- the fiber of the company
- the key economic, social and technological forces of change
- I can't be of help to you.
- because of your important help
- I wonder if you can help me.
- help us plan this event
- as our resources permit
- your support and guidance

•……するためお**力添え**いただきありがとうございます。

• I appreciate your part in <doing>.

◆地区

•東京・横浜**地区**で
•ブルックリン**地区**で
•同一**地区**の

area, etc.

• in the Tokyo-Yokohama area
• the Brooklyn community
• in the same locations

◆知識

•このようにして得た**知識**
•コンピュータと情報技術の深い**知識**がある

•カナダ市場についての完璧な**知識**
•深遠な**知識**と経験をもたらす
•深い**知識**と豊かな経験を持っておられるので

knowledge

• the knowledge you will thus acquire
• have a good knowledge of computers and information technology
• a *thorough* knowledge of the Canadian market
• bring great depth *in* knowledge and experience
• *with* your profound knowledge and rich experience

◆遅滞

•**遅滞**なく
•これ以上の**遅滞**なしに

delay, etc.

• in due course/ promptly
• without further loss of time

◆地方

•**地方**銀行
•**地方**債
•国立や**地方**の科学協会
•**地方**の代表者

local, etc.

• country [local] banks
• municipal [prefectural] bonds
• state and local academies of science
• provincial representatives

◆チーム

•最善の**チーム**
•大型**チーム**
•XYZ社の素晴らしい**チーム**
•……からなる**チーム**
•**チーム**プレイヤー（グループの和を保つ人）
•当社の最高顧問の**チーム**

team

• the *best* team
• an *expanded* team
• a *tremendous* team at XYZ
• a team consisting of ...
• a team *player*
• a team of our top consultants

◆注意

attention, care, careful, mindful, note, notations, remind, take note

•……に**注意**していただきたいと存じます。
•……に**注意**を向けて下さい。
•いつものとおり十分**注意**いたします
•ご注文に対して迅速な**注意**を払う
•……にいっそう**注意**する
•船積みには特別の**注意**を払う
•……に厳重な**注意**を払う
•当社は貴注文に対しいつものように十分**注意**を払いませんでした。
•**注意**を働かせて
•万全の**注意**を心がける
•細心の**注意**を払って
•……に**注意**を払う
•……するときは、細心の**注意**を払って下さい。
•……には細心の**注意**を払います

• We would like to *call* your attention to ....
• May I *call* your attention to ....
• will *exercise* our usual care and attention
• *give* your future orders our prompt attention
• pay more careful attention to ...
• *pay* special attention to the shipment
• *pay* strict attention to ...
• Your order did not *receive* our usual careful attention.
• with our best attention
• use our utmost care
• with utmost care
• care about ...
• Please be very careful in <doing>.
• give careful attention to ...

- 私どもは、……にとくに**注意**しております。
- ……を、ご**注意**下さい。
- 書類にある**注意**事項
- この機会を利用して、……をご**注意**申し上げたいと存じます。
- ……にご**注意**下さい。

- We are especially mindful of ....
- Please note that ....
- the notations appearing on the form
- May we take this occasion to remind you that ....

- Please take note of ....

◆**仲介**
- 当行を**仲介**として利用する
- 他の**仲介**者を利用する
- 貴社の**仲介**者を通じ
- 貴社に**仲介**していただき、心から感謝いたします。
- 意思疎通の輪に**仲介**者が入っています

intermediary [-ies], etc.
- use our bank's intermediary
- utilize other intermediaries
- through your intermediary
- Your intervention is much appreciated.

- have a middleman in the communications loop

◆**中止**
- 工場訪問を**中止**する
- 〈日付〉 開催予定の取締役会を**中止**せざるを得ませんでした
- 〈日付〉 開催予定のシンポジウムは**中止**せざるを得ません
- 貴社との取引を**中止**する
- 貴社の利用を**中止**する

cancel, terminate
- cancel our factory visit
- have had to cancel the board meeting scheduled for <date>
- will have to cancel the symposium scheduled for <date>
- terminate your services
- terminate the use of your services

◆**中小**
- **中小**企業

smaller, etc.
- smaller business [-es]/ smaller and medium-sized businesses/ smaller enterprises/ medium-sized and small enterprises

- **中小**輸出業者

- smaller exporters

◆**昼食**
- 結構な**昼食**
- 楽しい**昼食**やおしゃべり
- 素晴らしい**昼食**
- **昼食**費
- **昼食**会
- ホテルでの**昼食**の際
- 一緒に**昼食**をとる
- **昼食**を一緒にする
- 数人の親しい友人を**昼食**に招待したいと思います。
- 来週の火曜日、**昼食**の予定がございませんでしたら、
- **昼食**にご招待いただき、ありがとうございます。
- **昼食**にお招きいただき、ありがとうございます。
- 公式開所式に引き続いての**昼食**
- ビュッフェ形式の**昼食**会
- **昼食**時スピーチ
- **昼食**の時に

lunch, luncheon
- the *lovely* lunch
- the *pleasant* lunch and chat
- the *splendid* lunch/ the excellent luncheon
- lunch *expense*
- a lunch [luncheon] *meeting*
- *at* lunch at the hotel
- join us *for* lunch
- meet [get together] *for* lunch
- I should like to invite a few of my best friends *for* lunch.
- If you are free *for* lunch next Tuesday,

- Thank you so much for your kind invitation *for* lunch.
- I thank you for your kind invitation *to* lunch.

- the luncheon which followed the official opening
- a buffet luncheon
- Luncheon Address
- during our luncheon

◆衷心
- **衷心**よりお礼申し上げます。
- ……に**衷心**よりお礼申し上げます。

one's true heart, etc.
- I extend my grateful thanks and appreciation.
- Please know of our deepest thanks for ....

◆注目

- 中国が**注目**されてきたことが、お分かりになると思います。
- 当社は、……から、ますます**注目**されております。
- ……にご**注目**下さい。
- ……に**注目**しております
- 今後も貴社製品に**注目**し続けます
- ……に**注目**しています
- ……に**注目**している
- ……は、**注目**すべきことです。
- 両社の協力は大へん**注目**に値するもので、好結果をもたらすものでした。
- 英国のマスコミで、かなり一般の**注目**を集める
- **注目**する

attention, awareness, look [-ing] at, noted, noteworthy, etc.
- You would *appreciate* the attention France has been receiving.
- Our firm has been *attracting* increasing attention from ....
- We invite [*draw*] your attention to ....
- have been *paying* keen attention to ...
- continue to maintain an awareness of your products
- look at ...
- <be> looking at ...
- It should be noted that ....
- The cooperation between our companies has been most noteworthy and successful.
- receive considerable publicity in the British press
- keep an eye out

◆注文
- 貴**注文**をお受けいたします
- 貴社からご**注文**を賜れば幸いに存じます。
- ご**注文**を賜れば幸いに存じます。
- **注文**を受ける
- 弊社の**注文**をご確認下さい。
- 御社の**注文**の分の信用状
- せっかくですが、ご**注文**はお断りせざるを得ません。
- 同封の**注文**書
- 同封の木綿染コーデュロイ4,000ヤールの**注文**書第111号
- このご**注文**には応じることは当社ではできません。
- ……に**注文**する
- 弊社にご**注文**下さるようお勧めいたします。

- この**注文**を実行する
- ご**注文**いただければ幸いです。
- 〈商品〉の**注文**書を貴社にお出しします
- ご**注文**ありがとうございます。
- 当方の**注文**書および指図書
- 詳細については添付の**注文**書第123号をご覧下さい。
- 正式な**注文**書
- 指し値付き**注文**
- 貴社の**注文**確認
- 1,000台の**注文**で
- **注文**用紙

order (s), etc.
- will *accept* your order
- We shall *appreciate* your order.
- Your order will be *appreciated*.
- *book* an order
- Please *confirm* our order.
- the letter of credit *covering* your order
- We fear we shall have to *decline* your order.

- the order *enclosed*/ the enclosed order
- the *enclosed* order No. 111 for 4,000 yards of Cotton Dyed Corduroy
- We are not in a position to *execute* your order.

- *give* ... an order/ place an order with ...
- It is recommended that you *place* your order with us.
- *proceed with* this order
- We shall be pleased to *receive* your order.
- *send* an order to you for <goods>
- Thank you for your order.
- our order and instructions
- Please refer to the *attached* Order Sheet No.123 for details.
- our *formal* order
- a *limited* order
- your order *confirmation*
- on a 1K pcs order *basis*
- the order *form*

- 同封の**注文**書に
- **注文**用紙をもう一度お送り下さい。
- **注文**書を同封いたします。
- 貴**注文**書に記載された条件で
- プラスチック製玩具の猟銃1,000丁のご**注文**
- **注文**量を増やす
- **注文**残を取り消す
- 弊社の**注文**量を増やす
- **注文**を断らざるを得ない状態です。
- 3月〜4月積みの**注文**しか受けできません
- 将来はおよそ10万ドルの**注文**を見込んでいます
- 岡嶋がご**注文**をお受けいたします。
- 20xx年3月31日までの**注文**については
- 上記価格で**注文**をいたします
- 現在のところどんな**注文**もすぐ出荷できます。
- 今後の**注文**
- 今後当方の**注文**について
- 確定注文をする
- 見計らい**注文**
- 損切りのための**注文**
- 100ダース以上の**注文**
- その価格が適用される**注文**量

- まとめて（大量に）**注文**される方
- このような突然の**注文**取消し
- **注文**取り消しのご要請
- ある程度の個別**注文**生産

◆（ご）**弔**〜
- 心のこもったご**弔詞**
- ご**弔慰**とご厚情
- 奥様（未亡人）をはじめご遺族の皆様に、私どもの**弔意**をお伝え下さい。
- ご懇切なるご**弔慰**
- 賜りましたご**弔慰**

◆**長期**
- **長期**出張
- **長期**病気休暇で
- **長期**負債
- **長期**収益予想
- ……のための貴社の**長期**計画
- **長期**信用銀行
- **長期**融資のための
- **長期**貸付け
- **長期**金融市場
- 御社の**長期**目標
- **長期**プライムレート
- **長期**融資を考える
- **長期**見通し

- in the enclosed order *form*
- Please send an order *form* again.
- Please find enclosed the order forms.
- on the conditions stated in your order *sheet*
- your order *for* 1,000 pieces of plastic toy shot-guns
- increase the amount *of* your order
- cancel the remainder *of* our order
- increase the size *of* our order
- We can not *accept* any orders.
- can *accept* orders only for a March-April shipment
- <be> *anticipating* future orders of approximately $100,000
- Mr. Okajima will *handle* your orders.
- for orders *received* before March 31, 20xx
- will *send* you our orders at the prices listed above
- We can *ship* all orders promptly now.
- *future* orders
- in [with] our *future* orders
- place a firm order
- *open* orders
- stop-loss orders
- orders *for* 100 doz. and upwards
- the quantities that must be ordered to qualify for this price
- bulk buyers
- such a sudden cancellation
- your request for cancellation
- some level of customization

condolence, sympathy
- the very kind message of condolence
- your sympathy and kind thoughts
- Please convey to the bereaved widow and members of her family our deep sympathy.
- your loving sympathy
- your expression of sympathy

extended, long (-) term, long-range, etc.
- an extended trip
- on extended sick leave
- long term debt
- long term revenue projections
- your long term project for ...
- long-term credit banks
- for long-term financing
- long-term loans
- the long-term monetary market
- your long-term objectives
- the long-term prime rate
- consider longer term finance
- the long-range outlook

◆調査

check, checking (s), examination, examine,
explore, findings, inquire, inquiries, inquiring,
investigate, investigation, look into, pursuing,
research, review, study, survey

- 徹底的**調査**
- a thorough check
- 本件を**調査**する
- check into this matter/ check on this matter/
  investigate this matter/ look into the matter
- この問題を**調査**する
- check into this problem
- 本件を**調査**しております
- <be> checking on this matter
- 外部での**調査**
- any outside checkings
- 私どもの**調査**には、……の検査が含まれて
  いました。
- Our examination included tests of ....
- 関連した損益計算書と社内留保利益金を**調
  査**する
- examine related statements of income and retained
  earnings
- 経済的潜在力を**調査**する
- explore the economic potential
- **調査**結果をお知らせ下さい。
- Please inform us of your findings.
- ……の可能性を**調査**する
- inquire into the possibility of ...
- 必要な**調査**をする
- make necessary inquiries
- **調査**機関
- inquiring agencies
- この件についてご**調査**下さい。
- Please investigate the matter.
- 貴国で取引する機会がさらにあるかどうか
  を**調査**します
- investigate further opportunities for doing business
  in your country
- ……を**調査**する
- investigate into ...
- **調査**を始める
- initiate [start] an investigation
- 実に綿密な**調査**
- an elaborate investigation
- **調査**しましたところ、……ということが判
  明いたしました。
- Upon investigation we found that ....
- 重要な外交政策を引続き**調査**しています
- <be> pursuing important foreign policy
- 重要な**調査**が促進される
- encourage important research
- 新しい**調査**業務
- new research services
- 彼の**調査**課題について
- on his research subjects
- **調査**研究の成果
- the result of my research
- 20xx年度計算書内容を**調査**する
- research the matter of the 20xx Statement
- **調査**の過程で
- in the course of the review
- ……の**調査**データの検討
- a review of survey data for ...
- 当社のコンピュータを使った生産管理及び
  技術管理システムを**調査**する
- review our computer-aided production control and
  engineering control systems
- ……を詳細に**調査**しています
- <be> conducting a study of ...
- ……を徹底的に**調査**する
- make a complete study of ...
- ……と当方の**調査**は示しています。
- Our surveys indicate that ....
- **調査**報告は次の2カ所から得たものです。
- Survey was obtained from two sources.
- 最近、……から受領した**調査**報告
- a survey recently received from ...
- 本1冊分にのぼる**調査**
- a book-length study
- 同封の「**調査表**」
- the enclosed "survey"
- この重要な**調査**
- this important study
- **調査**資料
- the survey data
- 昨年の**調査**より5.3%増
- an increase of 5.3% over survey for last year

◆朝食

breakfast

- ご一緒させていただいた楽しい**朝食**
- the delightful breakfast we *had* together
- 簡単な**朝食**
- a bit of breakfast

- 無料の大陸式（パンとコーヒーだけの）**朝食**
- ヨーロッパ大陸式**朝食**
- おいしい**朝食**

- a complimentary Continental Breakfast
- a continental breakfast
- a nice breakfast

◆**調整**

adjusted, adjustments, coordinate, coordination, coordinator, recalibrate, rectification, etc.

- プリンターを**調整**してもらうために
- ……を反映するよう**調整**する
- **調整**年金
- 必要な**調整**をする
- 何であれ必要な日程の**調整**をして下さい。
- 信用供与総額を将来**調整**することを条件として、
- 見学の**調整**をする
- コリンズ氏を訪問できるよう**調整**する
- 新製品紹介活動を**調整**した。
- 夏期プログラムの**調整**役
- 計画の**調整**
- これらの試験装置の目盛りを再**調整**する
- **調整**が必要です
- 通貨**調整**差額

- in an attempt to have the printer adjusted
- <be> adjusted to reflect ...
- adjusted pensions
- make any necessary adjustments
- Please make whatever adjustments are necessary.
- Subject to future adjustments of the total facility,

- coordinate the visit
- coordinate such a visit with Mr. Collins
- Coordinated activities for new product introduction.
- the Coordinator of the Summer Programs
- the coordination of programs
- recalibrate these test units
- need rectification
- currency fluctuation payments

◆**調達**
- 注文を**調達**する
- ご注文の品を至急**調達**します

supply, etc.
- supply your order
- rush your order

◆**直接**
- **直接**放送システム
- **直接**コルレス協定
- **直接**引落とし
- **直接**投資
- **直接**的または偶発的な債務
- **直接**支払い
- **直接**責任の一部
- **直接**私に手紙を書く
- 貴殿に**直接**手紙を書く
- 貴殿に**直接**連絡いたします
- ご依頼のあった情報を**直接**貴社に送付すると思います
- ヤマモト株式会社に**直接**手紙を書く
- 彼から、私が**直接**あなたに手紙を出すようにと、勧められました。
- 貴殿と**直接**連絡を取る
- 同社は6桁の中位の額の当行からの**直接**借入れがあります。
- 貴殿の**直接**行動

direct, directly, immediate
- a direct broadcasting system
- direct correspondent arrangements
- direct debit
- direct investment
- direct or contingent liabilities
- a direct payment
- a part of the direct responsibility
- write me direct
- address you directly
- will contact you directly
- will respond directly with the information you have requested
- write directly to Yamamoto & Co.
- He suggested that I write directly to you.

- <be> in touch with you directly
- The corporation is directly indebted to us in moderate six figures.
- your immediate action

◆**直面**
- ……に**直面**して
- 今日の状況に**直面**して

face, faced, facing, encountering
- In the face of ...
- in the face of today's circumstances

- ……に**直面**している
- アジアが**直面**する諸問題を話し合うための重要な公開討論会
- アジア・太平洋地域の企業が**直面**する機会と障害
- 世界中でビジネスが難局に**直面**しているので
- 困難な状況に**直面**しています

- <be> faced with ...
- an important forum for the discussion of issues facing Asia
- the opportunities and obstacles facing Asian-Pacific firms
- because business all over the world is facing such a difficult situation
- <be> encountering difficulties

◆貯蓄
- **貯蓄**貸付け組合
- **貯蓄**［住宅］貸付組合［米］
- 当行に新たに**貯蓄**預金口座を開設する
- **貯蓄**銀行
- **貯蓄**金融機関

savings, thrift
- a savings and loan association/ S&L
- a savings [building] and loan association
- open a new savings account with us
- savings banks
- thrift institutions

◆チラシ
- 宣伝用**チラシ**
- 添付した**チラシ**に記述してありますように
- リーフレット（**チラシ**）
- 販促用**チラシ**
- 広告用**チラシ**

flier [flyer], leaflet (s), literature (s)
- the introduction flier/ PR leaflets
- as noted in the flyer attached
- a leaflet
- sales literature
- sales literatures [leaflets]

つ

◆追加
- **追加**費用として
- 〈目的〉のための**追加**予算
- 大量の**追加**注文
- この輸送には**追加**料金はかかりません。

- **追加**担保
- ……に関しての**追加**情報
- **追加**振出人［保証人］
- **追加**注文
- **追加**注文はしません
- **追加**規定
- **追加**の請求書
- ……の**追加**注文書
- 半日を**追加**
- **追加**料金を支払う

added, addition (s), additional, another, extra, surcharge
- in added fees
- an additional budget for <purpose>
- a lot of additional business
- There is no additional charge for this transportation.
- an additional collateral
- additional information on ...
- an additional maker
- additional orders
- place no additional orders
- additional provisions
- additional withdrawal slips
- another order for ...
- with an extra half day
- pay the surcharge

◆～ついて（は）
- このオファーの受諾に**ついて**
- ……の日取りに**ついて**は
- 支払いに**ついて**は、
- 弊社の条件を承諾していただけるかどうか

as regards, as to, in respect of, regarding, with regard to
- as to the acceptance of this offer
- as to the date of ...
- As to payment,
- as to whether our conditions are acceptable

について
- 上述の支払い指図**について**
- 確定日時**については**
- 貴社の次期拡張計画**について**
- 私が計画している東京訪問**について**
- 本件信用状**について、**

- in respect of the above-mentioned payment order
- regarding the exact dates
- regarding your next plan for expansion
- regarding my intended visit to Tokyo
- With regard to the subject credit,

◆追悼
- **追悼**式
- **追悼**の辞

mourning, etc.
- memorial services
- a memorial address

◆通関

- **通関**手続きをする
- **通関**費用の支払い
- **通関**手続き
- **通関**する
- 同貨物をぜひ**通関**させなければならない

- ……を**通関**する

clearance, custom (s) clearance, customs entry, clear [-ed]
- handle the clearance
- the payment of clearance expenses
- custom (s) clearance/ customs entry
- effect customs entry/ clear customs
- clear the corresponding cargoes through the customs
- <be> cleared thru ...

◆通信

- **通信**電子機器分野
- **通信**事業の発展
- 独創的な**通信**衛星用アンテナ
- **通信**の面では
- **通信**分野における
- 海外の企業との**通信**
- **通信**販売会社
- カーター氏がその**通信**（または、伝言）を
  貴殿に取り次ぐでしょう。
- 幅広い**通信**事業活動
- 電話による**通信**販売

communication (s), correspondence, mail, message, telecommunications, etc.
- the communications and electronics fields
- communications developments
- a unique communications satellite antenna
- in communications
- in the communications field
- correspondence with overseas firms
- a mail order company
- Mr. Carter will relay the message to you.

- a wide range of telecommunications activities
- telemarketing

◆通知

- 受益者に送金の到着を**通知**する

- **通知**書原本
- 私どもに航空便でご**通知**の上
- 通常のように**通知**していただいた上で
- 〈人物〉に ……を**通知**する

- 貴社に ……を**通知**する
- ……に業務を移転いたしますので、ご**通知**
  申し上げます。
- ……ことを、ここに**通知**いたします。
- 住谷物産には**通知**しません
- ……より通知される
- **通知**銀行名

advice, advise, advised, advising, announce, heard, inform, notice, notification, notified, notify
- send advice of the arrival of the remittance to the beneficiary
- the original advice
- under airmail advice to us
- under the usual advice
- advise <someone> of .../ inform <someone> of .../ inform <someone> that ...
- advise you of .../ inform you of ...
- We are pleased to advise that we are moving our operation to ....
- We are writing to advise you that ....
- will not advise Sumitani Bussan
- <be> advised through ...
- the name of the advising bank

- （行事などを正式に）**通知**いたします。
- 船積みに関し、貴社から何の**通知**もございません。
- ……のご**通知**申し上げます。
- ……について書面により**通知**を受ける
- **通知**預金

- 追って**通知**するまで
- 3カ月前に**通知**することにより
- **通知**状に記載された条件
- ……との**通知**を受けたところです。
- （着荷）**通知**先
- ……をご**通知**いただき、ありがとうございます。

◆通報
- ……への**通報**結果
- 勇気を持って警察に**通報**する

◆使う

- ハードウェアに合った最新ソフトが**使える**ようになること
- 原稿もテープも研究員に**使わ**せません。

- 日本語をとても自由に**使い**こなす
- ABCのコンピュータには**使え**ません

- **使い**やすさ
- 実際に**使っ**てみることで
- ……で**使わ**れています
- 添付いたしました払戻し伝票を**使っ**て
- ハイテク生地を**使っ**た防水型ゴルフ手袋

◆（お）付き合い
- 親しくお**付き合い**して参りました。
- またお**付き合い**できますことを心から楽しみにしております
- 今後ともお**付き合い**いただけますことを期待します
- 長年にわたるお**付き合い**
- 深い個人的なお**付き合い**をしたわけではありませんが、
- 仕事上の**付き合い**
- 貴社との友好的な取引関係の長いお**付き合い**において

◆創り出す
- 目標達成のための士気を**創り出す**
- 新しい協調関係を**創り出す**

- We have the pleasure to announce that ....
- We have heard nothing from you about the shipment.
- Allow me to inform you that ....
- <be> informed in writing of ...
- deposits at notice [call]/ deposits at (short) notice/ notice deposits
- until further notice
- with three months' notice
- the terms embodied in the notification
- I have just been notified that ....
- the notify party
- Thank you for notifying us of ....

report (s), reporting
- a result of reports to ...
- encourage reporting to the police

availability, available, command, made available, use, using, etc.
- the availability of current software to match the hardware
- We will not make the transcript or tape available to any researchers.
- have a strong command of the Japanese language
- <be> not being made available for the ABC computer
- the ease-of-use
- through actual use
- <be> in use at ...
- by using the withdrawal forms attached
- WET-FREE Golf Gloves made out of hi-tech fabric

association, contact, relations
- We have *enjoyed* the close association.
- look forward to *renewing* our association
- look forward to our *continued* association

- our *long* association
- Although we did not *have* frequent personal contact,

- the professional contact
- In our long history of amicable business relations with you,

build, create
- build a spirit of accomplishment
- create new understandings

◆作る

- 当社は強力でバランスのとれた最高経営陣を**作り**あげました。
- 細目を**作る**
- 最終稿を**作る**
- しっかりした現地チームを**作る**

create, work out, etc.

- We have created a strong and well-balanced top management team.
- work out the details
- finalize the text
- put together a good local team

◆〜付け（つけ、づけ）

- 11月2日**付け**で
- 〈日付〉**付け**で
- 20xx年8月26日**付け**
- 来月1日**付け**で
- 12月1日**付け**のお手紙
- 20xx年5月28日**付け**のテレックス
- 10月10日**付け**で
- 20xx年9月1日**付け**で
- 20xx年6月30日**付け**で
- 〈日付〉**付け**の〈新聞あるいは雑誌名〉に
- 12月31日**付け**で
- 10月1日**付け**
- **付け**で

as from, as of, effective, dated, in, on, under date, etc.

- as from 2nd November
- as of <date>
- as of August 26, 20xx
- effective the first of next month
- your letter dated December 1
- the telex dated May 28, 20xx
- effective the 10th of October
- effective as of September 1, 20xx
- effective June 30, 20xx
- in the <date> issue of <newspaper or magazine>
- on the 31st December
- under date October 1
- on charge/ on credit

◆付け加える

- ……の思い出を**付け加える**
- もっと個人的な考えを**付け加える**
- ……を**付け加え**ておきます。

add

- add a further memory of …
- add a more personal thought
- I may add that ….

◆付ける

- 該当欄にチェック印を**付ける**
- 星印（＊）を**付ける**

check, place

- check the appropriate box
- place an asterisk (＊)

◆（ご）都合

at your pleasure, available, can, compatible, convenience, convenient, conveniently, free, inconvenient, possible, suit

- ご**都合**次第で
- **都合**がいい
- ご**都合**がつくようでしたら、いらして下さい。
- 私どもの日程の**都合**がつきません。
- ご**都合**つき次第
- あなた様の日程のご**都合**に合わせて
- ご**都合**のよいときに
- 貴社に電話し、貴社訪問のご**都合**を伺うことにいたします。
- 即時払いが**都合**が悪いようでしたら、

- **都合**がつき次第
- 会見に適当な時間の**都合**がつき次第

- ご出席の**都合**がつく場合はいつでも
- いつが**都合**がよろしいでしょうか。

- At your pleasure
- <be> available
- Please come if you possibly can.
- Our schedules are not compatible.
- at your earliest possible convenience
- at the convenience of your schedule
- at your convenience
- I will call your office to see if my visit to you would be convenient.
- If it is not convenient for you to make your payment now,
- as soon as (it is) convenient
- as soon as a convenient meeting time can be arranged
- if and when your attendance is convenient
- What time would be convenient for you?

- お会いするのに**都合**のよい時間と場所
- 最も**都合**のよい日（を何日か）
- ご**都合**のよろしい時に
- 貴殿のご**都合**のよろしい時にいつでも喜んでお会いします。
- **都合**のよいことに
- 貴殿のご**都合**をお手紙でお知らせ下さい。
- ご**都合**のよい日をお知らせいただければ
- ご来店の**都合**がつかない場合は、
- **都合**のよい日を決める
- いつでも、ご**都合**のよい時

- a convenient time and place to meet
- the most convenient dates
- at any time convenient for you
- I'd be glad to see you at any time most convenient to you.
- conveniently
- Please write to let me know when you will be free.
- if you let me know when you are free
- If it is inconvenient for you to come in,
- discuss a possible date
- at any time which suits you

◆伝える

- 前のファクスでお**伝え**しましたとおり
- ……にこの件を**伝える**
- 世界中の聴衆に**伝え**られます
- ……を通して世界中のビジネス関係者に**伝え**られます
- 考えを**伝える**
- 大局観を**伝える**
- ……にこの情報を**伝える**
- この招待を彼らにもお**伝え**いただければと思います。
- その旨をお**伝え**いたします。
- 貴殿のお悔やみの言葉を遺族にお**伝え**しておきました。
- この情報を貴殿に内緒でお**伝え**する
- 必要な情報をすべて貴殿にお**伝え**いたします。
- **伝え**られるところでは、
- ……は、他の経営者や世論を形成する人々に**伝え**られます。
- 現在お**伝え**できることは、……ということです。

as informed, bring, carried to, communicate, convey, extend , notify, pass along, pass to, relay, report, reportedly, taken to, tell

- as informed in my previous fax
- bring the matter to the attention of ...
- will be carried to a global audience
- will be carried to business people around the world through ...
- communicate ideas
- communicate a perspective
- convey this information to ...
- I hope that you will extend this invitation to them.

- We will notify you accordingly.
- I have passed to his family your expression of sympathy.
- relay the information privately to you
- I will report any necessary information to you.
- Reportedly,
- ... will be taken to other executives and opinion-makers.
- What I can tell you is that ....

◆続く
- 今後も末長く**続く**でしょう
- 今後もきっと末長く**続い**ていくことでしょう
- 昼食時を含めて**続き**ます
- 20xx年４月30日から９月18日まで**続き**ます

continue, etc.
- will continue far into the future
- will certainly endure into the future
- go through lunch
- run from April 30 to September 18 20xx

◆続ける
- 会長として経営を**続ける**
- ……を提供し**続ける**
- 優秀な科学者の育成を**続ける**
- 仕事を**続ける**つもりです
- 長く**続け**られません
- 急成長を続ける音響機器メーカー
- 今後もよい仕事を**続け**てください。
- お**続け**下さい。

carry on, continue, growing, keep up, proceed
- carry on as Chairman of the Board
- continue to provide ...
- continue training superb scientists
- plan to continue working
- cannot be continued for long
- the fastest growing audio manufacturers
- Keep up the good work.
- You may proceed.

◆努める
- 友人すべての人々に連絡しようと**努める**
- 精一杯**努め**させていただきます。
- ……するように**努めて**おります
- いつでも可能な限りお役に立てるよう**努める**所存です。

attempt, etc.
- attempt to contact all of their friends
- We shall do our utmost.
- \<be\> trying to \<do\>
- We are eager to be of service to you whenever possible.

◆務める
- ……に関する代表団の団長を**務める**
- 一期**務める**
- この資格で**務める**
- 支店長を**務め**ました
- ……を**務めて**いる
- もう一期取締役を**務める**

head, serve, served, serving, undertake
- head our delegation in connection with ...
- serve a term
- serve in this capacity
- have served as general manager
- \<be\> serving as ...
- undertake another term on the Board

◆つながり
- 私どもの個人的な**つながり**
- ……との**つながり**をなくしたくなかった。
- 有力な**つながり**
- 両社間の取引の拡大に**つながる**
- ……する、一層多くの機会に**つながる**

contact, etc.
- our personal contact
- I don't want to lose contact with ....
- an effective liaison
- lead to an increasing business between us
- provide you with many more reasons to \<do\>

◆積〜
- **積戻し**貨物
- **積荷**殺到
- 貴社の**積荷**目録と航空貨物受け取り所証を調べる
- 前回の**積荷**目録
- **積込み**裏書き
- 「**積込み済み**」の表示
- 当社のトラックに**積み込み**ます
- 10／11月**積み**の
- 当方の注文第333号に対する貴社の**積荷**（積送品）
- **積込み**式船荷証券
- **積出し**費用と取扱手数料
- **積み替え**可。
- **積換え**船荷証券
- この船に**積み**そこないますと
- **積立**定期預金

cargo[-es], manifest, on board, put on, shipment, shipped, shipping, transshipment, etc.
- the return cargo
- a rush of cargoes
- check your manifest and Airbills

- the previous manifest
- on-board endorsement
- the "on board" notation
- \<be\> being put on our truck
- for shipment during October/November
- your shipment for our order No. 333

- shipped B/L
- shipping and handling costs
- Transhipment is permitted [allowed].
- transshipment B/L
- if we miss this vessel
- installment time deposits

て

◆提案
- ……を経由してなされた**提案**
- **提案**をする
- ご**提案**は非常によいと思います。

approach, proposal (s), propose, suggest [-ed], suggestion (s)
- the approach made through ...
- make the proposal
- Your proposal looks very good.

- 御社の顧客の**提案**
- 弊社のマーケティングについての**提案**
- この**提案**
- その**提案**について
- 貴殿の**提案**にたいへん興味を持っております。
- この展示会のための**提案**
- 興味あるご**提案**
- 新しい**提案**
- 有望な**提案**
- いくつかの**提案**
- 現在の協定と同種の取決めを継続するよう**提案**する
- ……を**提案**いたします。

- 〈日付〉の貴信にお答えして、……のように**提案**いたします。
- ご**提案**通り、
- 一つ**提案**がございます。
- あなた様のご**提案**にはたいへん感謝しております。
- ご**提案**及びご配慮
- ……という貴殿の**提案**に従って
- ……に関する貴**提案**
- ご**提案**はどのようなものでも、歓迎いたします。
- 私の**提案**
- 貴殿のお考えとご**提案**

◆定価
- **定価**から15%引きで
- **定価**から割り引きをする
- 貴社の**定価**表からどれだけ値引きできるかをお知らせください。
- 当社のカタログおよび**定価**表を同封します。
- **定価**見積書

◆定期
- **定期**的自動振替
- **定期**的支払い指図
- **定期**預金

◆提供
- 最高の医療を**提供**する
- 詳細な情報と書類一式をご**提供**することができます。
- 会員は、……に自己の知識と専門的判断を**提供**します。

- your customer's proposal
- our marketing proposal
- this proposal
- *about* the proposal
- I'm very much interested *in* your proposal.
- the proposal *for* this exhibition
- your attractive proposals
- new proposals
- promising proposals
- a number of proposals
- propose the continuation of the same kinds of arrangements
- Allow me to suggest ..../ I am writing to suggest that ..../ I'd like to suggest that ..../ Let me suggest ..../ Might I suggest ..../ I would like to propose ....
- In reply to your letter of <date> let me suggest ....

- As you have suggested,
- May I make a suggestion?
- Your suggestion is most appreciated.

- your kind suggestion and your kind consideration
- In line with your suggestion ...
- your suggestion regarding ...
- We shall be pleased to *entertain* any suggestions.

- some of my suggestions
- your thoughts and suggestions

list price, price
- at 15% off the list price
- get a discount off the list price
- Please give us your best discount off your list prices.
- We enclose our catalog and price list.
- a fixed price proposal/ fixed price quotations

fixed, standing, etc.
- periodic automatic transfers
- a standing order/ standing authorization
- time deposits/ term deposits ［米］/time accounts/ fixed deposits ［英］

assure, available, contribute, extend, furnish, offer, present, provide, render, serve, supply
- assure the best possible medical care
- A detailed information and documentation package is available.
- Members contribute their knowledge and professional judgement to ....

- 銀行として各種の便宜を**提供**する
- 親切なサービスと便宜を**提供**する
- さらに詳しい情報を**提供**する
- 当行は、……を**提供**することができます。
- 貴社が何を**提供**しなければならないか
- ……と接触する絶好の機会を**提供**する
- ……のための機会を**提供**する
- 当社の製品ならびに技術のすべてを**提供**する
- CDや貯蓄預金やMMFの現行利率を上回る利子を**提供**する
- ……の機会についての情報を**提供**する
- この機会を利用して、……を貴殿に**提供**いたします。
- 適切なサービスを貴殿に**提供**する
- ……をプロデューサーに**提供**する
- 貴行に大きな利益を**提供**することができます
- そのような取引を当行に**提供**していただく
- 皆様の必要とする最も価値ある情報を**提供**する
- 高度の電気通信製品や技術サービスを**提供**する
- より良いサービスを**提供**する
- お客様にサービスを**提供**する
- 必要な情報を**提供**する
- 信頼できる情報を必ず貴行に**提供**する
- ……を貴社に**提供**する用意があります

- extend various banking facilities
- extend the friendly service and facilities
- furnish you with any further details
- Our bank is in a position to offer ....
- what you have to offer
- offer you excellent access to ...
- offer an opportunity for ...
- offer all our products and technologies
- offer higher returns than those currently available in CDs, savings accounts, and money market funds
- present information about opportunities in ...
- I would like to take this opportunity to provide you with ....
- provide you with proper service
- provide the producers with ...
- can provide you with a significant advantage
- provide such business to us
- provide the most valuable information for your need
- provide advanced telecommunications products and engineering services
- render better service
- serve our customers
- supply the desired information
- supply you with any reliable information
- <be> prepared to supply you with ...

◆提携

- ……と**提携**しています
- これからも長年にわたって親密な**提携**を結んでいくこと
- 将来のビジネス取引および**提携**
- 当社の強力な**提携**企業
- 貴社と**提携**できることを願っております。
- 両社の**提携**関係は貴重なものであり、今後もその重要さは変わらないと思います。
- 貴社とは実に強い**提携**関係にある
- 締結するかも知れない**提携**協定

affiliated, affiliation, alliances, ally, associated, association, linked, partnership, teaming

- <be> affiliated with ... / <be> linked with ...
- many more years of close affiliation
- future business deals and alliances
- our strong ally
- I trust that we shall be associated with you.
- The association has been rewarding and is of continuing importance.
- enjoy a strong partnership with you
- a possible teaming arrangement

◆締結する
- 総代理店契約を**締結する**
- 為替契約を**締結する**
- ……との初契約を**締結する**
- 貴社と契約を**締結する**用意があります

conclude, enter into
- conclude a sole agency agreement
- conclude exchange contracts
- conclude our initial contract with ...
- <be> prepared to enter into a contract with your Company

◆提示
- 書類の**提示**
- この信用状に基づいて振り出された為替手形の**提示**があり次第、

presentation, etc.
- presentation of the documents
- *On* presentation of the drafts drawn under this credit,

- 払戻し請求書を当行に**提示**して
- 国際的に**提示**される

- *upon* presentation to us of the withdrawal slips
- <be> posted internationally

◆**停止する**

- 営業を**停止する**
- 貴社への信用供与を**停止する**
- ……の支払いを**停止する**
- 上記手形の支払いを**停止する**
- 生産はすべて**停止**しております。
- 一時完全に**停止する**

close, cut off, stop, stopped, suspended

- close my business down
- cut off credit to you
- stop payment of ...
- stop payment of the above draft
- The entire production has been stopped.
- <be> completely suspended

◆**提出**

- ……の申請書を**提出**する
- 投資申請書を日本政府に**提出**する

- 〈目的〉のために**提出**されます
- ……は、米国特許庁に**提出**される
- 〈銀行〉に**提出**してあります
- 私の名前がクラブのメンバーシップ委員会に**提出**されました。
- ……を、まだ**提出**していません
- 素晴らしい報告書の**提出**
- ……のため申請書を**提出**する
- このクレームを書面で**提出**いたします
- ……に**提出**されます
- 売り上げ奨励用紙を**提出**する
- 訂正済み書式第18号を再度**提出**する

file, filed, presented, put forward , sent in, submission, submit, submitted, turn in

- file an application for ...
- file with the Japanese Government the application for investment
- <be> filed for <purpose>
- <be> filed with U.S. Patent Office
- have been presented to <bank>
- My name has been put forward for the Club's membership committee.
- have not already sent in ...
- the submission of an excellent report
- submit my application for ...
- submit this claim in writing
- will be submitted to ...
- turn in sales incentive forms
- resubmit the corrected Form No. 18

◆**訂正**

- 前の信用状を**訂正**いたします
- お申し出のあった（信用状の）**訂正**
- 信用状の**訂正**通知書に
- 相違点を**訂正**する
- この記載を**訂正**する
- 経理上のミスがもしあればそれを**訂正**する
- 当方の記録を**訂正**する
- **訂正**する
- **訂正**した船荷証券２通
- **訂正**済みの送り状
- **訂正**していただくため
- **訂正**を認める貴方の署名
- **訂正**通知
- 記帳の**訂正**
- **訂正**措置
- 送り状に必要な**訂正**をする
- 誤りを**訂正**する

amend, amendment, correct, corrected, correction, revision, etc.

- amend our said credit
- the proposed amendment
- in the amendment to the L/C
- correct the discrepancy [variations]
- correct the entry
- correct a possible accounting error
- correct our records
- stand corrected
- two copies of the corrected bills of lading
- the corrected invoice
- for correction
- your signed approval of correction
- the notice of correction
- correction of the entry
- corrective action
- make the necessary revision in the invoice
- straighten out the unfortunate error

◆**抵当**

- 低次**抵当**権付き担保

mortgage(s)

- overlying mortgages

・**抵当**証券

◆ディナー

・**ディナー**を共にする
・**ディナー**を差し上げたく存じます
・**ディナー**は午後 6 時30分ごろになります。
・**ディナー**は素晴らしく、会話もとても楽しいものでした。
・オープニング・**ディナー**
・非常にくつろいだ、心温まる**ディナー**
・素晴らしい**ディナー**
・**ディナー**・パーティー
・**ディナー**にご来臨いただければたいへん光栄に存じます。
・**ディナー**にいらっしゃいませんか。
・一連の**ディナー**
・拙宅での**ディナー**においで下さい
・**ディナー**券

◆手形

・**手形**引受け市場
・**手形**を払う
・上記の**手形**
・単一**手形**
・**手形**割引き
・他所払い**手形**
・雑**手形**
・**手形**の早い提示
・**手形**を早期に決済する
・**手形**を振り出す
・**手形**が提示されましたら、お支払い願います。
・着荷後一覧払い**手形**
・**手形**の額面金額
・**手形**の支払いがされましたら
・**手形**振出人との事前の了解

・**手形**名宛人は、手形を支払う用意があります。
・**手形**名宛銀行
・**手形**振出し代わり金
・**手形**買取銀行無指定信用状
・**手形**貸付け
・二流**手形**
・単名**手形**
・三流**手形**
・**手形**買取り授権書
・**手形**買取銀行指定信用状
・**手形**交換所
・**手形**支払い場所
・**手形**支払い授権書

・mortgage bonds [debentures]

dine, dinner(s)

・dine with you
・can *buy* you a dinner
・Dinner *will be* at about 6:30 p.m.
・The dinner *was* superb and the conversation was stimulating.
・our opening dinner
・a very relaxed and friendly dinner
・a superb dinner/ the splendid [wonderful] dinner
・a dinner party
・I would be most honored by the pleasure of your company *at* dinner.
・Won't you come *for* dinner?
・a series *of* dinners
・come *to* dinner at my house
・tickets *to* the dinner

acceptance, bill (s), draft (s), drawer, drawee, drawing, negotiation, note (s), paper (s), etc.

・an acceptance market
・*pay* the bill
・the above bill
・a sole bill
・bill discount
・domiciled [domiciliary] bills
・sundry bills
・the early presentation of the bill
・*make* an early settlement of the bill
・*draw* a draft
・We ask you to *protect* the draft upon presentation.
・arrival drafts
・the face amount of the drafts
・against payment of the draft
・an understanding previously reached with the drawer
・The drawee is ready to pay the bill.
・the drawee bank
・cover of the drawing
・negotiation [open, straight] credits
・advance on promissory notes
・second-class papers
・single (-)name [-d] papers
・third-class papers
・the authority to purchase
・restricted credits
・a clearing house
・a domicile
・the authority to pay

◆手紙

- ご親切なお**手紙**
- ウィルキンソン博士宛てに、たった今**手紙**を書き終えたところです。
- 100通ほどの**手紙**が載っている本
- 参考にするため、**手紙**は保存します
- お**手紙**をいただき、うれしく存じます。
- 20xx年4月26日付けのお**手紙**に立ち戻って、申し上げます
- ……に**手紙**を書く
- お**手紙**は本日受け取りました。
- あなたのお**手紙**は配達が遅れました。
- お**手紙**、たった今いただきました。
- この**手紙**が御社に着くまでには
- 短い**手紙**
- 楽しく心なごむお**手紙**
- 遅れて着いた**手紙**
- ファクスでのお**手紙**
- 貴社に初めてお**手紙**を差し上げます。
- このように型どおりの**手紙**を差し上げることをお**許し**下さい
- 貴殿の心温まる**手紙**
- 一般的な**手紙**の形式で
- ……に際し、6月23日付けで丁重なお**手紙**をいただき、ありがとうございました。
- ご親切なお**手紙**をいただき、ありがとうございます。
- ご親切なお**手紙**［お申し出］を賜り、厚くお礼申し上げます。
- 前回の当方［貴方］の**手紙**で
- 個人的な**手紙**
- ご懇切なお悔やみの**手紙**
- あなたの伝記を同封したお**手紙**
- ABC社を辞職したことをお知らせする**手紙**

- 温かく思いやりのあるお**手紙**
- お**手紙**とご祝詞
- お**手紙**ならびに資料
- **手紙**か電報で
- この**手紙**によって
- ……のお**手紙**にお礼申し上げます。
- お**手紙**ありがたく拝受いたしました。
- ……に関してのお**手紙**、ありがとうございました。
- ……の当方の**手紙**で説明しましたとおり、
- お**手紙**で申し上げましたとおり
- 〈日付〉のお**手紙**で貴殿は、……とおっしゃっておられました。
- 〈日付〉付けのお**手紙**
- 取引支援の**手紙**

communication, letter, note, offer, write, writing, yours [your letter], etc.

- your gracious communication/ your thoughtful letter
- I have just *completed* a letter to Dr. Wilkinson.

- a book *containing* approximately 100 letters
- *keep* your letter for reference
- It is nice to *receive* your letter.
- *revert* to your letter of April 26, 20xx

- *write* a letter to ...
- Your letter *arrived* today.
- Your letter was *delayed* in the mail.
- Your letter has just *reached* me.
- by the time this letter *reaches* you
- a *brief* letter
- such a *cheerful* and comforting letter
- the *delayed* letter
- your *faxed* letter
- This is our *first* letter to you [your Company].
- excuse this *form* letter

- your *friendly* letter
- in the form of a *general* letter
- Thank you for your *gracious* letter of 23 June on ....

- Thank you for your *heartwarming* letter.

- Many thanks for your *kind* letter [offer].'

- in our [your] *last* letter
- a *personal* letter
- your *sympathetic* letter
- *the* letter enclosing your biography
- *this* letter advising you of my resignation at ABC Company
- your *warm* and thoughtful letter
- your letter and your congratulations
- your letter and material
- *by* letter or cable
- *By way of* this letter
- Many thanks *for* your letter of ....
- Thank you *for* your letter.
- Please accept our thanks *for* your letter concerning ....
- As we explained *in* our letter of ...,
- As we told you *in* our letter
- You told us *in* your letter of <date> ....

- your letter *of* <date>
- a letter *of* support

- 彼はあなた様のお**手紙**を受け取り次第、便りを差し上げるでしょう。
- この**手紙**の目的は、……をお知らせすることです。
- 〈日付〉のお**手紙**にお答えして

- ご親切なお**手紙**をいただき、非常にうれしく存じます。
- 大変心のこもったお**手紙**
- この短い**手紙**
- この個人的な**手紙**
- 先日はご丁寧なお**手紙**をいただき、まことにありがとうございました。
- 短い**手紙**の中で
- お悔やみのお**手紙**
- 遅くなりましたが、12月19日付けのお**手紙**にお答えいたします。
- 次の住所にお**手紙**を下さい。
- 貴社に、……のことでお**手紙**を差し上げました。
- この**手紙**を書いている時点で
- **手紙**を書くのが遅れたこと
- お**手紙**を差し上げるのがこのように遅れましたことをお**許し**下さい。
- お**手紙**を差し上げるのが遅れて申し訳ございません。
- ……を申し上げるため、お**手紙**を差し上げます。
- 歓迎の**手紙**を差し上げる次第です。
- 本状は10月22日付けのお**手紙**に関するものであります。
- ……に**手紙**を書きました。
- お**手紙**の中にありましたご意見に満足しております。

◆適〜

- 現地の市場に**適応**します
- ……に**適用**して
- ……に**適用**される
- 年3.75％の利率を**適用**する
- このことはすべての参加者に慎重かつ選択的に**適用**されます。
- 特許権使用料を**適正**に変更する
- 貴殿や貴殿が**適当**と思われる貴社経営陣の方々
- ……に特に**適**している
- **適当**なカタログと価格表
- **適切**なときに
- ……に完全に**適合**している

- He will write upon receipt *of* your letter.

- The purpose *of* this letter is to inform you that ....

- In answer *to* your letter of <date>/ In reply to your letter of <date>
- How delighted I was at [to receive] your *kind* note!
- your very *kind* note
- this *little* note
- this *personal* note
- My sincere thanks for your very kind *recent* note.

- in a *short* note
- your note *of* sympathy
- I am belatedly answering your note *of* December 19.
- Please **write** to: <address>
- We wrote to your goodselves ....

- At the time of **writing**/ At this [the present] **writing**
- the delay in **writing** to you
- Please excuse us for this delay in **writing** to you.

- Sorry for the delay in **writing** you.

- I am **writing** to express ....

- We are **writing** to extend a warm welcome to you.
- This refers to yours [your letter] of October 22.

- We addressed ourselves to ....
- We are very pleased with the comments contained therein.

adapted, application, applied, applly [-ies], appropriate, compatible, eligible, fair, fit, good, inadequate, meet, proper, properly, qualified, relevant, suitable, suited, etc.

- <be> **adapted** to serve local markets
- in **application** on ...
- <be> **applied** to ...
- **apply** the rate of 3.75% p.a.
- This **applies** discreetly and selectively to all visitors.

- change the royalty rates as may be **appropriate**
- you and other members of your management staff as you think is **appropriate**
- <be> especially **appropriate** for ...
- the **appropriate** catalogs and price lists
- at an **appropriate** time
- <be> fully **compatible** with ...

- あなたはそういう仕事に**適任**だと思います。
- **適格**手形
- **適正**な市場価格で
- この仕様書は貴社ニーズに**適合**しています。
- **適**商品質条件、販売適性品質条件
- **適切**でないスライド
- 本件は当方の……に**適合**しません。
- **適当**な幹部の方々
- **適切**に
- **適切**に管理・運営されている
- 最**適任**者
- **適切**な人
- 当地で成功するための**適格**要件を満たしている
- **適任**者
- **適当**なメーカー
- ……に**適合**する
- ……に新料金を**適用**する
- 事業をするのに最も**適**した都市の一覧表
- 次の説明は**適切**であります。

- You would be eligible for such a job.
- eligible papers [bills]
- at fair market prices
- These specifications fit with your needs.
- good merchantable quality/ GMQ
- inadequate slides
- This does not meet our ....
- the proper management people
- in a proper manner
- <be> properly managed and operated
- the best qualified people
- the relevant person
- provide a suitable basis for success here

- a suitable individual
- a suitable manufacturer
- <be> suited to ...
- use new charges for ...
- a list of best cities for business in America
- The following explanation is in order:

◆出来事

- この本に述べられた**出来事**
- 実業界における主な**出来事**
- 何か特別の**出来事**で東京へいらっしゃることがありましたら、
- 存分に楽しみ、いつまでも忘れられない特別な**出来事**
- 初めての**出来事**

events, an occasion

- the events described in this book
- key business events
- If any occasion should bring you to Tokyo,
- an occasion you will thoroughly enjoy and long remember
- the first occasion

◆できる

- ……**でき**ます
- 私に**できる**ことがございましたら、
- 私どもが**できる**ことはすべて続けていきます
- 私どもが**できる**ことはすべていたします
- **できる**だけ早く

- ……向けに特に**でき**ているものではありません
- ……**できれば**ありがたいのですが。
- **できれば**20xx年初めにニューヨークを訪問します。
- ……することが**でき**ます。
- ……が**できる**かもしれません
- ……することは、**できる**（可能）でしょうか。
- ……することは**でき**ません。

- **できれば**
- **でき**ましたら
- **できる**限り

available, can, geared, hope, hopefully, position, possibility, possible, possibly, preferably

- shall be available for ...
- If I can do anything for you,
- will continue to do all we can
- shall do whatever we can
- as promptly as you can/ as soon as allowed [possible]
- <be> not specifically geared to ...

- We hope to <do>.
- I am in New York hopefully in early 20xx.

- We are in a position to <do>.
- have the possibility of ...
- Would it be possible to <do>?
- It is not possible for us to <do>./ It's impossible for me to <do>.
- if possible
- if at all possible
- in any manner possible

- **でき**得る限り
- **できる**だけ
- 私で**でき**そうなことはいつでも何でもいたします。
- **できれ**ば3月中旬頃で

- in any way possible
- as much as possible
- I will always do everything I possibly can.

- preferably in mid-March

◆**手数料**
- 妥当な**手数料**を支払うことができる
- 私には**手数料**が一度も支払われておりません。
- 私に支払われるべきすべての**手数料**
- 貴社の**手数料**
- **手数料**契約
- **手数料**率
- **手数料**や諸掛かり
- **手数料**をいただく
- 固定**手数料**
- **手数料**を基準にした業務
- 支払いのための**手数料**として
- 仲買い**手数料**

commission (s), fee (s), etc.
- afford you a reasonable commission
- No commissions were ever paid to me.
- all the commissions due to me
- your commission
- commission contract
- commission rates
- commissions and charges
- receive the fee
- a flat fee
- fee-based service business
- for processing payment
- brokerage/ factorage

◆**データ**
- 同封の**データ**
- 必要なすべての**データ**
- 若干の技術的**データ**
- **データ**通信にとっての利益
- **データ**処理
- **データ**・サービス産業
- **データ**の豊富さ
- 最も広範な**データ**ベース
- **データ**ベースへの登録はすべて無料です。

- 催しに関する**データ**表

data, database, fact
- the enclosed data sheet
- all of the necessary data
- some technical data
- the benefit to data communications
- data processing
- a data service industry
- the wealth of data
- the most comprehensive databases
- All entries in the database are completely free of charge.
- a fact sheet about the event

◆**手続き**
- 直ちに必要な**手続き**をいたします。

- 上記の**手続**
- 商品返送の**手続き**
- 契約に規定されている**手続き**に従う
- 行政**手続き**
- 正しい**手続き**
- 貴大会に出席するための**手続き**
- ……するために必要な**手続き**

formalities, procedure (s), etc.
- We shall lose no time in going through the necessary formalities for you.
- the above procedure
- the procedure for returning the goods
- follow the procedures stipulated in the contract
- government procedures
- the proper procedures
- procedures for attending your conference
- the steps we need to take in <doing>

◆**手配**
- 私どもが**手配**をし、貴殿に……を提供いたします。
- 貴取引銀行に信用状を開設するよう**手配**して下さい。
- 平塚地区にホテルの部屋を**手配**する

arrange, arranged, arranging, arrangement (s)
- We shall arrange to furnish you with ....
- Please arrange with your bankers to open the L/C.
- arrange hotel accommodations in the Hiratsuka area

- 会合を**手配**する
- 御社の送り状に対する支払いを**手配**する
- スポーツ・レクリエーションの**手配**をする
- チケットを**手配**する
- 見学の**手配**をする
- 直ちに発送するよう**手配**する
- 昼食会を**手配**する
- 貴社の取引銀行に ……するよう**手配**する
- シングルルーム2部屋で宿泊を**手配**する。

- 航空貨物による納入を**手配**いたします。
- **手配**していただいた面会の約束はたいへん意味のあるものでした。
- 適切な**手配**をする
- ……の**手配**をする
- 私がおともして貴殿がシカゴ空港に行けますよう**手配**をする
- 必要な**手配**をする
- ……を**手配**させていただきます
- 早めの便の**手配**
- 富士山見物の**手配**
- すぐ納入するための必要な**手配**
- 特別な**手配**
- 船積みの**手配**
- この写真を ……に掲載するよう**手配**いたします

◆ （お）**出迎え**
- 成田まで**お出迎え**にまいります。

◆**手持ち**
- 当方の**手持ち**在庫
- 本品に対する**手持ち**注文

◆**点**

- 多くの**点**
- この ［その］**点**について
- いくつか重要な**点**
- 資産および業務の**点**で
- 価格、品質、大きさ、耐久性の**点**で
- ……のあらゆる細かい**点**
- もう2、3**点**採り上げる
- いくつかの**点**
- すべての**点**で
- 何らかの**点**で
- あらゆる**点**で
- ……という**点**では
- 多くの**点**で
- この ［あの］**点**で

- arrange a meeting
- arrange payment of your invoice.
- arrange sports recreation
- arrange tickets
- arrange the visit
- arrange for immediate despatch
- arrange for a luncheon meeting
- arrange with your bankers to <do>
- Accommodations can be arranged for two single rooms.
- Our delivery by air freight will be arranged.
- The appointments that you had arranged were most significant.
- coordinate suitable arrangements
- make arrangements for ...
- make arrangements for you to go to Chicago airport with me
- make appropriate arrangements
- make the necessary arrangements for ...
- an early flight arrangement
- the Mt. Fuji arrangements
- the necessary arrangements for immediate delivery
- specific arrangements
- arrangements for shipment
- will be arranging for a copy of this photograph to be shown in ...

meet and welcome
- I will meet and welcome you at Narita.

current, on hand
- our current stock
- orders on hand for this article

aspects, connection, facts, in terms of, part, points, way (s), etc.
- a number of aspects
- In this [that] connection
- some important facts
- in terms of assets and services
- in terms of price, quality, size and durability
- every little part of ...
- take up a few more points
- certain points
- on all points
- in any way
- in every way
- in the way of ...
- In many ways
- In this [that] respect [regard]

◆転勤
- 私は、このたび〈地名〉事務所に**転勤**いたしました。
- 同氏はシンガポールに**転勤**になりました。

transfer [-red]
- I have been transferred *to* our <place> office.
- He was being transferred *to* Singapore.

◆展示
- 当社の**展示**用ブース
- ……の**展示**
- 貴社の**展示**を見に来るでしょう
- この**展示**会の実現にあたっては
- その**展示**場
- 非常によい**展示**会
- **展示**会を訪問する
- アメリカ製品**展示**会
- **展示**会で
- ジャパン・フェアの当社の**展示**場で
- 標準的な**展示**スペース

display, exhibit (s), exhibition, show, stand, etc.
- our display
- the display of ...
- will see your exhibits
- in the creation of this exhibit
- their exhibit space
- a very good exhibition
- visit the show
- the Made in USA Show
- at [in] the show
- at our stand in the Japan Fair
- the standard room size

◆電信
- **電信**による上記の指示
- **電信**送金為替
- **電信**にて信用状をご開設ください。
- **電信**振替で
- **電信**送金
- **電信**による支払い指図
- **電信**買い相場
- **電信**売り相場
- **電信**為替で

cable, electronic, telegraphic, wire, etc.
- the said cable instructions
- a cable remittance order
- We ask you to open an L/C by cable.
- via electronic transfer
- a telegraphic [cable, wire] transfer/ T.T./ TT
- our telegraphic payment order
- TT buying rates/ TTB
- TT selling rates/ TTS
- by wire transfer

◆店頭
- **店頭**株
- **店頭**市場

counter
- over-the-counter stocks
- the over-the-counter market/ the third market

◆転任
- 私は〈地名〉の事務所に**転任**いたしました。
- ABC社支店へ**転任**することになりました。
- 私は〈日付〉までの期間、〈地名〉に**転任**することになりました。
- ニューヨークに**転任**するため

transfer, etc.
- I have been transferred *to* our office in <place>.
- I am being temporarily transferred *to* our ABC branch office.
- I am being transferred *to* <place> until <date>.
- for an appointment in New York

◆添付
- これらの為替手形には、……が**添付**されています。
- それらの照会にははっきりした詳しい情報が**添付**されております。
- 買取り銀行の証明書が**添付**されているときは
- ……は、これに**添付**されております。
- ……を**添付**いたします。
- ……の写しを**添付**する

accompanied, annexed, append, attach, attached
- These drafts are accompanied by ....
- These inquiries are accompanied by specific and complete information.
- when accompanied by the negotiating bank's certificate
- Annexed hereto ....
- We append ..../ We attach ....
- attach a copy of ...

・当社取締役会のメンバーとその主な仕事を記載した一覧表を**添付**します
・……を**添付**いたしました。

・……をここに**添付**いたします。
・行事日程表を**添付**いたします
・……を、本状に**添付**いたします。
・プログラム・ブック一覧表を一部**添付**します。
・**添付**の小冊子
・**添付**の写しの通り
・**添付**しましたプログラムから
・**添付**の提案どおり

◆電報
・本日付け貴**電報**
・**電報**局

◆電話

・前もってお**電話**をします
・……から**電話**をもらう
・**電話**すると迅速に対応する
・歓迎の**電話**
・何度も**電話**した後で
・お**電話**ありがとうございます。
・ご都合のよい時にお**電話**下さい。
・私宛て（96x）xxx―67xxに**電話**をする
・2、3日中にお**電話**してお話したいと存じます。
・榎本さんに私宛てに**電話**するようにしていただき、ありがとうございました。
・弊社の便利なフリーダイヤル〈電話番号〉へ**電話**することにより
・……には、数え切れないほど何度も**電話**をかけました
・**電話**をかける
・私どもの**電話**での会話
・**電話**に出る
・**電話**内容
・本日の**電話**でのお話に付け加えますと、

・**電話**による問合せ
・**電話**番号
・**電話**受付係
・宮坂氏より最近**電話**がありました。
・当行ではお**電話**1本ですべて用が足りますので、
・御社セールスマンの方は、私が**電話**しても、ご返事がありません。
・携帯（自動車）**電話**

・attach a list of our Board members and their principal occupation
・We have attached ..../ Attached you will find ..../ Attached is [are] ....
・... <be> attached hereto.
・have attached an agenda of events
・Attached to this letter is [are] ....
・Attached is a copy of the program book listing.
・the attached brochure
・as per attached copy
・from the attached program
・as per attached proposal

a telegram, a telegraph
・your telegram of today
・a telegraph corporation

call (s), calling, phone call (s), telecom, telephone, telephone call (s), etc.
・*give* you a call beforehand
・*receive* a call from ...
・*respond* quickly to calls
・a call of welcome
・after repeated calls
・Thanks for your call.
・Please call me at your convenience.
・call me at (96x) xxx-67xx
・I will call you in a few days.

・Thank you for having Ms. Enomoto call me.

・by calling our convenient toll-free <tel. no.>

・*have made* countless phone calls to ...

・*make* phone calls/ *make* a telephone call
・our telecom
・answer the telephone
・our telephone conversation
・Further to our telephone conversation of today's date,
・a telephone inquiry
・the telephone number
・the telephone receptionist
・Mr. Miyasaka recently telephoned me.
・As the bank where a single telephone call suffices,

・Your salesman does not return my telephone calls.

・cellular (car) phones

と

◆問い合わせ

- ベス・アンダーソン宛てに**問い合わせ**る
- くわしい情報を**問い合わせ**る
- ……について**問い合わせ**をする
- ……についてお**問い合わせ**の 6 月15日付けお手紙ありがとうございます。
- ……について、**問い合わせ**がある
- お**問い合わせ**は下記の住所にお送りください。
- 取引上の**問い合わせ**を行う
- 当社の顧客に**問い合わせ**る
- 会議についてのたくさんの**問い合わせ**
- いろいろと**問い合わせ**をする
- ……について**問い合わせ**があれば、どんなものでも歓迎いたします。

◆同意

- 貴カウンターオファーに**同意**いたします。
- ご提案に**同意**いたします。
- 当方は、……の契約に**同意**いたします。
- 貴殿の意見に**同意**します
- ……について、あなたに**同意**いたします。
- 議長になることに**同意**いたしました。
- ……することに**同意**いたしました。
- ……にすることに**同意**します。
- 通常の利子を支払うことに**同意**いたします。
- ……に**同意**することをお知らせします。
- **同意**できる
- ご**同意**いただけるとすれば、
- ……について、（完全に）**同意**します
- 私としてはご提案の任命に全面的に**同意**いたします。
- 変更にはすべて**同意**します
- ……の**同意**を得る
- 先方の**同意**書の写し
- ……の**同意**が得られれば
- 14人の理事のうち11人の**同意**
- ……を適用することに**同意**は得られませんでした

◆ ～（か）どうか

- ……か**どうか**と考えています。
- この議事日程でよろしいか**どうか**
- あなたにお会いできるか**どうか**
- 会合を開くことができるか**どうか**
- 上記会議日程でよろしいか**どうか**
- ご出席いただけるか**どうか**
- 上記の情報が正しいか**どうか**

enquiries, information, inquire, inquiry [-ies]

- direct the enquiries to Beth Anderson
- call for complete information
- inquire about ...
- Thank you for your letter of June 15 inquiring for ....
- have an inquiry for ...
- Please *address* your inquiries to the following:
- *conduct* trade inquiries
- *make* inquiries among our customers
- *many* inquiries about the conference
- make extensive inquires
- I'll *welcome* any inquiries regarding ....

agree [-d], agreeable, agreement, concur, consent

- We agree to your counteroffer.
- We agree to your proposal.
- We agree to the ... of the contract.
- agree to your opinion
- We agree with you on ....
- I agreed to be chairman.
- I have agreed to <do>.
- We are agreeable to ....
- We would be agreeable to pay regular interest.
- We *advise* our agreement to ....
- can *reach* an agreement
- Assuming you are in agreement,
- <be> in (full) agreement with ...
- I completely concur with the appointments you have proposed.
- concur with all of the changes
- *get* their consent to ...
- a copy of their written consent
- upon consent of ...
- the consent of 11 of the 14 directors
- did not consent to apply ...

if, whether, whether or not, whether ... or not

- I was wondering if ....
- if this proposed agenda is acceptable
- if [whether] it would be possible to meet with you
- whether it would be possible to set up a meeting
- whether you agree to the above meeting schedule.
- whether or not you will be able to attend
- whether the information above is correct or not

◆同感
- (その点については) まったく**同感**です。

◆討議
- あることを**討議**しています
- ……と数度にわたり、**討議**を重ねる
- **討議**に加わる
- 前回の晩餐を兼ねた**討議**
- 総合的な**討議**
- 実りある**討議**
- これらの可能性について**討議**すること
- 新たな**討議**の場を設ける

◆当座
- **当座**手数料
- **当座**預金

◆投資
- この大がかりな (意欲的な) **投資**計画
- さまざまな**投資**計画
- 海外に巨額の**投資**をする
- アジアでの生産及び販売部門に**投資**する
- 海外株式市場へ**投資**する
- かなりの**投資**が必要となる
- 欧州の**投資**
- 外国の**投資**
- **投資**銀行
- **投資**銀行業務
- **投資**の範囲
- **投資**機関
- 最近の**投資**管理技術
- **投資**機会
- **投資**計画の立案と分析
- **投資**に関連するマーケティング・プロジェクト
- **投資**信託販売会社
- **投資**収益率
- **投資**と貿易の刺激策
- 国際的な**投資**家が利用できる ……
- (販買手数料を取られる) **投資**信託
- 単位型**投資**信託
- **投資**顧問業

◆当事者
- **当事者**

- 共同設立者兼**当事者**として

◆ (ご) 同情
- あなた様の責任の増大していくことに、ご**同情**申し上げます

agree
- I totally **agree** with [concur with] you (on that point).

discussion (s), forums
- <be> *engaged in* certain discussions
- *have* several discussions with ...
- *join* the discussion
- our last dinner discussion
- a general discussion
- useful discussions
- a discussion of these possibilities
- build new forums

current, etc.
- an activity charge
- a checking account [米]/ a current account [英]

capital, invest, investment, investor, etc.
- this ambitious capital program
- a variety of capital projects
- invest heavily abroad
- invest in manufacturing and marketing in Asia
- invest in a foreign stock market
- *require* a substantial investment
- European investment
- foreign investment
- an investment bank
- investment banking
- investment horizons
- investment institutions
- the latest investment management techniques
- investment opportunities
- investment project planning and analysis
- an investment-related marketing project
- securities investment trust sales companies
- return on investment/ ROI
- through investment and trade incentives
- ... available to the international investor
- load funds
- unit (investment) trusts
- advisory service/ investment advisors

parties, etc.
- the interested parties/ the parties concerned [interested]
- as co-founder and participant

sympathy [-ies], etc.
- I send my sympathy to you for your increased responsibilities.

- ご理解とご**同情**
- 心からのご**同情**
- A氏の助力を失われた貴殿に、ご**同情**申し上げます。

- your understanding and sympathy
- my most *sincere* sympathies
- We concur with your feeling to lose Mr. A's services.

◆到着

arrival, arrive (s), arrived, arriving, reach (es), receipt, return, visit

- 貴殿の日本ご**到着**をお待ちしております
- 午後4時以降の**到着**
- 彼らの東京**到着**日
- 貴信用状の**到着**遅延
- **到着**日程
- ご**到着**の日時
- **到着**予定日前に
- **到着**港
- **到着**予定日

- <be> looking forward to your arrival in Japan
- arrival later than 4 p.m.
- their arrival *date* in Tokyo
- the *delayed* arrival of your L/C
- the itinerary *for* arrival
- the date *of* your arrival
- before the date *of* your arrival
- a port *of* arrival
- expected [estimated] time *of* arrival/ the expected arrival date

- **到着**の予定で
- 当該商品の**到着**まで
- 香港に**到着**しますと、
- 当地へ**到着**する
- 信用状の**到着**が間に合わなかった場合、
- 当社に**到着**する
- 香港に**到着**する
- ロサンゼルスに**到着**する
- 貴国に**到着**次第
- 本日無事当地に**到着**しました
- 12時25分**到着**の香港発CX901便で
- 本状が貴殿に**到着**する前に
- 品物が**到着**次第
- カンザス・シティに無事に**到着**する
- ご**到着**をお待ちしております。

- with ETA (estimated time *of* arrival)
- *until* arrival of the relative goods
- *Upon* arrival in Hong Kong,
- arrive here
- Should the L/C fail to arrive in time,
- arrive at our firm
- arrive in Hong Kong
- arrive in Los Angeles
- as soon as he arrives in your country
- have arrived here today safely
- on Flight CX901 from Hong Kong arriving at 12:25
- before this letter reaches you
- on receipt of the goods
- have a safe return in Kansas City
- We look forward with pleasure to your visit.

◆盗難

stolen, etc.

- **盗難**小切手
- **盗難**不着損害

- stolen checks
- theft, pilferage and non-delivery/ T.P. (&) N.

◆同伴

accompanied, accompany, together, etc.

- ……も**同伴**されますように希望しています。
- 奥様ご**同伴**でいらっしゃるご予定でしたら、
- 御社同僚を1人か2人ご**同伴**なさりたいというのでしたら、
- 令夫人**同伴**で
- 今回は妻を**同伴**します

- We hope you will be accompanied by ....
- If you intend to be accompanied by your wife,
- If you would like one or two of your associates to accompany you,
- together with his wife
- take my wife with me at this time

◆同封

accompanying, enclose, enclosed, enclosing, enclosure, included, send … herewith, together with

- ……を**同封**いたします。

- We enclose [inclose] .... [米]/ Please find enclosed .... [英]/ Enclosed is [are] ..../ Enclosed please find ..../ ... is [are] enclosed./ We send you

•**同封**の（添付の）……

•**同封**されている ……
•**同封**の履歴書
•議事日程案を**同封**いたします。

•……を 1 部**同封**いたします。
•講演のタイプ原稿を**同封**いたします。
•電動工具及び付属品の最新カタログを 3 部 **同封**いたします。
•……を本状に**同封**いたします。
•何も**同封**されていなかったようです。
•**同封**のカード［メッセージ、文書］
•**同封**の包み
•会議の仮議事日程を**同封**いたします。
•写真を 1 枚**同封**します。
•貴殿個人のために一部**同封**いたします。
•……についての報告を**同封**します。
•お手紙には「**同封**物在中」となっていますが、
•お手数を省くための用紙を**同封**いたしました。

◆**同僚**
•親友でありかつよき**同僚**であった友
•海外の**同僚**
•御社**同僚**を 1 人か 2 人
•**同僚**と共に
•貴殿の**同僚**の方々と
•私の元**同僚**
•数多くの貴殿の**同僚**とそのご夫人がた
•ABC社の**同僚**数名

◆**登録**
•**登録**を済ませる
•**登録**は午後 5 時から始まります。
•**登録**書
•添付した**登録**用紙
•**登録**無料
•貴殿より登録用紙と**登録**料を受領した後、
•この**登録**用紙は20xx年 8 月 1 日までに当方に届かなければなりません。
•**登録**に必要な書類
•……への**登録**の際は
•貴社の新しい代表者の署名を**登録**します
•**登録**証券

◆**討論**
•報告及び**討論**は英語で行われます。

enclosed ..../ You will find enclosed ..../ Enclosed herewith please find ..../ We are enclosing ..../ We are enclosing herewith ..../ I am enclosing ..../ We are sending you herewith ....

•.accompanying .../ covering .../ enclosing .../ together with ...
•... accompanying this letter
•the attached resume
•We have enclosed a tentative agenda of the meeting.
•Enclosed is a copy of ....
•Enclosed is a typewritten copy of the talk.
•The enclosed are three copies of our new Power Tool and Accessory catalogs.
•... <be> enclosed with this letter.
•Nothing seems to have been enclosed.
•the enclosed card ［message, sheet］
•the enclosed package
•I am enclosing a tentative agenda for the meeting.
•I am enclosing a copy of the photograph.
•I am enclosing a personal copy for you.
•We are enclosing our report on ....
•While your letter is marked "Enclosure," ....
•I've included a form to make that easy and simple.

associate (s), colleague (s)
•a good friend and fellow associate
•his associates abroad
•one or two of your associates
•my associates and I
•with your associates
•my former colleague
•many of your colleagues and their wives
•colleagues from ABC

registration, register, registered
•*complete* registration
•Registration will *begin* at 5:00 p.m.
•the registration form
•the attached registration form
•*free* registration
•After receiving your registration form and fee,
•This registration form must reach us by August 1, 20xx.
•the necessary documents for registration
•on registration to ...
•register the signature of your new representative
•registered securities

discussion (s), panel
•The presentations and discussions will be conducted

- パネリスト間の**討論**を活発にするよう務めます
- **討論**ができるようにするため、
- 円卓**討論**
- それぞれの**討論**者

- in English.
- will seek to develop some discussions between the members of the panel
- To enable discussions,
- roundtable discussions
- each member of the panel

◆**遠い**

remote, etc.

- 非常に**遠い**ものです
- **遠い**所わざわざ

- <be> of a very remote nature
- all the way

◆**～通り**

as, as below, as follows, as per

- マニュアルに書かれている**通り**に
- 次の**通り**
- ……に関する報告は、次の**通り**
- 同封の送り状の**通り**
- 仕様書**通り**の商品

- as prescribed in the manual
- as below:
- a report on ... as follows:
- as per the enclosed invoice
- the goods as per specifications

◆**時**

at times, time

- **時**には
- ……する**時**を楽しみにしております。
- **時**が経過するにつれて
- ……する**時**であると信じます。
- あなたがもう当然 …… していい**時**だと思います。
- **時**々
- **時**を移さず

- at times
- We are looking forward to the time when ....
- As time goes on,
- We believe it is time to <do>.
- I feel now is high time for you to <do>.

- from time to time
- without loss of time

◆**読者**

reader, etc.

- 多くの**読者**
- 10万近くの**読者**数
- 日本の**読者**層

- a great number of prospective readers
- a readership of nearly 100,000
- the Japanese reading public

◆**独占**

exclusive

- **独占**販売協定
- ……に**独占**販売権を与える

- an exclusive marketing arrangement
- grant ... exclusive distributorship

◆**督促状**

reminder (s), warning

- 未払い代金についてすでに何度か**督促状**を送っております。
- 2回目の**督促状**

- We have sent you several reminders of your overdue account with us.
- the second warning

◆**特徴**

characterize, features

- 友好的かつ建設的な関係を**特徴**とする

- characterize the friendly and constructive relationship

- 上記の**特徴**を賞賛する
- さまざまな**特徴**点を備えております。
- 〈商品〉の著しい**特徴**
- ……が当社製品（系列）の**特徴**です。

- praise the above features
- There are various special features.
- one of the outstanding features of <goods>
- Our line of products features ....

◆特定

- **特定**線引き小切手
- **特定**品目別運賃

special, specific

- special crossed checks
- the specific commodity rate

◆特別

- この**特別**会議に出席する
- ……**特別**賞
- **特別**部門の会員資格
- **特別**契約の**予約**購読料金である
- **特別**な能力と集中力
- **特別**割引き
- (IMFの) **特別**引出し権
- **特別**招待客として
- この**特別**オファーができうれしく存じております。
- 今回限りの**特別**価格
- **特別**料金
- **特別**展示会
- **特別**見学ツアー
- 本注文は今シーズンの冬季**特別**セールのためのものです。
- **特別**割引
- **特別**出席者
- **特別**扱船便

exclusive, special, specially, specific, etc.

- attend this exclusive meeting
- the special *award* of ...
- a special *category* of membership
- the special *charter* subscriber rate
- special *competence* and concentration
- a special *discount*
- special *drawing* rights
- as our special complimentary *guests*
- It is a pleasure to make this special *offer*.
- a one-time special *price*
- a special *rate*
- a special *showing*
- a special *tour*
- This order is for a special *winter sale* for this season.
- a specially attractive discount
- our specific attendance
- Accelerated Surface Post

◆ところで

- ところで

meantime, etc.

- In the meantime/ in the meanwhile/ Incidentally,/ Meantime/ Meanwhile

◆途中

- **途中**で
- ……に向かう**途中**です
- ……に行く**途中**で
- 旅の**途中**で

on the way, etc.

- on the way
- <be> on the way to ...
- en route to ...
- in the course of his trip

◆特許

- 当社**特許**を用いた装置
- **特許**申請書を提出する
- **特許**申請中のホログラムTシャツ製法
- 大幅に追加された**特許**の一覧表
- **特許**・商標の維持
- 一定の**特許**権使用料
- 10%の**特許**権使用料とサービス料
- **特許**使用料
- **特許**設備

patent (s), royalty, etc.

- devices covered by our patent
- file patent applications
- our patent-pending hologram T-shirt process
- a much enlarged patent portfolio
- maintenance of patents and trade-marks
- a certain royalty
- a 10% royalty and service fee
- royalty fees
- proprietary equipment

◆届く

- ……はたった今**届き**ました。
- ご注文を期日までにお**届け**できませんでした。
- 依頼いたしました資料をこんなに早く**届け**

come, deliver [-ed], put, reach, receive

- ... have just come to hand.
- We have not been able to deliver your order in [on] time.
- Thank you for having the material I requested

て下さいまして、ありがとうございます。
- この書状を私の親友菅原君に託して、貴殿に**お届け**します。
- 前回のファクスが貴殿に**届か**なかった。
- ……が、お手元に**届く**でしょう。
- 月次計算書は、4日にはお手元に**届く**でしょう。
- ……についての詳しい資料がお手元に**届く**と思います

- This letter will be put into your hand by Mr. Sugawara, a close friend of mine.
- Our earlier fax did not reach you.
- ... will reach you.
- Your monthly statement should reach you on the 4 th.
- will receive more information about ...

◆伴う
- 管理組織の拡大に**ともなって**
- この移転に**ともない**、
- ……の選定に**伴う**診断及び装着手続き

according with, etc.
- according with a widened administrative structure
- In accordance with this move,
- the diagnostic and fitting procedures involved in the selection of ...

◆共に、ともに
- 宮坂氏は古園氏と**共に**ロサンゼルスに向けて出発する予定です。
- 奥様、お子様、**ともに**すこやかでありますよう祈ります。
- 貴社の交換用部品と**ともに**

accompanied by, etc.
- Mr. Miyasaka, accompanied by Mr. Furuzono, is scheduled to leave for Los Angeles.
- With best wishes for the health of both your treasures.
- together with your replacement parts

◆取り扱い
- 関連業務を**取り扱う**
- ……の**取り扱い**に
- あらゆる種類の銀行業務を**取扱う**
- 貴社の製品を**取扱う**
- 東京向け積送貨物の大半を**取り扱う**
- 他のブランド品をいくつか**取り扱う**
- ……は、慎重に**取扱い**ます
- 今回のお取引に関しての私どもの**取扱い**
- 僅かな**取扱い**手数料
- 有名な2種類のスコッチを**取り扱っ**ています

arrange, conduct, handle, handled, handling
- arrange the relative transactions
- in the conduct of ...
- handle all sorts of banking transactions
- handle your products
- handle the majority of shipments to Tokyo
- handle some other brands
- ... will be handled with discretion
- our handling of this business
- a small handling fee
- <be> handling two world-famous Scotches

◆取り急ぎ
- ……を、**取り急ぎ**お約束申し上げます。
- **取り急ぎ**歓迎の手紙を送ります。
- ……に、**取り急ぎ**、心からお礼申し上げます。

hasten, etc.
- We hasten to assure you that ....
- We hasten to send you this note of welcome.
- I should like to thank you promptly and fully for ....

◆取り組み
- これらの機会と挑戦に**取り組む**
- この問題に**取り組む**
- 現在の**取り組み**方
- この**取り組み**において
- この**取り組み**に
- ……に引き続き**取り組ん**でいきたいと思っております
- ……の開発に**取り組ん**でおります

address, approach, effort, endeavor, work [-ing] on
- address these opportunities and challenges
- address these questions
- the present approach
- in this effort
- in this endeavor
- want to continue to work on ...
- <be> working on the development of ...

◆取消し

- ……の**取消し**を強いられる
- 契約を**取り消さ**なければなりません。
- ……に対する当方の注文を、直ちに**取り消します**
- 本状により、OPQの注文第838号を**取り消します**。
- 同社の**取消し**決定
- 送り状に「**取消し**」と書いて返送する
- お会いする約束を**取り消す**
- 弊社の為替手形を**取消す**
- 貴社の信用供与限度を**取り消す**
- 会合を**取消す**
- 彼のホテルの予約は**取り消す**
- 予約購読を**取消す**
- **取消し**に応じる
- ……の**取消し**を依頼する
- 注文が**取り消さ**れるかもしれないと当方は心配しております。
- ぎりぎりになってからの**取消し**
- **取消し**手続き
- ……の**取り消し**
- 支払い及び**取消し**条件
- 双方が合意すれば契約を契約を**取り消す**ことができます。
- **取消し**不能信用状
- **取消**不能信用状に基づく
- **取消し**不能信用状を確認次第

- 当社を受益者とする**取消**不能確認信用状
- 全契約を**取消す**
- 更正**取消し**
- 記帳処理を**取消す**（反対仕訳け）
- 注文を**取消し**をせざるを得ません。

◆取締役

- ……の**取締役**会の一員です。
- **取締役**会長兼CEO（最高経営責任者）
- XYZ社の**取締役**会長
- 私はXYZ社**取締役**会長の地位を退きました。
- 臨時**取締役**会
- **取締役**会の決定
- PQR社**取締役**会の一員
- **取締役**会の決議
- **取締役**会
- 次回の**取締役**会

- ABC社**取締役**会
- **取締役**社長は岡嶋大輔氏です。

cancel, cancellation, cancelled, irrevocable, rescind, reversal, reverse, voided

- <be> forced to cancel ...
- We are required to cancel the contract.
- will immediately cancel our order for ...

- We are writing to cancel Order No. 838 for OPQ.

- their decision to cancel
- return the invoice marked "cancel"
- cancel my appointment
- cancel our draft
- cancel your line of credit
- cancel our meeting
- cancel his reservations at the hotel.
- cancel your subscription
- *accept* the cancellation
- *request* cancellation of ...
- We are *worried about* the possible cancellation of the order.
- a last minute cancellation
- the cancellation process
- cancellation of ...
- PAYMENT AND CANCELLATION POLICY
- The contract can be cancelled by mutual agreement.
- an irrevocable letter of credit/ an irrevocable L/C.
- (drawn) under irrevocable credits
- as soon as your irrevocable letter of Credit is confirmed
- a confirmed and irrevocable credit in our favor
- rescind the whole contract
- reversal
- reverse the entry
- We'll have to say the order is voided.

board, director (s), etc.

- I am on the board of ....
- Chairman of the Board and Chief Executive Officer
- Chairman of the Board of XYZ
- I have retired as Chairman of the Board of XYZ.
- an extraordinary board meeting
- a decision from the Board of Directors
- a member of the Board of PQR
- a resolution of the Board of Directors
- the meeting of the Board of Directors
- the next meeting of the board of directors/ the upcoming board of directors' meeting
- the ABC Board of Directors
- Management is headed by Mr. Daisuke Okajima, President.

- ABC社常務**取締役**

◆**取立**
- 善意の**取立**代理人
- 上記の**取立**の件で申し上げます。
- 上記の**取立**手形
- **取立**業務
- 特別な**取立**方法
- **取立**手形
- 受取勘定の**取立**

◆**取引**

- 貴社と**取引**を始めたいと存じます。
- **取引**銀行
- （当座）**取引**明細書
- 12月25日から1月2日までの間、**取引**は行われません
- **取引**において
- 弊社は30カ国で**取引**をしています。
- 貴殿と**取引**する
- 貴殿と**取引**することは、いつも喜びです。
- より大きな**取引**も可能です
- 私どもは、アジアで**取引**をしております。
- ……とは**取引**する気はありません
- 貴社との**取引**を楽しみにしております。

- 長年にわたり……と**取引**をしています
- ……とぜひ**取引**したいと考えている
- 今回がはじめての**取引**です。
- 同社とは**取引**しておりません
- 長期にわたり**取引**を続ける
- 安全に（危険をおかさずに）……と**取引**ができる
- この顧客と引続き**取引**することにより、確実に利益を得る
- 初めての**取引**
- 日本における貴社の今後の**取引**のために
- 室内履き用靴の**取引**
- 日本での**取引**状況
- ……と**取引**をしています
- ABC社との商**取引**のすべてにおいて
- 現地の企業との**取引**
- 中程度の**取引**
- 通常の**取引**契約を行う場合では、
- 通常の**取引**にはまったく問題ないものと思われる。
- 通常の**取引**には信用できるものと思われる。

- Managing Director of ABC

collecting, collection
- a bona-fide collecting agent
- Please refer to the captioned collection.
- the above collection bill
- collection services
- special collection methods
- a bill for collection/ collection bills
- collection of accounts receivable

account, business, clients, connection, correspondent, customer, deal [-ing] with, dealing (s), engagement, orders, practice, relation (s), relationship, trade, transaction (s), working, etc.
- We are desirous of *opening* an account with you.
- a bank of account
- a statement of your account
- No business is *conducted* between December 25 and January 2.
- in *conducting* business
- We *do* business in thirty countries.
- *do* business with you
- It is always a pleasure to *do* business with you.
- can *do* more business
- We're *doing* business in Asia.
- will not *do* business with ...
- We hope to have a pleasure of *doing* business with you.
- have a long history of *doing* business with ...
- have a keen interest in *doing* business with ...
- We *have* not *done* business with you previously.
- *have had* no business with them
- *maintain* long-term business
- may safely *transact* your business with ...

- benefit from *continuous* business with this customer

- our *first* business
- for your *future* business in Japan
- the room shoe business
- business *affairs* in Japan
- have business dealings with ...
- in all of my business *dealings* with ABC
- business dealings with local firms
- moderate business engagements
- Regarding ordinary business engagements,
- The subject is just all right for ordinary business engagements.
- Considered good for ordinary business engagements.

- この**取引**交渉
- **取引**上の問題
- この**取引**交渉が、間もなくまとまることを願っております。
- **取引**規制
- 同社と非常に密接な**取引**関係を持っております
- よい**取引**関係
- より緊密な**取引**関係を築く
- 素晴らしい**取引**関係
- 弊社は貴社とよい**取引**関係を維持したいと思っております。
- 良好で永続的な**取引**関係
- 末永く実り多い**取引**関係
- しっかりした**取引**関係
- 良好で有益な両社の**取引**関係

- この種の**取引**
- 貴社とのお**取引**に対し
- 同一の**取引**のため
- ニットウエアの**取引**に
- **取引**の相当部分
- **取引**中に
- 当方の**取引**条件
- 当社は多くの量の**取引**をすることができました。
- **取引**先に連絡する
- 貴社**取引**先
- 長くつき合える**取引**銀行
- 世界中の**取引**先銀行
- **取引**先メーカー
- 大事な**取引**先
- わが社は ……と**取引**しております。
- 後場**取引**
- 貴社との**取引**に興味を持っております。
- 貴殿及び貴社の皆様と初めて**取引**をしてから
- 通常の**取引**契約
- 場内**取引**
- 当社における現在の**取引**慣行
- 今回成立した**取引**関係
- 新しく結ばれたわれわれの**取引**関係
- 17年間の**取引**関係があります
- 大きな**取引**シェア
- この**取引**を成功させる
- 多くの**取引**の中で
- **取引**額の見積りは50億ドルを超えます。

- **取引**手数料
- 一つの**取引**について
- 今回の**取引**に限り
- 前月の全**取引**

- this business negotiation
- a business problem
- We hope this business negotiation will soon be materialized.
- business regulations
- have a very close business relation with the subject
- pleasant business relations
- get in *closer* business relationship
- the *fine* business relationship
- We wish to maintain our *good* business relationship with you.
- a good and long-lasting business relationship
- a long and profitable business relationship
- a solid business relationship
- a pleasant and profitable business relationship between our two companies
- business *of* this sort/ this type of transaction
- for your business
- for the same business
- in the knitwear business
- a good share *of* our business
- in the course *of* business
- our terms and conditions *of* business
- We have been favored with an important volume *of* business.
- contact your client
- your clients
- a permanent banking connection
- correspondent banks worldwide
- manufacturing customers
- a valued customer
- We deal with ....
- afternoon dealing
- We are interested in dealing with your company.
- since I had the pleasure of dealing with you and your staff
- ordinary engagement
- on-floor orders
- our present practice
- the relations now established
- our newly established relationship
- have had a 17-year relationship
- a large share of trade
- make this transaction possible
- among the *many* transactions
- The transaction is valued in excess of 5 billion dollars.
- transaction *fees*
- *for* one transaction
- *on* this particular transaction
- all transactions *of* the preceding month

- 海外に志向した企業との**取引**
- 数社と現在**取引**をしております
- 当地における貴社の**取引**銀行
- 貴社の日本における**取引**銀行として
- **取引**単位

- transactions *with* foreign-oriented concerns
- \<be> currently working with several firms
- your local bankers here
- as your banker in Japan
- a block/ a board lot/ a round ［full, regular］ lot/ a trading unit

◆努力

attempt［-ed］, effort (s), endeavo (u)r (s), endeavoring, seeking, strive, struggling, etc.

- 本日程を変更するために最大限の**努力**をする
- けんめいに、……する**努力**しました
- お客様の利益に添うべくあらゆる**努力**をする
- 玉井商会の貨物が円滑に取り扱われるようあらゆる**努力**をいたします。
- ……するために、たいへんな**努力**をしました。
- 最善のチームを結成するために、あらゆる**努力**をする
- ……するよう、あらゆる**努力**をする
- ……しないよう、あらゆる**努力**をします
- ……するための**努力**はしていない
- 並々ならぬ**努力**が要求される
- ……するに当っては、当方としていかなる**努力**も惜しまぬ所存です。
- あなたの……を発展させるために、どんな**努力**も惜しみません。
- 本件のために費やされたご**努力**
- チームの素晴らしい**努力**
- ……しようと**努力**して
- ……するため引き続き**努力**する
- ……するに際しての貴社がなされたあらゆるご**努力**とご協力
- 私はどれ程彼女が私のために**努力**してきてくれたかが分かりました。
- ……するために、最大限の**努力**をする
- ……するため**努力**をしているということを話されました。
- 貴殿の献身**努力**
- 貴社の強くひたむきな**努力**
- 貴社のたゆまぬご**努力**
- 貴殿のご**努力**に
- ……するように**努力**しておりますので、ご協力をお願いいたします。
- 経営陣と社員の**努力**
- この初めての取引における当社の**努力**
- 貴殿の研究分野と研究に対する貴殿の**努力**

- ……できるよう、(たえず)**努力**する所存です。
- ……しようと**努力**しています
- 積極的に**努力**しています
- ……しようと、懸命に**努力**いたします。
- ……するため、あらゆる**努力**をする

- make every attempt to change this particular date
- have diligently attempted to \<do>
- *direct* an all-out effort to serve our customers' interests
- Every effort will be *exerted* for the smooth handling of Tamai's cargo.
- Much effort *has gone into* \<doing>.
- *make* every effort to assemble the best team

- *make* every possible effort to \<do>
- will *make* every effort not to \<do>
- *make* no effort to \<do>
- *require* an extraordinary effort
- No effort shall be *spared* on our part to \<do>.

- No effort will be *spared* to develop your ....

- the effort you have put into this matter
- an excellent team effort
- In an effort ［attempt］ to \<do>
- *continue* efforts to \<do>
- all the efforts and cooperation *exerted* on your part in \<doing>
- I *learned of* her efforts on my behalf.

- *make* our best efforts to \<do>
- You *mentioned* your efforts to \<do>.

- your dedicated efforts
- your strong and dedicated efforts
- your untiring efforts
- *for* your efforts
- Please help us *in* our efforts to \<do>.

- the efforts *of* its management and staff
- our endeavor in this first transaction
- your endeavours regarding your field of work and study
- We will (always) endeavor to \<do>.
- \<be> endeavoring to \<do>
- \<be> actively seeking
- We will strive to \<do>.
- strive in every way to \<do>

- 引き続き……することを**努力**をする
- 誰もが……しようと懸命に**努力**しているようです。
- 当社では貴社のお役に立てるよう、今後ともひたすら**努力**してまいります。
- ……するために、わざわざ**努力**する

- continue to strive to <do>
- Everybody seems to be struggling to <do>.
- We shall be only willing to serve you.
- go out of your way to <do>

◆ドル
- **ドル**為替相場
- **ドル**平均法
- **ドル**不足

dollar
- dollar exchange rates
- dollar (cost) averaging
- shortage of dollars

な

◆ない

- コンピュータは**なく**てはならないもののようです
- 当日留守にしていることが**ない**ように、
- たとえ変更が**なく**ても
- **ない**も同然です
- ……は、**なさ**そうです。
- ありがたく**ない**形に
- お差し支え**なけれ**ば
- あなたのような友人の指導が**なかっ**たら、

inseparable, lest, no changes, non-existent, unlikely, unwelcome, with, without
- seem inseparable from computers
- lest I should happen to be out of office on that day
- even if there are no changes
- <be> virtually non-existent
- It is unlikely that ....
- in a most unwelcome manner
- with your permission
- Without guidance from friends like you,

◆内部
- **内部**監査
- **内部**資金

internal, etc.
- internal inspection
- internally generated funds

◆内容
- 貴社の最新製品の**内容**
- ご要望のくわしい**内容**
- 東京で議論された**内容**
- たいへん**内容**の濃い、興味深いものです

contents, details, etc.
- the contents of your latest products
- the details of your requirements
- the material developed in Tokyo
- <be> most informative and very interesting

◆慰め
- あなた様から頂戴した電報は家族一同にとって**慰め**と支えとなりました。
- 大きな**慰め**となる
- せめてもの**慰め**は、

comfort, comforting, etc.
- Your telegram has brought comfort and support to my family and me.
- <be> most comforting to me
- If there is any solace,

◆なくなる
- 11月積みは**なくなり**ました。
- 需要が特に多く、**なくなって**しまう

drop, exhaust
- The November shipment has been dropped.
- become exhausted through exceptionally high demand

◆成行き
- **成行き**価格で

market, etc.
- at the market

- **成行き**注文
- • at the market order/ a market order/ discretionary orders/ no-limit orders

◆**なる**

be, become [became], come (up) to, come to [do], is, now reads, serve, shall be

- これまでと同様、この事業においてもリーダーに貴社が**なられる**ことを祈っております。
- 引き続き ……と**なる**
- 実り多いものに**なる**
- ……にとって非常に重要なものと**なる**
- 国際ビジネスマンに**なる**
- 取締役会のメンバー及び代表取締役に**なる**

- 同氏は営業推進課長に**なりました**。
- 税込みで300ドルに**なります**
- キログラム当たり2.10米ドルにも**なる**
- 日本がよくわかるようにになる
- ABC社の人々をよく知るようにに**なる**
- ……から、はや5年に**なろ**うとしています。
- 6月5日付け電報での金額は、178-11-5ポンドと**なります**。（十進法移行以前）
- 本委員会の委員に**なる**
- 専任講師に**なります**。

- May your company be a leader in this venture as it has been in so many others.
- continue to be ...
- prove to be more fruitful
- prove to be quite significant for ...
- become an international businessman
- become a member of the board and representative director
- He became Group Sales and Marketing Manager.
- come to $300 including tax
- come up to cost as much as US$ 2.10 per kg.
- come to know Japan well
- come to know the people of ABC
- It is almost five years since ....
- The amount in our cable of July 5 now reads £178-11-5.
- serve on this committee
- I shall be a full-time instructor.

に

◆**荷～**

baggage, consignee, delivery, despatch, discharge [-d], documentary, make-up, loading, lot(s), packed, packing, shipment(s), shipper(s), shipping, unloading, etc.

- **荷物**引き取り所
- **荷受け**人
- **荷受**人に通知する
- 船荷証券の**荷受け**人
- 荷受人が**荷物**受け取りを拒否する。
- **荷渡し**は注文書および関係信用状受領後5週間以内です。
- **荷渡し**指図書
- 出荷と**荷印**の指図
- 本来の**荷揚げ**港
- シアトルで**荷揚げ**せざるを得ません
- **荷為替**手形
- **荷為替**付き取立て
- **荷為替**信用状
- **荷姿**ないし包装
- **荷積み**港
- この**荷口**
- この**荷口**の在庫
- 一**荷口**にして

- the baggage claim area
- a consignee
- notify the consignee
- the consignee of the Bills of Lading
- Consignees refuse packages.
- Delivery will be within five weeks after receipt of your order and the covering L/C.
- delivery orders/ D/O
- despatch and marking instructions
- the original port of discharge
- <be> compelled to be discharged at Seattle
- documentary bills [drafts]
- documentary collections
- documentary credits/ documentary letters of credit
- a make-up or packing
- a port of loading
- this lot
- stock of this particular lot
- in one lot

- 商品は注意深く**荷造り**するものとする。
- **荷造り**
- **荷造り**不良
- **荷造り**明細書
- おおよその**荷造り**費用
- 初心者用セットとジュニア用のセットを混ぜて、300セットの**荷口**とする
- 新たな**荷口**を注文する
- 500セットの**荷口**について
- 10月12日の**荷口**で
- 1回の船積みにつき300セットの**荷口**として見積りを出してください。
- **荷送人**の保証状
- 荷為替信用状の**荷送り人**として
- ……と連絡をとっているということを、当方の**荷送り人**に知らせる
- **荷印**
- **荷おろし**
- **荷為替**手形約定書
- **荷物**貸渡し
- **荷物**貸渡しを認めて

- The goods shall be carefully packed.
- the packing
- improper packing
- a packing list
- the approximate cost of packing
- *mix* the shipment of 300 sets between the starter and the Junior sets
- *order* another shipment
- for a shipment of 500 sets
- in our shipment of October 12
- Please quote on shipments of 300 sets per shipment.
- the shipper's letter of guarantee
- as shippers under documentary credits
- *notify* the shippers at this end of your contact with ...
- shipping marks
- unloading
- a (general) letter of hypothecation
- a trust receipt/ T/R
- with trust receipt privileges

◆ニーズ

- 貴社の**ニーズ**を最高に満足させるため
- 貴社の**ニーズ**に応えることができます。
- 貴社の顧客の**ニーズ**
- 聴覚医療の**ニーズ**
- 貴行の投資銀行業務の**ニーズ**がいかに挑戦的なものであろうと、
- この複雑で困難な市場の**ニーズ**
- その市場特有の**ニーズ**と制約
- 多様化し、絶えず高度化している産業の**ニーズ**

need, needs

- in order to best *meet* your needs
- We can *serve* your needs.
- your *customers'* needs
- hearing health care needs
- No matter how challenging your *investment banking* needs,
- this complex and challenging *market* need
- the specific *market* needs and constraints
- the diversifying and evermore sophisticated needs *of* the industry

◆日時

- 別の**日時**
- 双方に都合のよい**日時**
- ご到着**日時**
- 同氏の到着と出発の**日時**
- **日時**とプログラムは議事日程表に記載されています。
- **日時**のご都合がよいことを願っております。

date, date and hour, dates and times, timing

- another date
- a mutually agreeable date
- the date and hour of your arrival
- his arrival and departure dates and times
- You will find the dates, times and programs listed on the agenda.
- I hope the timing is convenient.

◆日米

- **日米**関係
- **日米**経営者会議

US-Japan

- the US-Japan relationship
- a U.S.-Japan business executives meeting

◆日経225先物取引

Nikkei 225 future trade

◆日経平均株価

the Nikkei stock average

◆日数
- 延べ**日数**
- 連続**日数**

days
- running days
- running days

◆日程
- 彼らの飛行**日程**表の写し
- 彼らの**日程**
- 今回の旅行は**日程**が少々複雑になっております。
- **日程**の変更のため
- 今のところ**日程**がはっきりしないので
- 何日があなたの**日程**に合うのか

flight itinerary, itinerary, schedule, time schedule
- a copy of their flight itinerary
- their itinerary
- My schedule is rather complicated on this trip.
- owing to some change in his schedule
- in view of the present uncertain schedule
- what date would best *fit* your time schedule

◆日本
- **日本**訪問は無理のようです
- **日本**担当デスク
- 「**日本製**」というラベル
- その資金は**日本**国内だけでしか利用できません。
- **日本**貿易振興会
- 今回の**日本**滞在の記念品
- **日本**のワックス・メーカーの一覧表
- この花瓶は**日本**文化を実にみごとに体現しています。
- **日本**の地理と歴史
- **日本**訪問
- 今回の**日本**訪問
- **日本**列島
- **日本**の銀行
- **日本**の企業は顧客のサービスに熱心です。

- 世界中に広がっている**日本**企業向けに
- 美しい**日本**の田園風景
- **日本**人社員
- **日本**の外務省に**連絡**を取る
- **日本**政府の職員
- **日本**政府の承認番号第11726号（状4216）

- 特定の**日本**人投資家
- **日本**式経営
- **日本**市場向けに
- **日本**にある会社
- **日本**の状況
- **日本**式サイズの製品
- **日本**版モデル
- **日本**のやり方
- 現行の**日本**円レートで

Japan, Japanese, etc.
- cannot arrange to *visit* Japan
- the Japan desk
- the "Made-in-Japan" label
- The funds could be utilized only *in* Japan domestically.
- the Japan External Trade Organization
- a memento of your present stay *in* Japan
- a list of wax manufacturers *in* Japan
- The vase is a truly beautiful example of the culture *of* Japan.
- the geography and history *of* Japan
- a visit *to* Japan
- your current trip *to* Japan
- the Japanese *Archipelago*
- Japanese *banks*
- Japanese *companies* work very hard to support their customers.
- for Japanese *companies* worldwide
- the beautiful Japanese *countryside*
- Japanese *employees*
- contact the Japanese *Foreign Ministry*
- the Japanese *Government officials*
- Japanese *Government validation* No. 11726 (Letter 4216)
- specific Japanese *investors*
- Japanese *management*
- for the Japanese *market*
- a Japanese *resident company*
- the Japanese *situation*
- products in Japanese *sizes*
- the Japanese *version*
- the Japanese *way*
- at the prevailing Japanese *Yen* rate

◆にもかかわらず
- 世界的な景気後退**にもかかわらず**

despite (of), in spite of, Nevertheless, Nonetheless, Notwithstanding, Regardless of
- despite global economic difficulties

- 私どもの最善の努力**にもかかわらず**、
- 当方がお願いした**にもかかわらず**
- ……**にもかかわらず**、
- この寒さ**にもかかわらず**、
- ……していない**にもかかわらず**
- それ**にもかかわらず**、
- ……の差異がある**にもかかわらず**
- 日本で入手できる情報のいかん**にかかわらず**、

- Despite our best efforts,
- despite (of) our request
- In spite of …/ Notwithstanding …
- In spite of this cold,
- in spite of the fact that …
- Nevertheless,/ Nonetheless,
- regardless of differences in …
- Regardless of the information available in Japan,

◆入金

- ……の**入金**(勘定貸記)はまだ受けていません
- **入金**［振込み］通知書
- **入金**通知
- この**入金**記帳
- ご**入金**に当って
- 当該**入金**通知書
- 上記の金額は、７月11日に**入金**済みです。

- **入金**帳
- 小切手、郵便為替、配当受領証等の**入金**や取立も行えます。
- (預金)**入金**帳
- **入金**伝票
- ……に代り金を**入金**する

credit [-ed], credit, deposit, pay [-ing] (-) in, place

- *have* not *received* credit to our account for …
- credit advice
- a credit advice/ a notification of credit
- the credit entry
- in your credit entry
- the relative advice of credit
- The above amount was credited to your account on July 11.
- a deposit passbook/ a book of paying-in slips
- You can pay in and collect checks, postal and money orders, dividend receipts, etc.
- a paying-in book
- a paying-in slip/ receipt slips
- place the proceeds to …

◆入札
- **入札**に応ずる
- 当社に**入札**を求める
- **入札**保証
- **入札**パッケージ
- **入札**参加保証状
- われわれの**入札**は有力です。
- 棒鋼の**入札**

bid (s), participation, tender
- respond to bids
- solicit us for bids
- a bid bond
- bid packages
- the participation bond
- Our tender is strong.
- the tender of steel bars

◆入手
- 原稿を**入手**次第、
- 英語で**入手**できます
- 韓国で同種の製品を**入手**できるでしょうか。
- ご**入手**できる場合は
- ……を１部**入手**する
- 素材の**入手**先
- **入手**不可能です

available, secure, source, unobtainable
- As soon as the manuscript is available,
- <be> made available in English
- Is the same type of product available in Korea?
- as and when available to you
- secure a copy of …
- the source of material
- <be> unobtainable

◆ニュース
- ……という**ニュース**を聞いて、喜んでおります。
- 素晴らしい**ニュース**
- よい**ニュース**
- 偏見のない**ニュース**

news
- I was delighted to *hear* the news that …./ I was pleasantly surprised to *hear* the news that …./ I was thrilled to *receive* the news that ….
- excellent news/ wonderful news
- the good news
- the impartial news

・最近の**ニュース**記事 ・the recent news story

◆認可 **approve [-d], approval, etc.**
・この申請を**認可**する ・approve this application
・**認可**がおりたら、 ・When licencing is approved,
・**認可**申請が承認されました。 ・The license application has been approved.
・米国政府から輸出の**認可**を取得する ・receive export approval from the U.S. Government.
・**認可**番号 ・the number of validation

◆任期 **term (s), tenure**
・最初の**任期**終了後延長される場合もあります ・may be extended after the *first* term
・現在の**任期**末で ・at the end of his *present* term
・現在の**任期**満了時に ・at the expiration of his *present* term
・委員の**任期**は3年です。 ・Overseers serve for *three-year* terms.
・**任期**2年、契約更新可能 ・a renewable tenure of two years

◆任務 **assignment, mission, post, responsibilities, role, tasked**

・アメリカにおける**任務** ・my assignment in the U.S.
・貴殿が**任務**に献身されたこと ・your dedication to your mission
・新しい**任務**につく ・take up a new post
・貴殿の新しい**任務** ・your new responsibilities
・新しい**任務**において ・in your new role
・……を援助する**任務**を課せられています ・have been tasked to assist ...

◆任命 **appoint [-ed], appointment, assign [-ed], nominate [-d], etc.**

・販売総代理店に貴社を**任命**する ・appoint you as General Sales Agent
・……に**任命**された ・have been appointed to ...
・……は、取締役会長に**任命**されます。 ・... will be appointed Chairman of the Board.
・……に**任命**される ・have the honor of being appointed ...
・財務部長に**任命**される ・<be> appointed as Financial Director
・……に**任命** ・your appointment to ...
・貴殿を副社長職に**任命**する ・assign you to the position of vice-president
・副社長に**任命**します ・assign you to the vice-president
・私は、……の職務に**任命**されました。 ・I was assigned to serve as ....
・同氏の代わりに市川氏を**任命**する ・nominate in his place Mr. Ichikawa
・クラブの執行委員**任命**を受諾する ・agree to be nominated to serve on the Club's Executive Committee
・両氏の**任命**により、 ・In the selection of these two gentlemen,

ね

◆値 **price, quote, rate, etc.**
・（先方の）言い**値** ・an asked [asking] price
・呼び**値** ・an asked [asking] price/ an offered price/ a quote
・つけ**値** ・a bid price
・底**値** ・a bottom price
・引け**値** ・a closing price

・中**値**
・日中**値**幅［取引］制限

- middle rates
- the daily trading limit

◆**値上がり**
・原材料の**値上**がり
・**値上**り益

gain (s), increase
- a material cost increase
- capital gain (s)

◆**値上げ**
・**値上げ**をする
・**値上げ**幅
・5％の**値上げ**
・7月1日以前に**値上げ**があるでしょう。

increase (s), mark-up, markup
- increase the price
- price increases
- a 5% price increase
- There will be a price increase before the first of July.

◆**値打ち**
・**値打ち**がある
・二重の**値打ち**を持つ

value, worth, etc.
- <be> of value/ <be> worth .../ <be> worthy of
- have double significance

◆（お）**願い**

appreciate, ask [-ing], beg, Commending, encourage, extend, hope, hopefully, hoping, request, seek, thank, thought, wish, etc.

・10.50ポンドをご送金下さいますようお**願**い申し上げます。

- We shall appreciate your remitting us the sum of £10.50.

・当社はお客さまに ……していただくことをいつもお**願**いしております。

- We make it a practice to ask our customers to <do>.

・……をお**願**いしたいと存じます。

- I am writing to ask *for* ....

・最終決定までにはもう数日のご猶予をお**願**いしなければなりません。

- I must ask *for* a few more days to finalize (the contract/deal).

・お**願**いしたいことがございます。

- I have a favor to ask of you./ May I ask a favor of you?

・このようなことをお**願**い申し上げまして、どうぞお許し下さい。

- Please forgive me for asking such a favor.

・ご参加くださいますようお**願**いいたします。

- I beg you to join us.

・前記事項に配慮されますようお**願**いしつつ、……

- Commending the foregoing to your attention,....

・当行をご友人の方々にもご推薦頂きたくお**願**い申し上げます。

- We encourage you to recommend our bank to your friends.

・同氏に対し友宜的なご高配を賜るようお**願**いいたします。

- I would like you to extend your friendly courtesies to him.

・いつの日にか、彼らと再会できることを**願**っています。

- Our hope is that we will see them again some day.

・……が私の個人的な**願**いです。

- It is my personal hope that ....

・貴殿が私どもの提案を気に入ることを**願**って［希望して］

- In the hope [With the thought] that our suggestion might appeal to you

・貴殿が、……できますことを**願**っております。

- I hope you will be able to <do>.

・近いうちに再び当地に戻ってこられることを**願**っております。

- I hope you will be back in this town again soon.

・……を同氏に賜りますよう、お**願**い申し上げます。

- I hope you will give him ....

・……ことを私は心より**願**っております。

- I sincerely hope that ....

・……を心より**願**っております。

- We hope very much that ....

- 願わくば
- 貴殿が、……して下さることを願っております。
- 4月10日付けの手紙による当方のお願い
- このようなお願いをいたしますことをお聞き入れ下さると存じます。
- 急なお願いで申し訳ございません。
- ……をお願いするため
- 一宮氏についての私のお願い
- ……とするようにお願いいたします。
- ……をお願い（要請）いたします。

- ……を1部お送り下さるようお願いいたします。
- ……にご臨席下さいますようお願いする
- 当社にご来臨下さいますよう、お願い申し上げます。
- ご臨席賜りますようお願い申し上げます
- 予定しておりました工場訪問を中止させて下さいますようお願い申し上げます
- ……して下さいますようお願い申し上げます。
- ……についてあなたのご協力をお願いいたします。
- よろしくご検討下さいますようお願い申し上げます。
- ……ことを切に願っております。
- 日本と取引きを始めたいと強く願っております
- ぜひ皆様のお役に立ちたいと彼も願っております。
- お近づきになる機会をぜひ持ちたいと願っております。

- hopefully
- We are hoping that you will <do>.
- our request *made* in our April 10 letter
- I hope you will forgive me for *making* such a request.
- Please pardon the urgency *of* this request.
- *with* a request to <do>
- my request *regarding* Mr. Ichinomiya
- We request that ....
- I am writing to request ..../ This letter is to request ....
- I would like to request a copy of ....

- request your presence at ...
- We request the honor of your visit to our company.

- request the pleasure of your company
- request you to cancel the planned factory visit

- We would like to request that ....
- We seek your kind cooperation in ....

- We thank you for your special attention to the matter.
- It is my sincere wish that ....
- <be> extremely keen to commence business with Japan
- He looks forward to being of assistance to you.

- I am most anxious to have the chance to make your acquaintance.

◆値下げ
- 価格を95ドルに値下げする
- この値下げ
- 大幅な値下げ
- 値下げした貴社の価格
- 値下げ競争

markdown, price reductions, reduced price, etc.
- *bring* the price down to $95
- the price reduction
- significant price reductions
- your reduced price
- rate wars

◆値段
- ……について値段を見積もる
- もっと競争できる値段を提供できないのであれば
- 魅力的な値段
- 旧値段では
- 手ごろな値段
- 同封の値段表
- 高すぎる値段がついています

cost, price (s), priced
- *estimate* the cost for ...
- unless you can *offer* a more competitive price

- attractive prices
- at our old prices
- reasonable prices
- our enclosed price list
- <be> priced too high

◆熱意
- 貴殿の仕事に対する独創力と熱意

enthusiasm
- your initiative and enthusiasm on the job

- 強い関心と**熱意**をもって
- **熱意**と決意をもって

- with keen interest and enthusiasm
- with enthusiasm and determination

◆**熱狂的**
- ……に**熱狂的**になる
- ……について**熱狂的**になる

enthusiastic
- \<be\> enthusiastic about ...
- \<be\> enthusiastic over ...

◆**熱心**
- 彼女は、……に対してきわめて**熱心**です。
- **熱心**な
- **熱心**に

enthusiasm, etc.
- She is full of enthusiasm for ....
- earnest
- with keen interest

◆**熱烈**
- 私は彼の指名を**熱烈**に支持します。
- ……の**熱烈**なファンである

enthusiasm, etc.
- I support his nomination with great enthusiasm.
- \<be\> a great admirer of ...

◆**値引き**
- **値引き**額を聞く
- 2%の**値引き**をする
- 10%の**値引き**
- 白色の500ヤールについて10%の**値引き**をする
- ……が**値引き**される
- バックナンバーの購入に際して35パーセントの**値引き**をいたします。
- 妥当な**値引き**
- 定価から５％の**値引き**
- 20台までの注文については５％の**値引き**
- ３％の**値引き**はできます。

allowance, discount (s), reduction, etc.
- *hear* of the allowance
- *make* a 2% allowance/ reduce the price by 2%
- an allowance of 10%/ a reduction of 10%
- *give* you a 10% discount on 500 yards of white color
- \<be\> *given* discounts on
- A 35% discount is *offered* on back volumes.

- a *reasonable* discount
- a discount *of* 5% off the list prices
- a discount *of* 5% on orders up to 20
- We could *give* a reduction of 3% on the price.

◆**年**
- **年**２回払い
- **年**６％（１年を365日で計算）
- **年**４回の
- **年**４回支払わされます
- **年**365日計算
- 過去２**年**半の間
- 同社はすでに10**年**を迎えた。

annual, p.a., quarterly, year (s)
- semi-annual payment
- 6.0% p.a. (365 days year)
- quarterly
- will be paid quarterly
- a 365 days year
- for the past two and a half years
- We are now ten years old.

◆**年～**
- あらゆる**年齢**や人種
- **年会費**
- **年収**300億ドルを挙げ
- 弊社の**年商**
- **年利**
- **年代**順では
- **年払い**／年賦

ages, annual, annum, Chronologically, yearly
- all ages and races
- your annual membership fee
- with $30 billion in annual revenues
- our annual sales
- rates per annum
- Chronologically,
- yearly payment

◆**年間**
- **年間**報酬
- **年間**3,500万ドル
- 日本での５**年間**

annual, annum, year (s), etc.
- annual remuneration
- $35M (million) per annum
- the five years that I spent in Japan

- ここ数**年間**
- ２、３**年間**
- 少なくとも今後３**年間**は
- この契約は少なくとも３**年間**有効でなければなりません。
- 過去15**年間**の
- 過去20**年間**にわたる
- **年間**１株につき ……ドル程度の
- 貴殿の**年間**予定表に

- for some years
- for a period of 2 or 3 years
- at least for the coming three years
- This contract must be valid for at least three years.
- over the last fifteen years
- over the past 20 years
- at the rate of $ ... per share per year
- on your calendar

◆**年金**
- 終身**年金**
- **年金**基金
- **年金**信託
- 当社の**年金**制度に従い
- 拠出**年金**

annuity, pension (s)
- an annuity for life/ a life annuity
- pension funds/ pension trusts
- pension trusts
- under our pension plan
- contributory pensions

◆**年月**
- 日本で過ごした**年月**
- ……から、かなりの**年月**がたちました。

years, etc.
- the years in Japan
- It has been quite some time since ....

◆**年次**
- **年次**総会で
- **年次**株主総会

- **年次**決算
- 第６回**年次**大会
- ABCの第57回**年次**大会
- **年次**報告書/年報
- 貴社の最新の**年次**報告書を１通
- 弊社の**年次**報告書とカタログを同封いたします。
- 貴社の**年次**報告書に強い印象を受けました。
- ABC社の**年次**報告書やその他の報告書を送る
- 20xx年ABC社**年次**報告書
- 20xx年の貴社**年次**報告書
- **年次**寄付者
- **年次**更新制で

annual, year, year-to-year
- at the annual meeting
- an annual meeting of stockholders/ the annual shareholders' meeting
- annual settlement of accounts
- the Sixth Annual Conference
- the 57th Annual Convention of the ABC
- an annual report/ a yearbook
- a copy of your latest annual report
- *Enclosed* are a copy of our Annual Report and some catalogs.
- Your Annual Report *is* very impressive.
- *send* the ABC annual and other reports
- the ABC annual report of 20xx
- your Company's Annual Report for 20xx
- an annual subscriber
- on a year-to-year basis

◆**20xx 年度**

fiscal 20xx

◆**年率**
- 年（利）**率**
- 複利ベースの**年率**
- **年率**ベース

annual rate (s), etc.
- an annual rate
- compound annual rates
- an annualized basis

の

◆納期	**delivery time (s), etc.**
•**納期**	• delivery times/ probable delivery time
•**納期**は厳守してください。	• The delivery date should be strictly kept.

◆納入

deliver, delivered, delivery, delivering, provide, supplied, etc.

• 商品を**納入**する
• deliver the goods

• 商品は〈日付〉までに**納入**していただく必要があります。
• We need to have the goods delivered by <date>.

• この注文品を直ちに**納入**していただきたい。
• We are anxious to have this order delivered immediately.

• 製品を**納入**する
• deliver the products

• 現場に**納入**する
• deliver on site

• 10月に商品を**納入**する
• make delivery in October

• **納入**は ……までに行われます。
• Delivery would be *made* by ....

• **納入**の約束
• delivery *commitments*

• **納入**についての契約
• delivery *promises*

• 全品注文**納入**後
• after delivery of the complete order

• 通常の**納入**期間
• the length of time normally required *for* delivery

• **納入**の手配
• arrangements *for* delivery

• **納入**遅延
• the delay *in* the delivery

• 火災ですべての注文品の**納入**が遅延いたしました。
• A fire caused a delay *in* the delivery of all orders.

• **納入**条件
• conditions *of* delivery

• 当社が**納入**する装置
• equipments we are delivering

• 大学に大型コンピュータを**納入**する
• provide large computers to universities

• 1週間以内に**納入**いたします
• will be supplied within a week

• 当社の**納入**業者
• our vendors

◆能力

ability, capability [-ies], capacity, stature

• 御社の皆様のはかりしれない**能力**
• the deep ability of your people

• ……する**能力**がある
• *have* the capability to <do>

• 金銭的**能力**
• the financial capability

• ……の**能力**に対し
• for the capability of ...

• しっかりとした**能力**
• strong capabilities

• 弊社は現在**能力**いっぱいとなっております。
• Our capacity is now filled up [full].

• 貴殿の**能力**
• your stature

◆残～

leave, left, maintain, remain, remaining, etc.

• 忘れられない思い出を私どもに**残す**
• leave us with an indelible memory

• ……を**残して**くれました
• have left me with ...

• 最低残高の500ドルを小切手口座に**残して**置く
• maintain a minimum balance of $500 in checking

• しばらく資金が**残って**いるようでしたら
• if any fund remains for some time

• 日本に**残って**いるように思われます
• seems to remain in Japan

• **残り**の2千ダース
• the remaining 2,000 dozen

• 午後の**残り**の時間
• the rest of the afternoon

• ご訪問の**残り**の部分
• the rest of your visit

• ……氏には、大人と3人のお子様方が**残さ**
• Mr. ... is survived by his wife and three children

れました。
- 名誉会長として会社に**残る**

- continue to work with the company as Chairman Emeritus.

◆望〜

- ……するのが**望ま**しいと思います。
- 貴社の経営計画の一員として職を得たいと強く**望ん**でいる
- ……にするのが**望ま**しい
- 彼は外国貿易関連の仕事に就きたいと強く**望ん**でおります。
- 私の長い間の**望み**
- ……というのが、私の虫のいい**望み**です。
- そのような旅行が可能になることを**望み**つつ
- 常勤としての就職を**望ん**でいます。

advisable, anxious, desirable, desire, hope, looking for

- We believe it advisable to <do>.
- <be> most anxious to secure a place in your management program
- <be> desirable for ...
- He *has* a strong desire for a new job related to foreign trade.
- my long-cherished desire
- It is my fond hope that ....
- in the hope that such a trip may be possible
- He is looking for full time employment.

◆伸〜

- 売上げを**伸ば**す
- 約15%**伸び**ている
- XYZ社は真空機器分野全般における同社の技術的能力を**伸ば**してまいりました。
- 売上高の著しい**伸び**
- （政府）調達の売り上げを**伸ば**す

push, up, etc.

- push the sale
- <be> up by about 15%
- XYZ has increased its technical competence in the vacuum field in general.
- a remarkable jump in sales
- gain further sales in procurements

◆述べる

- この提案書（案）には、……が詳しく**述べ**られています。
- すでに**述べ**たとおり
- 前に**述べ**たとおり

- あなたの考え方についての概略を**述べる**
- いろいろなことを**述べる**

detail, indicate, mention, note, outline, say, tell

- This proposal details ....

- As already indicated,
- As mentioned earlier,/ As was noted previously,/ As I told you before,
- outline the way you are thinking
- say quite a lot

は

◆場合

- どんな**場合**でも
- 多くの**場合**
- 私の**場合**
- その**場合**には
- ……の**場合**には、

- こちらの事務所へのご返事ができない**場合**は、
- 輸送中、あるいは引き渡し前に遅延があった**場合**、
- 個人的に証書をお持ちの**場合**は、

case (s), event, instance (s), etc.

- in every case
- in many cases
- in my case
- in that case
- In case of .../ In all cases,/ In cases where .../ In those instances where ...
- In case you are unable to respond to my office here,
- In the event of delay in transit or before delivery,
- In the event that you have personal possession of the certificates,

- もし封筒が入っていない**場合**は、
- 今回の**場合**は
- 2、3の**場合**に
- 異なる仕向地を指定する**場合**を除いて
- 契約が締結された**場合**は

- In the event that your envelope is missing,
- in this instance
- in a few instances
- unless otherwise we specify a different destination
- As and when the contract is concluded,

◆売却
- ある英国企業の高収益部門を**売却**する
- 資産の一部を急いで**売却**する
- **売却**

divest, sell, etc.
- divest a profitable unit of a U.K. company
- sell quickly some of the assets
- divestitures

◆拝啓
- **拝啓**
- **拝啓**［米］
- **拝啓**［英］

Dear, Gentlemen
- Dear Dr. Smith:/ Dear Mary,
- Dear Sir or Madam/ Gentlemen:
- Dear Sir, / Dear Sirs, / Dear Madam,

◆拝見
- 今朝の新聞で、……を**拝見**しました。
- ご意見をたいへん興味深く**拝見**いたしました。
- 一貫して貴社のめざましい業績を**拝見**してまいりました。

read, etc.
- I read in this morning's paper that ....
- I followed your comments with considerable interest.
- We have kept in touch with the remarkable achievements of your company.

◆買収
- 海外の会社を**買収**する
- 企業の合併・**買収**
- 多額の負債を抱えた**買収**
- 2、3の小さな基幹企業の**買収**

acquire, acquisition (s)
- acquire a company overseas
- merger and acquisition
- a heavily debt-laden acquisition
- the acquisition of a few small key companies

◆賠償

claim for payment

◆ハイテク
- この**ハイテク**業界で
- このたいへん目立つ**ハイテク・センター**
- 日本の**ハイテク**企業
- **ハイテク**工業団地
- 最新の**ハイテク**の発展
- **ハイテク**生地
- **ハイテク**産業

high technology, hi-tech
- in our high technology industries
- this highly visible center of high technology
- Japanese high-tech companies
- hi-tech complexes
- the latest high-tech developments
- the hi-tech fabric
- high-tech industry

◆配当
- 同行の株に支払われた**配当**金
- **配当**金付き
- **配当**落ち
- 半年毎の**配当**金
- **配当**受領証
- **配当**性向
- **配当**金として
- **配当**流出率

dividend (s), payout
- dividends *paid* on the stock of the Bank
- cum dividend
- ex dividend
- a semi-annual dividend
- dividend receipts
- an earnings/ dividend ratio
- in dividends
- a payout ratio

◆売買 / bought and sold, sale (s), etc.
- **売買**報告書 / a bought and sold note
- 商標**売買** / sale by trademark or brand
- なれ合い**売買** / wash sale
- 標準品**売買** / sale by standard
- **売買**契約書 / a sales contract/ a contract note
- **売買**一任勘定 / discretionary accounts
- **売買**一任注文 / discretionary orders
- **売買**持ち高がゼロの / square
- 特権付き**売買** / puts and calls

◆ （ご）配慮 / attention, care, consideration (s), courtesies, favor, regard, thought, thoughtfulness

- 本件について、至急ご**配慮**いただければありがたく存じます。 / We would *appreciate* your prompt attention to this matter./ Your prompt attention to this matter would be greatly appreciated.
- この引合いには特にご**配慮をお願い**いたします / *give* this inquiry your special attention
- あなたの申込みに対し、個人的に**配慮**いたします。 / I shall *give* personal attention to your application.
- 彼にご**配慮**賜りますれば、まことにありがたく存じます。 / Any attention you may *show* him will be gratefully acknowledged.
- ご**配慮**下さいますよう、（前もって）お願い申し上げます。 / Thank you (in advance) for your kind attention.
- 本件にご**配慮**下さいますようお願いし、それでは、 / Thanking you in anticipation of your attention to this matter, we are,
- いつもの通りのご**配慮** / your usual courteous attention/ the customary care
- 至急ご**配慮** / your prompt attention
- 特別のご**配慮** / your special attention/ your particular favor and attention

- 行き届いたご**配慮**と親切なおもてなし / the courteous care and generosity
- ご**配慮**に感謝いたします。 / Thank you for your consideration.
- 特別な**配慮**と準備がなされなくてはなりません。 / Special considerations and arrangements will have to be *worked out*.
- 中央銀行に対する貴社のご**配慮**に、重ねがさねお礼申し上げます。 / Reiterating our thanks *for* your consideration to the Chuo Bank, Ltd.
- 本学の学生及び教員に賜りました数々のご**配慮** / the many courtesies *extended* to our students and faculty
- あなたに、ぜひご**配慮**をお願いしたいことがあります。 / I have a great favor to ask of you.
- ABC社はディーラーにほとんど**配慮**していません。 / There is little regard at ABC Company for the dealers.
- ご**配慮**とお骨折り / all the thought and work
- マーク・スコット君を私にご紹介下さった貴殿のご**配慮** / your thoughtfulness in referring Mr. Mark Scott to me
- **配慮**が欠けていたために / due to the lack of thoughtfulness

◆破産 / bankrupt, bankruptcy, insolvency
- **破産**会社 / a bankrupt company
- **破産**財団 / a bankrupt's estate
- **破産**管財人 / an assignee in bankruptcy/ a referee

- **破産**宣告
- **破産**負債者

- an adjudication [a declaration] of bankruptcy
- insolvency debtors

◆**始まる**

begin, commence, get underway, serve, start

- 4月30日火曜日の午前9時に**始まる**
- 午後2時半から**始まります**
- 紹介を兼ねたディナー／シンポジウムで**始まります**
- カクテル・パーティーは午後6時に**始まります。**
- これらの活動はすべて1月の終わりから**始まります。**
- 前払い日に**始まる**

- begin at 9:00 a.m. on Tuesday April 30
- will commence at 2:30 p.m.
- will get underway with the Introductory Dinner/Symposium
- Cocktails will be served at 6 P.M.
- All of these activities will start at the end of January.
- start on the date of prepayment

◆**始め～**

begin, beginning, develop, initiate, start, etc.

- 日本市場に便利な新製品を市販し**始める**

- **始め**から終わりまで
- 同氏と何か新しい取引を**始め**ます
- 意見交換を**始める**
- 仕事を**始め**られるでしょう
- **始め**から終わりまで読む

- begin to bring to the Japanese market useful new products
- from beginning to end
- develop some new business with him
- initiate an exchange of views
- will be free to start work
- read it cover to cover

◆**初め**

at the dawn of, early, first

- 新年の**初め**に際し
- 来月**初め**に
- **初め**の頃は
- 次季の**初め**に

- at the dawn of the New Year
- early next month
- in the early years
- the first part of next season

◆**初めて**

a stranger, etc.

- 彼はそちらはまったく**初めて**訪問いたしますので、
- 彼にとって、シカゴはまったく**初めて**の所です。
- これは私にとり**初めて**の海外勤務となりますので、

- As he will be a complete stranger in your city,
- He is quite a stranger to Chicago.
- Since this is going to be my first assignment overseas,

◆**場所**

location, place, quarters, site

- 貴殿に都合のよい**場所**
- 事業所を設置するのに素晴らしい**場所**
- そのホテルのある**場所**
- 活気と刺激に満ちた**場所**
- 親類が集まりやすい**場所**に

- 広く便利な**場所**
- **場所**を定める

- the location that would be most convenient to you
- an excellent location for siting a business
- the location of the Hotel
- an active and exciting place
- in a place where getting together with family will be easy
- larger and more convenient quarters
- take up the site

◆**派生**

derivative, etc.

- **派生**商品
- **派生**的利回り引上げ
- **派生**的預金

- derivatives
- derivative yield enhancement
- derivation deposits/ derivative deposits/ secondary deposits

・**派生**会社
・国際化の進展にともなう**派生**的諸問題

- daughter companies
- the various ramifications of increasing internationalization

◆**働く**
・コンピュータ通信のコンサルタントとして**働く**
・経営戦略の作成のために**働く**
・企画委員会の一員として**働く**
・すでに忙しく**働いて**いる
・XYZ社で精出して**働いて**いる
・一生懸命**働き**たいと思います
・日本の企業で**働く**
・外国で**働く**
・……としてまだ**働いて**おります

act, serve, work, working
- act as a consultant in computer communications
- serve for management strategy planning
- serve on the Planning Committee
- <be> already busy at work
- <be> hard at work at XYZ
- <be> willing to work hard
- work for a Japanese company
- work in a foreign country
- <be> still working as ...

◆**発行**
・(L/C) **発行**銀行
・**発行**市場
・空輸と海上輸送双方のための送り状を**発行**する
・コマーシャル・ペーパーを**発行**する
・権威ある機関が**発行**した……
・外国為替部で**発行**されています
・正式署名のためただちに**発行**されます
・**発行**済み株式

establish, issue, open, etc.
- an establishing [opening] bank
- an issue market/ a primary market
- issue invoices for both air and ocean shipment
- issue commercial paper
- ... issued by an authoritative institution
- <be> issued by their Foreign Exchange Department
- will be issued immediately for appropriate signature
- outstanding stock

◆**発送**
・**急送**可能な
・ご注文の品物は、すでにほとんど**発送**準備が整っております。
・航空便で品物を**発送**する
・その注文品を**発送**する
・上記のサンプルを**発送**する
・毎年そのような手紙を何千通も**発送**します
・**発送**の予定です
・注文品を**発送**する
・直ちに**発送**いたします
・上記のサンプルを至急**発送**していただければありがたく存じます。

despatch, dispatch, forward, send, send out, sent, ship, shipped, shipment
- ready for immediate despatch
- Your goods are now nearly ready for dispatch.
- dispatch the items by airmail
- dispatch this order
- dispatch the above samples
- send out many, many thousands of such letters each year
- <be> scheduled to be sent
- ship the order
- will be shipped at once
- Your prompt shipment of the above samples will be highly appreciated.

◆**発注**
・およそ3000点のXYZ製工具を**発注**する
・この方法で**発注**すれば、
・**発注**する
・……を**発注**することはもはやできません
・**発注**から船積みまでに要する期間

order
- order about 3,000 XYZ tools
- By ordering this way,
- place an order
- can no longer place an order for ...
- the time required between order and shipment

◆**初注文**
・**初注文**

first [initial] orders (s)
- the first order

・**初注文**
・若干の**初注文**をする
・**初注文**します

・an initial order
・place some initial orders
・book our initial order

◆**発展**
・強力でかつ利益の上がる日本企業に**発展**する
・……の世界的な**発展**
・秩序だった**発展**
・……の間の貿易の**発展**
・世界的規模での**発展**と予測
・**発展**し続ける
・この良き伝統ある機関の望ましい**発展**

・世界的な経済ブロックの**発展**
・貴社の**発展**と繁栄
・素晴らしい**発展**を続けておられることに対して
・御社の素晴らしい**発展**の支えとして
・今後の末永いご**発展**とご繁栄を
・貴社の**発展**
・……における両社それぞれの**発展**
・今後一層のご**発展**を遂げられる

develop, development (s), growth, progress
・develop into a strong and profitable Japanese company
・the international development of ...
・the orderly development
・the development of trade between ...
・developments and projections on a world-wide basis
・continue its growth
・the necessary and desirable growth of this fine old institution
・the growth of economic blocs around the world
・the growth and prosperity of your company
・for continuing to *make* excellent progress

・in support of your *fine* progress
・for many more years *of* progress and success
・the progress of your company
・the progress of our respective organizations in ...
・will enjoy a very prosperous future

◆**発表**

・……を**発表**いたします。
・ABC社からの退職を**発表**する
・新しく**発表**された貴殿の責務
・……に任命されたという**発表**
・新型コンピュータ・システムの**発表**
・……の配当を**発表**する
・貴殿個人の**発表**には出席できません
・優れた**発表**
・**発表**の後
・プレス向けに**発表**する
・このような**発表**の準備をする
・同封した**発表**文書
・優れた報告を**発表**する

announce, announced, announcement, declare, presentation (s), release (s), etc.
・I am pleased to announce that ....
・announce his retirement from ABC
・your newly announced responsibilities
・the announcement of your appointment to ...
・the announcement of your new computer system
・declare a dividend of ...
・<be> not able to *attend* your particular presentation
・the excellent presentations
・after the presentation
・issue a news release
・prepare such releases
・the attached releases
・give us your good report

◆**パーティー**
・**パーティー**に出席する
・素晴らしい**パーティー**
・大**パーティー**を開く
・とても楽しい**パーティー**
・よく準備された**パーティー**
・晩餐およびダンス・**パーティー**
・私の退職**パーティー**で
・PQR社の株式公開祝賀**パーティー**
・貴殿がホスト役をつとめられる披露**パーティー**

party, reception
・attend the party
・a nice party
・give a big party
・a very enjoyable party
・a well prepared party
・the dinner and dance party
・at my retirement party
・a party in celebration of PQR's going public
・the reception you are hosting

◆話

- 聴衆に向かって**話**をする
- 各出席者に**話し**かける
- 貴殿と**話し**を交わす
- 貴殿とお**話し**する
- ……と**話**をする
- 形式ばらない、１人称で話す、会話のよう
　な**話し**方
- 今後の取引についてお**話し**したいことがい
　くつかございます。
- その件に関して、……と**話**をする
- 細かい技術的な**話**をする
- お目にかかってお**話し**した折
- 貴殿にお**話し**しました通り、
- 貴殿ともっとゆっくり**話**をする
- マイクロフォンに向かって**話し**てください。
- ……について貴殿とお**話し**できるのを楽し
　みにしております。
- 英語を**話す**スタッフ
- 〈主題〉について〈新聞〉に**話**をする
- ……について、お**話**を聞かせ下さい。
- 極めて参考になるお**話**を伺う
- 貴殿の啓発的なお**話**
- たいへん**話し**づらいことなのですが、……
- お**話し**したように、
- 先日お**話し**申し上げました書店

- **話**は変わりますが、
- さて**話**は変わりますが、
- 英語で**話**をする

◆話し合い

- 貴社と**話し合い**がつきましたら、
- ざっくばらんに**話し合う**
- 貴殿とお会いして、〈件名〉について**話し合**
　いたいと思います。
- すべての問題について**話し合う**
- ……の将来について**話し合う**
- 将来の取引について顧客と**話し合う**
- ……とこの問題について**話し合う**
- 工場と本件について**話し合う**
- 本件について再度**話し合う**
- この件についてさらに詳細に**話し合う**
- 共通の関心事に関して**話し合う**
- 私の資格について**話し合う**
- 自分達の問題や心配事を**話し合う**
- 貴社製品について小売店と**話し合う**
- 現状についてもっと詳しく**話し合う**

**address, chat, conversation, conversational,
discuss, discussion (s), mentioned, speak,
speaking, talk, tell, told, etc.**

- address an audience
- address each party present
- have a chat with you
- chat with you
- *have* a conversation with ...
- an informal, first person, conversational style

- I have a few subjects to discuss for future business.

- discuss the matter with ...
- engage in detailed *technical* discussions
- in our meeting and discussions with you
- As we mentioned to you,
- speak more fully with you
- Speak into the microphone.
- We look forward to speaking with you about ....

- English-speaking staff
- *give* a talk on <subject> to <press>
- Please *give* us a talk on ....
- *listen to* your most informative talk
- your enlightening talk
- It pains me greatly to tell you that ....
- As I told you,
- the bookstore which I told you about some time
　ago
- On a different note,/ Changing the subject,
- in the meanwhile
- carry on alone in English

**agreement, chat, discuss, discussion (s), speak,
talk**

- If an agreement can be reached between us,
- chat informally
- I would like to meet with you to discuss <subject>.

- discuss everything with you
- discuss the future of ...
- discuss future business with our customers
- discuss such matters with ...
- discuss the matter with the factory
- discuss this matter again
- discuss this matter in further detail
- discuss our mutual interests
- discuss my qualifications with you
- discuss our problems and our concerns
- discuss your products with our retailers
- discuss this situation more fully

- この件について**話し合う**
- 条件について彼と**話し合う**
- **話し合い**を続ける
- 御社と興味深くかつ建設的な**話し合い**を持つ
- 何か**話し合い**が必要なことがありましたら、
- 当方が、……と行った最近の**話し合い**に従い、
- 同様の**話し合い**
- これらの**話し合い**に関してさらに申し上げますが
- 非常に有益で貴重な**話し合い**
- ……について、私はジョー・バンデンと**話し合う**
- 友好的な**話し合い**
- 以前の**話し合い**
- じっくり**話し合う**
- ……について、**話し合う**必要がある
- 貴社スタッフと**話し合う**

- discuss this subject
- discuss *with* him the terms and conditions
- *continue* discussions
- *hold* very interesting and constructive discussions with you
- If anything *needs* discussion,
- In accordance with our *recent* discussions with ...
- similar discussions
- Further to *those* discussions

- a most useful and helpful discussion
- speak with Joe Bunden about ...

- the friendly talk *exchanged*
- our previous talk
- talk at length
- need to talk about ...
- talk with your staff

◆早い

- もっと**早い**便の利用をする
- 非常に**早い**テンポ

early [-ier], fast

- take an earlier flight
- the very fast pace

◆早く

earlier, earliest, immediately, promptly, quickly, soon, sooner, soonest

- 例年より**早く**はないにしても
- なるべく**早く**
- できるだけ**早く**

- その後できるだけ**早く**
- 本書簡をもっと**早く**差し上げられなくて失礼いたしました。

- if not a little earlier than usual
- at your earliest convenience
- as soon [immediately, promptly, quickly] as possible/ soonest possible/ at the earliest opportunity
- as soon thereafter as possible
- Please excuse us for not writing sooner.

◆早めに

earlier

- もう少し**早めに**
- プロジェクトを〈何日間〉**早めに**完成させる

- a little earlier
- have the project completed <period of time> earlier

◆早める

expedite, speed

- 支払い手続きを**早める**
- 最初の出荷分の引渡しを**早める**

- expedite the process of payment
- speed the delivery of the first batch

◆払込

paid, etc.

- **払込**済み資本金
- ……に**払い込**まれます
- **払込み**資本金

- **払込**金といっしょに

- paid-up capital
- will be paid into ...
- capital paid-up/ paid-in capital/ paid-up capital/ equity capital
- with your payment

◆払出し

withdrawal, etc.

- **払出し**伝票

- withdrawal slips

- 払い出す

◆払戻し

- ……に1,500米ドルを**払い戻す**
- **払い戻す**ことはできません
- ご預金を全額**払い戻し**いたしました。
- **払い戻す**よう手配する
- 比例配分して全額**払戻し**
- 貴社の**払戻し**小切手
- **払戻し**をするため
- ……に同額を**払い戻す**
- 同額を貴行の当行勘定に**払い戻す**

- **払い戻**される
- 法定料金の**返戻**金
- **払戻し**伝票
- **払戻し**請求書
- 正式に署名し記入した**払戻し**請求書

◆反映
- 継続的努力を**反映**させる
- 最新技術を**反映**する
- このような状況を**反映**して

◆繁栄
- 今日の**繁栄**
- 力強く**繁栄**していく
- 貴殿のご健康と貴社のご**繁栄**を

- 国家の**繁栄**と貴社の利益
- 貴社の発展と**繁栄**
- **繁栄**の年
- 今後の末永いご発展とご**繁栄**を

◆番号
- **番号**をご連絡します
- **番号**口座

◆晩餐
- ……を主賓とする**晩餐会**
- **晩餐会**か午餐会
- **晩餐会**
- 素晴らしい**晩餐**と娯楽

◆販促
- 郵便による**販促**運動
- **販促**キャンペーン
- 当社の**販促**活動
- **販促**活動期間中に

- draw out/ withdraw

paid back [out], refund, reimburse [-d], reimbursement, withdrawal

- pay back US$1,500 to ...
- may not be paid back
- We have paid out your deposit for the full amount.
- arrange a refund
- a full pro rata refund
- your refund check
- for (a) refund
- refund a like amount to ...
- refund the same amount to our account with your bank

- <be> reimbursed
- a reimbursement of the legal fees
- the withdrawal forms
- a savings withdrawal form/ the withdrawal slips
- the withdrawal slips duly signed and completed

reflect
- reflect continuing commitment
- reflect new technologies
- Reflecting such a situation,

boom, prosper, prosperity, prosperous, success
- today's boom
- prosper mightily
- for your good health and the continuing prosperity of your company
- national prosperity and your company's interests
- the growth and prosperity of your company
- a prosperous year
- for many more years of progress and success

number (s), [-ed]
- will advise you of the number
- a numbered account

banquet, dinner,etc.
- the banquet honoring ...
- either a dinner or a lunch
- the evening dinner
- the fine dining and entertainment

campaign (s), promotion
- a mailing campaign
- the sales campaign
- our promotion
- during the promotion period

◆判断

- 条件をご承諾いただけないものと**判断**いたします。
- ……と**判断**させていただきます。
- ……と**判断**いたしました。
- 貴行の**判断**で
- 株主の**判断**で
- 当社が必要とする製品を**判断**する
- よりよい**判断**をする
- ご自身で**判断**する
- 入手したその他の情報から**判断**して、
- ご**判断**に応じて
- 海外取引についてすぐれた**判断**力を持っている

assume[-d], determine[-d], discretion, gather[-ed], gauge, judgement, judging, etc.

- We will assume terms are not acceptable to you.

- It will be assumed that ....
- We have determined that ..../ I gathered that ....
- at your discretion
- at the discretion of the Shareholders
- gauge the products that we require
- make a better judgement［英］
- make your own judgment［米］
- Judging from some other information I obtained,
- as you see fit
- have a very good sense of foreign business

◆販売

- 貴社製品はニュージーランドで**販売**されています。
- 弊社へのいかなる**販売**委託品
- **販売**委託品の詳細
- **販売**店の初注文条件
- **販売**店会議
- 二次**販売**店
- ……から**販売**権を取得する
- 商品の**販売**
- **販売**契約
- どのような**販売**ルートをお持ちですか。
- **販売**窓口
- **販売**店を見つける
- カナダの**販売**店
- すべての**販売**店
- 一番の老舗で、取引も大きい**販売**店
- **販売**店売上奨励用紙
- 弊社製品を**販売**する
- 貴社の製品を**販売**する
- 年間少なくとも10万台は**販売**する
- **販売**提携
- 新しい**販売**網を開拓する
- 貴社の**販売**努力
- ……を**販売**できるかどうか、現在検討中です
- 積極的な**販売**業者
- **販売**促進のため
- 月間**販売**量
- 貴社の製品の**販売**増加
- 貴社の**販売**条件
- 〈商品〉の**販売**を検討しています
- その他のヨーロッパ諸国における**販売**は，

available, consignment, dealer(s), dealerships, disposal, distribution, distributor, market, marketing, merchandisers, promotion, sale, sales, sell, selling, etc.

- Your products are available in New Zealand.

- any consignment entrusted to us
- the details of the consignment
- initial dealer order requirements
- a dealers' meeting
- sub-dealers
- receive dealerships from ...
- the disposal of the goods
- distribution agreements
- What kinds of distribution channels do you have?
- distribution outlets
- locate a distributor
- the Canadian distributor
- every distributor
- our oldest and largest distributor
- the distributor sales incentive forms
- market our goods
- market your products
- market at least 100,000 units per year
- marketing alliances
- exploit new marketing *channels*
- your company's marketing *efforts*
- <be> studying the possibility *of* marketing ...
- active merchandisers
- for promotion
- monthly salable quantities
- the increasing sale of your products
- your conditions of sale
- <be> studying the sale of <goods>
- Sales in other European countries are effected

……を通して行われています。 | through ....
- •積極的な**販売**活動 | • an aggressive sales activity
- •**販売**代理店契約 | • a sales agent agreement
- •**販売**代理店として | • as sales agents
- •**販売**ルート | • the sales channels
- •我々の**販売**努力 | • our sales effort
- •**販売**担当者 | • sales executives
- •新しい**販売**上の特徴（セールスポイント）を加えて | • with new sales features
- •**販売**数量 | • sales figures
- •当社の**販売**担当者 | • our sales force
- •**販売**促進策 | • sales incentives
- •貴社の**販売**網 | • your sales network
- •広範な**販売**網を持っている | • have a very extensive sales network
- •しっかりした**販売**網 | • a well-established sales network
- •広大な**販売**網 | • a wide sales network
- •ヨーロッパの主要地域全体をカバーできる**販売**会社 | • sales organizations capable of providing proper coverage of all the key European areas
- •広範な**販売**網 | • an extensive sales organization
- •当社の新しい**販売**担当社員 | • our new sales representative
- •貴地の**販売**代理店 | • the sales representative for your area
- •**販売**量を２倍にする | • double our sales volume
- •貴社が**販売**したい製品 | • the products you want us to sell
- •**販売**代理店になる | • act as a selling agent
- •**販売**価格 | • our selling prices
- •その他の製品については、今後も**販売**を続けます | • will retain other products
- •同社製品を代理店を通じ**販売**する | • have their products represented
- •小さな地方の再販店から成る**販売**網 | • a network of smaller, local re-sellers

◆パンフレット

booklet, brochure (s), folder, leaflet, literature, pamphlet

- •……の案内用**パンフレット** | • a program booklet for ...
- •……を説明した**パンフレット** | • a brochure *depicting* ...
- •貴社の事業内容を説明した同封の**パンフレット** | • the enclosed brochures *describing* your firm
- •弊社の**パンフレット** | • our brochure
- •同封の**パンフレット** | • the enclosed brochure
- •最初の**パンフレット** | • the first brochure
- •当社の業務全般に関する**パンフレット** | • our general services brochure
- •当社製品の最新の**パンフレット** | • our latest product brochure
- •**パンフレット**をちょっとご覧いただけば、その理由がおわかりになるでしょう。 | • Just a glance *at* the brochure will show you why.
- •同封の**パンフレット**でお分かりのとおり、 | • As you can see *from* a brochure enclosed,
- •**パンフレット**を一部 | • a copy of the brochure
- •……の標準品が載っている**パンフレット** | • a folder showing the standard line of ...
- •解説**パンフレット** | • a descriptive folder
- •**パンフレット**を同封します | • enclose a leaflet
- •ご要望の**パンフレット** | • the literature you requested
- •くわしく解説した**パンフレット** | • complete descriptive literature
- •……の活動状況を説明した**パンフレット** | • a pamphlet depicting the activities of ...

ひ

◆日
- 日付後（…日払い）
- 必要な文書作成が完成された日より

- 当方が支払った日から
- 証書が書留で発送される日

- 貴行が当方へ送金した日まで
- 船荷証券の日付
- 〈日付〉の貴状
- 日付は20xx年12月5日です
- 日々
- 両日に
- この特別な日
- 日一日と
- 日がたつにつれ
- あなた様をお迎えできる日

◆非〜
- 非上場株

- 非流通船荷証券
- 非価格競争
- 非関税障壁
- 非米国企業
- 非上場会社
- 非上場証券取引市場
- 非公開会社

◆被〜
- 被仕向け送金
- 被仕向け送金が多かったため
- 被保険口座　［米］
- 被保険預金　［米］

◆（ご）ひいき
- ごひいき
- これまで長い間皆様にごひいきいただいて
  まいりました。

◆比較
- 比較貸借対照表
- 比較損益計算書
- ……を慎重に比較検討した後、
- 2種類のサンプルを比較する
- 目下貴社商品の値段と長所を貴社の競争相
  手のそれと比較する
- ……と比較して

---

date, dated, day (s), day by day, time
- after date/ a.d./ a/d / d/d
- from the date of the completion of necessary documentation
- from the date of our payment
- the date *on* which the certificates are sent via registered mail
- *through* the date of your remittance to us
- the date *of* the B/L
- your letter dated <date>
- <be> dated December 5, 20xx
- each day
- on both days
- this very special day
- day after day
- day by day
- the time when we may welcome you

non, un, etc.
- non-listed stocks/ over-the-counter stocks/ unlisted stocks/ unquoted shares/ outside stocks
- non-negotiable B/L
- nonprice competition
- non-tariff barriers
- non-U.S. organizations
- unquoted companies
- an unlisted securities market/ a second-tier market
- a closed company/ a proprietary (company)limited

inward, etc.
- inward remittances
- for incoming remittances
- insured accounts
- insured deposits

patronage
- your generous patronage
- We have long been enjoying the patronage of the general public.

comparative, compare, comparison
- a comparative statement of financial condition
- a comparative profit and loss statement
- After a careful comparative review of ...
- compare the two samples
- compare the prices and merits of your commodities with those your competitors offered
- in comparison with ...

◆引合い

- ……に多くの**引合い**を受けております
- ……からの**引合い**
- お**引合い**いただいたことに重ねて感謝いたします。

inquiry [-ies]

- have received many inquiries *for* ...
- an inquiry *from* ...
- Thank you again for your inquiry.

◆引き上げる

- ……を大きく**引き上げ**てまいりました
- 株価を**引き上げる**
- 基本的な経済的価値と市場価格を**引き上げる**
- 給与を**引き上げる**
- 当社をリードして業界のトップに**引き上げる**
- 単価を**引き上げる**

advanced, enhance, improve, increase, lead, raise

- have strongly advanced ...
- enhance shareholder value
- improve their underlying economic value and their market price
- increase your salary
- lead our company to the very top place in the industry
- raise our unit price

◆引当て金

allowance/ provision

◆引受け

accept, accepted, acceptable, acceptance, assume, honor, subscription, undertake, underwriting, etc.

- この為替手形を**引き受ける**
- このポストを**引き受ける**
- 貴行の書類を**引き受ける**ことができません
- ……を**引き受ける**ことはできません。
- **引受け**済み手形
- 当方のオファーをお**引き受け**いただけない場合は、
- **引受け**手形
- **引受**手数料を支払う
- **引受け**後…日払い
- **引受け**［支払い］渡し
- **引受け**呈示
- **引受け**通知
- すべての責務を**引き受け**ます
- 手形を**引き受け**る
- 手形を**引き受け**ます
- **引受け**
- この重大な責任を**引き受ける**
- ……を**引き受ける**ことができます。
- **引受け**シンジケート団
- 起債**引受け**広告
- **引受け**拒絶

- accept the drafts
- accept this post
- <be> unable to accept your documents
- ... will not be accepted.
- accepted drafts
- If our offer is not acceptable,

- an acceptance bill/ a bill for acceptance
- pay the acceptance commission
- ...days after acceptance
- documents against [for] acceptance [payment]
- presentation for acceptance
- advice of acceptance
- will assume all of our obligations
- honor the draft
- honor your draft
- subscription/ underwriting
- undertake this substantial responsibility
- I will be available to undertake ....
- an underwriting syndicate /a selling syndicate
- a tombstone ad
- nonacceptance/ dishonor [米]/ dishonour [英]

◆引落し

- 7月分分割返済額を貴社の勘定より**引き落す**
- 「コンピュータによる」**引落し**
- 「書類」**引落し**

charge, debit (s)

- charge your account for the July instalment

- "Electronic" debits
- a "paper" debit

◆引き下がる

◆引下げ
• 現在の買入れ価格を**引き下げ**る
• コストを**引き下げ**る
• 金利の**引下げ**

◆引出し

• 預金を**引出す**ことができます
• 郵便による**引出し**
• 郵便で預入れ、**引出し**が可能です
• 満期の日から**引出し**の日までの期間

• （預金）**引出し**
• 現金自動受払い機での**引出し**

◆ （お）引き立て
• 今後ともお**引立て**いただくようお願い申し上げます。
• 彼をお**引立て**下されば、誠にありがたく存じます。
• 今後ともお**引立て**下さいますようお願い申し上げます。
• 今後ともお**引き立て**のほどをお願い申し上げます。
• 本年もまた、お**引立て**下さいますようお願い申し上げます。

◆引き継ぐ
• 私が故……の業務を**引き継ぎ**ました。
• 〈名前〉氏が極東地区副社長兼東京支社長として、〈名前〉氏の仕事を**引き継ぎ**ます。
• ……を**引き継ぐ**
• 契約を**引き継ぐ**
• 私の地位を**引き継ぐ**

◆引き続き
• 同氏を**引き続き**弊社の社員にしおく
• **引き続き**当行へ・お預けいただければ

• **引き続き**ご協力、ご厚誼を賜りますよう、お願いいたします。
• **引続き**ご支援ご協力を賜りますようお願い申し上げます。
• ……に**引き続き**関心を持っておられること

◆引き取り
• 貴行の**引取**手数料
• （商品を）一回で**引き取る**
• プラスチック塗料4缶を**引き取る**

step aside

reduce, etc.
• reduce our present buying costs
• lower costs
• a downward adjustment in the money rate

withdraw, withdrawing, withdrawn, withdrawal (s)
• may withdraw the sum
• withdrawing by mail
• may be placed or withdrawn by mail
• the period from the maturity date until the date withdrawn
• a withdrawal
• withdrawals made at Banking Machines

favor (s), patronage, etc.
• We hope we may receive your further favour.

• Any favors that you may show him will be deeply appreciated.
• I look forward to your continued patronage.

• May we solicit your further patronage.

• We hope you will think of us again this year.

succeed, take over
• I have taken over the business of the late Mr. ....
• Mr. <name> will succeed Mr. <name> in our operations as Vice President-Far East Area.
• take over ...
• take over the contract
• take over my position

continue, continued, continuing
• continue to have him on our payroll
• if you will continue to maintain your deposit with us
• We hope we can count on your continued cooperation and friendship.
• We are looking forward to your continued support and cooperation.
• a continuing interest in ...

acceptance, delivery, pick up, receive, take
• your acceptance commission
• take one single delivery
• pick up the four cans of plastic varnish

- 商品を**引き取る**

- 積み荷を**引き取る**

◆引渡し
- ６月１日以前に商品の**引渡し**がない場合は、
- 迅速に荷物**引渡し**いただけるよう努力される。
- 積荷を間違いなく早く**引き渡す**
- 商品を**引き渡す**
- 商品の**引渡し**を要請する
- 商品の**引渡し**を受けることができません
- **引渡し**が早いかどうかは注文数量が大きいかどうかによります。
- 最も早い**引渡し**
- **引渡し**の確認
- 最も早い**引渡し**日
- **引渡し**の時期
- **引渡し**スケジュールの安定性
- **引渡し**証明
- **引渡し**の問題
- 抜き荷および**引渡し**不能
- **引渡し**日

◆ビジネス
- 中国でビジネスをする
- 中国での**ビジネス**に成功するために
- **ビジネス**活動のペースを少し落とす
- **ビジネス**抜きで
- 日本の**ビジネス**環境
- **ビジネス**・政府間協議
- 自らの**ビジネス**感覚を磨く
- **ビジネス**と謙虚さ
- **ビジネス**や産業間向けの
- 非常に優れた**ビジネス**マン
- 外国の**ビジネス**マン
- 日本の**ビジネス**マン

◆秘書
- **秘書**または個人助手
- 有能な**秘書**
- 誠実で有能な**秘書**
- 重役**秘書**
- **秘書**課長

◆悲嘆
- **悲嘆**にくれております時は
- ……に接し、**悲嘆**にくれております。
- …… （訃報）に接し**悲嘆**にくれております。
- **悲嘆**に暮れておられるご家族に対し、心からお悔やみを申し述べます。
- 私どもが**悲嘆**にくれているとき

- receive the merchandise/ take delivery of the goods/ take the goods
- take the shipment

delivered, delivery[-ies], etc.
- If the goods are not delivered before June 1,
- You will do your best to *effect* prompt delivery.
- *ensure* the prompt delivery of the cargo
- *make* delivery of the goods
- *request* the delivery of the goods
- cannot *take* delivery of the goods
- Deliveries *depend upon* the quantity ordered.

- the *earliest* delivery
- your delivery confirmation
- the earliest possible delivery date
- your delivery schedule
- the stability of the delivery schedule
- a proof of delivery
- the question of delivery
- theft, pilferage and non-delivery
- the service date

business, businessman[-men]
- *do* business in China
- for success in *doing* business in China
- slow down a bit in your business activities
- with no business agenda
- the Japanese business environment
- business-government dialogue
- improve our business sense
- business and humility
- *for* business and industry
- an outstanding businessman
- the foreign businessman
- Japanese businessmen

a secretary, etc.
- our secretary or personal assistant
- a competent secretary
- a conscientious and efficient secretary
- the executive secretary
- the manager of the secretariat section

distress, grieved, sadness, sorrow
- at a time of great distress
- I am deeply grieved at ....
- I am truly saddened by ....
- My heartfelt sympathy is extended to the family in this hour of sadness.
- during our moment of sorrow

- **悲嘆**にくれている時は
- ……の報に接し、**悲嘆**に暮れております。

◆必要

- PQR社が**必要**とする力強い防波堤
- ビジネスを成功させるのに**必要**不可欠なものです
- 事前準備は全く**必要**ありません。
- 信用状が5月2日までに当方に到着する**必要**があります。
- ……が、**必要**であると考えられています。
- **必要**であれば
- このような検査や手続きが**必要**です
- ……することが絶対に**必要**なのです。
- ABC社の社内・社外の双方を探索する**必要**がある
- 貴殿が、……に相談する**必要**はありません。
- どうぞご遠慮なく、**必要**としていることを、私どもにお知らせください。
- ……する**必要**があることを認識する
- **必要**が生じましたら
- ……する**必要**があります。
- **必要**ならば
- 同社の差し迫った**必要**のため
- ……を**必要**としている状況です
- 事務員を**必要**としていることを伺いました。
- 親しみのこもった接点の**必要**性
- ……と言う**必要**はほとんどありません。
- 私どもは200部**必要**としております。
- 貴殿の忠告と助言を**必要**とする
- ……を終えるにはあと20日**必要**です
- **必要**な時に
- 本問題を解決する**必要**がある
- さらに討議をする**必要**がある
- ……が**必要**です。
- 防衛機密取扱い許可は**必要**ありません。
- 追加情報を**必要**とする
- 本件は貴殿の直接行動を**必要**としております。
- **必要**額
- その他の**必要**書類
- 私どもが**必要**としておりますのは、……。
- 貴社の事業拡張の**必要**条件に合わせてご決定下さい。
- ……を**必要**としております。
- これら2つの変更は**必要**ありません。
- 第一の**必要**条件
- この品は大至急**必要**です。
- 貴殿が……なさることは、絶対**必要**でもないし、また理にかなってもいません。

- at a time of great personal sorrow
- It was with profound sorrow that we received the sad news of ....

call upon, essential, necessary, necessitate, necessity, need, needs, require [-d], requirements, requiring, unnecessary, etc.

- a bulwark of strength for PQR to call upon
- \<be\> essential to any successful business

- No advance preparation is necessary.
- It is necessary for us to receive your L/C by 2nd May.
- ... \<be\> deemed necessary
- if necessary
- consider such tests and procedures necessary
- It is absolutely necessary for us to \<do\>.
- necessitate our exploring ABC and outside sources

- There is no necessity for you to consult with ....
- Please feel free to *make* your needs known to us.

- *recognize* the need to \<do\>
- when the need *arises*
- There is the need to \<do\>.
- if need *be*
- in view of their *urgent* need
- \<be\> currently in need of ...
- I have heard that you are *in* need of a clerk.
- the need *for* friendly interfaces
- I need hardly mention that ....
- We would need up to 200 copies.
- need your advice and counsel
- need 20 more days to finish ...
- when needed
- need to resolve this problem
- require further discussion
- We will require ....
- will not require security clearances
- require any additional information
- This matter requires your immediate action.
- the amount required
- other required documents
- Our requirements will be that ....
- You will make a decision to accommodate your growth requirements.
- We are requiring ....
- Two of these changes are unnecessary.
- the primary burden
- We are in a hurry for the goods.
- It is neither essential nor logical for you to \<do\>.

- 規則上**必要**なので

◆人

- **人**・物・金
- たくさんの素晴らしい**人々**
- この**人**
- 何人かの**人**
- 非常に家庭的な**人**
- 素晴らしい**人**
- **人**付合いの点で
- 知り合った**人々**
- 私が話し合った**人々**
- 献身的な**人々**の努力
- ジムが好きだった**人々**の一人
- 大多数の**人々**
- 私とともに働いてきた多くの**人々**
- アメリカの中心地域から来た**人々**
- 社の内外の**人々**
- あなたが指名した**人**以外
- ABC社の適切な**人**
- 非常に忙しい**人**
- 一般の**人々**に対して
- この件で私の手伝いをしてくれる**人**
- 同氏と付き合っていた**人々**

◆悲報

- この**悲報**を受け取りました。
- ……との**悲報**に接し

◆費用

- そんな余分の**費用**
- アフター・サービス外の**費用**として
- 貴殿には一切**費用**がかかりません。
- **費用**を払う
- 当方が負担する**費用**
- **費用**はおよそ12ドルですから
- ……の**費用**
- 安い**費用**で
- 上記 3 種類の書類を送付する**費用**

- 不動産購入の可能性とその**費用**
- 1 名当たりの**費用**
- **費用**と損害
- ……などの**費用**を支払う
- 未支払い**費用**
- **費用**の問題がかかわっています。
- 彼の**費用**の全額
- もっと**費用**のかからない計画

- for the sake of regularity

character, folks, individual (s), man, people, person, public, those

- character, capacity and capital
- a lot of fine folks
- this individual
- several individuals
- a great family man
- a fine man
- in *dealing with* people
- the people I *met*
- the people I *spoke with*
- the efforts of dedicated people
- one of Jim's favorite people
- the majority of people
- many of the people with whom I have worked
- people from the heartland of America
- other people both in and out of the company
- anyone other than the person you have *designated*
- the appropriate person at ABC
- a very busy person
- to the public
- those who are assisting me in this matter
- those who were privileged to be associated with him

sad news

- This sad news was received here.
- at the sad news of ...

charges, cost (s), expense (s), expensive

- such extra charges
- in outside service charges
- You will *incur* no costs.
- *pick up* the cost
- the cost to be borne by us
- with an approximate cost of $12.00
- the cost of .../ the expenses for ...
- at small cost
- cost of couriering the above three kinds of documents
- availability and cost of property
- the cost per person
- costs and damages
- *meet* the expenses such as ...
- accrued expenses
- There is an element of expense involved.
- all monies for his expenses
- a less expensive program

◆評価

- **評価**（査定）価格
- 経済的・社会的傾向の**評価**
- ……に対する私の**評価**
- この異動を私は高く**評価**します。
- 貴殿の業績を高く**評価**する
- 貴殿の仕事に対する独創力と熱意を高く**評価**しております。
- ……の価値を高く**評価**していること
- 私はこの会合の重要性をなおさら高く**評価**しております。
- 中国市場を**評価**する
- （明快な）ご**評価**
- 企業提携についての詳しい**評価**
- あなたは、私の……への貢献を、これまでたいへん高く**評価**してきて下さいました。
- ……の可能性を**評価**する
- 同プログラムの**評価**
- **評価**していただくため
- **評価**と検査のための
- AまたはAプラスの**評価**
- 実績の**評価**
- 最低と**評価**されている
- あなた様の能力に対するこのたびの**評価**
- 貴殿の力量が高く**評価**されること
- 同社と同社の経営陣を高く**評価**しています

- 極めて高く**評価**されている
- 高い**評価**と敬意
- ……について過分のご**評価**
- ……として高い**評価**を受けている
- 高い**評価**を確立する
- ……を非常に高く**評価**しています

◆病気
- 軽いご**病気**であることを願っています。
- **病気**で寝ている
- いまだご**病気**中
- 突然、**病気**になる
- ご**病気**とのこと、お気の毒です。
- 子供がよくかかる**病気**
- 私の重い**病気**
- 長引く病
- 病床にありました。

◆表示
- **表示**

appraised, appraisal, appreciate[-d], appreciation, appreciative, assess, assessment, evaluate, evaluation, mark (s), measurement, rated, recognitions, regard, remarks, reputation, value

- appraised [assessed] value
- an appraisal of economic and social trends
- my appraisal of ...
- I can appreciate the change.
- appreciate your work
- Your initiative and enthusiasm on the job are appreciated.
- a deep appreciation of the virtues of ...
- I am even more appreciative of the importance of the event.
- assess the China market
- your (clear) assessment
- a detailed assessment of industrial alignments
- You have been most generous in your assessment of my contributions to ....
- evaluate the possibility for ...
- your evaluation of the program
- for your evaluation
- for evaluation and testing
- A or A⁺ marks
- performance measurement
- <be> rated at the lowest
- these recognitions of your ability
- a splendid recognition of your ability
- *have* high regard for the company and its management
- <be> *held* in the highest regard
- a high regard and level of respect
- the flattering remarks you made about ...
- *enjoy* a high reputation as ...
- *establish* an excellent reputation
- value very highly ...

ailment, ill, illness, etc.
- I hope your ailment is noting serious.
- <be> ill in bed
- <be> still ill
- fall suddenly ill
- I was sorry to *hear of* your illness.
- childhood illnesses
- my serious illness
- a *protracted* [prolonged] illness
- I was confined to my bed.

indication, etc.
- indication/ manifcatation

- 美しい**表示**
- 当社の**表示**価格から５％の割引

- a lovely manifestation
- a discount of 5% from our list prices

◆表彰

- 貴殿の素晴らしい業績を**表彰**する
- 貴殿は立派な業務を果たしたことで、**表彰**に値します。
- ……の業績を**表彰**する
- ……に十分値する**表彰**
- スミス氏は、米国海兵隊に勤務中に**表彰**を受けました。

commend [-ed], etc.

- commend you on your good work
- You are to be commended on a job very well done

- recognize the accomplishments of ...
- a well deserved recognition of ...
- Mr. Smith served with honor in the U.S. Marine Corps.

◆評判

- ……であるとの**評判**です
- ……間で、よい**評判**を得ている
- 同社は過去19年間で極めて高い**評判**を確立いたしました。
- （非常に）よい**評判**を得ている
- 高い**評判**を得ています
- 京都で最高のホテルとの**評判**を得ている
- 非常に高い**評判**を得ています
- この**評判**はさらに高まるでしょう
- 悪い**評判**

reputed, reputable, reputation

- <be> reputed to be ...
- owe their reputable position among ...
- The company *has built* its outstanding reputation these past nineteen years.
- *enjoy* a (very) good reputation
- *enjoy* a high reputation
- *have* the reputation of being the best hotel in Kyoto
- *have* an excellent reputation
- will *increase* this reputation
- the bad reputation

◆開く

- パーティーを**開く**
- 私的会合を**開く**
- カナダのモントリオールで**開か**れることになっています
- 私のために**開い**てくれるレセプション
- 英ポンドの勘定は**開く**
- 会合を**開く**
- ケースを**開く**
- 各分科会は、２回**開か**れます。
- 香港の繊維展示会は４月24日に**開か**れます。

have, hold, held, host [-ing], maintain, set up, unwrap, etc.

- have a party
- hold a private gathering
- <be> to be held in Montreal, Canada

- the reception they are hosting for me
- maintain a Pound Sterling account
- set up a meeting
- unwrap the cases
- Each work session runs twice.
- The Hong Kong Textile Show falls on April 24.

◆広～

- 全国的に**広がる**
- 交際の輪を**広げる**
- 他の区域にも**広まっ**ています
- 世界中に貴社生産ラインが大きく**広がっ**ていること

develop, widen, etc.

- develop nationwide
- widen our contacts
- <be> proliferating in other areas
- the large extent of your product line across the world

◆品質

- 当社製品の**品質**のよさとはっきりしたアメリカ調のために
- **品質**不良（劣等品質）のサンプル３個
- **品質**はきわめて悪い
- 当地の消費者は低い値段よりもよい**品質**のほうが大事だと考えています。

quality

- because of our products' high quality and distinct American looks
- three samples of inferior quality
- <be> of very inferior quality
- Our consumers prefer quality over low prices.

- 品質と優良品
- 優れた品質
- 均一な品質
- 世界一流の品質
- 品質特性
- 非常に厳しい品質管理システム
- 厳密な品質規格
- 品質証明書
- 品質条件
- 商品の品質
- 当社製品およびサービスの品質
- 商品の品質
- この注文品の品質
- 貴社が導入される製品の品質
- 製品の品質
- 前回のサンプルの品質

- quality and excellence
- superb quality
- uniform quality
- world-class quality
- the quality characteristics
- a very strict quality control system
- a strict quality specification
- a certificate of quality
- terms of quality
- the quality of the goods
- the quality of our goods and our service
- the quality of the merchandise
- the quality of the order
- the quality of product you are introducing
- the quality of the product
- the quality of the last samples

◆品目
- 3品目選ぶ
- 必要な品目を表にする
- 適した品目
- 一品目50個
- この種の品目
- 各品目について

item(s)
- choose three items
- list the requested items
- suitable items
- 50 pieces for each item
- this type of item
- on each item

ふ

◆不〜
- 不良債権引当て金
- 不活発な市場
- 不可抗力条項
- 不活発勘定
- 不適格手形
- 不正資金
- 不拘束融資
- 不正資金洗浄

bad, dull, force majeure, inactive, ineligible, sluggish, slush, untied, etc.
- bad debt provisions
- a dull market/ a sluggish market
- force majeure clause
- inactive accounts
- Ineligible bills
- slush funds [money]
- untied loan
- money laundering

◆ファクス
- 〈日付け〉の貴ファクスで
- 当方にファクスで送信して下さい。
- ご自宅のファクス
- 8月25日付けの貴社からの有益なファクス
- ……かどうか、ファクスでお知らせ下さい。
- 私どもはファクスで日取りを手配することができます。
- 至急ファクスにてご了承いただければありがたく存じます。
- 折り返しファクスで

facsimile, fax, faxed
- in your facsimile of <date>
- Please *send* us a fax.
- your home fax
- your informative fax of August 25
- Please advise us *by* fax if ....
- We can handle the arrangements *by* fax.
- We should appreciate your prompt acceptance *by* fax.
- by return fax

- 折り返し**ファクス**で確認と説明をいただけますことをお待ちいたしております。
- 最近貴殿と取り交わした**ファクス**により
- あなたが**ファクス**で述べておられた情報
- 1月8日付け**ファクス**
- **ファクス**番号
- あらかじめ**ファクス**にてお知らせ下さい。
- **ファクス**で注文する
- **ファクス**でご返事下さい。
- 貴アンケート案を下記番号の私宛てに**ファクス**して下さい。
- **ファクス**による送り状
- 来週月曜までに**ファクス**でご返事下さい。

- We are looking forward to your confirmation and explanation *by* return fax.
- in our recent exchange *of* faxes
- the information you mentioned *in* your fax
- your fax *of* January 8
- a fax number
- Please fax me in advance.
- fax your order
- Please fax your reply.
- Please fax your draft questionnaire to my attention at the number shown below.
- the faxed invoice
- We need your faxed reply by Monday next week.

◆封筒
- 所定の**封筒**に入れて
- 同封の**封筒**
- 同封の郵送料当行持ちの**封筒**
- 別の**封筒**で
- この**封筒**の中に
- 返信用カードとその**封筒**を同封する

envelope
- in the envelope provided
- the enclosed envelope
- the enclosed postage free envelope
- in a separate envelope
- in the envelope
- enclose a reply card with envelope

◆複～

- **複合**輸送
- **複合**運送証券
- **複利**

- **複数**通貨ローン
- **複合**運送
- **複名**手形

combined, compound[-ed], multi-, multimodal, etc.
- combined transport [transportation]
- combined transport documents/ CTD
- compound [compounded] interest/ interest on [upon] interest
- multi-currency loans
- multimodal [combined] transport
- two-name papers

◆含む

- **含み**資産
- この金額をその手形に**含める**
- 協議には ……を**含める**べきです。
- 議事日程には同時に開かれる2つのフォーカス・セッションも**含まれ**ています。
- 報告書には、19xx年以来の市場の推移を示す統計の要約が**含まれ**ています。`
- 積出し費用と取扱手数料は全て**含まれ**ています。
- ……を**含む**貴社の製品
- 上記に述べられたものすべてを**含ん**で
- 航空郵便料金と取扱い手数料を**含ん**で
- **含み**貸出し

hidden, include, included, including, off-book, off-record
- hidden [latent] assets
- include the amount with the draft
- The consultations should include ....
- Our program agenda includes two concurrent focus sessions.
- The report includes a statistical digest of market developments since 19xx.
- All shipping and handling costs are included.

- your products including ...
- including everything as described above
- including air mail postage and handling
- off-book loans/ off-record(-ed) lending/ off-record loans

◆（ご）**不幸**
- このたびのご**不幸**に際し

sorrow, etc.
- at this time of sorrow

- このたびのご**不幸**
- このたびのご**不幸**を悼み
- このたびのご**不幸**に際し

- in your great bereavement
- in this time of loss
- for this mournful occasion

◆**負債**
- **負債**を削減する
- **負債**・自己資本比率
- **負債**の否認
- 貴社への**負債**
- **負債**額を支払う
- **負債**の免除

debt, indebtedness, obligations, etc.
- reduce debt
- a debt- (to-) equity ratio
- repudiation of a debt
- indebtedness due to you
- meet your obligations
- quittance

◆**不在**
- １カ月**不在**
- 私の**不在**中に
- ……が**不在**ですので、
- 彼は休暇で一時**不在**ですので、
- **不在**期間中
- お電話をいただいた際に**不在**で失礼いたしました。
- **不在**です

absence, away, etc.
- one month's absence
- during my absence
- In the absence of ...,
- In his temporary absence on a holiday,
- while I have been away
- I am sorry I missed your telephone call.
- <be> out of the office

◆**ふさわしい**
- **ふさわしい**時期に
- これ以上**ふさわしい**人物
- 最も**ふさわしい**人物
- 貴殿にもっとも**ふさわしい**この栄誉
- 貴殿の業績に全く**ふさわしい**名誉
- まことに**ふさわしい**

appropriate, deserving, qualified, richly, well
- at the appropriate time
- a more deserving man
- the best qualified person
- this honor you most richly deserve
- an honor well deserved for your work
- <be> so well merited

◆**無事**
- 商品が**無事**、貴地に到着することを願っております。
- **無事**
- 皆様は**無事**でおられることと思います。
- **無事**に

good, safe (-ly)
- We hope the goods will reach you in good condition.
- in good health
- I hope you are safe.
- safely

◆**不始末**
- 当方の取扱い上の**不始末**で
- 委託品の取扱い**不始末**
- 当社側での取扱い上の**不始末**

mishandling
- *through* our mishandling
- the mishandling *of* the consignment
- the mishandling *on* our part

◆**不足**
- 20個**不足**しています
- ５包み**不足**しています
- 原材料の**不足**
- 部品の突然の**不足**
- 一時的な部品の**不足**をきたしました。
- 重量の**不足**
- 50米ドルの**不足**
- 燃料**不足**

short, shortage (s)
- <be> short by twenty units
- <be> 5 packages short
- a material shortage
- a sudden shortage of parts
- We had a temporary shortage of parts.
- the shortage in weight
- the shortage of US $50
- shortages of fuel

◆付属

・**付属**書類

・**付属**品
・台所の**付属**品
・**付属**品の一部

◆負担

・その利息は**負担**します
・……は、当方が**負担**いたします。
・さらに**負担**
・さらに**負担**を生む
・……で貴殿に**負担**をかける
・貴社の**負担**で
・これらの支出を**負担**する
・一部取立費の**負担**
・何のご**負担**もなしに（無料・無責任で）
・往復の郵便料金は当方で**負担**します。

◆不注意
・問題は貴社の**不注意**によるものでした。
・自分の**不注意**で
・当方の**不注意**により
・手形振出人の方の**不注意**

◆部長
・営業本**部長**
・米国MN株式会社の財務**部長**
・当行信託**部長**
・ABC社システム**部長**
・販売**部長**
・**部長**代理

◆普通

・**普通**株
・**普通**送金
・**普通**預金
・貴殿名義の**普通**預金口座
・適切に利用されている**普通**預金口座
・**普通**預金口座を開設する
・当行の渋谷支店に**普通**預金口座があります

・**普通**預金口座に定期的に預金をすること
・**普通**小切手
・私どもの**普通**預金の年利は3.75％です。

◆不動産

・**不動産**鑑定士

---

annexed, etc.

• annexed documents ［letters, paper］/ an appendix/ supporting documents
• accessories
• kitchen accessories
• part of the accessories

bear, borne, burden (s), expense, incur, obligation, pay

• bear the interest
• ... will be borne by us./ ... will be met by us.
• an additional burden
• create additional burdens
• burden you with ...
• at your expense
• incur these expenditures
• the incurring of some collection expenses
• without obligation
• We will pay the postage both ways.

carelessness, oversight

• The problem was due to your carelessness.
• through my own carelessness
• due to any oversight on our part
• an oversight on the part of the drawer.

director, head, manager

• Director of Sales and Marketing
• Financial Director of MN Inc. of America
• the head of our Trust Department
• Manager of the ABC Systems Division
• General Manager, Sales Division
• an assistant manager

common, mail, ordinary, open, savings, uncrossed, etc.

• common ［ordinary］ stock (s)
• mail transfers/ airmail remittance ［transfers］
• an ordinary deposit/ a savings account
• the ordinary deposit account opened in your name
• properly conducted ordinary deposit account
• open a savings account
• maintain a savings account with our Shibuya branch
• regular deposits in a savings account
• an uncrossed check/ an open check
• We are paying 3 3/4% a year on savings.

appraiser, mortgage, property, real estate, realtor, title, etc.

• an appraiser

- **不動産**［住宅］ローン
- **不動産**権利証の抄本
- **不動産**抵当
- **不動産**評価
- **不動産**業者
- **不動産**権利の登記
- **不動産**権利（証）書

- mortgage loans
- an abstract of the deed of property
- real estate mortgages
- appraisal of real estate
- a realtor
- a register of title deeds
- a title deed/ a deed of title/ muniments

◆船積み

delivery, on-board, ship, shipped on board, shipping, shipment (s), shippable, vessel

- **船積み**は受注後 2 カ月以内とします。

- Delivery must be made within 2 months of the receipt of an order.

- **船積み**式船荷証券
- **船積み**証明追記
- 下記の商品は神戸出航予定の高砂丸に**船積み**いたします
- 平和丸に注文の品を**船積み**します
- 商船「パシフィカ号」に貴注文を**船積み**する予定でした
- いかなるご注文も受注後 1 カ月以内で**船積み**できます
- 貴注文書第2255号を**船積み**するためには
- 汽船A号に**船積み**する
- 横浜を出航する「やしま丸」で貴社に向け**船積み**されることになっております
- **船積み**できます
- **船積み**式無故障船荷証券
- 韓国からの最良の**船積み**期日はいつになるでしょうか。
- 最も早い**船積み**時期
- 新規の**船積み**期日
- **船積み**書類/積出し書類
- 詳しい**船積み**指図書
- **船積み**指図書を取り消す
- **船積み**手続を取る
- 不規則な**船積み**予定
- **船積み**の遅延
- これ以上の**船積み**の遅延
- **船積み**する
- **船積み**を延期する
- 7 月28日までに間違いなく（必ず）**船積み**いたします。
- **船積み**を始める準備をする
- 次の船便で**船積み**して下さい。
- **船積み**品は未到着です。
- 上記 4 月**船積み**の件
- **船積み**遅延
- 前回の**船積み**品に
- こんなに遅れる**船積み**
- 月 1 回、同一数量を 2 回に分けての**船積み**
- 一度の**船積み**で
- **船積**期日［予定］

- on-board B/L/ shipped B/L
- the on-board notation
- will ship the following goods by Takasagomaru leaving Kobe
- ship your order by the Heiwa Maru
- have scheduled to ship your order per M.V. "Pacifica"
- will be able to ship any order within a month of ［after］ receipt
- in order to ship your P/O No. 2255
- ship per S.S.A
- <be> to be shipped to you by "Yashima Maru" leaving Yokohama
- can be shipped
- clean, shipped on board Bs/L
- What would be the best shipping date from Korea?
- the earliest shipping date
- the new shipping date
- shipping documents
- detailed shipping instructions
- cancel our shipping order
- follow shipping procedures
- erratic shipping schedules
- the delay in shipping
- further delays in shipping
- *make* a shipment
- *postpone* our shipment
- We will *proceed with* the shipment by July 28 without fail.
- prepare to *proceed with* the shipment
- We *require* shipment by the next available ship.
- The shipment has not yet *arrived*.
- for the above *April* shipment
- *delayed* shipment/ late shipment
- in our *last* shipment
- such a *long-delayed* shipment
- two equal *monthly* shipments
- in *one* shipment
- shipment *dates* [*schedule*]

- 新しい**船積み**予定
- 改訂した**船積み**予定
- 発注から**船積み**までに要する期間
- **船積み**するまでには何日くらいかかりますか。
- **船積み**のために必要な手配
- **船積み**中に生じた損傷
- 商品の**船積み**日
- **船積み**時期
- **船積み**の際
- **船積み**期限

- １カ月以内の**船積み**
- 最も早い**船積み**可能時期
- **船積**港で本船へ物品を積込むこと

- the new shipment *schedule*
- the revised shipment *schedule*
- the time required *between* order and shipment
- How long does it take *for* shipment?

- the necessary arrangement *for* the shipment
- the damage which occurred *in* shipment
- the date *of* the shipment of the goods
- the time *of* shipment
- at the time *of* shipment
- the time limit *of* shipment/ the latest date for shipment
- shipment *within* one month
- the earliest shippable date
- FOB vessel/ free on board vessel

◆船荷
- **船荷**指図書
- **船荷**証券
- **船荷**証券を同封します。
- 故障付き**船荷**証券
- 当該**船荷**証券を呈示する
- 当該**船荷**証券
- 略式**船荷**証券
- **船荷**証券の裏面に
- 通し**船荷**証券
- **船荷**証券の写し
- 接続**船荷**証券

shipping, etc.
- shipping orders/ S/O
- bills of lading/ B/L/ B/L's/ Bs/L
- We *enclose* herewith the bill of lading.
- foul B/L
- *produce* the B/Ls in question
- the corresponding bills of lading
- short form B/L
- on the back of the Bills of Lading
- through B/L/ through bills of lading
- a copy of the B/L
- transhipment B/L

◆船便
- **船便**により
- **船便**で
- 神戸から出航する最初の**船便**で
- 神戸に向けて出航する**船便**で
- 第一の**船便**で
- **船便**書籍扱いで

ocean, sea, ship, surface
- via ocean freight
- by sea/ by surface mail
- by the first ship sailing from Kobe
- by the ship sailing for Kobe
- by the first ship
- by surface book post

◆船
- 最も速い**船**で
- 私どもの**船**で短時間の遊覧をする
- **船**会社
- 貴港に向かう**船**は月に１便しかありません。

- 一番早い**船**

boat, ship, shipping, vessel
- by the fastest available boat
- take a short ride on our boat
- shipping companies
- The vessel sailing to your port is only available once a month.

- the fastest vessel

◆部品
- 補助**部品**
- 半導体**部品**
- 機械の修理に必要な**部品**
- 機械**部品**52個
- 機械**部品**

attachments, components, parts
- ancillary attachments
- semi-conductor components
- the parts needed to repair the machine
- 52 pieces of machine parts
- mechanical parts

- スペア**部品**注文
- **部品**リストに関する情報が皆無です。

part, parts orders
- spare parts orders
- We have no information as to a parts list.

◆部分
- この驚異的発展の少なからぬ**部分**
- 拙著の英語の**部分**
- ……のかなりな**部分**
- ……のほんのわずかの**部分**しか占めていない
- ……のかなりの**部分**

part, portion, etc.
- no small part of the miracle
- the English portion of my book
- a great portion of ...
- occupy only a small fraction of ...
- a substantial slice of ...

◆ （ご） 不便
- 大きなご**不便**をおかけする
- ご**不便**をおかけいたしましたこと、お詫び申し上げます。
- 危険と**不便**を避ける
- 遅延によるご**不便**
- 今回の誤解のために、ご**不便**をおかけしなかったことを切に願っています。
- このようなご**不便**をおかけしましたことをお詫び申し上げます。
- 少なからぬ**不便**や面倒を覚悟しなくてはなりません
- ご**不便**をおかけしてお詫び申し上げます。
- 当行の銀行業務が制約されているために貴社にご**不便**をおかけし、まことに申し訳なく存じます。
- 今回の遅れで貴社にご**不便**をおかけしてまことに申し訳ありません。

bother, inconvenience (s), inconvenienced
- cause you very much bother
- We *apologize for* the inconvenience caused you.

- *avoid* the risk and inconvenience
- the inconveniences *caused* you by this delay
- I hope this misunderstanding has not *caused* you any inconvenience.
- I apologize for *causing* you this inconvenience.

- have to *experience* considerable inconvenience and trouble
- We *regret* any inconvenience which resulted from.
- We deeply *regret* the inconvenience caused by the limited banking services of our bank.

- We regret very much that you were inconvenienced by this delay.

◆付保
- **付保**範囲
- ……に基づいて**付保**されています
- ……により当然**付保**されています
- 上記積送品に**付保**する
- 積荷は全危険担保条件で**付保**するものとする。
- **付保**物件

coverage, covered, insure, insured
- coverage
- <be> covered under ...
- <be> duly covered by ...
- insure the above shipment
- The cargo is to be insured against all risks.

- things insured

◆訃報
- **訃報**
- ……氏の**訃報**を今朝がた聞いたばかりです。

(one's) death, etc.
- the sad news
- We have just this morning received the sad news of Mr. ...'s death

◆部門
- **部門**売却
- ABC社の成績の良い**部門**
- 化学**部門**
- 6 **部門**
- 電源装置市場のあらゆる**部門**で活動する
- 当行組織の別の**部門**
- ABC社には現在、この（商品を）販売する

divestment, division (s), segments
- divestment
- a successful ABC division
- the chemical division
- six divisions
- operate in all segments of the power supply market
- other of the bank's entities
- ABC presently is not organized or staffed to handle

ための**部門**も人手もありません。

the sale.

◆増やす
- 大幅に参加者を**増やす**
- 取引を**増やす**
- 500セットに注文量を**増やす**
- ……を**増やし**ていただけますか。
- 注文個数を4500に**増やし**た ……

increase
- increase attendance substantially
- increase business
- increase the quantity to 500 sets
- Would you be willing to increase ...?
- ... with quantity increased to 4500 pieces

◆振替
- 資金の**振替**
- **振替**額
- 資金は、……に**振替**えることができます。

transfer [-red]
- the transfer of funds
- the amount of transfer
- Funds can be transferred to ....

◆振り返る
- 私の経験を**振り返**って考えてみると、
- **振り返**ってみますと
- **振り返る**

look [think] back, etc.
- As I think back over my experiences,
- in retrospect
- look back/ think back

◆振込み
- 利子は、……に**振り込**まれます。
- 給与**振込み**
- ご自分の口座からいくらでもご希望のどんな送金先にでも**振込み**できます
- ……に資金を**振込む**
- 国内での**振込み**

credit [-ed], transfer <s>
- Interest will be credited to ....
- payroll credit/ salary deposit
- can transfer any amount in your account to whomever you want to remit
- transfer funds to ...
- domestic money transfers

◆振り出し
- 送り状金額について、一覧後90日払いで当社宛てに手形を**振り出し**てください。
- 送り状金額の手形を当行宛てに**振り出す**
- 貴社宛てに送り状と同額の手形を一覧払いで**振り出し**ました
- この為替手形は、……が**振り出し**たものです。
- **振出し**手形
- **振出し**案内
- **振出し**地

draw, drawn, drawing, issue
- Please draw on us for the amount of your invoice at 90 days' sight.
- draw upon us for the invoice amount
- have drawn on you at sight for the invoice amount
- The drafts were drawn by ....
- the drawing
- your drawing advice
- the place of issue

◆プレゼント
- 定評のある**プレゼント**
- 心温まる**プレゼント**
- 私どもの新居への**プレゼント**として
- ……を私に**プレゼント**する

gift (s), present (s)
- prestigious gifts
- your *lovely* present
- as a present *to* our new house
- present me *with* ...

◆触れる
- 貴状で**触れ**られているように、
- これらのイベントのうち２つに**触れる**
- 貴殿は、……かどうかについては、**触れ**られませんでした。
- ……について簡単に**触れる**

mention, touch upon
- As you mention in your letter,
- mention two of the events
- You did not mention whether ....
- touch briefly upon

◆プログラム
- その**プログラム**を修了する
- 成人教育**プログラム**
- 全**プログラム**
- 卓越した**プログラム**
- 夏期**プログラム**
- 4週間の夏期**プログラム**
- 詳細な**プログラム**のご案内
- **プログラム**・モデル
- **プログラム**取引
- 今年の夏の**プログラム**
- **プログラム**の進捗状況について

◆プロジェクト
- **プロジェクト**を継続する
- 素晴らしい**プロジェクト**
- この素晴らしい**プロジェクト**
- 数多くの**プロジェクト**
- この大きな**プロジェクト**
- 新**プロジェクト**
- ご提案**プロジェクト**のご成功をお祈りいたします。
- **プロジェクト**の実行可能性を調査する
- **プロジェクト**の遂行のために
- この種の**プロジェクト**
- **プロジェクト**ごとに

◆不渡り
- **不渡り**小切手

- **不渡り**手形

◆雰囲気
- 非常に友好的な**雰囲気**の中で
- 打ち解けた、真に友好的な**雰囲気**
- 真剣かつ超党派的な**雰囲気**で
- これほど素晴らしい**雰囲気**の
- 貴宅の温かい**雰囲気**の中で

◆分割
- 資金を2つに**分割**する
- **分割**されたヨーロッパ
- **分割**積出し
- **分割**払い

- **分割**積み
- **分割**積み不可。
- **分割**積みにする
- **分割**返済額
- **分割**船積み

program (s) [米], **programme (s)** [英]
- *complete* the program
- a continuing education program
- the full program
- outstanding programs
- the summer programs
- a 4-week summer program
- a detailed program announcement
- a program model
- program trading
- the programme for the coming summer
- on the progress of the program

project (s), project-to-project
- continue *operating* our projects
- an excellent project
- this exciting project
- on many projects
- this major project
- a new project
- Good luck on your proposed project.

- conduct a feasibility study of the project
- for the implementation of projects
- a project of this nature
- on a project-to-project basis

dishonored, etc.
- a bounced check/ a dishonored check/ a protested check/ a rejected check/ a returned check/ a rubber check
- a dishonored bill/ return items/ an unpaid draft

atmosphere
- in the most *congenial* atmosphere
- the *open* and genuinely friendly atmosphere
- in a *serious*, nonpartisan atmosphere
- with such a *splendid* atmosphere
- in the *warm* atmosphere of your home

divide, divided, instal [l] ment, part, partial
- divide the funds into two
- a divided Europe
- shipment by instalment/ partial shipment
- installment [米]/ instalment [英]/ progress payments
- partial shipments
- Partial shipments are not allowed [permitted].
- make a partial shipment
- partial payments
- partial shipments/ part shipment (s)

◆分散
- 市場を**分散**させる
- **分散**投資

diversify
- diversify markets
- diversified investments

◆紛失
- この二つの部署間で受け渡しされる途中で**紛失**しました
- **紛失**する
- **紛失**（した）通帳
- テレビの付属品が3個**紛失**していました
- **紛失**部品
- ABC社内で**紛失**してしまう

astray, go astray, lost, missing, etc.
- have gone astray in transit between these two departments
- go astray
- lost passbooks/ missing passbooks
- found three TV attachments missing
- missing parts/ missing pieces
- have been misplaced at the ABC offices

◆文書
- かなり多くの**文書**
- これまで貴行と取り交わした**文書**
- **文書**で

documents, etc.
- quite a number of the documents
- our exchange of correspondence
- in writing

◆分析
- 国際金融の前途を**分析**する
- 完全に**分析**されることになります
- ……の**分析**
- ……の詳細な**分析**
- キャッシュ・フロー**分析**
- **分析**証明書
- 最新の**分析**結果のコピー
- 信用と経営についての優れた**分析**能力
- しっかりした**分析**能力

analyse, analysis, analytic [-al]
- analyse the outlook for international banking
- will be fully analysed
- an analysis of ...
- an in-depth analysis of ...
- cash flow analysis
- a certificate of analysis
- a copy of our updated analysis
- good credit and business analytic skills
- solid analytical abilities

◆分損
- **分損**担保
- **分損**担保条件で
- **分損**

average, etc.
- with (particular) average/ WA/ WPA
- on WA
- a partial loss

◆分野
- ……の**分野**で
- 食品加工の**分野**で
- ソフトウェアの**分野**において
- ……が可能なすべての**分野**
- 重要な**分野**で
- ……のさまざまな**分野**
- 情報科学や情報技術の**分野**で
- 国際的な通商及び開発の**分野**
- オンライン・バンキング**分野**
- 電気通信**分野**における
- 国際的な**分野**
- 情報の**分野**
- この新**分野**で
- 全く新しい**分野**
- 薬品**分野**

area (s), environment, field (s), form (s), line, range (s), scene, etc.
- in the area of ...
- in the food processing area
- in the software area
- all possible areas of ...
- in key areas
- the various areas of ...
- in areas of the information sciences and technology
- the areas of international trade and development
- the on-line banking environment
- in the field of telecommunications
- the international field
- the information field
- in this new field
- a completely new field
- the pharmaceutical field

- 衛星通信の**分野**で
- テープレコーダーの**分野**で
- 私は、外国貿易のさまざまな**分野**に従事してきました。
- ……のすべての**分野**で
- この**分野**では
- ABC社が扱っていない**分野**で
- 地方都市の**分野**で
- エレクトロニクス、コンピュータおよび通信の**分野**における

- in the satellite communications field
- in the tape recorder field
- I *was engaged in* various fields of foreign trade.
- in all forms of ...
- in the line
- in the ranges that ABC does not cover
- on the local civic scene
- in electronics, computers and communications

◆分類

breakdown, broken down [out], categories, group, classified

- これら機械については、……に**分類**して見積りを出して下さい。
- ……によって**分類**されます
- 国によって**分類**されます
- いくつかに**分類**される
- 特定品目別運賃の適用を受けるため、貨物を品目別に**分類**する
- **分類**［不良］貸金

- Please quote on these machines giving a breakdown between ....
- will be broken down by ...
- will be broken out by country
- fall into several categories
- group cargo to get the specific commodity rate
- classified loans

へ

◆平価
- **平価**切上げ
- **平価**切下げ
- **平価**以上［以下］である

par, parity, etc.
- appreciation/ upward revaluation/ up (-) valuation
- depreciation/ devaluation/ revaluation
- be above [below] par

◆平均
- **平均**200ドルから400ドルです
- 最高価格と最低価格の**平均**値で評価される

- **平均**中等品質条件
- **平均**株価
- 加重**平均**調査
- 毎日の**平均**預金残高
- **平均**利回り
- 昨年の（預金）残高は**平均**して5桁の上（8万ドル前後）です。
- 最近における同社の月間営業収入は、**平均**して約4億5千万円です。

average (s), averaged
- \<be\> on average from $200 to $400
- \<be\> valued at the average of the high and low prices
- fair average quality/ F.A.Q.
- stock averages
- weighted average survey
- an average daily balance of deposit
- an average yield
- Balances during the past year have averaged in high five figure proportions.
- Their recent monthly receipts from operation averaged about ¥450 million.

◆米国
- **米国**の消費者
- **米国**預託証券
- **米国**証券取引所
- **米国**実業界
- **米国**技術アカデミーの外国準会員

American, the United States, U.S.
- American consumers
- American depositary [depository] receipts/ ADR's
- the American Stock Exchange
- the United States business scene
- a Foreign Associate of the United States National

- **米国**の所得の源泉に関する諸規則（および それに関連する米国財務省の規定）
- **米国**コンピュータ市場
- **米国**政府債
- **米国**市場へ進出する
- **米国**の事情から考えて
- **米国**財務省長期証券
- 今回の**米国**訪問
- **米国**財務省中期証券

Academy of Engineering
- United States source-of-income rules (and the related U.S. Treasury regulations)
- the U.S. computer market
- U.S. government bonds
- move into the U.S. market
- in view of the U.S. situation
- U.S. treasury bonds
- my upcoming visit to the U.S.
- U.S. treasury notes/ TN

◆別便
- **別便**で
- 書留小包の**別便**で
- **別便**で

separate mail, etc.
- by separate letter［mail］
- in a separate registered parcel
- under separate cover

◆部屋
- 貴殿の**部屋**の予約は、7月18日〜20日の3 泊分おさえてあります。
- 適切な**部屋**を確保する
- 風呂付き和風1人**部屋**
- 風呂付きの和風3人**部屋**を1室
- 風呂付きの和風2人**部屋**を1室
- シングルルーム2**部屋**
- 洋風の**部屋**
- 使用できる**部屋**の数より多い申込みがきて います。
- 庭が見渡せる2階の**部屋**

- ……のために**部屋**を用意してあります
- 「モーター・イン」に、以下の**部屋**を用意す る
- 快適な**部屋**

lodging, room (s), etc.
- Your lodging reservation is being held for 3 nights, July 18-20.
- *get* a suitable room
- one Japanese-style single room with bath
- one Japanese-style triple room with bath
- one Japanese-style twin room with bath
- two single rooms
- Western-style rooms
- There are more requests than rooms available.

- the room on the second floor overlooking the garden
- <be> holding accommodations for ...
- reserve the following accommodations at "THE MOTOR INN"
- comfortable accommodations

◆変化
- 将来何か**変化**が起きたときには、
- 多くの**変化**と困難な問題
- 広範囲な**変化**
- 「マクロ」的な**変化**
- 思いがけない事情の**変化**
- 財務状態の**変化**
- 将来の**変化**
- 世界のハイテク市場での**変化**に応じて

change (s), shifts
- Should any change develop in the future,
- the many changes and challenges
- the comprehensive changes
- "macro" change
- an unexpected change in events
- the changes in financial position
- the changes of the future
- in response to shifts in the high-tech world market

◆便宜
- 100台収容の駐車場から直接ロビーに入れ る**便宜**がございます。
- **便宜**上、
- 当方で下記のとおり乗り物の**便宜**を提供す る
- 私どもの最も重要なお客さまの**便宜**

convenience, etc.
- There is the convenience of our 100 car garage with direct entrance to the lobby.
- For convenience,
- furnish the following transportation accommodations
- the benefit of our most valued customers

- 私どもの**便宜供与**
- our facilities

◆**返金**　**refund, etc.**
- **返金**のため
- for a refund
- **返金**保証
- our money-back guarantee

◆**変更**　adjustment, alteration (s), amend, change (s), choice, modified, modifications, rearrange, replace, reschedule, revise, revised, revision (s), scheduling, unchanged

- ダブルベッド２つの部屋を11室とクイーンサイズベッド１つの部屋を２室とに**変更**する
- make the adjustment to 11 rooms with 2 double beds and 2 rooms with 1 queen bed.
- 説明されない**変更**
- the unexplained alternation
- **変更**・修正を行う
- complete with any alterations and corrections
- 弊社の信用状を**変更**します
- will amend our L/C
- **変更**を**考慮**する
- *consider* the changes
- ほんのわずかな**変更**ないし修正しかございません
- *contain* only minor changes or corrections
- ……の計画を**変更**する
- *make* changes in my plan for ...
- もし**変更**を要する場合には
- if we need to *make* any changes
- この情報に**変更**または追加をする
- *make* any changes or additions to this information
- **変更**を行う
- *make* the changes
- 必要な**変更**と修正をする
- *make* the necessary changes and corrections
- 今回の**変更**
- *this* change
- この**変更**は結果として、……を遅らせることになるでしょう。
- The effect of *this* change will be to delay ....
- この**変更**は私個人にとり、たいへん残念なことです。
- *This* change is a most unhappy one for me personally.
- **変更**予定
- the *planned* change
- 不当な**変更**
- the *unwarranted* changes
- **変更**についての討議
- a discussion *on* changes
- 会社方針の**変更**
- changes *in* company policy
- 郵送宛先の**変更**
- the change *in* your mailing address
- 契約の細部を**変更**する
- change the details of the contract
- 本日程を**変更**する
- change this particular date
- 注文を**変更**したいと存じます。
- I'd like to change my order.
- **変更**（代わりの選択）を考慮している
- consider making an alternative choice
- そのスケジュールは小グループのために多少**変更**を加えられるかもしれません。
- The schedule would be slightly modified for a smaller group.
- 弊社の仕様を少し**変更**する
- make some minor modifications in our specifications
- ヨーロッパでの約束を**変更**できるかどうか、ただちに手をうってみます
- will start immediately to see if I can rearrange my European commitments
- 米国にある現在の仕入れ先を貴社に**変更**する
- replace our present source in the U.S.A. with your firm
- 旅程を**変更**する
- reschedule the trip
- 仕様書を**変更**する
- revise the specifications
- リーザント・ホテルの予約を**変更**しておきました。
- I have revised your reservations at the Rezant Hotel.
- 少し**変更**する
- make minor revisions
- 日程の組み方も少し**変更**するつもりでいます
- will be scheduling our trip somewhat differently
- **変更**はありません
- remain unchanged

◆返済

discharge, payment, refund, reimbursement, repayment

- 本債務を**返済**する
- 第1回**返済**の支払い期日
- 2カ月後に必ずご**返済**いたします。
- **返済**／救済
- **返済**する
- 均等**返済**
- **返済**能力
- 低い**返済**利率の銀行ローン
- **返済**期限経過貸付け金
- **返済**の遅れている融資

- discharge this obligation
- the due date for the first payment
- I shall refund the amount in two months.
- reimbursement
- make repayment
- a level-line repayment
- repayment capacity
- low bank repayment rates
- overdue loans
- slow loans

◆返事

answer, answered, answering, hear, hearing, reply[-ies], replying, respond, responding, response (s), thank, word, etc.

- はっきりした**返事**をする
- 貴殿より**返事**をいただく
- 折り返し、ご**返事**下さい。

- ……に関して**返事**をする
- 貴信へのご**返事**として

- お**返事**が遅れまして申し訳ございません。
- 私は5月10日付け貴状にお**返事**を差し上げるのを、毎週、先に延ばしてきました。
- よいご**返事**をいただけることを願っております。
- よいご**返事**をいただければ幸いです。
- ご**返事**がなければ、
- ご**返事**をいただければ幸甚に存じます。
- 早いご**返事**を楽しみにしております。
- 早急なご**返事**を心待ちにしております。

- 当方のお願いに対し早急にご**返事**いただければ、幸いです。
- 早急にご**返事**いただければ幸いです。
- 早急にご**返事**いただければ、ありがたく存じます。

- 早くご**返事**がいただけますよう
- ……に対し、お**返事**申し上げます。
- ご**返事**を楽しみにして待っております。
- 早いご**返事**を心待ちにしております。
- 3月22日の当方の問合せにさっそくご**返事**いただき、ありがとうございます。
- ご**返事**のない場合は、
- はっきりしたご**返事**
- 早急にご**返事**をいただけることを願っております。
- よいご**返事**

- *give* a definite answer
- *have* your answer
- Please let me *have* your answer by return of mail./ Please reply by return.
- *provide* an answer regarding ...
- In answer to your letter/ In reply to your letter/ In response to your letter
- I am sorry not to have answered your letter sooner.
- I have postponed answering your letter of May 10 each week.
- I hope to hear from you favorably.
- May we hear favorably from you.
- If I do not hear from you,
- I would appreciate hearing from you.
- We look forward to hearing from you soon.
- We are looking forward to hearing from you very soon.
- I would *appreciate* an early reply to my request.
- I would much *appreciate* a prompt reply from you.
- An early reply will be *appreciated*./ We shall appreciate an early reply./ Your prompt reply would be highly appreciated./ We would be grateful for your quick response.
- to *facilitate* your reply
- We *make* reply ..../ We reply ....
- I am looking forward to your reply.
- We are looking forward to your early reply.
- Thank you for your quick reply to our inquiry of March 22.
- If no reply is *received*,
- your *definite* reply ［response］
- I hope an *early* reply will be possible.

- a *favorable* reply

- 旅行日程に関するお**返事**のファクス
- 早急な**返事**
- 簡潔な**返事**
- ……日付けの貴信にご**返事**いたします。
- ご**返事**は、……までにお願いします。
- ご**返事**
- 今すぐ**返事**をされれば
- 〈日付〉の貴状に取り急ぎご**返事**いたします。
- **返事**は公表に先立って、新しく選出された会員全員からいただかなければなりません。
- 3月5日付けのお手紙に、ご**返事**を差し上げるのが遅れてしまいまして申し訳ございません。
- すぐご**返事**できず失礼いたしました。
- 貴状に**返事**を差し上げる
- ご照会に対するご**返事**が遅れてしまいまして申し訳ございません。
- 20xx年12月5日付け貴信に対するお**返事**が遅れてしまいまして、たいへん申し訳ございません。
- 4月19日までにご**返事**をいただけるようお願い申し上げます。
- ご**返事**を2週間以内にいただけますと、ありがたく存じます。
- 早急にご**返事**をいただきたいと存じます。
- よい**返事**をお聞かせできなくて残念です。
- 私どもの質問に対する熱心で早いご**返事**
- ……への素晴らしい**返事**
- 早い**返事**
- 素晴らしい**返事**
- ……日付けのご**返事**
- 私どもの照会に対する**返事**
- 親切なお手紙に対し、お礼のご**返事**を差し上げるのが遅くなってしまいました。
- 貴社よりまだご**返事**をいただいてはおりませんが、
- ご**返事**申し上げます
- よい**返事**を差し上げることができません
- ご**返事**下さい。
- 12月21日までにご**返事**ください。

◆返信
- **返信**用封筒に
- **返信**用封筒で
- 切手を貼った（自己名宛ての）**返信**用封筒
- 7月20日までに貴社**返信**必着を条件に

- 同封の**返信**用カード
- **返信**用に
- **返信**用はがきを同封いたします。
- 同封の**返信**用葉書

- your *fax* reply about your trip schedule
- a *prompt* reply/ your earliest reply
- a *short* reply
- We have *for* reply your letter of ....
- The favor *of* a reply is requested by ....
- the favor *of* a reply/ your response
- if you reply at once
- We hasten to reply *to* your letter of <date>.
- Replies must be received from all the newly-elected members prior to public announcement.
- I apologize for the delay in replying to your letter of March 5.

- Please excuse me for not replying sooner.
- respond to your letter
- We apologize for the delay in responding to your inquiry.
- I apologize for the delay in responding to your letter of December 5, 20xx.

- We would *appreciate* your response by April 19th.

- Your response within two weeks will be *appreciated*.

- We *await* your earliest response.
- We regret that our response had to be negative.
- the enthusiastic early response to our questions
- the magnificent response to ...
- a quick response
- wonderful responses
- your response of <date>
- a response to our inquiry
- I am indeed late in writing to thank you for the very nice letter.
- Although we have not received word from you,

- will get back to you
- can offer you little encouragement
- R.S.V.P.
- R.S.V.P. by the twenty-first of December.

envelope, reply, response
- in the envelope provided
- in the reply envelope
- a stamped, self-addressed envelope
- subject to your reply reaching us on or before July 20
- the enclosed reply card
- for your reply
- A card is enclosed for your reply.
- the enclosed response card

◆返送 — return, send back
- 同封のはがきをご**返送**下さい。 — Please return the enclosed post card.
- 下記住所あてに**返送**する — return to the following address
- 同意書を**返送**する — send the agreement back to us

◆変造 — altered, raised, etc.
- **変造**貨幣 — debased coins
- **変造**小切手 — raised checks
- **変造**紙幣 — altered notes
- **変造**手形 — raised notes

◆返答 — response, etc.
- 早急にご**返答**いただければ幸いです。 — Your immediate response will be appreciated.
- 提案を添えて**返答**する — revert with proposal

◆変動 — adjustable, band, flexible, floating, floater, variable
- **変動**金利付き譲渡抵当 — adjustable rate mortgages
- **変動**幅 — a band
- **変動**為替相場 — flexible exchange rates/ flexible rates of exchange
- **変動**相場 — floating (exchange) rates
- **変動**金利ローン — a floater
- **変動**利付き債 — floating rate notes/ FRN
- **変動**金利 — a variable rate/ a variable interest rate/ floating interest rates

◆返礼（する） — reciprocate, etc.
- 貴殿より賜りましたご厚情に心から**返礼**いたします。 — We heartily reciprocate the good wishes conveyed by you.
- 必ず、貴殿のご親切に**返礼**いたします。 — We shall not fail to reciprocate your courtesy.
- いつでも**返礼**することをお約束いたします。 — We assure you of our readiness to reciprocate at any time.
- **返礼**として — in return

ほ

◆法～ — client, juridical, lawful, legal
- 潜在的な**法人**取引先企業 — a potential client company
- **法人**証明書 — a certificate of juridical person
- **法的**代理人 — lawful attorneys
- **法的**措置を避ける — avoid legal action
- **法的**措置を取ります。 — Legal action is taken.
- **法的**措置を取る — take legal action
- **法的**措置を講じざるを得ません — will be forced to take legal action
- **法的**事態の進展 — legal developments
- **法的**な手段をとらざるを得ません — shall have to take legal means
- あらゆる**法的**手段をとる — use all legal means
- **法律**上の見解 — a legal opinion
- **法的**な救済措置をもとめる — seek legal redress

◆貿易
- **貿易**外収入
- **貿易**外取引
- 現在の**貿易**問題
- 貴社**貿易**部門
- **貿易**業務
- 自由**貿易**
- **貿易**（引受け）手形
- **貿易**信用
- **貿易**収支の赤字
- **貿易**金融
- **貿易**・産業分野の一大グループ
- カナダ政府との**貿易**交渉

- イタリア―日本間の最近の**貿易**事情
- 最近の**貿易**事情
- **貿易**条件
- **貿易**専門職として
- 東欧やロシアでの**貿易**及び投資の見通し

- **貿易**収支の黒字
- ……との**貿易**では
- 国際的な**貿易**会社

◆包括
- ……についての**包括**的予測
- **包括**保険
- **包括**予定保険証券

◆報告
- **報告**及び討論は英語で行われます。

- 当社は何の**報告**も受けておりません。
- 〈雑誌（新聞）名〉〈日付〉号に掲載された貴殿の**報告**書を拝見しました。
- ……についての**報告**をお願いいたします。
- 人賀氏から送られた**報告**から
- 素晴らしい**報告**書
- 詳しい**報告**書
- 典型的な**報告**書の概要
- ……についての**報告**
- 〈件名〉に関する当方の**報告**です
- ……を好意的に**報告**することができます
- ……を**報告**させていただきます。
- ……に**報告**する責任を負います
- 同氏より、……するとの**報告**を受けました。
- 特定の**報告**要件
- 非常に興味深い**報告**

◆報酬
- 十分な**報酬**

invisible, invisibles, trade, trading
- invisible export
- invisibles/ invisible trade
- *current* trade problems
- your *foreign* trade section
- *foreign* trade service
- *free* trade
- trade acceptances
- trade credit
- trade deficit
- trade finance/ trade financing
- a big trade and industry group
- the trade negotiations with the Canadian Government
- the latest Italy-Japan trade situations
- the recent trade situations
- trade terms
- as a Trade Specialist
- the prospects *for* trade and investment in Eastern Europe and Russia
- a favorable balance *of* trade
- in trade *with* ...
- an international trading organization

comprehensive, etc.
- a comprehensive forecast of ...
- a blanket insurance/ a blanket bond
- an open policy/ an open cover

presentations, report, reported, reporting, etc.
- The presentations and discussions will be conducted in English.
- We have not *heard of* any report.
- I *read* your report in the <date> issue of the <title of magazine or journal>.
- I am writing to *request* a report on ....
- from the report Mr. Ohga *sent* to us
- an *excellent* report
- a *full* report
- an outline of a *typical* report
- a report on ...
- <be> our report *on* <subject>
- will enable us to report favorably ...
- I am delighted to report that ....
- will report to ...
- He reported to us that ....
- specific reporting requirements
- an extremely interesting story

remuneration, reward (s), etc.
- adequate remuneration

- 新社長の**報酬**
- ……に対する偉大な**報酬**
- **報酬**額
- 当然の**報酬**といってよい休息とくつろぎの日々

- the remuneration of the new President
- a grand reward *for* ...
- the level of fee
- the days of rest and relaxation which you justly deserve

◆方針
- ……するのが当社の**方針**です。
- 従前の**方針**

policy [-ies]
- It is our policy to <do>.
- the previous policies

◆包装
- 厳重に**包装**する
- **包装**分野において
- 荷姿ないし**包装**
- 不十分な**包装**
- **包装**係
- **包装**明細書
- **包装**・重量明細書
- **包装**および納入のための費用は別途記載するものとする。
- ……の**包装**

packed, packaging, packing
- <be> carefully packed
- in packaging
- a make-up or packing
- unsatisfactory packing
- a packing clerk
- a packing list
- a packing and weight list
- Price for packing and delivery shall be stated separately.
- packing in ...

◆報道
- 広範囲な**報道**メディアにのりましたので
- 詳細な**報道**記事
- 数百名の**報道**関係者
- 特に**報道**価値がある
- 会議を**報道**する

news, report (s), etc.
- due to extensive news media coverage
- the full report
- several hundred media personnel
- <be> particularly newsworthy
- cover the meeting

◆方法

- 他に取るべき方法がありません
- ……する以外に**方法**がございません。
- ABC社の**方法**
- 最良の**方法**
- 独創的な**方法**
- 最も適切な**方法**で
- 最善の**方法**で
- ……するための非常に効果的な**方法**
- 最も費用のかかる**方法**
- この**方法**により
- ……する**方法**が講じる
- 具体的かつ実際的な**方法**
- 本資材の購入**方法**
- 当地に来られるにはいくつかの**方法**があります
- 貴殿が適切と思われる**方法**で
- 何とか変更する**方法**がないでしょうか。
- 私どもができる**方法**で
- 何らかの**方法**で
- 通常の**方法**で
- 何か他の**方法**で

alternative (s), approach, manner, means, measures, method, way (s)
- have no other alternatives
- We have no alternative but to <do>.
- ABC's approach
- the best approach
- a creative approach
- in the most appropriate manner
- in the optimum manner
- a highly effective means of <doing>
- the most expensive means
- by this means
- take measures to <do>
- concrete and practical measures
- the method for purchase of this material
- *have* several ways to reach our location
- in any way you may see fit
- Isn't there any way to change?
- in any way that we can
- one way or the other
- in the ordinary way
- in some other way

- 中国に製品を売り込む**方法**はたくさんあります。
- さまざまな**方法**で

◆**訪問**
- **ご訪問**下さり（誠に）ありがとうございました。
- その折、彼が貴行を**訪問**しましたら

- 貴行を**訪問**する
- ５月末頃、貴社を**訪問**する予定です

- ワシントンD.C.を**訪問**できませんでした。
- 貴社を**訪問**する
- ABC社への素晴しい**訪問**をご手配いただき、ありがとうございました。
- **訪問**は大成功でした。
- 諸般の事情によりご**訪問**いただけませんでした。
- このたびの短いシアトル**訪問**
- 短期間の忙しい**訪問**
- ……への今回のご**訪問**
- ジョン・スミスが近くそちらを**訪問**すること
- 貴重な**訪問**
- 先日**訪問**した際
- **訪問**や会合
- 先週ロサンゼルスを**訪問**した際
- 今回のシカゴ**訪問**の際
- ニューヨークご**訪問**の折には
- **訪問**の最初の日
- 数カ月前の**訪問**の折
- 貴殿ご**訪問**の際とった写真
- ５月の**訪問**の際
- 貴社カンザス工場を**訪問**した際
- 当社の新本社ビルを**訪問**される
- 貴社工場を**訪問**いたします
- 日本を**訪問**するつもりです。
- 米国を**訪問**したいと思っております
- 御社の中央研究所を**訪問**することは役に立ちます
- いつまたシカゴを**訪問**できるか分かりません。
- 残念ながら貴事務所を**訪問**することができませんでした。
- 私個人としていちばん残念だったのは、貴殿を**訪問**してお話することができなかったことです。
- 名古屋**訪問**のご予定がおありでしたら
- 私が商用でオーストラリアを**訪問**した時は、

◆**簿外**
- **簿外**資産
- **簿外**取引

- There are a number *of* ways to sell a product in China.
- in a variety *of* ways

call, visit (s), etc.
- Thank you (very much) for your call.
- when he calls at your esteemed Bank during that time
- call at your esteemed institution
- will call at your company sometime at the end of May
- I *have missed* my visit to Washington, D.C.
- *pay* a visit to your fine organization
- *Thank* you for the fine visit you arranged to ABC Company.
- The visit *was* very successful.
- Circumstances *prevented* your visit.

- this *brief* visit to Seattle
- a *brief* and busy visit
- your *current* visit to ...
- the *forthcoming* visit of John Smith
- a *good* visit
- on his *recent* visit
- visits and meetings
- *during* my visit to Los Angeles last week
- *during* your forthcoming visit to Chicago
- *in* your visit to New York
- the first day *of* our visit
- on the occasion *of* our visit a couple of months ago
- the photograph that we took *on* your visit
- *on* my May visit
- on my visit to your Kansas plant
- visit our new headquarters building
- visit your factory
- It is my intent to visit Japan.
- hope to visit the States
- find it useful to visit your Central Research Laboratory
- I am not sure when I can visit Chicago again.
- I regret that I could not visit your office.

- Most disappointing to me personally was my inability to visit with you.

- if ever you plan to be visiting *in* Nagoya
- When I am in Australia on business,

off-the-book, etc.
- nonledger assets
- off-balance sheet transactions

◆保管

- **保管**口座
- **保管**機関
- 当行が**保管**いたします
- 当該書類は当方にて**保管**します
- お持ちの装身具、証書、債券、株券等の貴重品類の**保管**
- 下記株式は、当行にて**保管**させて頂いております。
- 他の１通は貴社の記録用に**保管**する
- 貴製品を弊社の倉庫に**保管**します
- 資金はそれに関する認可が得られるまで**保管**されます。
- ファイル用のコピー１部を**保管**する
- 当社の**保管**スペース
- ずっと**保管**されていた約３トンの家財

custodial, custodian (s), custody, hold, holding, keep, kept, retain, safekeeping, storage

- a custodial account
- custodians
- \<be\> kept in our custody
- hold the documents in our custody
- the custody of your jewels, bonds, debentures, share certificates and other valuables
- We are holding the undermentioned shares.
- keep the other copy for your records
- keep your goods in our warehouse
- The funds will be kept until the relative approval is obtained.
- retain a copy for our file
- our storage space
- some three tons of household effects that have been in storage

◆保険

- **保険**証券の追認状
- 同封の用紙に記載した貨物に対し**保険**をかけてください。
- ……の積送品に**保険**をかける
- **保険**承認状
- **保険**
- **保険**は当社が当国で付保するものとします。
- 品物への**保険**は当社がかけます。
- **保険**は貴社がつけておられますので
- （貴社の方で）商品に**保険**をつけて下さい。
- 海上**保険**
- 海上**保険**証券
- 火災**保険**
- 生命**保険**
- 生命**保険**によって
- 戦争**保険**
- 船名記載**保険**証券
- 船名未詳**保険**証券
- ポートフォリオ**保険**
- **保険料**込み値段
- **保険料**運賃込み値段
- **保険**証明書（**保険**承認状）
- **保険**証券
- **保険**証券正副２通：
- **保険料**
- **保険**要件
- 船積みについては、積荷に**保険**をかけます
- **保険料**の支払い
- お客さまの**保険料**送金

addendum, assurance, cover, insurance, insured, premium

- an addendum
- Please cover for us the cargo listed on the attached sheet.
- cover consignments of ...
- a cover note
- insurance［米］/ assurance［英］
- Insurance will be *covered* by us in this country.
- We *effect* insurance on our goods.
- as insurance was *effected* by you
- Please *take care of* insurance.
- marine insurance
- marine insurance policies
- fire insurance
- life insurance［米］/ life assurance［英］
- through life insurance
- war risk(s) insurance
- a named policy
- a floating policy
- portfolio insurance
- cost and insurance/ C&I
- cost, insurance and freight/ CIF
- an insurance certificate/ certificate of insurance
- an insurance policy
- Insurance policy in duplicate:
- insurance premiums/ the premium
- the insurance requirement
- have the goods insured for shipping
- the premium payments
- your premium remittance

◆保護
- 保護預かり
- ……の保護と進歩
- 保護用コート（上塗り）

custody, safekeeping, etc.
- custody/ deposit for safekeeping/ safe custody
- the protection and advancement of ...
- a protective coating

◆保守
- TM型製品を現場で保守する
- 当社の保守要員
- ハードウェアの支援と保守
- 保守点検網

maintenance, etc.
- provide maintenance for the TM line in the field
- our maintenance crew [people]
- hardware support and maintenance
- the support network

◆保証

assurance (s), assure, carry, deposit (s), ensure, guarantee, guaranteed, insure, insured, protect, security, surety, vouch for, warranty
- ……と保証いただき、ありがとうございます。
- 私たちはすでに ……の保証を得ております。
- 私は、……を保証いたします。
- ……の支払いを保証する
- 3年間の保証付きです
- この保証金
- ……の保証金
- ホテルの予約のために、保証金を支払う必要があります。

- I appreciate your assurances that ....
- We already have assurances of ....
- I can assure you that ....
- assure payment on ...
- carry a three-year warranty
- this deposit
- a deposit of ...
- Deposits need to be *made* on hotel reservations.

- 大きな信頼と安定を保証する
- 保証状を解除する
- 輸出者の提示遅延に対する保証書
- 保証書用紙
- 保証状
- ……を、ここに保証いたします。
- 価格を変えないことを保証いたします
- ……のための今後のリーダーシップを保証する
- どんな請求に対しても（船会社に損害を与えないことを）保証する
- 保証の限りではありません
- 長期的取引の継続を保証する
- 生産性と競争力の向上を保証する

- ensure a high degree of confidence and stability
- *release* the guarantee
- the shipper's guarantee for late presentation
- a guarantee form
- a letter of guarantee/ the Letter of Guarantee/ L/G
- We hereby guarantee that ....
- will guarantee price stability
- guarantee continued leadership for ...

- guarantee against any demand

- <be> not guaranteed
- insure ongoing long-term business
- insure our improved productivity and competitiveness

- 10万ドルまで保証されております
- それぞれ50万マルクの手形2通の取立を保証する
- 保証金
- ……の保証人になります
- 保証書
- ……についても保証する
- 保証期間中

- <be> insured up to $100,000
- protect the collection of two bills for DM500,000 each
- a security deposit
- stand surety for ...
- a surety bond
- vouch for ...
- within the warranty period

◆補償
- 貴社に対して損失の補償を請求する
- 補償を要求する
- 最善を尽くして、補償する

compensation, indemnity, pay for
- *claim* compensation from you for the loss
- *request* compensation
- do our best *for* the compensation

- •補償状
- •荷主の補償状
- •損傷貨物を補償する

- •a letter of indemnity
- •the shipper's letter of indemnity
- •pay for the damaged cargo

◆ホテル
- •このホテルは他より大きく、優れており、場所も便利です。
- •ホテルに会いに来ていただけるとのことありがとうございます。
- •午前10時にプリンスホテルに伺います。

- •予約希望のホテル名または予約確認済みのホテル名をご記入下さい。
- •ホテル予約申込用紙
- •ホテルの予約申込用紙と食事／バッジ登録用紙
- •ほとんどの主要なホテル

hotel
- •This hotel is bigger, better and well located.
- •It is kind of you to suggest calling for me at my hotel.
- •I will come to see you at 10:00 a.m. in the Brince Hotel.
- •Please indicate your requested or confirmed hotel choice.
- •Hotel Reservation Request Form
- •your hotel reservation request form and meal/badge registration
- •most of the major hotels

◆本拠
- •私はダラスに本拠を置いています。
- •アメリカに本拠を置く下記の会社
- •大阪に本拠を置く靴専門の商社

- •……にふさわしい本拠地となるでしょう

based, etc.
- •I am based in Dallas.
- •the following company based in America
- •an Osaka-based trading company specializing in the shoes business
- •will provide a fitting home to ...

◆本件
- •本件について
- •本件につき至急ご配慮いただければ、ありがたく存じます。

the matter
- •on the matter [subject]
- •Your prompt attention to this matter will be highly appreciated.

◆本社
- •ロサンゼルスの貴社の本社
- •本社［本店］勘定
- •ABC社のイギリス本社
- •グループのロンドン本社
- •本社にいる一部の管理職
- •貴社本社への訪問を中止せざるを得なくなりました
- •私はオンタリオ州トロントの世界総本社とアリゾナ州フェニックスのアメリカ本社との間を行ったり来たりする。

head office, headquarters
- •your head office in LA (Los Angeles)
- •a head office account
- •ABC's UK headquarters
- •the group's London headquarters
- •some of the managers in the company headquarters
- •will have to cancel our visit to your headquarters
- •I alternate between the world headquarters in Tronto, Ontario and the U.S. headquarters in Phoenix, Arizona.

◆本船
- •本船（積込み）渡し
- •日本港本船渡しの建て値を出す
- •これらの価格は当社シンガポール工場本船渡しで見積もられています。
- •本船渡し（値段）を希望いたします。
- •本船受取証

FOB, f.o.b., etc.
- •free on board/ FOB/ f.o.b.
- •quote FOB Japanese port
- •These prices are quoted F.O.B. our plant at Singapore.
- •Our company prefer to ship FOB.
- •a mate's receipt/ M/R

ま

◆前

- １週間以上**前**
- ２、３年**前**から
- **前もって**
- かなり**前**にお知らせいたします
- ２年ほど**前**
- 今年、少し**前**に
- 荷物引き取り所の**前**に
- 顧客や見込み客を**前**にして
- かなり**前**に
- **前もって**お礼申し上げます。
- **前**のファクスで
- 20xx年９月１日より**前**に
- 同氏の香港出発**前**に
- 到着の30日〜45日**前**に

◆前払い

- 80ドル30セントの**前払い金**
- ……の金額を**前払い**します
- 見本注文は、通常**前払い**していただいています。
- **前払い運賃**
- 運賃が船主によって**前払い**されていない。
- **前払い費用**
- ローンの**前払い**
- **前払い**額の１％の**前払い**費用

◆マーケット

- 貴社の最大の**マーケット**
- 東京オフショア・**マーケット**
- **マーケット**情報
- 貴社の**マーケット**シェアはどの程度ですか。
- ……の**マーケット・シェア**
- 弊社のテレビ受像機の**マーケット**シェア

◆マーケティング

- **マーケティング**活動
- **マーケティング**計画
- **マーケティング**戦略

◆間違い

- 何か**間違って**いるのではないかと思われるのですが。
- 同じ**間違い**の電文
- 認可第20号を記入する際に起きた**間違い**
- 私どもの記帳の**間違い**
- その**間違い**に対し

ago, ahead of, back, earlier, front, in advance, previous, prior to

- more than a week ago
- a couple of years ago
- ahead of time/ in advance
- will let you know well ahead of time
- about two years back
- earlier this year
- at the front of the baggage claim area
- in front of my clients and prospective clients
- well in advance
- Our thanks in advance.
- in my previous fax
- prior to September 1, 20xx
- prior to his departure to Hong Kong
- 30 to 45 days prior to arrival

advance, in advance, prepaid, prepayment

- the advance deposit of $80.30
- advance the sum of ...
- Sample orders are normally paid to us in advance.
- freight prepaid
- Freight is prepaid by the shipper.
- the prepaid amount
- prepayment of a loan
- a prepayment fee of 1% of the amount prepaid

market

- your biggest market
- the Japan [Tokyo] offshore market
- market information
- What is your market share?
- your market share for ...
- our market share for TV receivers

marketing

- the marketing operation
- marketing plans
- marketing strategy

amiss, erroneous, error, incorrect, incorrectly, mistake, wrong

- We are wondering whether something is amiss.
- the same erroneous message
- an error *made* in specifying License No. 20
- our bookkeeping error
- for the error/ for the mistake

- 何かの**間違い**か、あるいは郵便の遅れがあったのかもしれません。
- この送り状は**間違って**います。
- **間違って**配線されている
- **間違い**をお詫び申し上げます。

- **間違った**商品
- 私が**間違って**いるかもしれませんが、……
- 本状が**間違った**人宛てになっていた場合は、

- There is the possibility of an error or a delayed transmission in the mails.
- The invoice is incorrect.
- have been wired incorrectly
- I am very sorry for the mistake./ Let me apologize for the mistake.
- the wrong goods［merchandise］
- I may be wrong, but ....
- If I have addressed this letter to the wrong person,

◆待つ

- お返事を**お待ち**しております。
- 本件についての早いご助言を**お待ち**しております。
- 本件に関する貴社のご意見（、ご忠告）を**お待ち**しております。
- ご返事を関心をもって**お待ち**しております。
- 貴殿を**待って**います
- 投資の正式認可を**待つ**
- 貴行の確認を**お待ち**します
- ご注文を切に**お待ち**しております。
- 折り返しご返事を**お待ち**しております。
- これ以上**待て**ません。
- **待ち**時間
- 支払いを引き続き**お待ち**しております。
- ……をこれ以上**待て**ません
- 認可がおりるのを**待つ**
- 注文品が船積みされるのを**待つ**
- ご意見及びご提案を心より**お待ち**しております。
- ……が**待ち**遠しくてたまりません。

await, awaiting, waiting, wait for, welcome, etc.

- I await your response.
- We await your early advice on this matter.
- We await your comment (and advice) on this matter.
- We await your reply with interest.
- await you
- await approval for investment
- await your confirmation
- We are eagerly awaiting your order.
- We are awaiting your response by return mail.
- We cannot possibly wait any longer.
- a waiting time
- We are still waiting for payment.
- can no longer wait for ...
- wait for the approval
- wait for orders to be shipped
- Your comments and suggestions will be most welcome.
- I am impatient for ...

◆まで

- 8月26日**までに**
- 20xx年半ば**までに**
- 11月2日**までに**
- 船積みは、……**までに**行われなければなりません。
- 20xx年12月25日**までに**
- 7日木曜**まで**同地に滞在する予定です
- 各月の10日**までに**
- 3月24日から30日**まで**
- 任期は……**まで**です。
- 来年6月**まで**
- この手紙を差し上げる時点**まで**
- 今年4月5日から8日**まで**

by, no later than, not later than, on or before, through, to, until, up to

- by August 26
- by mid-20xx
- no later than the 2nd November
- Shipment should be made not later than ....
- on or before 25 December, 20xx
- will be there through Thursday, the 7th
- through the 10th of any month
- from the 24th to the 30th March
- My new duties will *last* until ....
- until June of next year
- up to this writing
- 5-8 April of this year

◆窓口

- **窓口**
- 銀行の**窓口**

a counter, etc.

- a counter/ a window/ a wicket
- bank counters

- **窓口**係
- **窓口**が取扱う各種の取引

◆まとめる

- 当社のデータベースで**まとめる**
- **まとめ**られています
- この調査の報告書を**まとめる**
- 購買契約を**まとめる**
- ご意見をまとめる
- 主要な問題を**まとめ**ている

◆間に合う
- 復活祭のセールに**間に合う**ように
- 夕方の講演に**間に合う**ように
- 当方指定の船積み期日に**間に合わ**ないので
- 十分**間に合う**ように
- 到着はシーズンに**間に合い**ません

◆招き
- 他のお客様も**お招き**できるように
- ご親切にお**招き**いただきありがとうございます。
- ……にあなた様をお**招き**することは大きな喜びです。
- ニューヨークでの歓迎会にお**招き**いただき、まことにありがとうございます。

◆まもなく
- **まもなく**
- 私は**まもなく**6週間の日程でヨーロッパに出かけます。
- 貴社とのサービス契約が**まもなく**終了いたします。
- 次の著作が**まもなく**完成します。

◆守る

- この規則を**守る**
- 契約条件を**守る**
- 最初の注文（の条件）を**守る**
- 財産権を**守る**
- 決意を忠実に**守ら**ねばなりません。
- 重要事項を**守る**。
- ……から貴重品を**守る**
- 貴社の資金を**守ろ**うと努力する
- 契約を**守っ**て下さいますようお願いいたします。
- 契約を**守り**ます。

- a teller
- transactions processed by a teller

compile [-d], complete, finalize, focus, summarize
- compile from our data base
- \<be\> compiled
- complete the report on the research
- finalize the Purchase Agreement
- focus your thoughts
- summarize major matters

in time for, meet, etc.
- in time for (the) Easter Sale
- in time for the evening's lecture
- since you are unable to meet our shipping deadline
- in plenty of time
- will arrive too late for the season

invite, inviting, invitation
- so that I can invite some other guests
- Thank you for your kindness in inviting me.
- It is a pleasure to extend to you a *cordial* invitation for ....
- Thank you very much for your *kind* invitation to the reception in New York.

soon, shortly, etc.
- before too [very] long/ soon
- I will be leaving for Europe shortly for six weeks.
- Your service contract is about to expire.
- I am very close to completing my next book.

abide by, adhere to, enforce, hold to, (be) observed, protect, stand by, stick to
- abide by this regulation
- abide by the terms of the contract
- adhere to your original order
- enforce the property rights
- I must hold to my decision
- The key elements are observed.
- protect your precious property from ...
- endeavor to protect your funds
- We must call on you to stand by your agreement.
- I am sticking to my agreement.

◆満期
- ……に**満期**となります
- **満期**払戻しの際に、
- 20xx年10月22日に**満期**となります
- **満期**利回り
- 首題の取立手形の**満期**
- **満期**一括償還債

- fall due on ...
- For withdrawal on the due date,
- will mature on October 22, 20xx
- a yield to maturity
- the maturity of the captioned collection
- bullet bonds

due, mature, maturity, etc.

◆満期日
- **満期日**に
- **満期日**になるまで
- 各利息期間の**満期日**に
- 当該手形の**満期日**
- **満期日**前

due, end, maturity

- on the due date/ at maturity/ on the day of maturity
- until the due date
- at the end of each interest period
- the maturity date of the relative bill
- prior to the maturity date

◆満足

- 当社〈製品〉にご**満足**いただけるものと思います。
- それほど**満足**のゆくものではありませんでした
- ……には**満足**しています。
- ……に**満足**していません
- 〈製品〉は貴社を最高に**満足**させるものであると思います。
- これらの条件を**満足**させることはできないと思います。
- ……に**満足**している
- これらの変更にご**満足**いただけるものと確信しております。
- ……に心から**満足**しております。
- ……して、非常に**満足**しておられることと存じます。
- 私どもは、この合弁会社が成長して立派な工業会社となったことに、貴殿とともに**満足**しております。
- ……に、さぞやご**満足**のことと思います。
- ご**満足**いただけるよう全ての業務を取扱う

- ご**満足**のいくまで
- **満足**のうちに
- これで貴社にはご**満足**いただけるものと確信いたします。
- 同社のサービスは、十分にご**満足**できるものだと思います。
- 十分**満足**していただけるものと確信しております。
- お互いに**満足**できましたね。
- 顧客を**満足**させる
- 空軍が要求する仕様を**満足**させる

enjoy, gratifying, happy, meet, pleased, satisfaction, satisfactory, satisfied, satisfy

- We know you will enjoy our <product name>.

- have not been so gratifying
- We are happy with ....
- <be> not happy with ...
- We believe the <products> will best meet your requirements.
- I am afraid we can not meet those conditions.

- <be> pleased with ...
- We are sure you will be pleased with these changes.
- We are genuinely pleased with ....
- You must *enjoy* considerable satisfaction in <doing>.

- We *share with* you the satisfaction of its growth into a successful industrial company.

- You must *take* a great deal of satisfaction in ....
- handle all of these transactions to your entire satisfaction
- to your complete satisfaction
- with satisfaction
- We trust that this is satisfactory to you.

- We trust that you will find their services highly satisfactory.
- We are sure that you will be entirely satisfied.

- We are both satisfied.
- satisfy our customers
- satisfy the Air Force specifications

み

◆未〜
- **未**経過利息
- **未**資金化資金
- **未**使用小切手
- **未**成年者
- **未**払い高

un-, etc.
- unexpired interest
- uncollected funds
- unused checks
- a minor
- an amount outstanding

◆見送り
- お**見送り**いただきまして、ありがとうございました。
- わざわざ空港までお**見送り**いただき、まことにありがとうございました。

see [-ing] (someone) off
- I thank you for coming to see me off.
- Thank you very much for your kindness of [in] seeing me off at the airport.

◆見方
- 分析的な**見方**
- この件について異なった**見方**をしています
- もっと余裕のある**見方**をする

view (s)
- the *analytical* views
- have a *different* view of the matter
- take a more *relaxed* view

◆見込み
- **見込み**利益
- ……の**見込み**は十分にあります。
- **見込み**客を紹介するサービスを承っております
- 将来最も**見込み**がある
- ……と取引する**見込み**はないようです。
- **見込み**客
- ABC社を買収する**見込み**のある会社

anticipated, anticipatory, chance, potential, promising, prospect, prospective
- anticipated profit/ anticipatory profit
- There is every chance that ....
- can facilitate the referral of potential clients
- have most promising opportunities for the future
- There seems to be no prospect of business with ....
- the prospective buyer
- the prospective buyers of ABC

◆ミス
- **ミス**のある手紙
- 同様の**ミス**を繰り返す
- **ミス**を確認する
- このような**ミス**
- かかる取扱い上の**ミス**
- **ミス**が見つかりました。
- 送り状No.C/146の作成に当たり**ミス**を犯す
- そのような**ミス**が再び起きないようあらゆる措置を取る

erroneous, error, mishandling, mistake
- the erroneous letter
- *repeat* this kind of error
- *verify* the error
- this type of error
- such mishandling
- A mistake has been *found*.
- *make* a mistake in making out the invoice No. C/146
- take all possible steps to *prevent* such a mistake from happening again

◆店
- カジュアルウエア（ふだん着）の**店**を数店持っている
- 顧客を私の**店**に待たす

store (s)
- own several stores for casual wear
- have customers waiting in my store

◆満たす
- 貴社のニーズを**満たす**
- 貴社の厳しい要求を**満たす**
- 当方の最低限の要件をも**満たし**ておりません

cater to, meet, satisfactory, suited, etc.
- cater to your needs
- meet your exacting requirements
- do not meet our minimum requirements

- あなたのご要望を**満たす**
- 完全に**満たして**いる
- これらの仕様は、貴社のご要求を十分**満た**します。

- <be> satisfactory for your needs
- <be> ideally suited
- These specifications are ideal for your requirements.

◆見積り

- ……に対して**見積り**を出す
- ……の**見積り**
- **見積り**書
- 貴社のコーン部品の**見積り**額
- **見積**送り状
- 当方の正しい**見積り**価格
- ……を至急お**見積り**下さい。
- CIFオークランド建てでの貴社の最低価格を**見積**もっていただけませんか。
- ……の**見積り**価格
- 当社は上記注文について、最良の**見積り**と最短の納期を必要としています。
- 貴社の**見積り**を依頼した書簡
- 添付した**見積り**
- **見積**書原本
- 最低の**見積り**値段で
- 20xx年10月22日付けの貴社の**見積り**
- 同社はコストを安く**見積**もり過ぎました。

estimate, estimation, pro forma, quote, quoted, quotation, underestimated

- make an estimate to ...
- an estimate for ...
- price estimate/ price quotation
- the estimation of your cone constructions
- a pro forma invoice
- our correct quote
- Could you please urgently quote ...?
- Will you quote us your best prices based on CIF Auckland?
- the prices quoted for ...
- We *need* your best quotation and earliest delivery of the above order.
- the letter *requesting* your quotation
- the attached quotation
- your original quotation
- *with* your best quotation
- your quotation *of* 22 October 20xx
- They underestimated their cost.

◆見通し

- 合衆国経済と株式市場の**見通し**
- 東欧やロシアでの貿易及び投資の**見通し**

- ……の**見通し**ができて
- 長期計画の**見通し**

outlook, prospect (s), etc.

- the outlook *for* the U.S. economy and stock market
- the prospects *for* trade and investment in eastern Europe and Russia
- at the prospect of ...
- a long range planning view

◆認める

- ……ことを**認め**ます。
- その点は**認め**ざるを得ませんが、……
- ……への多大な貢献を**認める**ものです

- ……を**認めて**いただけるものと存じます。
- 私の心にはっきりと**認め**られる２つの事柄
- ……が**認め**られて
- **認め**印

admit, acknowledge, conclude, stand out, etc.

- We do admit that ....
- I have to admit it, but ....
- <be> intended to acknowledge great contributions to ...
- You will be able to conclude that ....
- two that stand out in my mind
- in recognition of ...
- a signet

◆見直す

- 徹底的に**見直す**
- たえず**見直して**
- 両社間の取引関係を**見直す**

- ……に用いる計算方式を**見直す**
- ABC社製品の使用を**見直す**

review, etc.

- undertake a thorough review
- under constant review
- review the business relationship existing between our two companies
- review the calculation for ...
- re-evaluate the use of the ABC product line

◆皆様

- XYZ社の**皆様**に
- **皆様**のますますのご発展をお祈り申し上げます。
- ……のご来賓の**皆様**
- 貴殿をはじめ役員の**皆様**方に、
- 御社の**皆様**
- 貴殿をはじめABC社役員の**皆様**
- 貴行の役員・行員の**皆さん**
- 御社のすべての**皆様**

all, all of, all the other, personnel, the other, staff, etc.

- to all my friends at XYZ
- We wish you all the best of luck.

- all of your guests from ...
- To you and all the other directors,
- the personnel within your company
- you and the other executives of ABC
- the management and staff alike of your good bank
- your entire organization

◆実り（多い）

- いつものように**実り**多いもの
- **実り**ある話し合いをする
- やり甲斐のある**実り**多い年月
- さらに**実り**の多いものとなるかもしれません
- 倫理的に健全かつ**実り**が多い

fruit (-ful), productive

- as fruitful as usual
- have fruitful discussions
- challenging and fruitful years
- can be even more productive
- <be> both ethically sound and productive

◆未払い

- すべての**未払い**勘定
- **未払い**高
- **未払い**小切手
- 弊社の**未払い**手形
- **未払い**分（期限経過分）の支払い手続きをする
- **未払い**の保険料といっしょに
- **未払い**となっている差額2,357.59ドル
- **未払**勘定
- **未払い**のままです
- **未払い**となっています
- **未払**額を銀行小切手で送付する
- 〈日付〉付け〈金額〉の当方の請求書が、**未払い**となっております。

outstanding, overdue, owed, past due, unpaid, unsettled, etc.

- all accounts outstanding and owing
- an amount outstanding
- outstanding checks
- our outstanding drafts
- take action on your overdue payment

- with the overdue premium
- the balance owed of $2,357.59
- the past due balance
- remain unpaid
- stand unsettled
- send the amount due with a bank check
- You have not paid our bill of <date> for <amount>.

◆見本
- **見本**ぎれ
- **見本市**
- **見本市**の期間中に
- 反対**見本**
- 一番よく似通った**見本**
- ……の小型**見本**
- 当方の試作**見本**
- **見本**帳
- **見本**便にて
- **見本**売買
- **見本**各1個ずつの
- 弊社**見本**のデザインと色
- 私どもの申込み用紙の**見本**
- ……の**見本**1揃え

cutting, fair, sample (s), swatch (es)

- the cutting/ swatches
- the Fair/ the Trade Fair
- during the Fair
- a *counter* sample
- the *nearest* samples
- a *small* sample of ...
- our *test* samples
- a sample *book*
- by sample *post*
- sale *by* sample
- *for* one sample each
- the designs and colors *of* our samples
- a sample *of* our application form
- a range of samples *of* ...

- **見本**通りの
- **見本**と同等の
- 防水加工布の**見本**
- 製靴用黒牛革の**見本**

- equal *to* the sample
- *up to* (the) sample
- a swatch of coated fabric
- the swatch of black cowhide for shoe manufacture

◆未満

- 10日**未満**で
- 500セット**未満**の注文

less than

- in less than ten days
- an order less than 500 sets

◆耳

- 私どもの問題や心配事に**耳**を貸そうとはしない
- 貴殿のことをよく**耳**にしておりました。
- 顧客の意見に**耳**を傾ける

hear [-d], listen

- don't want to hear about our problems and concerns
- I have heard much about you.
- listen to our clients

◆ （お）**みやげ**

- まさに日本からの**みやげ**
- 貴殿の美しいお**みやげ**品
- ささやかな**みやげ**
- 彼女（家内）にこのようなお**みやげ**を下さいまして、ありがとうございました。

gift (s), souvenir (s), etc.

- the truly Japanese gift
- your *beautiful* souvenir
- a *small* souvenir
- You were most kind to make this present to her.

◆見る

- 彼に、……のすべての面をぜひ**見て**もらいたいと思います
- 内容を**見る**
- どこから**みても**
- 貴国の美しさを**見る**
- 木を見て森を**見る**ことができない
- 全体的見地から**見れば**、
- 米国でのわが社の活動を直接**見る**

facets, look, respect, see, standpoint, witness

- He will be welcome to observe all facets of ....
- have a look at the contents
- in every respect
- see the beauty of your country
- cannot see the wood for the trees
- From the overall standpoint,
- witness firsthand the operation of our company in the U.S.

◆民間

- **民間**金融
- **民間**投資
- **民間**市場
- **民間**部門の
- **民間**企業による輸出入会社

private, etc.

- private financing
- private investment
- private markets
- in the private sector
- the enterprise's import/export company

む

◆無～

- **無記名**証券
- **無記名**裏書き
- **無記名**式裏書き
- **無遺言**死亡

bearer, blank, general, intestacy, invisible, naked, no, no-, non, scrip, unconfirmed, uncrossed, unsecured, without

- bearer securities
- blank endorsement
- a general endorsement
- intestacy

- **無形**輸入
- **無担保**の
- 貴社の**無償**送り状
- **無為替**輸入
- **無利息**（の）
- **無償**新株
- **無確認**信用状
- **無線**小切手
- **無担保**貸付け
- **無担保**貸付
- **無担保**債券［社債］

- **無為替**輸出
- **無担保**で
- **無通帳**払戻し
- **無添加**
- **無報酬**で

- invisible imports
- naked/ uncovered/ unsecured
- your no commercial value invoice
- no-draft import
- noninterest-bearing
- a scrip issue
- an unconfirmed (letter of) credit
- an uncrossed check
- unsecured loans
- loan on unsecured basis
- debenture [unsecured] bonds/ uncovered bonds [debentures]/ naked debentures
- export without (foreign) exchange
- without security
- a withdrawal without a passbook
- no additives
- without compensation

◆向かう

- ……に**向かう**
- 中国の工場へ**向かう**

destine, proceed

- destine *for* ...
- proceed *to* our factory in China

◆迎える

- こうした重要な記念日を**迎える**
- ゲスト（賓客）として貴殿をお**迎え**できれば、これほどうれしいことはございません。
- あなたをお**迎え**することを楽しみにしています。
- 20xx年のテキサスでの会合に貴殿をお**迎え**する
- OPQ駅にお**迎え**にあがります。
- 空港までお**迎え**にあがります。

- お客様をお**迎え**することになっています
- 3月25日の午前9時に貴殿のグループ一行をお**迎え**にまいります。
- 空港へ彼らを**迎え**に行く
- 拙宅に貴殿をお**迎え**できれば光栄に存じます。
- 友人を**迎える**
- ベイカー氏を当社に**迎え**入れる

have, having, host, meet, pick up, receive, welcome

- have such important anniversaries
- I would be more than delighted to have you as my guest.
- It's our pleasure of having you with us.
- host you for the 20xx meeting in Texas
- I shall meet you at OPQ Station.
- We will meet and welcome you at the airport./ We will pick you up at the airport.
- <be> supposed to receive our customer
- We will pick up your group at 9:00 a.m. on March 25.
- pick them up at the airport
- It would be an honor to receive you in my home.
- receive friends
- welcome Mr. Baker to our company

◆向く
- 中間管理職**向け**の夏季講座

- 貴市場に**向く**商品
- この注文は弊社のたいへん重要な顧客**向け**のものです。

designed for, fit, etc.

- the summer session designed for mid-level executives
- products which fit your market
- This order is for one of our most important customers.

◆難しい
- アメリカ人にとって　一番**難しい**こと

difficult, etc.

- the most difficult aspect for an American

- 本年中にドイツを訪問するのはかなり**難し****い**と申さねばなりません。
- 貴社の提案はきわめて**難しい**と思います。

◆結びつき
- 強い**結び付き**
- 私どもの**結びつき**は、実現すれば、双方にとって有益であると確信いたします。
- 親密な**結びつき**は将来に向けて存続するものと確信しています。
- アジアにおける域内経済の**結びつき**

◆結びつける
- 技術計画を ……に**結びつける**
- これこそが、私ども二人を**結びつけて**きたのです。

◆結ぶ

- 長年の勤勉努力が実を**結び**ました。
- ……と手を**結んで**
- 契約を**結ぶ**
- 為替契約を**結ぶ**
- 拘束力のある契約を**結ぶ**
- ……と相互に有益な関係を**結ぶ**

◆無料
- ホテル直通の**無料**電話があるのが**分かり**ます
- **無料**プレゼントを希望される方は2週間以内にご返事下さい。
- **無料**駐車
- その**無料**登録カード
- **無料**配布
- **無料**で
- 1リットル瓶100ケースの注文ごとに**無料**で5ケースのミニチュアボトル
- 郵送料および梱包料**無料**で
- これらの本のうち1冊を本代・送料ともに**無料**で差し上げます。

---

a bond, ties
- a strong bond
- I believe that our ties will help both of us, when materialized.
- Our close ties will continue into the future.
- intra-Asian economic ties

join together, tie up, etc.
- link technology planning with ...
- That's what kept us both going.

borne, collaboration, conclude, enter into, establish
- Years of hard work have borne fruit.
- in collaboration with ...
- conclude the contract
- enter into exchange commitments
- enter into a binding contract
- establish a mutually beneficial relationship with ...

courtesy, free, -free
- find a Hotel Courtesy telephone
- For your free gift, you should reply within the next 14 days.
- free parking
- the free registration cards
- free subscriptions
- free of charge
- 5 c/s (cases) miniature bottles free of charge for every order of 100 c/s liter bottles
- free of postage and packing fees
- One of these books is yours free and post-free.

- It is very doubtful that we can be in Germany this year.
- I am afraid your suggestion is impossible.

め

◆明確に
- 上記の問題が**明確に**なる
- **明確に**すべき事項はもうございません。
- ABC社・XYZ両社間の了解事項を**明確に**すること
- ご要望は**明確に**述べられていませんでした。

---

clarify [-ied], etc.
- clarify the above matter
- I find no other points that need to be clarified.
- the clarification of understandings between ABC and XYZ
- Your request was not specifically stated.

◆明細

- 手数料の**明細**
- 商品の**明細**
- ……の**明細**
- **明細**書は毎月 1 日に発送いたします。

details, etc.

- the details of the fee
- the description of the commodity
- the particulars of ...
- Your statement is mailed on the 1st of each month.

◆名声

- 80年以上に及ぶ**名声**を誇っています
- 世界的な**名声**
- **名声**を得る

reputation, etc.

- have a reputation of over eighty years
- a worldwide reputation
- achieve eminence

◆名簿

- **名簿**
- ……の指名候補者**名簿**

a list of names, etc.

- the roster
- a slate of nominees for ...

◆名誉

- **名誉**会長
- **名誉**会長兼代表取締役
- 弊社に与えられた大きな**名誉**
- 貴殿にふさわしい**名誉**
- この上ない**名誉**
- このたびの**名誉**
- このような**名誉**に浴し、深く感謝しております。
- **名誉**を重んじる人
- 招待客にお加えいただき大きな**名誉**と考えております。
- 私は同氏と知り合いになれましたことを**名誉**と考えております。
- ……することを**名誉**と考えている
- ……と知り合いになれたことは私にとり**名誉**なことでした。
- 名誉でありかつ喜び
- 個人的な**名誉**
- **名誉**引受り

emeritus, honor [honour], honorary, honored, privilege

- Chairman Emeritus/ honorary chairman
- Chairman Emeritus & Representative Director
- a great honor *bestowed* on us
- an honor which you richly deserve
- a great honor
- this high honour
- I am deeply appreciative of being selected *for* this honor.
- a man *of* highest honor
- I was deeply honored to be included as a guest.

- I consider it a privilege to have known him.

- consider it a privilege to <do>
- It was my privilege to get to know ....

- a privilege and pleasure
- a personal privilege
- supraprotest

◆迷惑

- 貴社にご**迷惑**をおかけいたしましてたいへん申し訳ありません。
- 本件で貴社にご**迷惑**をおかけいたしましたことをお詫び申し上げます。
- このような**迷惑**をおかけして申し訳ございません。
- これによりあなたにご**迷惑**がかからないことを願っております。
- この不始末のためにご**迷惑**をおかけいたしましたこと
- 大きく遅延したため当方は非常に**迷惑**をこうむっております。

inconvenience, inconvenienced, trouble, troubling

- We sincerely ask you to accept our apologies for the inconvenience *caused* to you.
- We are sorry for the inconvenience *caused* you on this matter.
- I apologize for *causing* you this inconvenience.

- I hope this will not have *put* you to any inconvenience.
- the inconvenience you have been *put to* by this irregularity
- We have been *put to* considerable inconvenience through the long delay.

- 貴殿にご**迷惑**をかけなかったことを祈っております。
- ひどい**迷惑**
- ご**迷惑**をおかけして誠に申し訳ありません。
- 多くのご**迷惑**をおかけいたしまして申し訳ございません。
- 非常にご**迷惑**をおかけしてまことに申し訳ございません。
- 弊社は非常に**迷惑**します
- ご**迷惑**をおかけし申し訳ございません。
- ご**迷惑**をおかけいたしましたことをお詫び申し上げます。
- ご**迷惑**をおかけして、申し訳ございません。

- I hope that it has not *caused* you any inconvenience.
- any undue inconvenience
- I'm terribly sorry to have inconvenienced you.
- Sorry to have *caused* you all the trouble./ I'm sorry to have *caused* you so much trouble.
- We are very sorry to *put* you to so much extra trouble.
- give us a good deal of trouble
- I'm sorry to trouble you.
- We apologize you for troubling you.

- My apologies *for* this inconvenience.

◆メーカー
- 小型スイッチを製造している日本の**メーカー**の身元を確認する
- **メーカー**をライバル社との接触から遠ざける
- アメリカ最大の非ゴムコンベヤーベルトの**メーカー**
- ……の世界最大の**メーカー**
- 一流の**メーカー**の一つ

- 別の**メーカー**数社
- アメリカで唯一の、トーナメント用のビリヤードボールの**メーカー**
- アメリカの**メーカー**から
- ファッション・アクセサリーの**メーカー**
- 類似モデルの**メーカー**
- ハイファイ音響機器およびビデオキャビネットの**メーカー**
- 電気通信機器の世界的な大手の**メーカー**

- 発展の可能性のある**メーカー**
- パソコンの世界的な**メーカー**
- 半完成の銅製品を製造している台湾唯一の**メーカー**

manufacturer (s), manufacturing, supplier, etc.
- *identify* a Japanese manufacturer of small switches
- *remove* a manufacturer from contact with the competitor
- the *largest* United States manufacturer of non-rubber conveyor belting
- the world's *largest* manufacturer of ...
- one of the *leading* manufacturers/ one of the top manufacturing companies
- several *other* manufacturers
- the *sole* United States manufacturer of tournament-quality billiard balls
- *from* U.S. manufacturers
- a manufacturer *of* fashion accessories
- the manufacturer *of* a similar model
- a Hi-Fi and video cabinet manufacturing *company*

- a major global supplier of telecommunications equipment
- a potential supplier
- a worldwide supplier of personal computers
- Taiwan's only producer of semi-finished copper products

◆メッセージ
- たいへん重要な**メッセージ**
- お客様宛の**メッセージ**をお受けする
- そこで**メッセージ**を受けとることができます。
- 私の**メッセージ**をABC社に伝える
- この**メッセージ**を発表する

message
- a most important message
- take messages for guests
- A message will reach me there.
- get my message across to ABC
- present this message

◆面〜
- ……のあらゆる**面**について
- 彼に**面接**の機会を与える
- 〈日付〉に貴殿と**面会**したいと存じます。

aspect (s), interview, meeting, phase, visit, ways
- on all aspects of ...
- give him a chance for an interview
- I would like to arrange a meeting with you for the <date>.

- 当社の商品とサービスのあらゆる**面**で
- ……との**面談**
- あらゆる**面**で

- in every phase of our merchandise and service
- my visit with ...
- in all ways possible

も

◆もう

- ……を、**もう**2部お送り下さい。
- **もう**一度

more, etc.
- Please send us two additional copies of ....
- Once again/ one more time

◆申し上げる

- ……ことを**申し上げ**たいと存じます。
- ……を**申し上げ**ずにはおられません。
- **申し上げる**までもなく、
- ……をお送り**申し上げ**ます。

mention [-ing], say, etc.
- We may mention that ....
- I cannot help mentioning ....
- Needless to mention [say],
- I shall be pleased to send you ....

◆申し込み

- **申込**者
- **申込**用紙を受け取る
- 私の**申込**番号
- ……の**申込**用紙（申請書）
- 貴校のMIMプログラムへの**申し込み**をする
- 〈目的〉のための**申込**手続き
- **申込**用紙
- **申し込み**の注文書
- この日以降に到着した**申し込み**
- ……の購読契約の**申し込み**をします。

applicants, application, apply, applying, arrangements, order, etc.
- the applicants
- get an application form
- my application number
- an application for ...
- apply for your MIM program
- procedures of applying for <purpose>
- an arrangements form
- the bound-in order form
- requests received after this date
- Please enter my subscription for ....

◆申し込む

- ……へ入学を**申し込む**
- 座席を**申し込む**
- 私の事務所に**申し込む**
- ……の定期購読を**申し込む**

apply, etc.
- apply *for* admission to ...
- apply *for* a space
- file with my office
- place a regular order with ...

◆申し添える

- なお、**申し添え**ますが

- ……を重ねて**申し添え**ます。

further to, etc.
- Further to our letter/ In adding further [In addition] to our letter
- May we emphasize again that ....

◆申し出

- お**申し出**を受けることができません。
- ……からとてもよい**申し出**を受ける
- 条件のよい**申し出**のうちの一つ
- 熱心な**申し出**
- ご親切なお**申し出**
- ……してはどうかとの、**申し出**を受けました。
- ……するとの、お**申し出**いただき、まことにありがとうございます。

offer, offered, etc.
- I will not be able to *accept* your offer.
- *receive* an excellent offer from ...
- one of my better offers
- an eager offer
- your thoughtful offer
- I was offered to <do>.
- It was a kind thought to ask me to <do>.

- ……については何でもお**申し出**下さい。
- We are at your service for ....

◆申し分

- この試験注文の結果が**申し分**ないものであれば、
- 品質、スタイルのいずれの点においてもまったく**申し分**ありません
- **申し分**のない状態で

satisfactory, etc.

- If this trial order turns out satisfactory,
- \<be\> quite satisfactory both in quality and style
- in perfect condition

◆申し訳

- ……し、**申し訳**ございません。
- ……して、まことに**申し訳**なく存じます。
- ……をいたしまして、たいへん**申し訳**ございません。
- 誠に**申し訳**ありませんが、……
- ……し、ほんとうに**申し訳**ございません。
- **申し訳**ございませんがご同道できません。

apologize, regret, sorry

- We apologize (to you) for ....
- We must *express* our regret that ....
- We exceedingly regret to find that ....
- I'm awfully [terribly] sorry but ....
- We are really sorry for ....
- I am very sorry to say that I cannot accompany you.

◆目的

- おもな**目的**
- この**目的**のため、私どもは ……中です。
- ……の**目的**で
- 板垣氏の訪問の**目的**
- この会議を召集した「ビジネス・ホライズン」誌の**目的**
- 提携相手の目標や**目的**
- 私の**目的**の一つ
- あなたの今回の訪問の**目的**
- この調査の**目的**
- **目的**融資
- ……するのが本状の**目的**ではありません。
- この会議の**目的**
- この個人的な手紙を貴殿に差し上げる**目的**
- 建設的な**目的**のために、アメリカXYZ社を活用する
- ……の主な**目的**
- この手紙の**目的**
- 輸出を促進する**目的**で

aim, end, object, objective (s), purpose (s), view, etc.

- the chief aim
- To this end we are in the process of ....
- with the intention of .../ for the purpose of ...
- the object of Mr. Itagaki's visit
- "Business Horizons" objective in calling this meeting
- the goals and objectives of the other partner
- one *of* my purposes
- your objectives for this visit
- the objectives of this survey
- purpose loans
- It is not my purpose in this letter to \<do\>.
- the purpose of this meeting
- the purpose of writing this personal letter to you
- utilize XYZ, U.S.A. *for* constructive purposes
- the main purpose of ...
- the purpose of this letter
- with a view to promoting their export

◆目標

- ……を第一の**目標**にして
- このグループの**目標**
- 私どもの**目標**
- はっきりした**目標**
- 最高の**目標**
- さらに高い**目標**
- 現実的かつやりがいのある**目標**
- ……するという当面の**目標**
- 営業および財政の計画と**目標**

focus, goals, objectives, target (s)

- with a primary focus on ...
- the focus of the group
- our goal
- a definite goal
- the highest goals
- more lofty goals
- realistic yet challenging goals
- an immediate objective of \<doing\>
- operating and financial plans and objectives

- 最大の**目標**
- 我々の将来の**目標**の一つ
- 最大、かつ注目すべき**目標**
- 貴社の**目標**価格
- **目標**利回り
- **目標**相場圏
- ……を**目標**にしております

- the top objectives
- one of our future targets
- the largest and most notable target
- your target price
- a target yield
- a target zone
- \<be> heading for ...

◆**持ち〜**
- **持ち株**会社
- 為替の**持ち高**

holding, etc.
- holding companies
- an exchange position/ a position

◆**持つ**
- ベルギーにスポーツショップを15店**持っ**ている
- 貴社のパンフレットをいくつか**持っ**ております。

have, etc.
- have 15 sports shops in Belgium
- I am in possession of some of your literature.

◆（お）**もてなし**
- **おもてなし**に返礼できる機会
- 行き届いた**おもてなし**
- 貴殿のお心遣いと素晴らしい**おもてなし**
- ご親切な**おもてなし**
- 貴殿の丁重な**おもてなし**
- 温かい**おもてなし**や友情
- 素晴らしい**おもてなし**
- 貴殿の温かい**おもてなし**と気前のよさ
- 貴殿より**おもてなし**いただきました。
- **おもてなし**をいただき大へんありがとうございました。

hospitality
- an opportunity to return your hospitality
- fine hospitality
- your consideration and fine hospitality
- your generous ［kind］ hospitality
- your gracious hospitality
- the warm hospitality and friendship
- your wonderful hospitality
- your hospitality and your generosity
- We were honored by your hospitality.
- Thank you very much for your hospitality.

◆**戻す**
- 証券を元の正規の状態に**戻す**
- ……の件に話を**戻し**ますが、

return, etc.
- return the policy to good standing
- Coming back to the subject of ...,

◆**基づく**
- 貴社製品の値段を下記のFOB価格に**基づ**いて決めます。
- ……に**基づい**て、決定する。
- ご提案のスケジュールに**基づき**、
- これらの基準および調査データに**基づい**て、
- これに**基づき**
- ……に**基づい**て
- （支払い条件として）取消し不能信用状に**基づく**

base, based on ［upon］, basis, under
- I will base my pricing of your products on the following FOB prices to you.
- Any decision is based on ....
- Based on your proposed schedule,
- Based upon these criteria as well as survey data,
- on this basis
- on the basis of ...
- under an irrevocable letter of credit

◆**求める**

- 信用状は、船荷証券に運賃前払いの旨を明示するよう**求め**ています。
- ……こそまさに、貴殿が**求め**ておられるものです。

call for, look for, press, request, search for, seek for, want, etc.
- The credit calls for the bills of lading to be marked freight prepaid.
- ... is just what you've been looking for./ ... is exactly what you've been seeking for./ ... is exactly what you want.

- ……に新しい職を**求め**ています
- 貴殿の個人的なご支援を**求め**ます
- 情報を**求める**
- パートナーを**求める**
- 当方の顧客は直積みを強く**求めて**おります。
- 同氏の**求め**に応じて
- ……を外部に**求める**

- <be> searching for new employment in ...
- seek your personal assistance
- seek information
- seek partners
- Our customers press us for prompt shipment.
- at his request
- go outside for ...

◆戻る

- **戻って**来る予定です。
- 私どもは無事セントルイスに**戻り**ました。
- 翌週の月曜日まで**戻り**ません
- 会社に**戻る**
- 私が極東から**戻って**きました。
- 通常の状態に**戻る**でしょう
- 来週の金曜日に**戻る**予定である
- 11月にまた**戻る**予定です。
- ラスベガスから**戻る**
- 短い休暇から**戻る**
- 事務所や重役室に**戻る**
- 数カ月後に福岡に**戻る**
- ワシントン・ビルトンホテルに**戻る**
- 日本に**戻る**つもりです。
- 会社には**戻り**ません
- ……に**戻った**ところです。
- 会議のために数回米国に**戻る**ことになると思います。
- 10月22日以前には、日本に**戻り**ません
- 銀行の業務は平常に戻りました。
- 日常業務に**戻る**
- 仕事に**戻る**
- 神奈川でつつがなく以前の生活に**戻る**

back, came back, return [-ed, -ing], settle back, etc.

- I do expect to be back.
- We made it back to St. Louis safe and sound.
- will not be back until the following Monday
- <be> back in our office
- I came back from the Far East.
- will be back to a normal state
- will probably be back next Friday
- I expect to be back again in November.
- return from Las Vegas
- return from a short vacation
- return to their offices and board rooms
- return to Fukuoka in a few months
- return to the Washington Bilton Hotel
- I'll return to Japan.
- will not return to my office
- I just returned to ....
- I will have to return several times to the States for conferences.
- will not be returning to Japan before October 22
- The bank's business was returning to normal.
- settle back into my normal business routine
- resume his work
- <be> happily settled in again at Kanagawa

◆催し
- ディナーを**催す**
- 送別の宴を**催す**
- 他の**催し**を楽しむことができます
- 土曜日の素晴らしい**催し**

hold, host, etc.
- hold the dinner
- host a farewell dinner
- can enjoy other activities
- the wonderful Saturday events

◆問題

- 最も緊急な**問題**
- 何か**問題**がありましたら
- ABC**問題**を解決する
- 深刻な**問題**を解決する
- **問題**なく
- いろいろな**問題**を検討する
- 提起された**問題**
- ……に関連する**問題**について

concerns, difficulty [-ies], issue (s), matter (s), occasion, points, problem (s), questions, subject, trouble, etc.

- the most pressing concerns
- if there *is* any difficulty
- *resolve* the ABC difficulties
- achieve a solution *to* the difficulties
- without any difficulty
- examine the issues
- the issues that have been raised
- on issues related to ...

- 重要な**問題**
- 12月10日付けのケリー氏の書簡に列挙された**問題**点
- 全国的な**問題**について
- それは小さな**問題**ですが、
- **問題**を解決する
- これらの**問題**
- この**問題**［本件］について

- ……に関するどんな**問題**についても
- この計画に関係する**問題**について
- 非常に重要な**問題**
- 同じような**問題**
- ほとんどの**問題**点
- **問題**を起こしまして申し訳ありません。
- 大きな**問題**になる
- **問題**は、……に起因しました。
- ご指摘の**問題**
- ……をご説明申し上げることでこの**問題**を明確にする
- 当方が直面している最も重要な**問題**
- ……に関連する**問題**を話し合う
- 貴社が抱えている**問題**
- ……という**問題**が増えています
- 様々な**問題**の解決にあたって
- 何か**問題**がございますか。
- ……について、またひとつ**問題**が起きました。
- ……で、ときどき**問題**がおこりえます。
- ……の際に**問題**が生じました。
- 大きな**問題**
- いささか困った**問題**
- 深刻な**問題**
- 重大な［非常に重要な］**問題**
- きわめて深刻な**問題**
- 日程的に若干**問題**があるため、
- 将来やがて起こる**問題**に関して
- **問題**銀行
- **問題**貸金
- **問題**解決
- **問題**が広範囲にわたっているのか、または局地的なのか
- すべての**問題**をカバーする
- **問題**の用地
- まったく**問題**外です。
- 教育の**問題**
- ……の**問題**について
- 得意先に深刻な**問題**を残す
- 実際**問題**としては
- 何も**問題**がなければ、
- 特に微妙な**問題**になる

- an important issue
- the listed issues in Mr. Kelly's December 10 letter
- on national issues
- While it *is* a small matter,
- *settle* the matter/ overcome the problems
- these matters
- About this matter/ With respect to this matter/ On this subject
- about any matter pertaining to ...
- on matters relating to this program
- a matter of great importance
- a similar occasion
- most of the points
- We *apologize for* the problem.
- become a big problem
- The problem was *caused* by ....
- the problem which you *cite*
- *clear* the problem up by explaining that ...
- the main problem we are *confronted with*
- *discuss* the problems associated with ...
- the problems that you are *having*
- <be> *having* more problems with ...
- in *resolving* the various problems
- Do you *see* any problems?
- Another problem *happened* concerning ....
- Problems may occasionally *occur* with ....
- The problem *occurred* when ....
- a big problem
- a rather difficult problem
- serious problems
- a serious [very important] problem [question]
- a very serious problem
- Due to some scheduling problems,
- on the time horizons problem
- problem banks
- problem loans
- problem solving
- if the problem is widespread or localized
- *cover* all the questions
- the site in question
- <be> simply out of the question
- the subject of education
- on the subject of ...
- leave the customer in serious trouble
- in practical terms
- If everything's going satisfactorily,
- get into particularly sensitive areas

や

◆役員

- 当PQR社の**役員**
- 貴社の**役員**・社員の皆様
- ある企業の**役員**として
- **役員**として
- たいへん有能な**役員**の方々
- 弊社**役員**及び社員一同
- 御社**役員**もしくは権限を与えられた他の代表者
- ABC社の**役員**
- 他の**役員**

◆役職

- この**役職**
- 彼の**役職**名は「総支配人」となります。

◆約束

- **約束**を確認するため
- 数多くの面会の**約束**
- 最高のサービスをお**約束**いたします。
- ……ということをお**約束**したいと存じます。
- 直ちに船積みすることをお**約束**いたします。
- 当日はシカゴで**約束**があります
- 新しい仕事の**約束**
- 通常の**約束**
- 同社は**約束**したことを守ることでしょう。

- 寛大な**約束**
- ……のことを、貴社にはっきり**約束**していただかねばなりません。
- ……という**約束**を次から次にする
- 何か**約束**する
- 今週知らせると**約束**する
- 収入のお支払いをお**約束**いたします
- 年に120セット販売することを**約束**する
- **約束**手形
- その時、**約束**しましたとおり
- 商品は1週間以内に船積みするとの**約束**でした。
- お**約束**通り、
- お**約束**の確認のため
- その晩は別の会合の**約束**がしてあります。

◆役立つ

board members, executive (s), officer (s), official (s), etc.

- our PQR board members
- your executives and your employees
- as a corporate executive of a company
- in an executive capacity
- a very able staff of executives
- the officers and the staff of our organization
- an officer or other authorized representative of your company
- ABC officials
- the other members of management

position, etc.

- this position
- His title will change to "General Manager".

appointment (s), assure, assured, commitment (s), pledge, promise, promised, word, etc.

- for a firm appointment
- a number of appointments
- We assure you of our best service.
- We want to assure you that ....
- You can be assured of prompt shipment.
- have commitments in Chicago that day
- new business commitments
- ordinary commitments
- The company would be found responsible for their commitments.
- the generous pledge
- We must *have* your express promise that ....

- *make* one promise after another that ...
- promise to do something
- promise to let us know this week
- promise to pay you income
- promise to sell 120 sets a year
- promissory notes
- As I promised to you at that time
- The goods were promised to be shipped within a week.
- As promised./ True to your word
- for a definite appointment
- I have already committed myself to another meeting that evening.

assist, assistance, contribution, help, helpful, instrumental, serve, service, use, useful, valuable, etc.

- 何らかの点で貴社の**お役に立つ**ことがありましたら、
- 私どもはできるだけお客さまの**お役に立ち**たいと願っております。

- あなたの旅行計画の**お役に立つ**
- ……の**役に立つ**
- 貴殿に**役に立つ**
- もし私どもが貴殿の**お役に立つ**ことができるならば
- さらに**お役に立つ**ことがございましたら、お知らせ下さい。
- 弊社では喜んで、御社が必要と思われる助力について、何なりと**お役に立つ**つもりでおります。
- **お役に立て**ず残念です。
- ……のために**役立つ**
- ……するのに**役立ちます**
- ……にとり少しでも**役に立つ**
- 何か貴殿の**お役に立つ**ことがございましたら
- 私どもで**お役に立つ**ことがございましたら
- 実に有益で**役に立つ**
- ……において、非常に**役立つ**
- **お役に立てる**ことがございましたら、何なりとご遠慮なくご相談下さい。
- ……するのに**役に立つ**
- ……として立派に**役立つ**ようになるかもしれません
- いつでも喜んで貴社のお客様の**お役に立ち**たいと存じます。
- どのようにしたら、もっと貴社の**お役に立つ**ことができるのか
- 当地で大いに**役立つ**ことでしょう
- 貴殿の**お役に立てて**、うれしく存じます。
- 何か**お役に立つ**ことがございましたら、
- ……を**役立てる**
- 当方にとり**役に立た**なくなってしまいます
- 非常に**役に立つ**
- ……に実際、**役に立つ**
- 同封の情報は貴殿の**役に立つ**ものと思います。
- ……する際には、私が特に**役に立つ**ものと思います。
- ……にとって間違いなく**役に立つ**
- ……に、**役に立ちます**
- ……に大へん**役立ちます**
- ……に少しは**役に立つ**
- ……に大いに**役立つ**
- **役に立つ**情報をできる限り

◆役付者
- 当行**役付者**

- If I can assist you in any way,
- You may be assured that it will be our desire to assist you to the best of our ability any manner possible.
- assist you with your travel plans
- <be> of assistance to ...
- will be of assistance to you
- if we can ever be of assistance to you

- Please let me know if I can be of any further assistance.
- We are very pleased to be at your disposal for any advice or assistance that you may need.

- I am sorry that I could not be of assistance.
- make a contribution to ...
- <be> of help in <doing>
- <be> of some help to ...
- if we can help you in any way
- if we can be helpful
- <be> most informative and helpful
- <be> very helpful in ...
- You can always feel free to consult us about any matter in which our counsel may prove helpful.
- <be> instrumental in <doing>/ help us in <doing>
- may effectively serve as ...

- We are always pleased to serve your clients.

- how I may serve you better

- will unquestionably serve you in good stead here
- It was a pleasure serving you.
- If we can be of any service,
- make use of ...
- will bo of no uso to uε
- <be> extremely useful
- <be> of practical use to ...
- I hope you will find the enclosed information useful.
- I think I could be particularly useful in <doing>.

- <be> undoubtedly very useful for ...
- will be valuable in ...
- <be> valuable toward ...
- go a little way toward ...
- go a long way toward ...
- as much information as is available

officers
- the officers of the Bank

• 当行および当行**役付者**一同	• the bank and all its officers

◆役割 — act as, role

• ……としての**役割**を果たす	• act as ...
• この物語の中でひとつの**役割**を果たす	• play a role in this story
• ……するために重要な**役割**を果たしている	• play an important role in <doing>
• ますます重要かつ不可欠な**役割**を果たす	• play an increasingly important and indispensable role
• ……に重要な**役割**を果たす	• play a key role in ...
• ……という重要な**役割**	• the very important role of ...
• 地域的な**役割**	• a local role
• きわめて独特かつ重要な**役割**	• an extremely unique and important role
• 日本の投資の**役割**	• the role of Japanese investment

◆やっと — at last, etc.

• **やっと**	• at long last
• **やっと**のことで	• finally

ゆ

◆遺言 — a will, etc.

• **遺言**なしで死ぬ	• die without a will
• **遺言**あり	• testacy
• **遺言**なし	• intestacy
• **遺言**執行状	• letters testamentary

◆優位 — lead, etc.

• 貴社の**優位**を保持する	• keep your firm in the lead
• 皆の中での**優位**	• ahead of the pack

◆有意義 — meaningful, etc.

• 現在進行中の**有意義**な両社の協力による継続事業	• ongoing meaningful and cooperative follow-up business activity
• ……する機会を得たことは小生にとってたいへん**有意義**でした。	• It was most rewarding for me to have had the opportunity to ....
• 私の日本滞在を非常に**有意義**で楽しいものにさせる	• make my stay in Japan so useful and enjoyable

◆有益 — beneficial, helpful, profitable, useful

• ……のために**有益**でしょう	• will be beneficial to ...
• 関係各方面に**有益**なものとなる	• <be> beneficial to all parties concerned
• 楽しく**有益**な旅行	• a very pleasant and beneficial trip
• 両社の友好かつ**有益**な関係	• the friendly and helpful relations between our organizations
• 非常に**有益**です	• <be> very profitable
• **有益**な情報を得る	• obtain useful information

◆有価証券 — securities, etc.

• **有価証券**を送る	• send the securities

・**有価証券**
・**有価証券**の中身

・a valuable paper
・a portfolio mix

◆**有効**

effective, open, valid, validity, etc.

・……まで**有効**です
・……まで引続き**有効**です
・本オファーは見積書があれば**有効**です。
・このオファーは今月末まで**有効**といたします。
・6月1日までに限り**有効**です
・20xx年12月18日まで**有効**です
・見積りの**有効**期間は60日とします。
・**有効**に時間をお過ごしいただけるでしょう。
・引き続き**有効**のままとする

・\<be\> effective until ...
・will *remain* open until ...
・This offer *remains* open provided with the estimate.
・We will *keep* this offer open up to the end of this month.
・\<be\> valid only through June 1
・\<be\> valid until December 18, 20xx
・Validity of quotation shall be 60 days.
・Your time will be well spent.
・shall remain in full force and effect

◆**友好**

association, friendly, friendship, pleasant

・両社の**友好**関係
・両社の**友好**かつ有益な関係

・貴社との間に長い間続いてきた**友好**関係

・両行の**友好**関係がますます強まる

・**友好**的買付け
・**友好**的関係
・相互に**友好**と信頼の関係を築く
・末永い**友好**関係
・長年培われてきた御社との**友好**関係

・**友好**関係を考慮すると

・the association between our companies
・the friendly and helpful relations between our organizations
・the friendly relationship which has for a long period existed between us
・strengthen the friendly ties between our two institutions more firmly than ever
・friendly bids/ friendly TOB
・the friendly relationship
・build mutual friendship and trust
・a long and lasting friendship
・the traditionally pleasant relations between our two institutions
・in view of the pleasant relationship

◆**融資**

accommodations, credit, finance, financing, funding, lending, loan (s), etc.

・当行の**融資**額
・**融資**の決定をする
・（短期資金による）つなぎ**融資**
・立上がり資金**融資**
・航空機の**融資**
・**融資**
・20xx年8月10日実行の**融資**条件に基づいて
・住宅**融資**［ローン］

・統合**融資**
・**融資**見直し
・**融資**処理
・**融資**担保割掛け率
・ころがし**融資**
・商業手形の担保差入れに対する**融資**
・**融資**態度
・**融資**確認状

・our accommodations
・make credit decisions
・bridging finance
・start-up finance
・aircraft financing
・funding/ loan
・under the terms of our loan made to you on August 10, 20xx
・home loans/ housing loans/ household loans/ mortgage loans
・a united loan
・loan review
・loan servicing
・a loan(-to)-value ratio
・rolling-over of a loan
・loans against pledge of commercial bills
・attitudes toward lending/ stance in lending
・a comfort letter

・**融資**担当重役
・financial executives

◆**友情**
・あなたの個人としてのご**友情**
・your personal friendship

・鎌塚氏との個人的な**友情**
・my personal friendship with Mr. Kamatsuka

・長年にわたる心のこもった**友情**とご親切
・all the many years of cordial friendship and kindness accorded us

◆**夕食**
・私どもの家で**夕食**をともにしていただく
・have dinner at our home

・貴殿を**夕食**にご招待したいと存じます。
・I should like to invite you for dinner.

・**夕食**にいらしていただける。
・You will be able to join us for dinner.

・貴社の**夕食**会
・your dinner party

・昨夕の**夕食**会
・the last night's dinner party

◆**友人**
・多くの新しい**友人**を作る
・make many new friends

・貴殿を**友人**として迎えられ嬉しく存じます。
・We are pleased to have you as friend.

・古い**友人**としては
・as an old friend

・数多くの素晴らしい日本の**友人**
・many good Japanese friends

・XYZ社の**友人**一同
・all of your friends at XYZ

・**友人**としてまた同僚として
・as friends and colleagues

・貴兄の数多いご**友人**と崇拝者ともども
・among your many friends and admirers

◆**郵送**
・ただちに小切手を**郵送**いたします
・will mail you a check promptly

・信用状は昨日御社宛て**郵送**いたしました。
・The letter of credit was mailed to you yesterday.

・**郵送**用封筒
・a mailing envelope

・**郵送**の過程で
・in the course of mailing/ in the course of transmission

・……を定期的に**郵送**することによって
・through regular mailings of ...

・**郵送**料
・the postage

◆**融通手形**
・**融通手形**
・accommodation bills [drafts, papers]/ a kite/ windbills/ windmills

・**融通手形**・空小切手の振出し
・kite-flying

・**融通手形**振出し人
・kite-fliers

◆**有能**
・**有能**な事務員
・a capable clerk

・**有能**な人々
・competent persons

・**有能**で信頼できる管理職
・effective and trusted managers

・**有能**な現地のスタッフとともに
・with a qualified national staff

◆**郵便**
・**郵便**送金指図
・an airmail remittance order

・1月1日から2月15日までは下記の住所に**郵便**物をお送りいただいて結構です。
・You may *send* mail from January 1 to February 15 to the following address:

・発信**郵便**物
・outgoing mail

・**郵便**確認状
・our mail confirmation

friendship

dinner

friend (s)

mail, mailed, mailing, postage, transmission

accommodation bills, etc.

capable, competent, etc.

airmail, mail (s), post, postal, postage

- **郵便**振替
- ABC社を通して**郵便**あるいは電話で、私に連絡がつくでしょう。
- 何かの間違いか、あるいは**郵便**の遅れがあったのかもしれません。
- **郵便**小包
- **郵便**小包受取証
- **郵便**年金
- 新住所の**郵便**宛先
- **郵便**為替
- **郵便**受取証
- **郵便**貯金
- 代金及び**郵便**料金をカバーする

- mail transfers/ MT/ airmail remittance
- You may still reach me by mail or phone via ABC.
- There is the possibility of an error or a delayed transmission in the mails.
- a parcel post package
- parcel post receipts
- a post-office annuity
- the new postal address
- postal (money) orders/ P.O.
- postal receipts
- postal savings
- cover the price and postage

◆有名
- **有名**企業
- ……のような**有名**企業
- **有名**国内企業の大半

prominent, etc.
- a prominent firm
- such prominent enterprises as ...
- a large majority of nationally known companies

◆猶予
- 来月末までになにとぞご**猶予**下さい。
- 未払い金の支払いをご**猶予**願えませんでしょうか。
- 特別に**猶予**した期限
- **猶予**期間

patience, etc.
- I only beg your patience till the end of next month.
- May I ask your indulgence with regard to my overdue account?
- extra time
- a period of grace

◆有利
- 双方に**有利**な取引をする
- 貴殿に**有利**になるでしょう
- **有利**なものである
- 並外れて**有利**な
- 預金を解約するよりも継続する方がずっと**有利**です。

advantage [-ous], etc.
- do business to our mutual advantage
- will be advantageous to you
- see the benefit
- exceptionally favorable
- Continuing the deposit assures you much more profit than cancelling it.

◆有料
- 未来の**有料**ネットワーク技術
- **有料**の倉庫

pay, toll, etc.
- a future toll network technology
- a commercial warehouse

◆優良
- **優良**企業
- 相変わらず**優良**企業である
- **優良**企業
- **優良**手形
- **優良**株

fine, excellent, etc.
- a fine company
- remain a very fine company
- an excellent company
- best papers/ first-class papers
- blue-chip [gilt-edged] stocks/ high-grade stocks

◆有力
- 多角化した**有力**企業
- **有力**企業

influential, powerful, etc.
- a powerful, diversified company
- leading companies

◆行く
- あまり遠く〜へは**行け**ません。

go, etc.
- I cannot be far away.

- その日の午後東京に**行か**なくてはなくてはなりません
- 石井博士は米国に**行き**ます。

- have to go to Tokyo that afternoon
- Dr. Ishii will be traveling to the U.S..

◆輸出

export, export (s), exporter, exporting, etc.

- ぼろの**輸出**を取扱う
- フィリピンへの将来の**輸出**
- **輸出**資金前貸し
- **輸出**手形
- **輸出**金融
- **輸出**包装
- 当社の**輸出**価格
- 現在の**輸出**価格
- **輸出**品加工地区
- **輸出**に
- ……に**輸出**代理店を持っております。
- **輸出**手形の買取り
- 当社の製品を日本へ**輸出**する
- ワックス製品を**輸出**する
- 貴社が目下**輸出**中の商品
- 弊社の唯一の**輸出**部門
- **輸出**メーカー
- 石油**輸出**国
- 信頼できる**輸出**業者
- 最大の対日**輸出**商社
- **輸出**港船側渡し条件

- *handle* the export of rags
- *future* exports to the Philippines
- export *advance*
- export *bills*
- export *credit*/ export financing
- export *packing*
- our export prices
- our current export price
- an Export *Processing* Zone
- *for* exports
- We are represented *for* export by ....
- negotiation *of* export bills
- export our products to Japan
- export wax products
- the goods you are exporting now
- our sole exclusive exporting department
- exporting manufacturers
- *petroleum* exporting countries
- a *reliable* exporter
- the largest U.S. exporter to Japan
- free alongside ship/ F.A.S.

◆輸送

transportation, etc.

- この**輸送**
- シンガポール経由で**輸送**する
- **輸送**中に

- this transportation
- ship through Singapore
- en route/ in transit

◆輸入

import, import (s), importation, imported, importer (s), etc.

- 並行**輸入**
- 有形**輸入**
- **輸入**手形引受け
- 当社のカメラ**輸入**業務
- **輸入**信用状
- 新しい**輸入**承認書に基づいて
- 取立手形に必要な**輸入**許可
- **輸入**課徴金
- **輸入**ユーザンス
- 100セット程度**輸入**する
- ……の**輸入**業務を行う
- **輸入**カシミヤセーター
- わが社の**輸入**製品
- ……によって現在**輸入**されています
- 部品はすべて日本から**輸入**します。
- 信頼できる**輸入**業者
- **輸入**兼販売業者

- *parallel* import
- *visible* imports
- acceptance of import *bills*
- our import *business* of cameras
- an import *L/C*
- under the new import *license*
- the necessary import *permit* for the collection
- an import *surcharge*/ a tax surcharge on imports
- import *usance*
- import about 100 sets
- handle the importation of ...
- imported cashmere sweaters
- our imported products
- be imported by ...
- All components are imported from Japan.
- some reliable importers
- importers and distributors

- 同社は ……の**輸入**業を営んでいます。
- スウェーデンは、日本がスウェーデンから**輸入**するよりもはるかに多くの商品を、日本から輸入しています。
- **輸入**担保荷物保管証
- 延払い**輸入**

- The firm operates as an importer of ....
- Sweden buys much more from Japan than Japan does from Sweden.

- trust receipts/ T/R
- marker's credit

◆許す
- ……をお**許し**下さい。
- どうかお**許し**下さい。

- 事情が**許せ**ばすぐに
- 事情が**許せ**ば

apology [-ies], excuse, forgive, permit, etc.
- Please accept my apology for ....
- Please accept my apologies./ Please excuse us./ Please forgive us.
- as soon as circumstances permit
- as and when conditions permit/ God willing,

<h1 style="text-align:center">よ</h1>

◆用意
- 当方は貴殿のため喜んで ……を**用意**いたします。
- ……する**用意**がある
- 貴社の**用意**ができ次第
- ……を**用意**する
- ……と一緒の席を**用意**する

prepare [-d], <be> ready, etc.
- We will be pleased to prepare for you ....
- <be> prepared to <do>
- whenever you are ready
- set aside ...
- arrange a seat with ...

◆要求
- ……を引き続き**要求**しています
- **要求**払い手形
- **要求**払い預金
- **要求**払い
- 説明を**要求**する
- ……の点で、貴社のご**要求**に合う
- サービス改善の**要求**を何回も行った後
- 貴社の厳しいご**要求**を満足させます。
- 〈日付〉お手紙にてのご**要求**
- 貴社の**要求**事項を添え、折り返しご返事下さい。

demand, needs, requests, requirement
- <be> continuing our demand for ...
- demand bills [drafts, notes]
- demand deposits
- payable on demand
- demand an explanation
- meet your needs in terms of ...
- after many requests for improved service
- I will meet your exact requirements.
- the requirement in your letter of <date>
- Please write to us by return with your requirements.

◆要件
- 当初指定した**要件**
- 防衛上の**要件**

requirements
- the initially specified requirements
- the defense requirements

◆用件
- 重要な**用件**で
- 係がいつでもご**用件**を承ります。

a matter (of business), etc.
- concerning a matter of importance
- Our staff is at your service.

◆用紙
- 添付の**用紙**で
- 同封の**用紙**
- この**用紙**の下部に

form (s), etc.
- on the attached form
- the enclosed forms
- at the bottom of this form

- この**用紙**の一番下に書いてあるとおり
- as indicated on the bottom of the **form**
- 練習問題**用紙**
- worksheets

◆用事　business, etc.
- 何かのご**用事**で
- for any reason
- 午前中は**用事**がありません（空いています）。
- I will be free in the morning.
- しばらく**用事**がないようでしたら、
- If you should be free for a while,

◆要請　needs, request, requested, etc.
- 弊社の業務上の**要請**
- our business needs
- ……するよう、強く**要請**いたします。
- We are to make a strong request that ..../ We request you strongly to <do>.

- 申込みの**要請**を受ける
- receive such request for proposal
- このように突然注文取り消しの**要請**
- such a sudden request for cancellation
- 見積り送り状の**要請書**
- a proforma invoice request
- ご**要請**に応じ
- at your request
- 当地にいる貴社の弁護士の**要請**により、
- At the request of your lawyers here,
- ご**要請**に従い、
- in accordance with your request/ as requested by you

- この**要請**に至急ご配慮いただければ、まことにありがたく存じます。
- Your immediate attention to the request will be greatly appreciated.
- ……を中止するよう、**要請**する
- request you to cancel ...
- ……することを**要請**します。
- We request that you should <do>./ We request you to <do>.

- そのようにご**要請**があれば
- if you so request
- ……にご来臨下さいますよう、正式に**要請**いたします。
- You are formally requested to come to ....
- **要請**があれば
- when requested
- この調査への参加を**要請**されています
- <be> being invited to participate in this study
- ……に参加されるよう**要請**される
- <be> called upon to participate in ...

◆用船契約　charter
- この**用船契約**を実現させる
- make this charter possible
- **用船契約**船荷証券
- a charter party B/L

◆要素　an element, etc.
- ……に欠くことのできない**要素**
- a key ingredient of ...

◆要点　a point, etc.
- **要点**をはっきりさせる
- clarify a point
- 下記に**要点**を述べ（たいと存じ）ます。
- We (would like to) outline below.

◆用途　application (s), use, etc.
- 当社製品の**用途**
- applications of our product
- 同じような**用途**向けに
- for any similar application
- ……の**用途**に最適です
- <be> ideal for use in ...
- 当社製品は、……の**用途**に最適です。
- You will find our product ideal for ....

◆要望　desired, insist, instructed, needs, request, requested, requirements
- ご**要望**［ご指示］通り
- As desired [instructed],

- ご**要望**があれば
- ……を強く**要望**する
- 貴殿の基本的ご**要望**
- 具体的なご**要望**
- 当社はどのようなご**要望**にも応じる用意が
  あります。
- 貴殿の思慮深いご**要望**
- ご**要望**については
- 御**要望**に従い、
- 10月8日付けのご**要望**に従い

- ご**要望**あり次第
- ご**要望**通り、

- if desired
- insist on ...
- iyour basic needs
- your specific request
- We are ready to *comply with* any request of yours.

- your thoughtful request
- about your request/ about your requirements
- In accordance with your request,
- In accordance [conformity, compliance] with your
  request of 8th October,
- whenever you request us to do so
- As requested,/ As you requested,

◆**要約**

- 読みやすくまとめた**要約**
- **要約**貸借対照表
- **要約**損益計算書
- **要約**版
- **要約**すると
- いろいろな提案を**要約**する
- 下記のように**要約**できます
- 詳しい**要約**（1,000語程度の）
- 1ページに**要約**したもの

**compendium, condensed, shortened, sum up,
summarize [-d], summary**

- an easy-to-read compendium
- a condensed balance sheet
- a condensed income statement
- a very shortened version
- To sum up
- summarize the various proposals
- may be summarized as follows:
- a detailed summary (approximately 1,000 words)
- a one-page summary

◆**容量**
- **容量**証明書

- **容量**明細書

measurement and weight

- a certificate and list of measurement and [/or]
  weight
- a measurement and weight list

◆**預金**

- 新しい**預金**証書
- **預金**証書裏面
- **預金**証書の裏面のご署名

- **預金**することができます
- 定期的に**預金**をする
- 200万米ドルの当行ロンドン支店に対する
  ご**預金**にお礼申し上げます。
- 1,000円を最初に**預金**して
- 別段**預金**
- 本源的**預金**
- 現在丸の内支店にお持ちの**預金**口座

- **預金**残高は巨額です
- **預金**証書
- **預金**保険
- **預金**受取り証
- （定期）**預金**証書

**certificate, deposit (s), deposited, depositor (s),
passbook, savings, withdrawal, etc.**

- the new certificate
- the back of the certificate
- your signature affixed to the reverse side of the
  certificate
- may *make* deposits
- *make* regular deposits
- Thank you for your deposit of US$ 2,000,000 in our
  London Branch.
- with an *initial* deposit of ¥1,000
- *miscellaneous* deposits/ special deposits
- *primary* deposits
- the deposit *account* you currently maintain with our
  Marunouchi Branch
- keep deposit *balances* of huge size
- the deposit *certificate*
- deposit *insurance*
- the deposit receipts
- a (time) certificate *of* deposit

- **預金**期間中は
- **預金**高
- 同資金はファーストナショナル銀行に**預金**されております。
- 銀行口座に**預金**されます
- 新しい**預金**者
- このたびは当行に新たに**預金**口座を開設いただいてありがとう存じます。
- 当行の重要な**預金**者の一部になっています
- **預金**通帳の必要なページの写し
- すべての**預金**取引において
- **預金**引出し用紙
- **預金**引出し受領証
- **預金**切れ小切手
- **預金**通貨
- **預金**不足
- **預金**保険加入銀行［米］
- **預金**郵送用紙
- 見合い**預金**
- 保償**預金**

◆よくなる
- （気分が・具合が）ずっと**よくなって**います。
- **よくなる**
- 残念ながら、（気分・健康が）少しも**よくなって**いません。
- 容態が**よくなった**と報告することはできません。
- 早く**よくなって**ください。
- 2～3日で**よくなる**でしょう

◆予告
- 2日前の**予告**
- このように短期間の**予告**で
- **予告**なしに

◆予算
- 〈項目〉の**予算**
- 郵便料の**予算**
- **予算**の増額
- 貴社の**予算**計画立案のために
- 多くの**予算**
- **予算**の抑制
- **予算**編成

◆予想
- ……は、当方にとって**予想**外のことでした。
- **予想**より
- **予想**財務諸表
- ……と**予想**しております。

- through the period *of* deposit
- volume of deposit
- The funds are *on* deposit at First National Bank.

- \<be\> deposited to a bank account
- new depositors
- It is a pleasure to see your name among those of our new depositors.
- \<be\> numbered among our valued depositors
- the copies of the necessary pages of your passbook
- on all savings transactions
- the withdrawal form
- the savings withdrawal receipt form
- short checks
- quasi-money
- insufficient funds/ N.S.F./ NSF
- an insured bank
- the save-by-mail forms
- compensating balances/ compensation balances
- compensatory balances

better, improvement, recover, well
- I am much better.
- feel［get］better［well］
- I regret to say I don't feel any better.
- I cannot report any improvement in my health.
- Please recover quickly.
- will recover in a few days

prior notice, etc.
- two days' prior notice
- on such short notice
- without notice

budget, budgetary, budgeting
- a budget for \<item\>
- a budget for postage
- a budget increase
- for your budget planning purposes
- a large portion of our budget
- a budgetary discipline
- the budgeting process

anticipate [-d], estimated, expect, expected, foreseen
- We did not anticipate that ....
- than I had anticipated
- estimated financial statements
- We expect that ....

- 予想配当率
- 予想される外国為替取引量
- 予想していた通り、
- 当初の予想より幾分長く
- 当初の予想よりも

- expected dividend rates
- the volume of expected foreign exchange business
- As expected,
- somewhat longer than we originally expected
- more than originally foreseen

◆予測

- 貴社との取引量がかなり増加するものと予測する
- 競争相手の行動を予測する
- 世界的規模での発展と予測

anticipate, predict, etc.

- anticipate a substantial increase in our business level with you.
- predict a competitor's behaviour
- developments and projections on a world-wide basis

◆予定

- 予定通りに
- 週殿行事予定表
- 貴殿の予定をできるだけ早くお知らせ下さい。
- 予期せぬ予定
- 来年の予定
- 私どもは現在、……する予定です。
- ……する予定です
- 同市で1週間ほど過ごす予定です
- 予定通り
- 予定時間
- 予定がぎっしり詰まっている
- 予定がぎっしり詰まっているようでしたら、
- 超過密な貴殿の予定
- 非常に詰まった予定
- 非常に詰まった予定で
- ぎっしりつまった予定から
- 私の明日の予定は次の通りです。
- 会議を開く予定です
- 会合は9月10日11時に予定しています
- その集会は予定から外します。
- ……の予定である
- 大阪を立ちカナダへ向かう予定です。
- 我々は、……を予定しております［予定いたしました］。
- 予定保険

anticipated, plan (s), planned, program, schedule, scheduled, scheduling, slated, etc.

- as soon as we anticipated/ as previously planned
- the weekly calendar of events
- Please let us know your plan as soon as possible.
- unforeseen plans
- the plans for next year
- We now plan that ....
- plan to <do>/ <be> scheduled to <do>
- plan to spend a week in that city
- as planned/ according to schedule/ as scheduled
- program time
- *have* a very tight schedule
- If your schedule gets really tight,
- your *super-busy* schedule
- a very tight *time* schedule
- on a very tight *time* schedule
- *out of* your busy schedule
- My schedule *for* tomorrow is as follows:
- will schedule a *meeting*
- schedule a meeting at 11:00 a.m., September 10.
- The session will not be scheduled.
- <be> scheduled [slated] for ...
- He is scheduled to leave Osaka for Canada.
- We are scheduling [have scheduled] ....

- provisional policies/ floating policies/ an open policy

◆予備

- 予備議題（20xx年4月10日現在）
- 予備部品

preliminary, etc.

- Preliminary Agenda (as of 4/10/20xx)
- spare parts

◆読む

- 読みやすいように
- 原稿をただ読みあげないで下さい。
- お読みいただければ、
- ……と読み替えるべきでした

legibility, read, readable

- for good legibility
- Try not to simply read from your manuscript.
- As you read,
- should have read ...

- いくつかの章を選んで**読む**
- **読み**やすい形に
- read selective chapters
- in a readable form

◆予約

book, booked, booking (s), reservation (s), reserve, reserved, etc.

- できるだけ早く**予約**する
- ファーストクラスのホテルはすべて**予約**で一杯です。
- 10月中の**予約**はすでにいっぱいです
- 多数の**予約**
- 次の**予約**を確認する
- **予約**をする
- ホテルを**予約**する
- これまでにいただいた**予約**
- 千葉市のホテルに**予約**していただき、ありがとうございます。
- ホテルの**予約**
- ホテルの**予約**の点で
- **予約**用紙に
- 参加を希望されるかどうか、**予約**用紙にご記入ください。
- 都ホテルを**予約**する
- 部屋を**予約**する
- 早めに座席をご**予約**下さい。
- 貴社の席は未だ**予約**できます。
- **予約**席の切符
- **予約**金300ドル

- book as soon as possible
- All the first-class hotels are being booked in full.
- have already been fully booked for October
- a high number of bookings
- *confirm* the following reservations
- *get* a reservation
- *make* a hotel reservation
- reservations *received* thus far
- *Thank you for* your reservations at the hotel in Chiba.
- a hotel reservation
- in the way of hotel reservation
- on your reservation form
- Please indicate on your reservation form if you are interested in attending.
- reserve the Miyako Hotel
- reserve a room
- Please reserve your place soon.
- There is still time to reserve your place.
- reserved seat tickets
- a $300.00 deposit

◆余裕

room, a surplus, etc.

- **余裕**は十分あります。
- 数千ドルの支出をする**余裕**はほとんどありません。
- 時間的に十分**余裕**をもって

- We have plenty of room.
- I can little afford the outlay of several thousands of dollars.
- well ahead of time

◆～より

as from, etc.

- 19xx年7月1日**より**
- 20xx年9月1日**より**

- as from July 1, 19xx
- on and from 1st September, 20xx

◆夜

evening, night

- ……の**夜**
- 私のトロント着は火曜日の**夜**の予定です。

- the evening of ...
- My arrival in Toronto is scheduled for the evening of Tuesday.

- 6月25日**夜**に

- on the night of June 25

◆喜ばしい

<be> glad, etc.

- ……を、知って**喜ばれる**と思います。
- ……することは、ご同業としてまことに**喜ばしい**ことです。
- ……ほど**喜ばしい**ものはございません。

- You will be glad to learn that ....
- It is a great and professionally exciting pleasure to ...
- There is nothing more satisfying than ....

◆喜び
- 名誉でありかつ**喜び**
- 私の大変**喜び**とするところです
- 貴社と仕事をさせていただくのは**喜び**です。
- ……することは私の非常な**喜び**です。
- **喜び**と驚きをもって

pleasure
- a privilege and pleasure
- give me great pleasure
- Doing business with you has been a pleasure.
- It is my great pleasure to <do>.
- with pleasure and surprise

◆喜んで

- ……ということを聞いて、非常に**喜んで**おります。
- ……のことを知り**喜んで**おります。
- 彼女（家内）はそれをいただいてたいへん**喜んで**おります。
- **喜んで**、……したいと思います。
- 貴殿や同僚の方々にお会いできたことを皆**喜んで**おります。
- ジムのために**喜んで**
- **喜んで**、……いたしたいと存じます。
- あなた様が私と一緒に、……のために**喜んで**下さる
- ……することを非常に**喜んで**おります。
- ……に、たいへん**喜んで**おります。
- （非常に）**喜んで**、……いたします。
- ……ことをお知りになれば、きっと**喜んで**いただけることと思います。
- **喜んで**……させていただきます。
- **喜んで**
- ……して、私個人として大へん**喜んで**おります。

delighted, enjoyed, excited, glad, gratified, gratifying, happy, pleased, pleasure
- I was so delighted to hear about [of] ..../ I was so excited to hear about [of] ....
- We are delighted to learn that ....
- She is delighted to have it.

- We will be delighted to <do>.
- We all thoroughly enjoyed meeting you and your colleagues.
- in being glad for Jim
- We'll be glad to <do>.
- you will join with me in being glad for ....

- We are more than gratified to <do>.
- It is most gratifying that ....
- We are (very) happy to <do>.
- I am sure you will be pleased to know that ....

- We shall be only too pleased to <do>.
- with great pleasure
- It was a great personal pleasure for me to <do>.

◆よろしい
- もし**よろしけ**れば、
- ……されるのが**よろしい**と思います。

<be> good, etc.
- If you prefer,
- It will be in order for you to <do>.

◆よろしく
- 何卒**よろしく**。

- ……に、どうぞ**よろしく**。
- ……に、**どうぞよろしく**お伝え下さい。

- 〈名前〉に**よろしく**お伝え下さい。

- 貴殿の上司に、**よろしく**お伝え下さい。
- 貴殿と同僚の皆様に、立川氏からも**よろし**くとのことでした。
- 玉井君をどうぞ**よろしく**お願い申し上げます。

best, regards, wishes, etc.
- ..., and cordial regards./ ..., and very best regards,/ Best personal regards,/ With warm regards and best wishes,/ With warm regards,/ With kind personal regards,
- With kindest personal regards to ....
- Please *convey* my best regards and the feeling of high esteem to .... / Please give our very best wishes to ....
- Please *give* <name> my best./ Please give my regards to <name>./ Please send my best regards to <name>.
- Please *send* [give] our best regards to your boss.
- Mr. Tachikawa joins me in *sending* his best regards to you and your colleagues.
- Thank you for your kind interest in Mr. Tamai.

- •竹内毅からも、くれぐれも**よろしく**と申しております。
- •……に、**よろしく**お伝え下さい。
- •〈名前〉に**よろしく**お伝え下さい。

- • Takeshi Takeuchi joins me in *sending* our kindest regards.
- • Please say hello to ....
- • Please remember me to <name>.

◆**ヨーロッパ**
- •**ヨーロッパ**市場
- •**ヨーロッパ**市場（特にEU諸国内の）

- •**ヨーロッパ**市場で

Europe (-an)
- • the European market
- • the European market (particularly within the EU countries)
- • in the European market

◆**弱気**
- •**弱気**市場
- •**弱気**相場

weak, etc.
- • a bear market
- • a bearish market

ら

◆**ライセンス**
- •**ライセンス**契約を交渉する
- •両社間の**ライセンス**契約
- •現在の**ライセンス**契約に従って
- •**ライセンス**権
- •**ライセンス**商品を販売する
- • PQR技術の**ライセンス**
- •**ライセンス**契約

license, licensed, licensing
- • *negotiate* a license
- • the License Agreement between our two companies
- • following our existing license agreement
- • the license right
- • sell licensed products
- • licensing of PQR technology
- • a licensing agreement

◆**来賓**
- •著名なご**来賓**
- •ご**来賓**の皆様
- •**来賓**として

guest (s)
- • distinguished guests
- • each guest of honor
- • on the dais

◆（ご）**来臨**
- •ご**来臨**
- •この機会にご**来臨**いただければ、幸いに存じます。
- •どうかご**来臨**下さいますよう、お願い申し上げます。
- •私どものパーティーにご**来臨**賜ります

your company [presence], etc.
- • the pleasure of your company
- • We shall be pleased if you will favor us with your company on the occasion.
- • Will you honor me with your company?/ Please honor us with your presence.
- • come over to our party

◆**落成式**
- •**落成式**に出席する
- •新社屋の**落成式**

inauguration, etc.
- • attend the inauguration
- • the dedication of your new corporate headquarters

◆**楽観**
- •……の将来について**楽観**的な見方をする
- •私どもはともに ……の成功を**楽観**視できるはずです。
- •私どもは未来について**楽観**的です。

optimism, optimistic
- • radiate optimism about the future of ...
- • We will have reason to share our optimism for the success of ....
- • We remain optimistic for the future.

り

◆利〜

- •**利札**
- •**利札**落ち
- •**利札**付き
- •**利子**が付く
- •その口座に生じる**利子**
- •**利子**落ち
- •半期**利払い**
- •単**利**
- •**利付き**（為替）手形
- •**利付き**金融債
- •**利子付き**預金口座
- •**利付き**債
- •低い**利幅**で
- •**利ざや**
- •**利食い**
- •最高の**利回り**を提供する
- •名目**利回り**

coupon (s), interest, margin (s), profit, returns, yield

- •coupons/ interest coupons
- •coupon off/ ex coupon
- •coupon on/ cum coupon
- •*bear* interest
- •the interest accruing to the account
- •ex interest/ x-int.
- •semi-annual interest
- •simple interest
- •interest bills
- •interest-bearing bank debentures
- •interest-bearing deposit accounts
- •interest-bearing bonds
- •with lower margins
- •a profit margin
- •profit-taking
- •offer the best returns
- •a nominal yield

◆利益

- •大きな**利益**
- •お互いに**利益**となる取引
- •具体的な**利益**を得る
- •両社相互の**利益**のため
- •ABC社とXYZ社の双方に**利益**をもたらす
- •双方の**利益**となります
- •発展する市場で**利益**をあげる
- •**利益**後配当株式／劣後株式
- •**利益**剰余金

- •……の最大の**利益**のために
- •私どもに共通の**利益**
- •相互の**利益**のために
- •……の**利益**
- •当社の価格では、ごくわずかの**利益**しか得られません。
- •……に少しばかりの**利益**が出る
- •承諾できるだけの**利益**
- •顧客層に大きな**利益**をもたらす
- •その結果多大な**利益**を得る
- •わずかな**利益**
- •非常に多くの**利益**をあげています
- •**利益**分配制度
- •**利益**金の処分
- •ABC社の**利益**の35%
- •着実に**利益**をあげている

advantage, beneficial, benefit, deferred, earned, earnings, interest, interests, margins, profit, profitable, profits

- •a significant advantage
- •a mutually beneficial business
- •*achieve* concrete benefit
- •for our mutual benefit
- •<be> of benefit to both ABC and XYZ
- •will be of mutual benefit
- •benefit from the expanding market
- •deferred shares [stocks]
- •earned surpluses/ retained earnings/ accumulated earnings
- •in the *best* interests of ...
- •our *common* interests
- •*for* our mutual interest
- •the interests *of* ...
- •Our prices leave us very small margins.

- •*provide* a small profit on ...
- •an *acceptable* profit
- •bring our customers a *larger* profit
- •result in a *significant* profit
- •a *small* profit
- •<be> in a very strong profit *mode*
- •a profit-sharing plan
- •appropriation *of* profit
- •35% of the ABC profit
- •<be> steadily profitable

- 両国にとり価値があり、また両社にとり**利益**となる
- それなりの**利益**
- ……の**利益**に基づき

- <be> worthwhile to our countries and profitable to both of our companies
- reasonable profits
- based on profits for ...

◆理解

- ……をご**理解**下さいますようお願いいたします。
- ……について**理解**を深めることに役に立つ
- ……をご**理解**いただけると思います
- ……を多少とも**理解**する
- 貴社業務内容を詳細に**理解**できました

- 十分ご**理解**いただいていると思いますが
- TZMの性能を十分**理解**する
- ……と**理解**いたします。
- 私どもが**理解**しているところでは
- ご**理解**とご同情
- 貴殿よりご好意とご**理解**
- ……が、一層よく**理解**できました
- この件をご**理解**いただければありがたく存じます。
- ……に深い**理解**を持っておられることに、私どもは敬服しております。
- ……を完全に**理解**することができるようになる
- ……について**理解**する
- お互いの文化についてよい**理解**があります。

- ……を少し**理解**することができました。
- ……を一層深くはっきりと**理解**するようになる
- 私どもは、……であると**理解**しております。
- 変化する世界市場を完全に**理解**することが必要です
- 全体的に**理解**すること
- 私どもの現在の問題の**理解**
- 心からのご**理解**と友情

consider, enlighten, insight, realize, understand, understanding

- We hope you will kindly consider ....

- serve to enlighten me greatly on ...
- offer some insight into ...
- obtain a small insight into ...
- have received such a good insight into your business affairs
- As you will well realize,
- realize fully the capabilities of the TZM
- We are given to understand that ....
- As we understand,
- your understanding and sympathy
- your courtesies and understanding
- have *acquired* a better understanding of ...
- Your understanding of the matter would be *appreciated*.
- We *admire* your in-depth understanding of ....

- can *come to* a complete understanding of ...

- *develop* an understanding of ...
- There *exists* a good understanding of each other's culture.
- have *given* us a small understanding of ...
- come to *have* a more clear and deep understanding of ...
- It *is* our understanding that ....
- *need* a thorough understanding of the changing world markets
- a general understanding
- a good understanding of our current issues
- the wonderful understanding and friendship

◆利害

- ……における貴社事業の**利害**関係に影響を与える
- この地域に**利害**関係を持つ経営者
- **利害**の衝突

interest(s)

- affect your business interest in ...

- business leaders with interests in the region
- conflict of interest

◆履行

- 契約を**履行**する
- 残念ながら、ご注文を**履行**することができません。
- 迅速かつ能率的に**履行**する

execute [-d], execution, etc.

- execute the contract
- We are sorry we cannot execute your order.

- <be> promptly and efficiently executed

- 6月4日付け貴注文第56号の**履行**
- 当社の援助契約を**履行**する

- the execution of your order No. 56 of June 4
- implement our assistance agreement

◆リース

lease

- **リース**金融
- **リースバック**方式設備貸付け
- **リース**契約付き売却

- lease financing
- leaseback
- sale (s) and lease back

◆リスト

list

- 当社の必要品目の**リスト**
- 添付の**リスト**
- かなり包括的な**リスト**
- より確定的な**リスト**
- ……の**リスト**の中に
- 当該**リスト**の所在
- 私の身元照会**リスト**
- 具体的な質問の**リスト**
- **リスト**に掲載されている物品の内容

- a list *showing* the items we require
- the attached list
- a fairly comprehensive list
- a firmer list
- among the list of ...
- the fate of the list
- a list of my references
- a list of specific questions
- the content of the materials on the list

◆リストラ

restructure, restructuring <s>

- **リストラ**（組織再編）
- 企業の**リストラ**
- 大がかりな**リストラ**
- 数年間にわたる**リストラ**の後は

- restructuring
- corporate restructurings
- a major restructuring
- after some years of restructuring

◆利息

accrue, interest, etc.

- 年率2％で**利息**がつきます
- **利息**
- 当座預金には**利息**がつきません。
- 年利最高5.5パーセントの**利息**が得られます
- 経過**利息**
- 旧勘定に発生した**利息**
- 年6％までのかなりよい**利息**
- 満期後の**利息**
- **利息**請求額
- **利息**計算方法
- すべての資金引出しの**利息**支払い日
- **利息**期間の満期日にできます
- **利息**満期日より前に
- **利息**総額
- 元本と**利息**の処理
- **利息**の発生
- **利息**の延滞
- 定期預金の**利息**
- **利息**払い

- will accrue at 2.00% p.a.
- interest
- The current account will *bear* no interest.
- will *earn* for you a good interest of up to 5.5% p.a.
- *accrued* interest
- the *accrued* interest on the old account
- a *handsome* interest of up to 6% p.a.
- a *past due* interest
- interest *charges*
- an interest *computation* method
- the interest *payment* dates for all drawdowns
- will be allowed at the end of any interest *period*
- prior to the end of an interest *period*
- the total amount *of* interest
- the disposal *of* the principal and interest
- accrual *of* interest
- arrears *of* interest
- interest *on* the time deposit
- debt servicing

◆リーダー

leader (s), leadership

- ……で、**リーダー**となっています
- 数多くの有名な産業界や専門家集団の**リーダー**
- 最も専門的で影響力のある**リーダー**

- <be> leaders in ...
- many eminent industrial and professional leaders
- the most professional and influential leader

- 政財界の**リーダー**
- トップ**リーダー**のうちの２人
- 世界の**リーダー**
- XYZの**リーダー**の一人として
- 外国為替業務と資本市場の**リーダー**

- 最高の**リーダーシップ**
- あなた自身の**リーダーシップ**と指導

- senior leaders in government and industry
- two of the top leaders
- a world leader
- as a leader in XYZ
- the leaders in foreign exchange services and capital market activities

- the very best of leadership
- your personal leadership and guidance

◆立派

- まことにご**立派**です
- **立派**な擁護者
- **立派**に完了しました
- あの方は**立派**な人です。
- **立派**に
- **立派**な仕事

exemplary, fine, handsomely, noble, outstanding, well done

- <be> certainly exemplary
- a fine advocate
- have been handsomely completed
- He is a noble character.
- in an outstanding manner
- a job well done

◆リードタイム

- **リードタイム**（所要時間）
- サンプル１台を受取るまでの**リードタイム**はどのくらいかかるでしょうか。
- 船積みに要する**リードタイム**（所要時間）

lead time

- the lead time
- What would be the lead time to receive 1 pc sample?
- the necessary lead time for shipment

◆理由

- ……すると決めたときの重要な**理由**
- ……する**理由**はない
- それなりの**理由**がある
- 本件の**理由**は、……です。
- 次に記載した**理由**で
- ……でなければならない**理由**は少しもありません。
- 上記**理由**により
- 正確な**理由**
- これといった**理由**もなく
- 何らかの**理由**で
- そういう**理由**で
- ……の**理由**により
- **理由**のいかんに関わらず
- そしてその**理由**
- **理由**があって
- ……の**理由**
- この**理由**について
- 私どもがこのように行動した**理由**
- 多くの**理由**から
- 同じ**理由**で

consideration, reason (s), etc.

- a significant consideration in my decision to <do>
- *find* no reason for <doing>
- *have* several reasons
- The reason for this *is* [*was*] ....
- for the reasons *noted* below
- We can *see* no reason why ....
- for the *above* reason
- the *exact* reason
- for not a very *good* reason
- for *some* reason
- For *that* reason
- for the reason of ...
- for *whatever* reason
- and the reasons *why*
- for a reason
- the reason for ...
- as to the reason *for* this
- our reason for this action
- due to a number *of* reasons
- By the same token

◆留意

- 健康に十分**留意**される
- ……にご**留意**下さい。
- ……だということを、**留意**する

care, note, etc.

- take good care of yourself
- Please note that ....
- bear in mind that ....

- 私の助言に**留意**する
- heed my advice

◆流通
- **流通**市場

negotiable, etc.
- an aftermarket/ the middle market/ the secondary market
- **流通**証券
- negotiable instruments
- **流通**船荷証券
- negotiable B/L

◆流動
- **流動**資産

current, liquid, etc.
- current [liquid, floating] assets
- **流動**負債
- current liabilities/ floating debt

◆流入
- 資金の**流入**

inflow, etc.
- the inflow of funds
- 外国からわが国への資金**流入**
- the inflow of foreign funds into our country
- わが国に**流入**してくる
- \<be\> flowing into our country

◆留保
- **留保**条件付きで

reserve (s), etc.
- under reserve
- 通常の**留保**条件付きで
- with the usual reserves
- いつもの**留保**条件付きで
- under the usual reservations
- **留保**金保証
- retention (money) bonds

◆旅〜（旅行、旅程、旅費など）

excursion, itinerary [-ies], tour, tourist (s), travel, travel (l)ed, travel (l)ers, travel (l)ing, trek, trip, etc.
- ……への**旅行**
- an excursion to ...
- **旅行**日程に関する限り、
- As far as the itinerary is *concerned*,
- シカゴを**旅程**に入れる
- *include* Chicago in his itinerary
- 貴殿の最終**旅程**
- your final itinerary
- **旅程**を計画する
- *design* tour itineraries
- 魅力的な**旅行**日程
- attractive itineraries
- 東海岸の**旅行**から戻った後
- After *returning from* my tour of the East Coast,
- パック**旅行**
- a package tour
- この**旅行**のことで貴社に連絡します
- will be contacting you *about* this tour
- 私が東南アジアを**旅行**中
- *on* my tour through Southeast Asia
- **旅行**の残りの部分
- the remainder *of* your tour
- **旅行**者として
- as a tourist
- 多分—**旅行**者としてでない限り
- except possibly as a tourist
- **旅行**代理店
- the travel *agent*
- 貴殿の**旅行**代理店を通して
- through your travel *agent*
- **旅費**
- travel *expenses*
- 古川氏の**旅行**計画はまだ固まっておりません。
- Mr. Furukawa's travel *plans* are still not clear.
- **旅行**日程
- the travel *schedule*
- **旅行**やその他の手配に関する情報
- information *regarding* travel and other arrangements

- **旅行**小切手
- traveler's [travelers] checks [米]/ traveller's [travellers] checks [英]/ T/C
- 紛失した**旅行**小切手
- your *lost* traveller's checks
- 60カ国**旅行**案内書
- a 60-country travellers guide
- **旅行**信用状
- a traveler's letter of credit
- 合衆国の外に**旅行**したことはありません
- have never traveled outside the U.S.

- 日本を**旅行**します
- 日本往復の**旅費**
- 私どもの毎年恒例の**旅行**
- 私たちの旅行をより楽しいものにする
- 友人と**旅行**するつもりです。

- 新たに**旅行**計画を立てる
- 素晴らしい**旅行**
- ビジネスと観光をかねての**旅行**
- あなたが今度の極東への**旅行**で
- 素晴らしい**旅行**
- 今回の**旅行**で
- かなり長期間の**旅行**
- 私たちの素晴らしい京都への**旅行**
- 先日のロサンゼルス（出張）**旅行**
- この**旅行**に
- 急きょ西海岸へ**旅行**すること
- **旅行**の計画
- 私の**旅行**日程がはっきりしましたらお知らせいたします。
- **旅行**の中のルイヴィル訪問の部分
- よいご**旅行**を（道中ご無事で）。

◆利用

- ……を**利用**する
- これらの装置を**利用**する
- またとないこの機会を**利用**する
- 心おきなく当行をご**利用**下さい。

- ……を**利用**します
- ……についての情報を貴社が**利用**できるようにいたします
- ……にも**利用**できるようにすべきだと思います
- この機会を**利用**して、……をお知らせします。
- 貴殿は望みどおりに**利用**することができます
- 当行を**利用**する
- 最も効率よく**利用**するために
- 既存の衛星の能力を**利用**する
- このデータベースは実業・産業界で広く**利用**されています。

◆料金
- 電気**料金**
- 上記の**料金**
- **料金**体系
- 展示スペースや大会登録の**料金**
- 適当な**料金**のホテル
- 1泊80ドルの**料金**で
- 新**料金**表
- 客室**料金**

- will be traveling in Japan
- traveling cost to and from Japan
- our annual trek [trip]
- *make* our trip more enjoyable
- I am going to *make* [take] a trip with some of my friends.
- *plan* a new trip
- a *beautiful* trip
- a *business*-and-pleasure combined trip
- in your *forthcoming* trip to the Far East
- a truly *great* trip
- on my *last* trip
- quite a *long* trip
- our *lovely* trip to Kyoto
- the *recent* trip to Los Angeles
- on *this* trip
- an *unforeseen* trip to the West Coast
- your plans *for* the trip
- I will advise you of the dates *of* my trip as they develop.
- for Louisville portion *of* the trip
- Bon voyage!

advantage, association, avail, available, opportunity, service, use

- take advantage of .../ make use of ...
- take advantage of these equipments
- take advantage of this unique opportunity
- We want you to enjoy your association with us (our banks).
- avail yourself of ...
- make available to you the information on ...

- should be made available to ...
- I am taking this opportunity to announce ....
- will be at your service
- make use of our Bank's services
- for most efficient use
- use existing satellite capacity
- The database is used throughout business and industry.

bill, charges, fee (s), priced, rate (s)

- an electric bill
- the above charges
- fee structure
- exhibit space and conference registration fees
- a moderately priced hotel
- at the rate of $80 a night
- a list of new rates
- room rates

◆両社
- **両社**の間に
- **両社**間の
- **両社**に

two companies, etc.
- between our two companies
- between our two organizations
- to both companies

◆利率
- 365日方式の**利率**
- **利率**
- 現在の**利率**
- ずっと有利な**利率**
- **利率**一覧表
- 優遇**利率**
- **利（子）率**
- 上記の**利率**で
- 同じ**利率**で

interest, interest rate (s), rate (s)
- interest on a 365 day basis
- an interest rate
- the current interest rate
- a much higher interest rate
- the schedule of interest rates
- service rates
- a rate of interest
- at the above rate
- at the same rate

◆履歴書
- 彼の**履歴書**を添付します。
- 私の**履歴書**
- あなたの**履歴書**にたいへん興味を持ちました。
- 添付した**履歴書**に
- 私の**履歴書**を1部
- **履歴書**を同封したお手紙、ありがとうございました。
- ……の**履歴書**

biodata, history, resume
- A copy of his biodata is attached.
- my personal history
- Your resume interests us very much.
- in the attached resume
- a copy of my resume
- Thank you for your letter enclosing copies of your resume.
- a resume of ...

る

◆留守
- ちょっと**留守**
- ひと月会社を**留守**にしたあと
- 私が**留守**の時は
- 社長の板垣はただ今ヨーロッパに出張中で、しばらくの間**留守**にしておりますので、
- 私が日本を**留守**にしている間は

absence, etc.
- a brief absence
- after the month-long absence from my office
- in my absence
- In the temporary absence of Mr. Itagaki, our President, who is now in Europe on a business trip
- while I am away from Japan

れ

◆（お）礼

- お送りいただいた時計にまだお**礼**を申し上げておりません。
- ご親切に対し、何とお**礼**を申し上げてよいかわかりません。
- ……に対しても心からお**礼**を申し上げます。
- ……に、私個人として貴殿に心からお**礼**を

acknowledging, appreciation, grateful, thank, thanks, Thank you
- I am delinquent in acknowledging the clock you sent.
- I cannot *express* my appreciation enough for your kindness.
- I would like also to *express* my own appreciation for ....
- I would like to *express* my deep, personal

申し上げます。
- ……のお**礼**を申し上げる
- あなたのご尽力にお**礼**を申し上げる機会がありませんだした。
- ……に対して、一言お**礼**申し上げます。
- 厚くお**礼**申し上げます。
- ……に、重ねてお**礼**申し上げます。
- ご厚情に重ねてお**礼**申し上げます。

- ……に、一言お**礼**申し上げます。
- ……に対し、お**礼**するのが遅くなりまして、申し訳ございません。
- 心からお**礼**申し上げます。
- ……に遅ればせながらお**礼**申し上げます。
- ……の、お**礼**を申し上げるのが遅れまして申し訳ございません。
- どのようにお**礼**申し上げてよいかわかりません。
- ……に対し心からお**礼**申し上げます

- ……に対し、家族一同心からお**礼**申し上げます。
- ……ことをご通知下さった貴状に厚くお**礼**申し上げます。
- 重ねてお**礼**を申し上げます。
- 時間がなく、皆様に個人的にお**礼**申し上げることができませんので
- ……に、「お**礼**」を申し上げるのが大変遅くなりました。

◆例

- アプリケーションの**例**が必要です。
- ……の美しい作品**例**
- 「佐賀錦」という手工芸品の見事な**例**
- ……の一般的な**例**
- きわめて貴重な**例**
- 典型的な**例**
- 2、3の**例外**を除いて
- ほとんど**例外**なく
- **例外**的な処置
- ……のいくつかの**例**
- ほんの2、3**例**をあげると

◆礼状

- この遅ればせの**礼状**
- 個人的な**礼状**

◆レート

- 適用する**レート**

appreciation for ....
- *express* my sincere appreciation for ...
- I did not have an opportunity to *express* my appreciation for your efforts.
- Just a word of appreciation *for* ....
- I am extremely grateful.
- Thank you again for ....
- I would like to thank you once again for your generous support.
- Just a brief note to thank you for ....
- I'm sorry to be so long in thanking you for ....

- Please *accept* my sincerest thanks.
- Please *accept* my belated thanks for ....
- I must apologize for the delay in writing to *express* my thanks for ....
- I don't know how to *express* my thanks.

- We wish to *express* our sincere thanks for ..../ I want to express my sincere appreciation for ..../ I would like to convey my warm appreciation of ....
- My family and I wish to *extend* our sincere thanks to you for ....
- *Many* thanks for your letter informing us that ....

- With assurances of *renewed* thanks,
- because that time will not allow me to thank you personally
- This is a very delayed "Thank you" for ....

example (s), exception (s), exceptional, instances, etc.

- *Application* examples are needed.
- the *beautiful* example of ...
- a *beautiful* example of the work of "Saga-nishiki"
- some *common* examples of ...
- a *great* example
- *typical* examples
- with a few exceptions
- with few exceptions
- an exceptional measure
- a few of the instances of ...
- To name only a couple

a note of thanks, etc.

- this tardy note of thanks
- a personal thank you

rate (s)

- the rates to be *applied*

- 最優遇**レート**を貴殿に提供する
- 最良の**レート**をオファーするよう努力する
- 出し手**レート**
- きわめて競争力のある**レート**
- 有利な**レート**
- 比較的よい**レート**

- *offer* you our most favorable **rates**
- endeavor to *offer* our best possible **rates**
- an *offered* **rate**
- extremely *competitive* **rates**
- best *conversions* **rates**
- a relatively *good* **rate**

◆**連帯**

- **連帯**および単独債務［責任］
- **連帯**・単独責任
- **連帯**債務
- **連帯**責任を負って
- **連帯**保証人

liability, etc.

- a joint and several **liability** [responsibility]
- joint and several responsibility
- a joint (and several) obligation
- jointly and severally
- a surety jointly and severally responsible/ a co-maker/ a co-signer

◆**連絡**

communicate, communication (s), contact, interface with, know, liaison, network, reach, touch, etc.

- ……と直接**連絡**を取る
- 前述した双方の**連絡**
- **連絡**
- 何度も**連絡**をしたにもかかわらず
- お互いに**連絡**が全く途絶えないようにしたい。
- ……から直接**連絡**を受ける
- 当社の東京における**連絡**先は以下の通りです。
- ……と緊密に**連絡**を取る
- 直ちにトロン社と**連絡**をとりましたところ、
- **連絡**担当者
- ご**連絡**いたします。
- ご出席になれない場合は、〈人〉〈電話番号〉にご**連絡**下さい。
- XYZのファクス番号で私にご**連絡**ください。
- 私に**連絡**を希望される場合は、
- 私への**連絡**は以下にお願いします――〈住所〉
- 貴殿に直接**連絡**する
- あなたの秘書に連絡する
- いつでも貴殿に**連絡**が取れること
- 24時間以内に当方と**連絡**を取る
- ……との**連絡**窓口となる
- 準備の都合上〈日時〉までにご**連絡**下さい。

- 密接な**連絡**と協力
- 強力な**連絡**網
- 3 xxx―12xxへ電話して下されば私と**連絡**がとれます
- **連絡**を絶やさないようにする
- もっと頻繁に**連絡**を取り合う
- ABC社の友人たちとは**連絡**を取っている
- お互いに**連絡**を取り合っていきましょう。
- **連絡**を取り続けて下さい。
- ……と**連絡**を取る

- communicate directly with ...
- our *aforementioned* communications
- the lines *of* communication
- despite a number *of* communications
- We will not completely *lose* contact with each other.
- *receive* direct contact from ...
- Our contacts in Tokyo *are* as follows:
- keep in *close* contact with ...
- Through our *immediate* contact with Toron,
- *Principal* Contact
- I shall be *in* contact with you.
- Please contact <person> at <telephone number> if you cannot attend.
- Please contact me at the XYZ's fax number.
- If you wish to contact me,
- I can be contacted at: <address>
- contact you personally
- contact your secretary
- an open door to contact you
- contact us within the next 24 hours
- interface with ...
- Please let me know by <time> so that I can make the arrangement.
- the close liaison and collaboration
- a strong network
- can reach me by telephoning 3xxx-12xx

- continue to stay in touch
- keep in touch more often
- keep in touch with friends at ABC
- Let's stay in touch.
- Please stay in touch.
- get in touch with ...

- ……と密接な**連絡**を取る
- ……と**連絡**を取るつもりです
- 私どもに**連絡**する
- 近いうちに、またあなたに**連絡**いたします。

- get in close touch with ...
- will be in touch with ...
- get back to us
- I will get back to you in the very near future.

ろ

◆**労働**
- **労働**力不足
- **労働**金庫
- 将来必要な**労働**力
- **労働**条件

labor, etc.
- labor shortages
- laborers' credit cooperative/workers' credit unions
- manpower requirements for the future
- working conditions

◆**労力**
- かなりの時間と**労力**をかけて
- 多くの時間と**労力**を費やす

effort, etc.
- at a considerable expenditure of time and effort
- consume much of my time and energy

◆**ローン**
- **ローン**期間中
- **ローン**全額を返済された後
- **ローン**の完済を心よりお祝い申し上げます。

- 国家向け**ローン**

loan (s)
- for the life of the loan
- after payment of the loan in full
- We congratulate you most sincerely on having completed the payments on your loan.
- sovereign loans

わ

◆**分かちあう**
- ……と、この経験を**分かちあう**
- 素晴らしい国際的ビジネスの機会を貴殿と**分かち合う**
- ……と貴殿の深い悲しみを**分かちあって**おります。

share [-d]
- share this experience with ...
- share with you a phenomenal international business opportunity
- Your grief is shared by ....

◆**分かる**

- ……がお**分かり**になられると思います。
- お話を伺って、……が非常によく**分かり**ました。
- ……が**分かる**でしょう。
- 彼が ……であることがお**分かり**になると思います。
- ……ことがお**分かり**になると思います。
- **分かり**次第
- ……が**分かり**ました。
- ……であることが**分かり**ました。
- その件について、はっきりとは**分かり**ません。
- ……かどうかは誰にも**分かり**ません。

appreciate, enlighten, find, find [found] out, know, learnt, note, see, turned out, etc.
- You will appreciate that ....
- Your talk served to enlighten me greatly on ....

- You will find ....
- You will find him to be ....

- You will find that ....
- as soon as I find out
- We found that ....
- We found out that ..../ We have learnt that ....
- I don't know for certain [sure] about it.
- No one knows if ....

- ……でお**分かり**のように、
- 貴殿の言わんとすることは**分かり**ます。
- ……の利点がお**分かり**になるはずです。
- ……がお**分かり**になるものと思います。
- ……ということが**分かり**ました。
- ご事情は**分かり**ますが、……
- お考えになっておられることが、私どもにはよく**分かり**ません。

◆訳
- どうした**訳**か
- こういう**訳**で、……。
- このような**訳**で、……。
- こういう**訳**ですので、

◆忘れ～

- 楽しかった時のことはいつまでも**忘れ**ません。
- このご厚情は決して**忘れ**ません。
- 楽しい旅行のことは、いつまでも**忘れ**ないでしょう。
- ……を決して**忘れ**ません。
- ……は、決して**忘れ**ません。
- ……を決して**忘れ**ておりません。
- ……を伺うのを**忘れ**ました。
- ……という小生の強い願いを**忘れ**ずにいる
- 京都で週末を過ごしたことは、いつまでも**忘れ**ないでしょう。
- 日本への旅行のことはいつまでも**忘れ**ないでしょう。
- 我々はいつまでも彼のことを**忘れ**ないでしょう。
- ……を私もアシュレイも、いつまでも**忘れ**ないでしょう。
- いつまでも**忘れ**ないでしょう
- ……は、**忘れ**られません。

◆渡す
- XYZにこの書類を**渡す**
- ……に**渡**されます
- これら送り状をコルレス先銀行にお**渡し**下さい。

◆割当て（る）
- **割り当て**られた読み物
- 輸入ライセンスの**割当**（量）
- 限られた年間**割当**額
- こうしたプロジェクトのために資金を**割当**てる

- As you will note from ...,
- I see your point.
- You will see the benefit of ....
- You will see that ....
- It turned out that ....
- I understand your situation, but ....
- It is not quite clear to us just what you had in mind.

a reason, etc.
- for some reason
- It is for this reason that ....
- This is why ....
- Such being the case,

cherish, forget, forgotten, mindful, omitted, remember [-ed], unforgettable
- We will forever cherish the delightful occasions.
- I shall never forget your kindness.
- We will never forget the enjoyable trip.

- We will not forget that ....
- ... will never be forgotten.
- I am all too mindful of ....
- We omitted to ask ....
- remember our keen desire to <do>
- My weekend in Kyoto will be one I will remember forever.
- Our tour in Japan will always be remembered.

- The memory of the man will long be remembered by us.
- ... will be long remembered by Ashley and by me.

- will long be remembered
- ... will be an unforgettable memory.

deliver [-ed], etc.
- deliver these documents to XYZ
- will be delivered to ...
- Please pass those invoices on to your correspondents.

assign [-ed], allocation, etc.
- assigned readings
- allocation of import licences
- the restricted annual allowance
- appropriate funds for such projects

◆割引き

	discount (s), discounted, par, reduced, etc.

- 1 パーセント**割引**いております。
- **割引**率を引き上げる
- 15％まで**割引き**率を増やす
- 大幅な**割引き**をする
- **割引き**率を大きくする
- 5 パーセントの**割引き**があれば、
- 早期登録**割引**
- 信じられないような**割引き**
- 貴社の**割引き**条件
- 同業者**割引**
- 2 **割引**
- 25％の**割引き**
- **割引**債
- **割引**料
- **割引**料は買い手の負担とする。
- **割引**歩合
- **割引き**して
- **割引**価格［割増し価格］で
- **割引**料率
- 市中**割引**歩合
- 当社の**割引**率
- 商業手形の**割引**
- ……の**割引**率の詳細
- **割引き**済み手形
- 高率**割引**債
- **割引き**で
- 大幅な**割引**価格
- **割引**［買取］銀行指定信用状
- **割引**日数

- We *allow* a 1% discount.
- *increase* the discount
- *increase* your discount to 15%
- *offer* a greater discount
- *offer* a larger discount
- If there's a 5% discount,
- the *early registration* discount
- an *incredible* discount
- your discount *terms*
- *trade* discounts
- a 20% discount
- twenty-five percent discount
- discount bonds
- discount *charges*
- Discount *charges* are for the buyers account.
- discount rates
- at a discount
- at a discount [premium]
- a rate *of* discount
- market rates *of* discount
- our rate *of* discount
- discount *of* commercial bills
- details of discounts *for* ...
- discounted bills /sold bills
- deep discounted bonds
- below [under] par
- a much reduced price
- straight credits
- days to run

〈編者略歴〉

橋本 光憲（はしもと・みつのり）

　1932年生まれ

　　54年　東京外国語大学英米学科卒業、三井銀行に入行。深沢・雪ヶ谷・新潟支店長、
　　　　　検査部主任検査役、三井銀総合研究所主任研究員等を経て

　現　在　神奈川大学経営学部教授（銀行論、商業英語、外国為替）
　　　　　英国ノッティンガム大学経営金融大学院客員教授（日本金融）
　　　　　国際経営学修士（アメリカン国際経営大学院）、博士（経営学）

　主要編著書
　　　　　「経済英語英和活用辞典」（日本経済新聞社、1991）
　　　　　「英文ビジネスレター文例大辞典」（共編、日本経済新聞社、1995）
　　　　　「金融英語の常識」（中央経済社、1997）など

前田 秀夫（まえだ・ひでお）

　1949年生まれ

　　73年　東京電機大学工学部卒業、77年法政大学文学部卒業

　2001年　関東学院大学大学院博士課程修了（英語英米文学専攻）
　　　　　農林水産省、神奈川県立相模台工業高校等に勤務
　　　　　日本実用英語学会理事

　主要編著書
　　　　　「英語の基礎――工業高校用」（文総出版、1991）
　　　　　「英文レター・ライティングの技術」（編集協力、ジャパンタイムズ、1996）

英文ビジネスレター表現ハンドブック

| 2000年9月20日 | 1版1刷 |
| 2005年4月28日 | 4刷 |

　　　　編　者　　橋 本 光 憲、前 田 秀 夫
　　　　　　　　　ⓒ Mitsunori Hashimoto 2000
　　　　　　　　　　Hideo Maeda

　　　　発行者　　小　林　俊　太

　　　　発行所　　日 本 経 済 新 聞 社
　　　　　　　　　http://www.nikkei.co.jp/
　　　　　　　　　東京都千代田区大手町1-9-5　〒100-8066
　　　　　　　　　電話(03)3270-0251　振替　00130-7-555

印刷・製本／錦明印刷株式会社
ISBN4-532-14857-X

Printed in Japan
読後のご感想をホームページにお寄せください
http://www.nikkei-bookdirect.com/kansou.html

◆◇◆好評！　日経のビジネス英語関連書◆◇◆

◎英文ビジネスレター文例大辞典
田久保浩平
橋本光憲　編
B5判1120頁
15,534円

◎経済英語英和活用辞典
橋本光憲　編
四六判変型880頁
5,340円

◎経済英語和英活用辞典
寺澤浩二　編
四六判変型768頁
4,563円

◎実戦ビジネス英語活用文例集
加藤幸雄　著
A5判280頁
1,505円

◎アメリカ小・中・高校教育マニュアル
花田昌子
股野儷子　著
A5判320頁
3,107円

◎金融証券英語辞典［日経文庫］
日本経済新聞社　編
新書判168頁
900円

◎ビジネス法律英語辞典［日経文庫］
阿部佳基
長谷川俊明　編
新書判192頁
900円

（表示額は本体価格です。別途消費税が加算されます）